阅读本书，以期让刑法人多一点金融知识，金融人多一点刑法意识，在截然不同的“大渡河”两岸搭建一条跨界的“铁锁链”。

——钱列阳

紫華金融犯罪法律叢書

Sixteen Lectures
on Securities & Futures Crime

证券期货犯罪十六讲

钱列阳　谢　杰／著

法律出版社 | LAW PRESS

从左至右分别为李肖霖律师、许兰亭律师、张青松律师、钱列阳律师，因其在刑事辩护领域的卓越表现，被坊间誉为刑事辩护的“京城四少”

附：钱列阳律师办理部分案件

- “中国私募第一人”徐翔操纵证券市场案
- e租宝张某集资诈骗案
- 刘晓庆涉税案
- 原铁道部部长刘志军受贿、滥用职权案
- 上海滕某编造、传播证券交易虚假信息案
- 福建尚某内幕交易案
- 深圳茹某内幕交易案
- 浙江符某邮币卡诈骗案
- 某银行在内蒙某市票据诈骗案
- 证券界首例死刑案（二审）——杨某某贪污案
- 原华润集团董事长宋某受贿案
- 宏源证券公司周某职务侵占案
- 海通证券杨某职务侵占案
- 华泰证券涂某职务侵占案
- 原中国农业发展银行副行长于某某受贿案

……

2017年10月30日，钱列阳律师创立了北京紫华律师事务所，主要从事金融犯罪相关案件的办理

北京紫华律师事务所成立揭幕仪式。从左至右：天津市律师协会杨玉芙会长、清华大学周光权教授、中国证券投资基金业协会洪磊会长、中华全国律师协会张学兵副会长、李大进律师、北京市律师协会张小炜会长和钱列阳律师

谢杰，上海交通大学凯原法学院副教授、硕士生导师，美国宾夕法尼亚大学法学院客座研究员，法学博士、博士后，上海汉盛律师事务所律师，主要研究方向为金融监管与金融犯罪、法律经济学、经济刑法等

谢杰老师在紫华金融犯罪论坛上做《资本市场犯罪案件控辩实务与理论前沿》演讲

序
Preface

证券、期货市场是关于创新、繁荣、泡沫、危机、重建、完善的金融历程。在这个金融市场体系中,以虚假陈述、内线交易、市场操纵为典型的证券期货违法、犯罪,不仅是促生与催化市场欺诈与非理性繁荣的重要诱因,也是加剧金融市场风险的产物。

随着世界经济的迅猛发展与全球金融一体化的不断深入,证券、期货市场不仅承载着配置全球资本的金融功能,而且对于实体经济产生深远的影响。2008年全球金融危机更是凸显了“有毒”金融衍生工具以及证券、期货市场违法犯罪行为对于全球金融乃至实体经济的破坏。后金融危机时代全球金融政策的不确定性、贸易摩擦的叠加影响、人民币国际化战略的推进等,都对中国证券、期货市场法律监管实践提出了更高的要求与挑战。高效监管与控制证券、期货市场中的违法犯罪,是完善资本市场机制与发挥资本市场支持实体经济增长积极作用的制度基础。因此,如何通过公正、合理的立法、执法与司法措施提升规制证券期货犯罪的制度效率,一直是法律与金融理论研究的重点、难点、热点问题。

本书正是关于证券期货犯罪的一份最新研究成果,其分为16个专题,以深入浅出的讲解形式,对证券期货犯罪的重点、热点、难点问题进行了全方位、多层次、纵深性的论述与剖析。本书以证券期货犯罪案件判例为基础,以法律与金融的跨专业分析为视角,对证券期货犯罪进行了理论与实务并重的深度解析。根据本人的阅读体验,本书主要有以下理论特征与实践创新。

一、尝试打破细分专业的内部壁垒

《证券法》是规范资本市场最重要的一部法律。资本市场的实际运作随着证券、期货、衍生工具等金融产品的创新与市场交易技术的发展而呈现出不同的法律规则。证券法所规定的刑事罚则是对于逾越社会容许界线的犯罪行为做出的最为严厉的刑事制裁。证券期货犯罪法律控制是对金融交易行为自由、金融行业发展自由、公民人身自由与法人经营行为自由的最严厉的限制。资本市场法律制度在法律学科体系内的差异化专业性(证券法与刑法的专业差异)、与经济学的交织以及资本市场自身的技术性共同决定了分析作为市场行为、经济行为(金融行为)的证券期货犯罪行为必须建筑于法学与应用经济学深度解释的基础之上。

然而,传统证券法、经济刑法的研究,不仅较难对证券期货犯罪行为提供一个精致且有效的分析框架,而且无法在实体内容上做出符合市场真实现状的理论解释。这是因为:

其一,证券法研究集中在金融商品发行与交易的法理与规则,较难兼顾证券期货犯罪的内容;学科知识的限制造成证券法研究较难阐释作为证券法律制度经济基础的资本市场以及相关金融原理。

其二,传统经济刑法研究除了与证券法课程一样基于科学限制因素难以有效传递金融与市场原理方面的信息之外,更是存在证券期货犯罪阐释深度不足、理论与实践契合度不足的问题。传统研究绝大部分集中于解释证券期货犯罪等法律适用与立法完善问题,较难触及契合资本市场实务操作与金融市场原理的犯罪机理分析与法律监管问题,容易导致证券期货犯罪研究与真实市场发展以及趋势脱节。

从本书的逻辑与内容来看,本书尝试了以下努力。

其一,对证券法研究进行深度延伸,为具备证券法研修经历的读者提供证券期货犯罪法律规制研究方面的专门训练。

其二,强化经济刑法研究过程中对证券法等资本市场法律制度的知识与信息贯通,在法学学科内部实现证券法与刑法之间的部门法学知识沟通与流动,获得整体法律思维的训练。

其三,突破传统经济刑法研究局限于规范层面的解释与立法完善建议研究,使用金融原理检验经济刑法解释的合理性,以经济效率为原则分析相关经济刑法规范与措施的有效性。

其四,针对证券期货犯罪研究涉及法学与经济学交叉性问题的特点,强调经济学原理与金融市场实务对于解释证券、期货市场犯罪行为的价值,学习如何使用金融理论与实证评估证券期货犯罪法律监管制度，分析资本市场刑法规范对于市场效率的影响，最终促使读者能够与作者一起由法学与经济学整合性的观点思考资本市场的违法犯罪问题及其法律制度安排。

二、在证券期货犯罪理论研究与司法实务中融入经济原理与市场逻辑

证券期货犯罪刑事司法实践工作（侦查、起诉、审判、辩护等）在大多数情况下还是由接受过传统法律学习与训练的实务人员担任。即使在具有金融专业化办案的行政、司法机构以及律师事务所，能够均衡刑事法律适用与金融市场专业知识的人力资源仍然比较有限。从目前的现状来看，证券期货犯罪案件中的法律从业人员的经济与金融专业知识，似乎还是具有一定的局限性，这一定程度上源于法学教育过程中未能合理、适量地导入经济学知识与资本市场实践经验的信息灌输与自主探讨。

由于金融原理、财务知识、统计工具、资本市场核心概念等方面专业知识的缺乏，司法实务人员有时可能无法辨识证券期货犯罪与一般财产犯罪、普通经济犯罪以及其他金融犯罪之间的实质性差异，在忽略金融商品发行与交易规则的经济基础、资本市场违法犯罪行为机理的同时，造成司法认定结论（侦查、审查起诉、法院判决等）趋于经验化、常识化、易受一般公众情绪影响化，脱离资本市场实际，与金融专业人员的基本判断不一致。

市场与制度、经济学与法学、金融实务与法律实务之间出现错位与落差的关键原因在于，目前尚未建立起一种最基本的认识——证券期货犯罪行为固然应当接受刑法规范的评价，但资本市场刑法以及相关刑事司法解释源于证券法等资本市场法律规则，而这些与金融商品发行与交易有关的资本市场规则又源自于金融市场与市场行为。因此，只有导入经济理论与资本市场实践经验，证券期货犯罪的理论研究与司法实务才有可能接近或者契合市场实际情况。

经济原理、金融市场实务操作、上市公司治理等知识与信息的导入，有助于证券期货犯罪研究向读者传输金融市场行为在实质层面上的经济内涵，避免单一化的法律判断脱离经济基础与资本市场现实。经济原理与资本市场实务规则的引入，不仅能够培植法学专业人士的金融市场、数量经济等分析视角，而且有助于为司法实务人士乃至广大读者提供理解资本市场行为（犯罪行为）所必备的市场分析、财务报表、统计回归分析等技术性训练。

三、加强证券期货犯罪研究的纵深性

研究证券期货犯罪最为有效的方法之一是法律与经济分析方法，其实质是将法学与经济学这两门不同的学科及其研究方法整合在统一的逻辑框架下针对作为跨越法律与经济（金融）的行为或者现象——证券期货犯罪——进行纵深性与跨学科性的解释。

本书不局限于对相关法律条文的理解进行规范分析，或者仅仅在法律层面孤立地分析立法完善建议，而是以资本市场与市场行为为中心，对证券期货犯罪行为的实质与机理展开深度解析，基于金融原理与资本市场现实特点提出证券期货犯罪的监管政策、法律适用规则与制度优化建议。

本书对证券期货犯罪行为的经济机理与法律规制问题进行统筹与兼顾，重视法律制度对资本市场的影响以及市场现实对法律制度的制约，也强调通过经济分析工具对法律制度介入的实际效果进行市场化的评价。在实体内容上，确保证券期货犯罪的法律解释观点契合真实的金融市场制度保护需求；在研究范式上，突出法律与经济跨学科层面的互为纵身与拓展。

在证券期货犯罪研究中强调法律与经济分析方法，是由研究对象与方法的现实特点所决定的，即证券期货犯罪问题尤为适合且极有必要重点以法律与经济学分析方法进行研究，并且法律与经济在理论研究与实践探索领域存在明确的客观性交集。资本市场法律规范以及相关制度设计对于金融市场、金融行为、金融实务、金融参与者具有活动规范的效力与经济效益上的影响；经济、金融理论与实践的分析框架、范式、标准等能够对资本市场法律制度作用于金融领域的效用进行客观的评价与解释。

对于证券期货犯罪法律与经济分析而言，具体表现为证券期货犯罪刑事立法与司法解释的制定或者完善对于市场效率会产生重大影响，而经济学分析工具与资本市场现实表现能够从方法、内容等多重侧面验证资本市场法律制度的有效性。

以证券期货市场法律制度为框架分析作为金融问题的证券期货犯罪，有助于发现当前法律制度对于保障金融市场免受证券期货犯罪侵扰是否高效，并在此基础上评估何种制度优化方式能够进一步提升制度效率。以金融理论与实践为工具分析作为法律问题的证券期货犯罪，有助于对资本市场法律制度做出符合金融实际与金融原理的解释，促进证券期货犯罪法律监管制度改革沿着优

化金融市场效率的方向迈进。

四、深化研究工作的实用性

本书在对分析证券期货犯罪行为具有重要指导价值的经济理论、金融市场、公司治理、财务统计等基本概念进行有针对性的解释的基础上，不再对证券法、刑法等基本课程中讲解的传统金融商品发行与交易、犯罪行为法律规定理解等问题予以重复讲授，而是直奔证券期货犯罪实质内涵解构与法律监管疑难问题政策、规则、改革方向重构等核心主题，并围绕执法司法实践中真实发生的重大疑难判例进行深度论证与剖析，秉持问题意识与坚持实践指导价值的取向。

判例是研究证券期货犯罪行为以及相关资本市场法律监管实践、中国市场经济与金融问题的最为重要且真实的第一手资料。本书通过信息挖掘、情况分析、背景探究、数据统计等方法，对证券期货犯罪刑事判例展开深度实证分析，整合依托于全球金融市场宏观形势、发生于中国大陆资本市场不同经济与金融发展时期的证券期货犯罪实质、行为特征、逻辑规律、经验提炼，反思与检讨以刑法规范为中心的证券期货犯罪法律监管系统的效率，为制度改良提升资本市场效率的总体宏观机制布局提供坚实的实证研究基础，启发读者从实际调查经验与宏观的分析视角反思现有的执法司法实践难点与制度改革的空间。

本书的实践导向性还体现在证券期货犯罪法律与经济分析的讲解内容，包括了大量证券期货犯罪实务经验的介绍与探讨。本书作者长期从事金融司法实务工作，办理了徐翔操纵证券市场案、“沪港通”市场操纵第一案、欣泰电气欺诈发行股票案等一系列有影响的证券期货市场违法犯罪案件，具有丰富的金融司法实践经验。从全书的内容中可以看到，作者基于其金融司法经验，力图对证券期货犯罪侦查、审查起诉、控辩意见对抗、法院裁判等工作机制与程序运作进行深度分析，加深读者对证券期货犯罪实务问题的理解。

综上所述，本书的价值在于深度反思当前证券期货违法犯罪案件中法律实务的具体措施，从而提升证券、期货市场资源优化配置与市场竞争效率、投资者权益保障力度、市场流动性平衡程度，形成有效整合市场与制度、真实反映金融实务与法律实践现实需求的、效率性与公平性保障兼顾的政策、原则以及规则体系。

资本市场应当在资源优化配置过程中起到决定性作用。但是，资本市场竞争机制并不总是处于优质运作状态——甚至时常会出现错误或者异常。市场价格变动并不总是反应真实信息或者资产基础价值——2000年网络股泡沫破裂、2008年全球金融危机、2010年后美国、中国等国际主要证券市场出现的、由程序化交易引发的指数“闪电崩盘”以及2013年后由比特币等新型互联网支付与交易系统引领的互联网金融“去中心化”变革等资本市场阶段性剧烈阵痛与崩溃，已经历史性地验证了人类行为的固有缺陷与制度安排的既有局限对资本市场资源错配或者非效率性配置所产生的真实的、实质性的影响。资本市场投资（投机）行为内含的非理性因素与外部性的市场操纵等证券期货违法犯罪行为，都是市场繁荣与萧条这一非线性轮回系统中的重要构成。

应当看到，本书作为一种研究，显然也有其局限性，但其勇于透过证券期货犯罪实质，对其内在机理进行深度解构，尝试从外部性的法律制度切入，洞察内部性的市场行为缺陷，确实值得鼓励。我也期待本书作者今后能够在这一领域继续深入探索，从法律与金融的跨界互动中，助力于中国金融法治建设。

中国证券投资基金业协会会长　洪　磊

2019年1月16日

目录
Contents

第一讲

证券期货犯罪导论

证券、期货市场的高效与稳定运行、资源公正分配以及可持续发展，对于全球金融市场的繁荣与实体经济的增长具有重要影响。证券期货犯罪刑事法律规范的建构与适用，具有保障证券、期货市场的运作机制与正常监管，维护金融市场与经济基础稳定的制度价值。证券、期货市场具有高速技术创新、发展变革迅猛、覆盖范围广泛的特点，客观上决定了证券、期货市场法律规范具有调适性且趋于多元化。对于具有最后手段性与规范谦抑性的证券、期货市场刑事法律规范保障措施而言，为了有效且适度地规制证券期货犯罪，证券、期货市场刑事法律规范在立法与司法适用上，具有区别于一般刑事犯罪法律条文以及经济刑法中其他规范的重要特征。例如，犯罪行为类型复杂、多层授权立法、多重兜底条款等。

深入分析证券期货犯罪的保护法益、犯罪类型、构成特征、核心罪名、刑法适用等问题，对于保护中国证券、期货市场具有重大的理论与实践价值。在比较、批判、互动的过程中，理性吸收、借鉴各国刑法缜密的逻辑思辨与实用的实践内核，有助于深度思考中国证券、期货市场刑事法律制度的规范建构与优化、刑事司法适用、刑法理论升华等问题。

中国刑法规定了相当数量的证券期货犯罪。从刑法理论上看，中国学者关于证券期货犯罪或者证券期货犯罪的类型化解释主要有以下四种观点：一是“广义论”。“广义论”认为，证券期货犯罪是严重破坏证券期货管理秩序的犯罪，包括危害证券期货发行、交易、管理秩序的犯罪以及与证券期货有关的（金融）诈骗犯罪、非法经营犯罪、职务犯罪等。“广义论”的实质内容与德国证券、期货市场刑事法律规范理论的主流观点是一致的。二是“修正的广义论”。“修正的广义论”认为，证券期货犯罪是违反证券、期货市场法律且严重破坏证券、期货市场秩序的犯罪，包括证券、期货市场发行环节犯罪、交易环节犯罪、管理环节犯罪、公司犯罪、贪污贿赂犯罪以及财产犯罪。[1]“修正的广义论”用证券期货犯罪的理论性概念替换证券期货犯罪的规范性表述，在证券期货犯罪类型

---

〔1〕 参见刘建：《证券、期货市场安全与刑法规制》，中国人民公安大学出版社 2009 年版，第 126 ~ 127 页。

界定层面与“广义论”没有实质性差异，故“修正的广义论”与德国证券、期货市场刑事法律规范理论的主流观点完全一致。三是“狭义论”。“狭义论”认为，证券期货犯罪是与证券期货投资紧密关联的犯罪，包括欺诈发行股票、债券罪、违规披露、不披露重要信息罪、背信损害上市公司利益罪、背信运用受托财产罪等与证券期货投资直接关联的犯罪以及内幕交易罪、操纵证券、期货市场罪等完全属于证券期货投资领域的犯罪。〔1〕 四是严格的“狭义论”。“严格的狭义论”认为，证券期货犯罪只能是完全发生在证券、期货市场上的犯罪类型，故只有内幕交易、泄露内幕交易罪，利用未公开信息交易罪，编造并传播证券、期货虚假信息罪，诱骗投资者买卖证券、期货合约罪，操纵证券、期货市场罪五种犯罪，才属于证券期货犯罪。〔2〕 “严格的狭义论”以“整体性”标准界定证券期货犯罪类型，将违规信息披露、欺诈发行证券、伪造、变造证券、滥用证券管理职权等部分涉及公司管理或其他金融监管的犯罪严格排除在证券期货犯罪类型之外。

应当看到，并非所有发生于证券、期货市场，或者以证券、期货市场中的金融商品或投资者为行为对象的犯罪都可以归类为证券期货犯罪类型，只有严重侵犯证券、期货市场发行与交易机制的犯罪类型才属于证券、期货市场刑事法律规范的规制对象。同时，证券、期货市场中长期资金融通与投资平台的基础定位及其与期货、衍生品市场的联动关系决定了，刑法界定证券期货犯罪的行为对象应当注重限定性与关联性。限定性意味着证券期货犯罪必须针对证券、期货市场中的证券产品而实施；关联性意味着证券、期货市场中的证券产品并不局限于狭义的证券，还应当包括以证券为基础的期货（期权）以及其他以证券为基础的衍生工具（远期、互换等）。所以，证券期货犯罪应当分为三大类型，即虚假陈述、内线交易以及市场操纵。同时，所有类型的证券期货犯罪的核心都是对证券、期货市场机制的滥用。因此，证券期货犯罪的本质就是市场滥用，或者说证券期货犯罪就是市场滥用犯罪。结合我国现行刑法的规定来看，虚假陈述犯罪类型具体包括：欺诈发行股票、债券罪（《刑法》第160条）、违规披露、不

---

〔1〕 参见最高人民检察院法律政策研究室、中国证券监督管理委员会法律部编：《证券期货犯罪司法认定指南》，中国人民公安大学出版社2009年版，第1页。

〔2〕 参见刘宪权：《金融犯罪刑法学专论》，北京大学出版社2010年版，第337页。

披露重要信息罪(《刑法》第 161 条)、擅自发行股票、公司、企业债券罪(《刑法》第 179 条)、编造并传播证券、期货交易虚假信息罪、诱骗投资者买卖证券、期货合约罪(《刑法》第 181 条);内线交易犯罪类型具体包括:内幕交易、泄露内幕信息罪、利用未公开信息交易罪(《刑法》第 180 条);市场操纵犯罪类型具体包括:操纵证券、期货市场罪(《刑法》第 182 条)。此外,我国刑法规定的上述虚假陈述、内线交易、市场操纵犯罪实际上是证券犯罪与期货犯罪的简单叠加,即不区分商品、证券、外汇、利率等不同基础资产的本质性差异而将所有针对期货合约的犯罪均纳入期货犯罪体系并直接规定在相关证券犯罪之后,并且,我国刑法长期没有对衍生品犯罪进行任何规制。因此,在刑事立法上逐渐将针对以证券为基础资产的期货实施的犯罪从期货犯罪中分离,并且制定以证券为基础资产的衍生品犯罪,应当成为今后证券、期货市场刑事法律规范对证券期货犯罪类型进行完善的重要方向。

在明确了证券、期货市场刑事法律规范规定的犯罪类型范围后,可以进一步通过考察这些证券期货犯罪在构成上的特征,明确刑事立法与司法适用上需要选择与阐释的重要问题。

一、证券期货犯罪全球视野

(一)内幕交易

内幕交易犯罪是最为典型的证券期货犯罪,国内外巨额内幕交易案件频频见诸报端,案值几百万元、数千万元的报道屡见不鲜,数亿元、数十亿元的案件也时有耳闻。美国 1987 年伊凡・博斯基内幕交易案,法院判决博斯基 3 年监禁,美国证券交易委员会(Securities and Exchange Commission, SEC)指控博斯基进行内幕交易时涉案金额达数百亿美元,经过辩诉交易,双方达成和解,最终对博斯基罚款 1 亿美元并处以终身证券行业禁入。[1] 在全球金融危机之后各国对内幕交易犯罪的惩治力度加强,部分内幕交易犯罪人被判处 10 年以上监禁。2011 年美国法院认定,全球著名的对冲基金帆船集团创始人拉杰・拉贾拉特南利用从企业高管、银行家、顾问人员、交易商和包括高盛等在内的上市企业的董事会成员手中获取的非法内幕消息进行股票交易,非法获利 6000 余万美

---

〔1〕 Sec V. Ivan F. Boesky, 86 Civ. 8767 Ro, (S. D. N. Y.).

元,被认定构成内幕交易犯罪,根据《联邦量刑指南》,全部14项证券欺诈、共谋等罪名的量刑为20年监禁;[1]同案受审的帆船集团前对冲基金交易员芝威·高佛因直接负责执行具体的内幕交易被判处10年监禁。[2]

内幕交易犯罪的社会危害性相当严重,不仅会引起证券市场秩序的混乱,而且会影响社会经济秩序的良性运转,严重者还会波及社会政治局面的稳定,导致政局动荡,政权更迭。在内幕交易案中,很多社会名流、财界大亨甚至政界要人都因为涉案或者涉嫌内幕交易而翻身落马,身败名裂。例如,日本利库路特内幕交易、股票贿赂案,其影响之大,震动全国,东京市市长因涉嫌此案而自杀,执政的自民党多位要员辞职,自民党公众支持率骤然下降,并最终导致内阁倒台。[3]

我国刑法对内幕交易犯罪的刑事规制经历了一个从无到有、从立法探索到司法实践的艰难过程。从近年来查处的案件情况来看,我国证券、期货市场上不仅存在严重的内幕交易、泄露内幕信息的行为,而且这类行为对市场管理秩序和投资者合法权益的危害越来越严重,犯罪数额越来越巨大,市场中滋生内幕交易犯罪的环节越来越多,上市公司资产重组、并购、财务状况显著变化、重大合同等环节成为内幕交易、泄露内幕信息等违法犯罪行为的重灾区。这意味着司法实践中内幕交易犯罪的认定问题越来越困难与复杂。内幕交易犯罪与法律实践应对在互相博弈中,深刻体现着内幕交易犯罪刑法理论研究的价值。

由于内幕交易等市场欺诈行为为相关内幕信息知悉人员提供了不正当的信息优势,严重撼动了市场交易的公正性,对证券期货交易市场具有灾难性危害,各国政府继美国之后都纷纷对内幕交易行为进行法律规制。尤其是在资本国际流动的金融全球化背景下,建构与维护一个具有全球信息交流通畅与公平的证券、期货市场已经成为现实要求。因此,如何在证券、期货市场国际化的同时加强法律监管,以有效遏制和抑制证券期货内幕交易违法犯罪活动,已成为摆在世界各国和地区面前的一项紧迫任务。

我国刑法针对内幕交易、泄露内幕信息犯罪行为建构了相对完整的刑事规

---

〔1〕 U. S. V. Raj Rajaratnam, 09 Cr. 01184 Rjh, (S. D. N. Y.).

〔2〕 U. S V. Zvi Goffer, 10 Cr. 56 Rjs, (S. D. N. Y.).

〔3〕 参见祝二军:《证券期货犯罪的认定与处理》,人民法院出版社2000年版,第388~389页。

范框架。同时,2009 年 2 月 28 日,第十一届全国人民代表大会常务委员会第七次会议通过了各界广泛关注的《刑法修正案(七)》,对内幕交易、泄露内幕信息罪的犯罪构成进行了重要的补充与完善。

原《刑法》第 180 条内幕交易罪的行为构成比较单一,主要是指内幕信息知情者或者非法获取者,在涉及证券的发行,证券、期货交易或者其他对证券、期货交易价格有重大影响的信息尚未公开前,买入或者卖出该证券,或者从事与该内幕信息有关的期货交易。《刑法修正案(七)》在内幕交易罪中增加了"明示、暗示他人从事上述交易活动"这种行为模式,完善了内幕交易犯罪行为的刑法规制。

经《刑法修正案(七)》完善后的《刑法》第 180 条内幕交易、泄露内幕信息罪规定:"证券、期货交易内幕信息的知情人员或者非法获取证券、期货交易内幕信息的人员,在涉及证券的发行,证券、期货交易或者其他对证券、期货交易价格有重大影响的信息尚未公开前,买入或者卖出该证券,或者从事与该内幕信息有关的期货交易,或者泄露该信息,或者明示、暗示他人从事上述交易活动,情节严重的,处五年以下有期徒刑或者拘役,并处或者单处违法所得一倍以上五倍以下罚金;情节特别严重的,处五年以上十年以下有期徒刑,并处违法所得一倍以上五倍以下罚金。单位犯前款罪的,对单位判处罚金,并对其直接负责的主管人员和其他直接责任人员,处五年以下有期徒刑或者拘役。内幕信息、知情人员的范围,依照法律、行政法规的规定确定……"

美国是最早制定反内幕交易法的国家,但是其并没有对内幕交易进行明确定义。根据《布莱克法律词典》对内幕交易做出的经典定义为:内幕交易是指公司内部人或其他对公司承担信义义务的人利用重大且未公开的信息从事相关公司证券交易的行为。[1] 根据我国刑法及证券、期货市场法律、法规规定,所谓内幕交易、泄露内幕信息罪,是指证券、期货市场交易内幕信息的知情人员或者非法获取证券、期货市场交易内幕信息的人员,在涉及证券、期货市场的发行、交易或者其他对证券、期货市场的价格有重大影响的信息尚未公开前,买入或者卖出该证券、期货市场合约,或者泄露该信息,情节严重的行为。

因为世界各国和地区对内幕交易要素的认识还没有达到一致,所以反映在

〔1〕 Bryan A. Garner, *Black's Law Dictionary* (*Eighth Edition*), Thomson, West, 2004, p. 2329.

证券交易法上则主要有两种对内幕交易行为的控制模式。

第一种是以美国为代表的广义内幕交易行为控制模式，包括行为人知悉公司内幕信息且从事证券交易或其他有偿转让行为，泄露内幕信息或建议他人买卖证券的行为，以及短线交易行为，即美国《证券交易法》第 16 条 b 款规定的公司的主要受益股东、董事或者官员在 6 个月的任何时间内购买和出售该发行人股票的行为。[1] 受美国反内幕交易立法模式影响的还有日本和我国台湾地区。例如，日本《金融商品取引法》规定的内幕交易包括三种：一是公司内幕人利用未公开的内幕信息进行有关证券的买卖；二是收购要约内幕人利用未公开的有关收购要约信息买卖证券；三是短线交易行为，即公司的高级职员和主要股东就其在该公司之股份，于买进股份后 6 个月内即行卖出，或卖出股份后 6 个月内即行买进。

第二种是以英国、德国等为代表的欧盟国家的狭义内幕交易行为控制模式。例如，英国禁止内幕人利用内幕信息进行买卖，禁止在内幕信息的基础上为第三人提供咨询或推荐，禁止传播内幕信息。又如，德国《证券交易法》第 14 条规定内幕人禁止如下行为：其一利用自己知悉内幕事实的便利，为自己或者他人购买或者出让与内幕信息有关的证券；其二未经授权将内幕信息告知他人或使他人接触内幕信息；其三基于其所知悉的内幕信息，建议他人购买或转让与内幕信息有关的证券。[2]

综观世界各国和地区有关禁止内幕交易行为的法律规定，我们不难发现，强调对证券、期货市场上的内幕交易行为进行惩治已经成为各国和地区的共识，并且，许多国家和地区的反内幕交易刑事立法控制经历了从有到无、从宽到严、从严到厉的过程。证券、期货市场是一个开放而公平的市场，所有的投资者都应当基于平等的地位和均等的机会参与证券、期货市场买卖，如果内幕人员利用其特殊地位或机会获取的内幕信息进行证券、期货市场交易并从中渔利，不但违反公平、公正、公开的“三公”原则，而且会给没有获得内幕信息的投资者造成损害。由此可见，惩治证券、期货市场上的内幕交易行为不仅符合证券、期货市场发展的需要，而且也顺应了保护广大投资者利益的现实需要。同时，在

---

〔1〕 15 U. S. C. § 78p.

〔2〕 WpHG 1998 § 14.

证券期货违法犯罪中，相对于操纵证券、期货市场犯罪而言，实施内幕交易行为并非技术性要求最强的犯罪，其社会危害性根植于证券、期货市场信息分配不平衡、信息管理不透明，加之内幕交易的犯罪行为具有封闭性的特点，属于特殊群体之间口口相传的证券期货犯罪类型，实践中较难予以有效查处。各国均通过刑事法律规范这一最为严厉的制度性控制措施，对证券、期货市场内幕信息滥用行为予以严惩。然而，由于社会制度及法律制度的不同，以及证券、期货市场的发展阶段与程度不同，世界各国和地区有关内幕交易犯罪的法律规定也有许多不同之处。这些法律制度安排上的不同可以归纳为以下几点。

其一，反内幕交易立法模式不同。

有的国家在刑法中对内幕交易行为加以规定；有的国家则是在公司法或证券（交易）法、期货（交易）法中对内幕交易行为加以规定。经济共同体国家则在统一的立法框架下通过单行准则、条例、指令等法律形式对内幕交易行为加以规定，例如欧盟。当然，也有国家既在公司法或证券、期货市场交易法等行政、经济法规中加以规定，同时也在刑法中加以规定，例如中国。这种立法模式的不同虽然与各国和地区的法律体系有很大的关系，但多少也反映了各国和地区对内幕交易行为的不同态度。

其二，内幕交易法律责任形式不同。

现在大多数国家和地区对于证券、期货市场上的内幕交易行为的社会危害性已经有了充分的认识，而且许多国家和地区的有关法律均规定实施内幕交易行为者不仅可能承担民事、经济或行政法律责任，严重者也可能承担刑事责任。例如，中国、荷兰、美国、日本等国家，无论其是成熟的资本主义市场，还是全球的新兴经济体，均对内幕交易设置了不同层次的法律责任规定。但是，也有一些国家的法律对证券、期货市场上的内幕交易行为只规定了承担民事责任，并没有规定应负刑事责任。例如，孟加拉国、保加利亚、拉脱维亚、立陶宛等国家的相关法律就作了如此的规定。[1] 这种法律责任的不同规定，集中反映了部分国家和地区对证券、期货市场上内幕交易行为的认识程度，体现了相关国家和地区对证券、期货市场的监管程度。很明显的是，少数新兴市场经济体或者在

---

〔1〕 IOSCO, *Insider Trading*: *How Jurisdictions Regulate It*, Report of The Emerging Markets Committee of The International Organization of Securities Commissions, March 2003.

地理位置上推近发达经济体地区的非发达经济体国家，由于对区际证券、期货市场统一监管条约的遵循程度不高，没有及时对内幕交易犯罪化行动进行政策回应。

其三，内幕交易罪名设置不同。

包括中国在内的一些国家和地区在法律中规定追究内幕交易行为刑事责任的罪名通常为“内幕交易罪”和“泄露内幕信息罪”；也有国家和地区将内幕交易和泄露内幕信息的犯罪行为归入欺诈罪中；还有一些国家和地区则用其他罪名加以规定，如我国台湾地区的相关“法律”中规定有“泄露证券交易秘密罪”和“知情买卖股票罪”两个罪名。这种区别显然与各国和地区立法本身的规范性以及原有的罪名体系直接相关。应该看到，无论是广义的内幕交易行为控制模式还是狭义的内幕交易行为控制模式，凡是对泄露内幕信息行为进行控制的国家和地区，均规定有泄露内幕信息行为，即明文规定禁止泄露内幕信息的行为，且通常把泄露内幕信息的行为作为内幕交易罪行为方式之一，但是大多数国家均未在法律中设置泄露内幕信息罪的罪名。

与我国刑法将泄露内幕信息罪设置为与内幕交易罪并列的选择性罪名的情况不同，部分国家和地区并未将泄露内幕信息罪独立成罪，其主要原因在于内幕交易的本质是基于内幕信息从事的证券、期货市场交易行为。所以，无论是内幕信息知悉人还是通过内幕信息知悉人泄露信息从而获取内幕信息的人，其从事内幕交易的基础均在于内幕信息。尤其是后者，正是因为行为人泄露了内幕信息，才使信息接收人利用该信息进行证券交易（假定人都具有趋利性），也即泄密与交易之间具有必然的因果关系，因此这种泄密行为在客观上就是一种内幕交易行为。但是，我国刑法理论和司法实践则一般认为，在内幕交易中，行为人应当进行了一定的交易行为，如果行为人仅仅实施了泄露内幕信息的行为但没有进行证券、期货交易，那么行为人就只能对其泄露内幕信息的行为负责。

另外，采取广义的限制内幕交易行为和采取狭义的限制内幕交易行为的主要区别在于是否把短线交易行为纳入内幕交易的范畴，即许多国家和地区直接把短线交易归入内幕交易行为之中，而有些国家和地区则并未规定禁止短线交易或者将短线交易独立于内幕交易之外。

其四，内幕交易司法实践不同。

通过对目前世界各国和地区的司法实践的分析，有关内幕交易案件虽然不少，但是，较多案件的最后处理结果，对当事人主要是追究民事或者行政法律责任，而真正追究刑事责任的并不很多。有些国家和地区甚至仅有刑事法律规定，而没有实际刑事判例。有些国家规定了系统性的内幕交易犯罪刑事立法及其追责程序，但绝大部分以内幕交易提起公诉的案件通过辩诉交易与大额金钱赔偿进行和解，并没有对相关行为人进行定罪量刑。究其原因，除各国和地区的法律制度上的差异外，主要还是因为各国和地区的司法实践中普遍认为有关内幕交易犯罪，在刑法适用理论上还有许多难题并未完全解决，在查处手段上仍然需要进一步优化与完善。同时，从刑法本身所奉行的"谦抑原则"要求出发，对内幕交易违法犯罪案件谨慎追究刑事责任具有一定合理性。

其五，内幕交易犯罪构成要件配置不同。

目前对于内幕交易犯罪应有哪些构成要件的问题，始终是刑法理论上争议较大的焦点之一。由于各国和地区有关法律规定的不一致以及司法实践中人们认识的不同，导致了理论上对有关内幕交易犯罪的主体、内幕信息的范围、内幕交易的客观要件等许多问题的意见很不一致（其中一些主要的问题，将在后文专门作论述）。各国证券、期货市场刑事法律规范理论和实践之所以产生这些分歧，主要还在于法律规定的不同，而且这些不同规定直接反映了立法者对内幕交易行为的评价态度。比较而言，我国刑法中的规定吸收了目前世界上大多数国家法律规定的合理成分，对内幕交易犯罪构成要件的规定相对明确且具体。

其六，内幕交易刑事处罚强度不同。

美国一直都是内幕交易犯罪刑事处罚变革的首倡者。美国对内幕交易罪的刑事责任相对较重，且通过不断提高法定最高刑强化内幕交易犯罪的刑事处罚力度。欧盟国家内幕交易犯罪自由刑强度相对接近，例如，英国为7年以下监禁，德国为5年以下监禁，并重点以罚金刑规制内幕交易犯罪。亚洲国家体现出截然不同的刑罚处罚政策导向，中国内幕交易犯罪最高自由刑为10年，而日本为5年，两者差异较大。说明中日两国虽然同属亚洲证券、期货市场中的核心市场，但由于经济发展程度与刑事政策导向不同，导致内幕交易刑事处罚强度差异较大。

内幕交易刑罚处罚强度存在差异，主要是因为各国各地区的文化环境、刑事政策思想、证券、期货市场的发展水平以及人们对证券期货犯罪的认识程度不同所造成的。与各国和各地区法律规定相比较,应该承认,我国刑法对内幕交易、泄露内幕信息犯罪的刑事责任的规定,在整体上处罚较重。我国刑法规定的最高刑为有期徒刑10年,排除严打内幕交易犯罪的美国之外,比其他国家和地区都重。另外,对于罚金的规定,我国刑法与其他国家和地区进行比较,也有其独特之处,我国是以违法所得的倍数罚金作为依据,即罚金数是根据违法所得的多少确定的。而其他国家和地区则在法律中明确规定固定的罚金数。这一方面反映了目前我国对犯罪规定的刑事责任一般均较重,也即在刑事政策上仍较多地坚持重刑思想;另一方面也反映了我们在这些问题上较多地吸取了欧美国家的一些有益经验。当然,同时也反映了我国的刑事立法者对惩治内幕交易、泄露内幕信息罪的重视程度。但是,现在的问题是如何严格地依法执行,特别是在刑事司法实践中如何积累经验,在刑法理论上如何积极探索,从而真正做到有法必依。从司法实践中的情况分析,除了极个别内幕交易犯罪案件中的被告人被判处5年以上10年以下有期徒刑之外,我国绝大部分内幕交易刑事案件均适用《刑法》第180条内幕交易罪的第一档法定刑。如何根据内幕交易犯罪案件的具体情况准确定位法定刑档次?在证券、期货市场深度变革过程中,面对内幕交易的现实挑战,是否有必要通过提高法定刑震慑严重的证券期货犯罪?如何通过罚金刑等非监禁刑罚手段控制内幕交易犯罪?如何通过资格刑丰富和优化内幕交易的具体惩治方式?这些都是刑法理论与实践者应当深思的问题。

其七,内幕交易案件管辖制度不同。

现在世界上许多国家和地区对于内幕交易案件的管辖权问题作了特别的法律规定,一般规定由证券、期货市场所在地的法院管辖内幕交易案件。但包括中国在内的一些国家和地区的法律则并不对内幕交易案件的管辖问题作特别的规定,根据刑法总则规定由行为地法院管辖。应该看到,这些不同的规定各有利弊,将内幕交易案件集中由某一个法院专门管辖,对于提高审理水平并具体解决一些疑难问题不无好处,但这对于一些包括中国在内的地域广阔的大国而言,可能会给当事人参与诉讼带来许多不方便,从而影响案件的实际审理。如果将内幕交易案件视为其他刑事犯罪案件一样进行管辖,虽然方便了当事人的诉讼活动,但案件审理的水平和质量则肯定会受到一定的影响。同时,随着证券、期货市场全球化运作趋势的不断深入推进，证券交易与资金结算不仅在欧盟这样的经济一体化地区已经实现，欧盟、亚洲、南美等证券、期货市场同样能够实现跨市场交易，跨越国际市场的内幕交易违法犯罪给刑法理论与实务带来了更多证券期货内幕交易犯罪的国际管辖疑难问题。

（二）利用未公开信息交易

在中国这样并不成熟的证券、期货市场中，“内幕市”成为最为投资者熟知的“定位”，内线交易相当严重。[1] 除了依靠我国金融监管部门立案调查内线交易行为，对内线交易者进行行政处罚外，我国刑法中的内幕交易罪对内线交易犯罪还规定了定罪量刑标准。但是，证券、期货市场中不仅存在利用内幕信息从事证券期货交易的行为，而且内幕信息之外的其他未公开信息同样会对金融产品的交易价格产生重要影响，金融机构及监管部门工作人员利用因职务便利获取的此类内幕信息之外的重要信息从事违规交易，虽然受到市场的广泛谴责，但对其的责任追究不力。

利用未公开信息交易罪是《刑法修正案（七）》新增加的罪名。全国人大常委会于 2009 年 2 月 28 日通过的《刑法修正案（七）》，增加一款规定作为《刑法》第 180 条第 4 款：“证券交易所、期货交易所、证券公司、期货经纪公司、基金管理公司、商业银行、保险公司等金融机构的从业人员以及有关监管部门或者行业协会的工作人员，利用因职务便利获取的内幕信息以外的其他未公开的信息，违反规定，从事与该信息相关的证券、期货交易活动，或者明示、暗示他人从事相关交易活动，情节严重的，依照第一款的规定处罚。”最高人民法院、最高人民检察院《关于执行〈中华人民共和国刑法〉确定罪名的补充规定（四）》将该条全新刑法规范的罪名提炼为“利用未公开信息交易罪”。

司法实务部门陆续查处了若干利用未公开信息交易犯罪案件。监管层对证券、期货市场中的基金“老鼠仓”违法犯罪案件进行了连续性的查处。例如，2011 年 5 月，长城久富证券投资基金经理韩刚因“老鼠仓”事件成为基金业利用未公开信息交易罪获刑第一人；2011 年 6 月，原光大保德信基金公司投资总监许春茂因涉嫌利用未公开信息交易罪被移送公安机关；2011 年 10 月，曾经的

---

〔1〕 参见郭文婧：《“四重拳”严打证券、期货市场内幕交易》，载《国际金融报》2010 年 11 月 25 日，第 6 版。

明星基金经理李旭利因任职公募基金期间牵涉“老鼠仓”交易，被上海警方以涉嫌利用未公开信息交易罪依法执行逮捕。强化对基金“老鼠仓”违法犯罪行为的查处，不仅有利于规范金融行业运行、保护投资者权益，而且有利于提高证券期货违法犯罪法律监管的水平。追究基金经理“老鼠仓”交易的刑事责任，体现出证券、期货市场对利用未公开信息交易等违法犯罪行为的司法审查的重视。但是，从世界各国司法实践情况来看，利用未公开信息交易罪等内线交易犯罪在法律适用过程中存在很多疑难问题，导致现实中受到刑事追究的行为数量仍然较少，刑法适用难点争点依然突出。因此，刑事立法仅仅是完善内线交易犯罪刑法规制的开始，更重要的是通过司法解释明确刑法规范的界限，使刑法条文能够真正为实务部门所用。

美国1934年《证券交易法》第10条b项规定，证券发行与交易过程中的欺诈与信息误传属于非法行为。该规定站在反欺诈原则的高度确认了证券交易环节利用未公开信息交易行为的违法性。但由于美国1934年《证券交易法》第10条b项没有针对利用未公开信息交易等证券内线交易行为作出明确的规定，1940年《投资公司法》第36条规定，禁止投资公司从业人员违背诚信义务从事损害客户利益证券交易，[1]美国证券与交易委员会(SEC)制定了具体的证券期货交易规则[2]用以起诉利用未公开信息的交易行为。美国联邦法院系统则通过一系列的经典判例[3]对证券内线交易违法犯罪疑难问题进行深入解释，禁止交易者利用未公开信息所形成的不公平优势谋取欺诈性利益，从而使得《证券交易法》第10条b项能够以不断发展的逻辑规则灵活应对证券市场的技术革新与迅速变迁。美国《联邦量刑指南》也对证券内线交易犯罪设定了严格的

---

[1] Investment Company Act of 1940 § 36.

[2] Code of Federal Regulations, Title 17 Commodity and Securities Exchanges.

[3] SEC v. Texas Gulf Sulphur Co., 394 U.S. 976 (1969); Diamond v. Oreamuno, 248 N.E. 2d 910, 912 (N.Y. 1969); Chiarella v. United States, 445 U.S. 222 (1980); United States v. Newman, 464 U.S. 863 (1983); Dirks v. SEC, 463 U.S. 646 (1983); SEC v. Materia, 745 F.2d 197, 201 (2d Cir. 1984); Rothberg v. Rosenbloom, 771 F.2d 818 (3d Cir. 1985); United States v. Carpenter, 484 U.S. 19 (1987); SEC v. Cherif, 933 F.2d 403 (7th Cir. 1990); SEC v. Clark, 915 F.2d 439 (9th Cir. 1990); United States v. O'Hagan, 521 U.S. 642 (1997).

罚金刑。[1]

期货交易方面，利用未公开信息交易罪的刑事责任规定得更为明确。根据《美国法典》第七章第 13 条 d 项和 e 项[2]的规定，以下利用未公开信息交易行为构成重罪：(1)任何登记注册的经营实体、期货行业协会、期货公司的雇员、董事等，违反证券交易法、证监会监管规则，利用职责形成的特殊条件获取实质性未公开信息，蓄意地或者心照不宣地以本人账户或者他人账户从事与该未公开信息相关的远期期货合约、期权交易，或者蓄意地或者心照不宣地泄露该未公开信息；(2)明知是登记注册的经营实体、期货行业协会、期货公司的雇员、董事等违反规定且利用职责形成的特殊条件获取的实质性未公开信息，蓄意地或者心照不宣地以本人账户或者他人账户从事与该未公开信息相关的远期期货合约、期权交易。构成本罪的刑罚：(1)单处 50 万美元以下罚金，没收任何基于上述期货交易或者泄露未公开信息行为所获取的收益；单处 5 年以下监禁；在上述刑罚强度范围内并处罚金、没收、监禁。(2)判处犯罪人支付本罪的检控成本。

在美国各州利用未公开信息交易犯罪刑事立法层面，美国法学会研究制定的《模范刑法典》(Model Penal Code)为美国各州刑法作出了全面有效的指引。《模范刑法典》第 224 条第 13 项"滥用信托财产、政府财产、金融机构财产"规定，行为人以其明知违反法律规定的方式，或者以使财产所有权人、信托财产受益人陷入实质性损失风险或损害的方式，滥用权限处理信托财产、政府财产、金融机构财产，构成本罪。[3]《模范刑法典》第 243 条第 2 项"利用公务行为或公务信息从事投机或者赌博"规定，公职人员利用本人职务行为，或者其隶属的政府部门职务行为，或者其职权所接触的信息，从事以下行为的，构成本罪：(1)基于上述信息或者职务行为所可能产生的影响，在财产交易或者投资事业中获取金钱利益；(2)基于上述信息或者职务行为，从事投机或者赌博活动；(3)帮助

[1] See Danielle DeMasi Chattin, "The More You Gain, the More You Lose: Sentencing Insider Trading under the U. S. Sentencing Guidelines", 79 *Fordham Law Review* 165 (2010).

[2] 7 United States Code §13 (d), (e).

[3] Model Penal Code § 224. 13 Misapplication of Entrusted and Property of Government or Financial Institution.

他人从事前述行为。[1]

美国各州刑法典基本上采纳了美国法学会《模范刑法典》的指引，区分商业环节与公务环节的利用未公开信息从事金融交易的行为——行为人利用信托权或者金融机构中的职务便利从事利用未公开信息交易的，通过特殊背信罪进行规制；行为人利用公职便利获取公共信息从事相关金融交易的，通过渎职罪进行规制。《得克萨斯州刑法典》对利用未公开信息交易犯罪的刑法规制即属典型代表。《得克萨斯州刑法典》第七章"财产犯罪"第32节"欺诈罪"第45条"滥用信托财产和金融机构财产罪"规定，行为人滥用信托财产或者金融机构财产从事金融交易，对委托人权益或者金融机构财产形成实质性风险的，根据其滥用财产数额分别构成C级轻罪至一级重罪。[2] 该章第39节"渎职罪"第6条"滥用公务信息罪"规定，公务人员利用公职所获取的未公开公务信息，通过投资或投机，或者帮助他人投资或投机，获取经济利益，构成三级重罪。[3]

在证券、期货市场未公开信息交易犯罪法律规制技术选择上，英国采取了明显不同的路径。英国2000年《金融服务与市场法案》将利用未公开信息交易行为归入"市场滥用"的范畴进行刑事规制。《金融服务与市场法案》第八部分专门规定了市场滥用的刑事罚则。根据该法案的规定，金融投资行为基于以下信息而执行的，属于滥用市场行为：不为市场所知悉的信息，且该信息一旦为正常的市场参与者掌握，该正常的市场参与者会或者可能会在决定金融交易中将其作为有效的相关性投资信息。相关信息可以通过金融调查分析获取的除外。构成滥用市场的行为人将被处以罚金，罚金数额根据其金融投资金额予以适当判定。[4] 英国金融犯罪实践中的代表性观点指出：一系列判例证明，《金融服务与市场法案》对利用未公开信息交易等证券期货内线交易犯罪编织了相当宽泛的刑事法网。[5]

《德国刑法典》第266条背信罪规定，具有下列导致行为人负责的财产利益

〔1〕 Model Penal Code § 243.2 Speculating or Wagering on Official Action or Information.

〔2〕 Sec. 32.45, Misapplication of Fiduciary Property or Property of Financial Institution, Texas Penal Code.

〔3〕 Sec. 39.6, Misuse of Official Information, Texas Penal Code.

〔4〕 Financial Services and Markets Act 2000 Part VIII Penalties for Market Abuse.

〔5〕 See David Ormerod, "Prosecution: Insider Dealing", 6 *Criminal Law Review* 445 (2009).

损害的行为之一的,处以5年以下监禁或者罚金:(1)滥用法律法规赋予的权力或政府授权,从事交易;违背法律法规规定的、政府授予的或者信托关系设定的保护财产利益职责,从事交易或者处理资产。[1] 根据德国《证券交易法》第12条、第13条、第14条以及第38条的规定,基于职务、雇佣关系、职责获取可能显著影响证券、期货合约、金融期货交易价格的未公开信息的人,利用本人或者他人账户从事相关交易,或者未经授权披露该信息,或者向他人推荐从事相关交易,构成内幕交易,处5年以下监禁或者罚金。[2] 因此,在德国,利用法律规定的职权以及行政权力形成的便利条件掌控未公开信息,从事相关金融交易的,按照刑法典背信罪的规定定罪处罚;金融机构、证券监管部门等单位的工作人员非法披露未公开信息或者利用未公开信息实施证券、期货交易,按照内幕交易条款定罪处罚。

《日本刑法典》与《德国刑法典》的规定略有不同,虽然也在背信罪框架内规制此类行为,但仅处罚委托关系下的背信行为。根据《日本刑法典》第247条的规定,在为他人处理事务过程中,基于谋取委托人之外的本人利益或第三人利益的目的,或者基于损害委托人利益的目的,违背任务,对委托人造成财产损害的,构成背任罪。[3] 同时,根据日本《金融商品取引法》第166条的规定,对于上市公司、金融商品监管等具有法定职责的人员,利用在履行职责过程中获取的对金融商品投资具有重大影响的信息,从事相关金融商品交易的,构成内幕交易,单处或并处5年以下惩役、500万日元以下罚金;[4] 根据《金融商品取引法》第157条第1项的规定,使用不正当手段、阴谋、技巧从事证券或者衍生品交易的,构成证券欺诈,单处或并处10年以下惩役、1000万日元以下罚金。[5] 故对于没有证据显示侵犯受托人利益的利用未公开信息交易行为,不仅可以依照内幕交易追究刑事责任,还可以依据证券欺诈兜底条款定罪量刑。

---

〔1〕 Strafgesetzbuch, StGB § 266a Vorenthalten und Veruntreuen von Arbeitsentgelt.

〔2〕 Wertpapierhandelsgesetz - WpHG § 12, 13,14, 38.

〔3〕 参见《日本刑法典》,张明楷译,法律出版社2006年版,第91页。

〔4〕 金融商品取引法(きんゆうしょうひんとりひきほう、昭和23年4月13日法律第25号)第百六十六条会社関係者の禁止行為。

〔5〕 金融商品取引法(きんゆうしょうひんとりひきほう、昭和23年4月13日法律第25号)第百五十七条不正行為の禁止。

欧盟《内幕交易与市场操纵(市场滥用)指引》[1](以下简称《指引》)通过拓展反内幕交易法的范围,将利用与金融工具有关的未公开信息从事金融交易的行为纳入欧盟成员国规制此类市场滥用行为的法律框架。根据《指引》第1条与第2条的规定,欧盟成员国禁止下列持有内幕信息的人员,利用本人或者他人账户,直接或者间接地从事与该内幕信息有关金融工具交易的行为:(1)金融工具发行人的行政、管理或者监管机构的组成人员;(2)金融工具相关资产持有者;(3)通过行使职务、承担工作、履行责任能够获取内幕信息的人员;(4)通过犯罪行为获取内幕信息的人员。内幕信息是指,确定、未公开、与金融工具发行人或者金融工具直接或间接相关的,公开之后对于金融工具及其有关的金融衍生工具的价格具有显著影响的信息。金融衍生品交易中的内幕信息还应契合如下特征:金融衍生品交易市场参与者基于该信息的影响将会从事符合金融市场、主管当局理性预期的市场操作。

可见,在欧盟法的框架下,金融机构、证券、期货主管部门或者行业协会等工作人员利用对金融工具及其衍生产品交易价格具有重要影响的未公开信息从事相关交易,被集中纳入反内幕交易体系中进行法律监管。但是,由于《指引》没有对欧盟成员国强制性确定统一的内幕交易刑事制裁措施框架和时间表,对于利用未公开信息交易行为的犯罪化与司法制裁问题,欧盟各国相对于美国而言,其发展速度受到较大限制。欧盟金融法理论与实务界普遍呼吁通过《指引》的修正,加快内线交易犯罪实体规范与证据规则的统一化、标准化立法进程。[2]

(三)市场操纵

根据国内外最新市场操纵犯罪刑法规制的实践,以国际视野准确分析当前全球成熟证券、期货市场国家的刑法对于市场操纵犯罪刑法规制的概况、特点以及最新立法与司法实践,有助于在互动性思考中研析我国刑法市场操纵犯罪刑法规制的优点与缺陷,精准把握此类反市场操纵犯罪刑事立法与司法发展的

---

〔1〕 Directive 2003/6/EC of the European Parliament and of the Council of 28 January 2003, on Insider Dealing and Market Manipulation (Market Abuse).

〔2〕 Jesper Lau Hansen, "Insider Dealing Defined: The EU Court's Decision in Spector Photo Group", Eropean Company Law 7, 2010.

脉动。

1. 中国市场操纵犯罪刑法规制

为了满足不断发展和完善的证券市场的监管需要，我国 1997 年《刑法》第 182 条明确规定了“操纵证券交易价格罪”这一新罪名和相应的法定刑。1997 年《刑法》第 182 条的具体规定是：“有下列情形之一，操纵证券交易价格，获取不正当利益或者转嫁风险，情节严重的，处五年以下有期徒刑或者拘役，并处或者单处违法所得一倍以上五倍以下罚金：（一）单独或者合谋，集中资金优势、持股优势或者利用信息优势联合或者连续买卖，操纵证券交易价格的；（二）与他人串通，以事先约定的时间、价格和方式相互进行证券交易或者相互买卖并不持有的证券，影响证券交易价格或者证券交易量的；（三）以自己为交易对象，进行不转移证券所有权的自买自卖，影响证券交易价格或者证券交易量的；（四）以其他方法操纵证券交易价格的。单位犯前款罪的，对单位判处罚金，并对其直接负责的主管人员和其他直接责任人员，处五年以下有期徒刑或者拘役。”

由于 1997 年《刑法》没有对期货市场中的操纵行为进行禁止性规定，而当时我国期货市场正处于迅猛发展的关键时期，亟须刑法对严重的期货市场操纵行为进行规制。因此，全国人大常委会于 1999 年 12 月 25 日颁布了《刑法修正案（一）》，对操纵证券交易价格罪进行了重要补充，增加规定了期货犯罪的内容，将本罪改为操纵证券、期货交易价格罪。经修正后的我国《刑法》第 182 条规定：“有下列情形之一，操纵证券、期货交易价格，获取不正当利益或者转嫁风险，情节严重的，处五年以下有期徒刑或者拘役，并处或者单处违法所得一倍以上五倍以下罚金：（一）单独或者合谋，集中资金优势、持股或者持仓优势或者利用信息优势联合或者连续买卖，操纵证券、期货交易价格的；（二）与他人串通，以事先约定的时间、价格和方式相互进行证券、期货交易，或者相互买卖并不持有的证券，影响证券、期货交易价格或者证券、期货交易量的；（三）以自己为交易对象，进行不转移证券所有权的自买自卖，或者以自己为交易对象，自买自卖期货合约，影响证券、期货交易价格或者证券、期货交易量的；（四）以其他方法操纵证券、期货交易价格的。单位犯前款罪的，对单位判处罚金，并对其直接负责的主管人员和其他直接责任人员，处五年以下有期徒刑或者拘役。”

1999 年《刑法修正案（一）》规定了操纵证券、期货交易价格罪之后，司法实务部门陆续出现了一些看法:首先,《刑法》第 182 条规定操纵证券、期货交易价格,获得不正当利益或者转嫁风险,情节严重的,才构成犯罪。但是,操纵证券、期货交易价格者能否实际获利取决于市场等多方面因素。操纵行为对证券、期货市场秩序的危害、对其他投资者的损害并不在于操纵者本人是否能从操纵行为中获利,而在于人为操纵的、扭曲的证券、期货价格欺骗了公众投资者,扰乱了证券、期货市场秩序。其次,本罪以违法所得多少作为确定罚金数额的标准,致使对无违法所得的案件,难以对当事人处以罚金。因此,罚金数额应当与违法所得的多少脱钩。最后,最高 5 年徒刑的处罚偏轻,难以起到惩戒和威慑作用。[1] 上述意见实际上是从法律规定合理性层面对操纵证券、期货交易价格罪提出了三方面的完善方向:(1)是否有必要取消"获得不正当利益或者转嫁风险"要件;(2)是否有必要调整基于违法所得判处罚金的处罚模式;(3)是否有必要提高法定最高刑强化刑罚震慑。同时,我国《证券法》于 2005 年进行了全面修改,对与证券市场操纵有关的法律规定进行了完善。修改后的《证券法》第 77 条第 1 款规定:"禁止任何人以下列手段操纵证券市场:(一)单独或者通过合谋,集中资金优势、持股优势或者利用信息优势联合或者连续买卖,操纵证券交易价格或者证券交易量;(二)与他人串通,以事先约定的时间、价格和方式相互进行证券交易,影响证券交易价格或者证券交易量;(三)在自己实际控制的账户之间进行证券交易,影响证券交易价格或者证券交易量;(四)以其他手段操纵证券市场。"可见,《证券法》将原来的操纵证券交易价格的法律禁止性规定进一步完善为禁止操纵证券市场。在市场操纵犯罪的刑事立法完善方面,《证券法》的修改实际上提出了行政与刑事法律规定衔接的必要性。

基于上述各方面的原因,全国人大常委会 2006 年《刑法修正案(六)》第 11 条对《刑法》第 182 条再次进行修改,具体规定为:"有下列情形之一,操纵证券、期货市场,情节严重的,处五年以下有期徒刑或者拘役,并处或者单处罚金;情节特别严重的,处五年以上十年以下有期徒刑,并处罚金:(一)单独或者合谋,集中资金优势、持股或者持仓优势或者利用信息优势联合或者连续买卖,操纵证券、期货交易价格或者证券、期货交易量的;(二)与他人串通,以事先约定的时间、价格和方式相互进行证券、期货交易,影响证券、期货交易价格或者证券、

[1] 参见黄太云:《〈刑法修正案(六)〉的理解与适用(下)》,载《人民检察》2006 年第 15 期。

期货交易量的;(三)在自己实际控制的账户之间进行证券交易,或者以自己为交易对象,自买自卖期货合约,影响证券、期货交易价格或者证券、期货交易量的;(四)以其他方法操纵证券、期货市场的。单位犯前款罪的,对单位判处罚金,并对其直接负责的主管人员和其他直接责任人员,依照前款的规定处罚。”最高人民法院、最高人民检察院《关于执行〈刑法〉确定罪名的补充规定(三)》中将本罪的罪名确定为“操纵证券、期货市场罪”。从法律规定的内容上来看,操纵证券、期货市场罪的立法完善具体体现在以下几方面:第一,将本罪的行为模式由“操纵交易价格”整体修改为“操纵市场”。对此,刑法理论上一般认为,虽然操纵证券、期货市场主要是操纵证券、期货的交易价格,但除了价格以外,对于证券、期货交易量的操纵也会干扰市场的价格形成机能,所以此一修改更为切实地保护了证券市场机能。[1] 第二,取消“获取不正当利益或者转嫁风险”要件,指控证券、期货市场罪无须考量操纵行为获利与避险的实际情况。第三,操纵证券、期货市场罪适用无限额罚金制,将原来规定并处或者单处“违法所得一倍以上五倍以下罚金”修改为“并处或者单处罚金”,具体罚金数额由司法机关根据案件具体情况行使裁量权。第四,修改操纵证券、期货市场罪的行为要件。例如,将原条文所列第三项行为中“以自己为交易对象,进行不转移证券所有权的自买自卖”修改为“在自己实际控制的账户之间进行证券交易”,将原第四项所列“以其他方法操纵证券、期货交易价格的”修改为“以其他方法操纵证券、期货市场的”。第五,大幅度提升法定刑,将本罪的法定最高刑从原来的5年有期徒刑提高到10年,同时,取消原来的倍比罚金制,确立了无限额罚金制。

最高人民检察院、公安部2010年《关于公安机关管辖的刑事案件立案追诉标准的规定(二)》(以下简称《追诉标准二》)中对操纵证券、期货市场罪的基本追诉标准进行了相对完整的规定:“根据《追诉标准二》第39条的规定:‘操纵证券、期货市场,涉嫌下列情形之一的,应予立案追诉:(一)单独或者合谋,持有或者实际控制证券的流通股份数达到该证券的实际流通股份总量百分之三十以上,且在该证券连续二十个交易日内联合或者连续买卖股份数累计达到该证券

---

[1] 参见陈建旭:《证券市场改革下的新形态证券犯罪》,载《哈尔滨商业大学学报》(社会科学版)2008年第6期。

同期总成交量百分之三十以上的;(二)单独或者合谋,持有或者实际控制期货合约的数量超过期货交易所业务规则限定的持仓量百分之五十以上,且在该期货合约连续二十个交易日内联合或者连续买卖期货合约数累计达到该期货合约同期总成交量百分之三十以上的;(三)与他人串通,以事先约定的时间、价格和方式相互进行证券或者期货合约交易,且在该证券或者期货合约连续二十个交易日内成交量累计达到该证券或者期货合约同期总成交量百分之二十以上的;(四)在自己实际控制的账户之间进行证券交易,或者以自己为交易对象,自买自卖期货合约,且在该证券或者期货合约连续二十个交易日内成交量累计达到该证券或者期货合约同期总成交量百分之二十以上的;(五)单独或者合谋,当日连续申报买入或者卖出同一证券、期货合约并在成交前撤回申报,撤回申报量占当日该种证券总申报量或者该种期货合约总申报量百分之五十以上的;(六)上市公司及其董事、监事、高级管理人员、实际控制人、控股股东或者其他关联人单独或者合谋,利用信息优势,操纵该公司证券交易价格或者证券交易量的;(七)证券公司、证券投资咨询机构、专业中介机构或者从业人员,违背有关从业禁止的规定,买卖或者持有相关证券,通过对证券或者其发行人、上市公司公开作出评价、预测或者投资建议,在该证券的交易中谋取利益,情节严重的;(八)其他情节严重的情形。'"

2. 美国市场操纵犯罪的刑法规制

经过20世纪前20年经济与金融的高速发展,美国证券市场交易高度活跃,证券市场中的信用交易、负债交易、杠杆比例大幅增加。早在20世纪二三十年代,美国各州就在法律规范中规定了对包括证券市场操纵违法犯罪在内的证券欺诈行为的制裁措施,其中最为著名的就是"蓝天法",即美国各州基于证券发行与销售的监管与保护投资者免受证券欺诈侵犯而设立的州证券法。[1]堪萨斯州于1911年制定了第一部"蓝天法",为其他各州证券立法设置了立法模版。1911~1933年,美国几乎所有州均颁行了"蓝天法"(内华达州除外)。"蓝天法"规定了证券发行与销售、证券公司的登记制度,各州证券监管机构通过行政监管与司法诉讼规制市场操纵等证券欺诈行为。但是,由于当时美国证

---

〔1〕 See Paul G. Mahoney, "The Origins of the Blue - Sky Laws: A Test of Competing Hypotheses", *The Journal of Law*, *Economics* 46, 2003, p. 229.

券监管只有州法层面的法律规范，联邦证券法律监管处于空白状态，同时，州际证券交易法律适用冲突与矛盾难以协调，美国证券市场过度投机最终导致1929年证券市场崩溃进而引发证券、期货市场经济与金融危机。金融危机对证券市场的巨大冲击，加上过度投机以及证券欺诈违法犯罪对证券市场投资者造成的巨大损害，迫使证券、期货市场深刻反思联邦证券立法的必要性。

基于重构证券市场法律规范体系与重建证券市场投资者信心的立法目标，美国立法机关于1933年通过《证券法》(Securities Act of 1933)，规定了美国证券发行市场的法律规范，通过强化证券市场公平、公开、公正原则，重点要求发行证券的公司在募集股票、债券文书中进行全面、及时的信息披露。紧随其后，美国于1934年通过《证券交易法》(Securities Exchange Act of 1934)，进一步规范证券交易市场，禁止包括市场操纵在内的证券欺诈行为，并且明确规定联邦证券交易委员会为美国联邦证券监管行政执法机构，并承担市场操纵侵权、违法以及犯罪案件的起诉职能。自此，美国在全球范围内较早地建构了以《证券法》《证券交易法》为核心法律规范的反市场操纵规范体系。

美国《证券交易法》第10条第b款以及证券交易委员会10b-5规则对包括市场操纵违法犯罪在内的所有证券欺诈建构了反欺诈法律规制条款。同时规定，《证券交易法》第9条a款等法律条文针对虚假交易操纵等市场操纵违法犯罪类型进行专门的规范禁止。同时规定，符合法律规定以及SEC规则的安定操作和上市公司股份回购等行为是排除市场操纵性质的正常交易行为。

美国1934年《证券交易法》规定证券发行与交易过程中的欺诈属于非法行为，从反欺诈原则的层面规定了操纵证券市场的违法性。[1] 该法第10条b款规定(以下简称10b规定)：禁止任何人直接或者间接地通过州际商务、邮电通讯、证券交易等设施，使用操纵、欺诈或违反证券监管部门基于保护市场和投资者利益所制定的法规的方式，从事注册证券、非注册证券、以证券为基础的掉期合约等交易。美国证券交易委员会10b-5规则将上述法律条文进行具体化，禁止在州际证券交易中实施欺诈性的交易策略、安排、技巧，或者欺诈或可能欺诈市场参与者的交易、操作或者其他行为。[2]

---

[1] 15 U. S. C. § 78j(b) (2007).
[2] 17 C. F. R. § 240.10b-5.

美国《证券交易法》10b 规定实际上是反市场操纵的原则性条款，从规范上确认了市场操纵行为可罚性基础在于其行为的欺诈本质。这意味着在理论层面明确，市场操纵行为因为向证券市场制造或者传递虚假信息，对证券市场的影响与虚假陈述具有相似性，即符合普通法上欺诈交易行为的构成要件，应当根据禁止欺诈的法律条款进行处罚。从《证券交易法》10b 规定的条文内容分析，从反欺诈的角度禁止市场操纵的范围是极为宽泛的，包括全美范围内的所有集中交易市场与场外交易市场中的所有操纵证券市场的行为。

由于美国《证券交易法》10b 规定确实过于原则与宽泛，在实践中无法予以具体适用，SEC 根据《证券交易法》的授权制定 10b－5 规则细化反欺诈条款的具体内涵。10b－5 规则制定之初的目的显然在于合理限制《证券交易法》禁止市场欺诈行为范围的过度扩张，但随着 10b－5 规则本身不断地发展，其覆盖的范围也远远超过了制定该规则之初所设想的范围。美国联邦最高法院前首席大法官伦奎斯特就曾在 Blue Chip Stamps v. Maynard Drug Stores 判例中指出，10b－5 规则经过几十年的发展内容相当繁复，但仍然应当对其适用范围进行反思，例如，其规制的欺诈性交易应当局限于实际买卖行为而非证券买卖的邀约。[1] 美国证券法理论上也有不少学者提出限制利用 10b－5 规则的解释开放性与内容复杂性滥用反欺诈证券诉讼。[2]

10b－5 规则的主要条文内容是：禁止任何人直接或间接利用州际商业设施、工具、媒体或者全国证券交易平台，针对证券以及证券交易实施下列行为：(1)使用任何形式、方法、策略或者计划进行欺诈；(2)就与证券有关的重大事项进行虚假陈述，或者对有必要向他人披露且能够避免他人受到误导的客观事实进行隐瞒；(3)欺诈或可能欺诈市场参与者的交易、操纵或者其他行为。[3] 从 10b－5 规则的条文内容中我们可以看到，证券市场操纵行为可以是欺诈的一种表现形式，但并非所有市场操纵的违法犯罪行为类型均需要以欺诈意图与欺诈行为作为构成要件。对于其他实质上具有欺诈的性质但并不一定需要证明欺诈意图与欺诈行为的市场操纵违法犯罪，美国《证券交易法》以及 SEC 规

---

〔1〕 Blue Chip Stamps v. Maynard Drug Stores, 421 US 723 (1975).

〔2〕 Alan R. Palmiter, *Securities regulation: examples and explanations*, Aspen Publishers, 2008, p. 359.

〔3〕 17 C. F. R. § 240.10b－5.

则的其他部分同样进行了法律规定。

《证券交易法》第9条a款(以下简称9a规定)明确禁止操纵证券价格的行为:证券经纪人、承销商或其他任何人基于拉升或打压证券交易价格的目的发布信息诱使投资者买卖相关证券,构成证券市场操纵。[1] 同时,《证券交易法》第15条c款禁止券商在场内与场外市场交易中实施操纵市场等证券欺诈行为。[2]

美国《证券交易法》9a规定反证券市场价格操纵的具体内容是:禁止任何人直接或间接利用州际商业设施、工具、媒体或者全国证券交易平台,针对证券以及证券交易实施下列行为:(1)意图使在全国证券交易所注册的证券产生虚假性、误导性的交易活跃状态,或者使相关证券交易价格、交易量等市场行情信息具有相当的误导性,从事以下虚假交易:①进行不转移证券实质所有权的证券交易;②明知他人以相当的时间、数量、价格卖出或者申报卖出证券,购买或者申报购买该证券;③明知他人以相同的时间、数量、价格买入或者申报买入证券,出售或者申报出售该证券。(2)单独或伙同他人对全国证券交易所注册的证券或者以证券为基础的掉期合约进行连续交易,致使证券交易出现活跃的表象,或者通过拉升、打压证券价格,诱使证券市场投资者买入或者卖出相关证券。(3)证券机构(自营商、经纪商)或者任何人为了诱使他人买卖相关证券、证券掉期合约等,利用职务便利或者大众媒体传播可能引发证券价格上升或者下降的市场虚假信息,同时在全国证券交易所进行相关证券或证券掉期合约的交易或者交易申报。(4)证券机构(自营商、经纪商)或者任何人为了诱使他人买卖相关证券、证券掉期合约等,明知相关陈述将导致他人产生误解,仍然对与证券交易价格相关的重大事项进行虚假陈述或者误导性陈述,同时在全国证券交易所进行相关证券或证券掉期合约的交易或者交易申报。(5)基于从证券机构(自营商、经纪商)或者任何人处直接或间接获取报酬、利益等目的,传播或者发布可能引起证券交易价格上升或者下降的虚假信息,诱使他人买卖相关证券、证券掉期合约等。(6)违反证券管理委员会为维护证券市场投资者与社会

[1] 15 U. S. C. § 78i(a) (2007).

[2] Section 15 Registration and Regulation of Brokers and Dealers Use of manipulative or deceptive devices, c. contravention of rules and regulations, Securities Exchange Act of 1934.

公众利益而制定的相关规则,单独或伙同他人对全国证券交易所注册的证券或者以证券为基础的掉期合约进行连续交易,意图钉住(pegging)、固定(fixing)或者稳定(stabilizing)相关证券的交易价格。[1]

从上述法律规范的整体层面进行分析,《证券交易法》9a的规定实际上并没有明确证券市场价格操纵的实质内涵,而是针对各种具体的操纵行为类型对证券市场价格操纵进行法律禁止。对此,美国联邦最高法院在Ernst & Ernst v. Hochfelder判例中的解释是:基于操纵概念界定与实践中操纵行为设计的复杂性,联邦最高立法机关选择不对证券市场操纵行为进行实质定义,其立法目的在于以一个开放性的法律概念与内涵,全面覆盖违法犯罪行为主体设计的各种操纵策略与手段,从而实现证券交易法律规范有效维护证券市场自由与公平竞争的价值。[2]

从上述法律规范的具体内容层面进行分析,《证券交易法》9a的规定形式上区分为6种操纵行为类型,实质上可归纳为虚假交易操纵、连续交易操纵、虚假信息操纵、违法护盘操纵4种操纵类型。

《证券交易法》9a规定的第一项明确了虚假交易操纵的行为类型。虚假交易操纵又具体分为洗售与相对委托两种类型。这两种交易行为并不存在真实的证券交易关系,证券的买入或者卖出都是为了制造虚假的成交量与成交价格,从而给证券市场中的投资者制造证券供求关系的误导信号,其本身并不具有任何经济上的意义与价值。因此,洗售与相对委托是最为直观且容易判断的证券市场价格操纵行为。虚假交易操纵行为的基本构成要素为:针对特定的证券实施了洗售(自我买卖)或者相对委托的不具有真实交易关系的行为;行为人主观上为故意且具有制造虚假的证券交易活跃假象的目的。虚假交易操纵的本质在于相关交易行为不转移证券的实质所有权。所谓证券的"实质所有权",应当是指基于协议、约定、持股等安排而对于证券具有实际控制权,或者当下、不久的将来能够将证券登记转让至本人账户,或者以配偶、未成年子女、配偶父母等人的名义或账户持有证券。同时,相对委托操纵中证券买卖委托的时间、

---

〔1〕 Section 9 Manipulation of Security Prices, a. Transactions relating to purchase or sale of security, Securities Exchange Act of 1934.

〔2〕 Ernst, Ernst v. Hochfelder, 425 U.S. 185(1976).

数量、价格等要素"相同"并非是指绝对的量化相同,而是实质性相同(substantially the same),即相关委托或者申报具有成交的现实可能。

《证券交易法》9a 规定的第二项明确了连续交易操纵的行为类型。从表面上分析,连续交易操纵在行为要素上与正常的证券交易行为并没有区别,证券法实际上也不禁止任何形式的连续买卖或者申报。相对于上述洗售或者相对委托等明确向证券市场制造虚假供求关系信号的交易而言,连续交易在行为上表现为并不具有明确或者直观的违法性。因此,连续交易操纵的违法性实质在于行为人具有通过形式合法的交易行为实施实质操纵市场的主观故意。具体而言,连续交易操纵者的故意内容表现为通过连续性的证券交易行为诱导投资者关注并从事相关证券的买入或者卖出行为。连续交易操纵行为的基本要素为:实施了连续买入或者卖出证券的申报或者交易;制造了证券交易价格上升或者下降的现象;具有诱导他人买入或者卖出相关证券的故意。实践中,连续交易操纵行为通常是指针对同一证券连续进行三次以上的交易。[1] 证明连续交易行为主体是否存在诱使证券市场投资者从事相关证券买卖行为的故意,一是依靠其供述(通常情况下很难实现),二是依靠客观的间接证据进行推定。

《证券交易法》9a 规定的第三项至第五项明确了虚假信息操纵的行为类型。虚假信息操纵行为又分为编造并传播虚假市场信息诱导他人从事相关证券交易、通过虚假陈述诱使他人从事相关证券交易、诱骗投资者买卖证券三种具体模式。其中,前两种行为模式的主体必须是实际从事相关证券交易的证券机构(自营商、经纪商)或者任何人,而后一种行为模式的主体并不一定是相关证券的交易者。对于编造并传播虚假市场信息诱导他人从事相关证券交易而言,虚假市场信息是对于证券交易价格具有重大影响的信息,即应当具备虚假性与重大性;而通过虚假陈述诱使他人从事相关证券交易中的虚假陈述尽管也是一种虚假信息的传播行为,但构成虚假陈述应当具备相对严格的前提,即行为人具有全面、及时、充分披露真实信息的义务。此外,还应当看到,虚假陈述包括作为(披露虚假信息)与不作为(隐瞒真实信息)两种形式。

《证券交易法》9a 规定的第六项明确了违法护盘操纵的行为类型。需要注意的是,合法的钉住、固定或稳定证券价格等护盘行为,虽然在客观上对证券市

---

[1] In re Kidder Peabody, Co., 18 S. E. C. 559 (1945).

场的自然运行进行了控制,但由于法律对于这类行为的实体标准与程序规范进行了规定,故凡是符合法律规定的护盘行为均不具有证券市场价格操纵的法律性质。关于如何认定违法护盘行为,《证券交易法》授权 SEC 规则对此问题进行明确规定。

根据《证券交易法》的规定,排除证券市场操纵性质的交易行为是指合法的安定操作与证券回购。

按照 SEC10b-6、10b-7、10b-8 的规定,参与承销或者分销证券的证券机构买卖本机构所销售的证券属于合法的安定操作行为。同时,合法的安定操作行为还应当符合如下标准:(1)信息公开。证券市场中的投资者在认购相关证券之前,证券承销商必须对可能进行的安定操作行为进行信息披露,例如,在招股说明书中登载相关信息。在实际从事相关证券交易的过程中,券商必须向证券市场中包括交易对手方的所有投资者进行信息披露,同时向 SEC 进行报告。相关交易记录的保存期限为三年。(2)操作合法。安定操作行为在买入相关证券时,其买入价格不能高于承销价格。如果相关证券在多个市场进行销售,操作价格不得高于主要承销市场的价格。

对于证券回购而言,上市公司回购本公司股份的目的多种多样,既可以是用于员工股权激励,也可以是基于稳定上市公司股票价格的护盘意图。护盘行为实际上就是上市公司或其大股东、实际控制人等在上市公司证券交易价格下跌的情况下,通过连续交易等方式以市场价格或者高于市场的价格买入上市公司股份从而稳定价格。可见,护盘本质上就是对证券价格的一种控制行为,就上市公司回购而言,只有在符合法律规定前提下的操作护盘行为,才能排除其市场操纵性质。实践中,上市公司回购股份主要有三种方式:一是向上市公司股东定向收购股票;二是利用自有证券账户在集中竞价市场公开买入;三是通过券商购买上市公司股份再通过协议进行定向交易。美国《证券交易法》第 13 条 e 款以及美国证券交易委员会 10b-18 规则具体规定中了上市公司股份回购问题。

美国证券法实践中将上述规定中排除市场操纵性质的上市公司回购股份或者护盘行为的法律条款称为“安全港”规则。根据“安全港”规则的规定,合法的上市公司股份回购应当在回购方式、回购时间、回购价格、回购数量等方面符合法律明确规定的条件。在回购方式方面,上市公司回购股份时,应当只能委托一名证券经纪商具体实施购买行为，避免委托多个证券经纪商可能出现的证券交易活跃现象。在回购时间方面，上市公司回购股份必须严格遵循相关操作限制：其一，禁止上市公司在开盘集中竞价阶段以及收盘前30分钟的尾市场阶段从事回购交易。其二，上市公司股票在特定交易日之前的一个月时间内的平均成交金额连续超过100万美元，并且，该上市公司股份流通市值超过1.5亿美元，则上市公司回购股份当日最迟时间可以延至收盘前10分钟。在回购价格方面，上市公司回购股份的申报价格不得高于交易当时市场最高报价或者上市公司本身的前一次申报价格。这主要是为了限制上市公司拉升股价。在回购数量方面，上市公司每个交易日回购股份的数量不能超过该交易日之前的一个月时间内的日平均成交量的1/4。

美国市场操纵犯罪刑事处罚的力度在过去的几十年来呈现出持续加强的发展态势。美国1933年《证券法》对证券发行与承销环节的欺诈犯罪设置的法定刑为：1万美元以下罚金，或者5年以下监禁，或者两者并处。[1] 同时，1934年《证券交易法》原来对这个女权市场操纵犯罪设置的刑罚规定是可以判处10万美元以下的罚金或5年以下有期徒刑，或者二者并科。经过几十年的发展，尤其是2000年美国证券市场泡沫破裂以及上市公司造假案件的连续出现，2002年美国《萨班斯奥克利法案》大幅度地提升了操纵证券市场等证券期货犯罪的刑事责任。违反《证券交易法》反欺诈条款以及反市场操纵条款构成联邦重罪的，对于自然人犯罪主体，单处20年以下监禁，或单处500万美元以下罚金，或两者并处；对于公司犯罪主体，处以2500万美元以下罚金。[2] 可见，美国对于市场操纵犯罪的刑事处罚是全球最为严厉的。

3. 英国市场操纵犯罪刑法规制

英国有关操纵证券、期货市场犯罪的法律规定主要集中于2000年《金融服务与市场法》(Financial Services and Market Act, FSA)。《金融服务与市场法》中没有独立的操纵证券、期货市场的法律规定，而是将内幕交易与操纵市场等违法犯罪行为统称为市场滥用进行法律规制。[3]

---

[1] 15. U. S. C. 77x.

[2] 15 U. S. C. § 78ff(a) (2007).

[3] Financial Services and Markets Act 2000 § 118. Market abuse.

根据《金融服务与市场法》第118条“市场滥用罚则”的规定,市场滥用行为是指由一人单独或多人串通或合谋进行的扰乱市场秩序的行为,具体应符合以下条件:发生于特定市场中的适格投资交易行为;行为是基于不为市场所公知的信息而作出,该信息的知悉与否足以影响正常投资者的投资决策;该行为可能使正常投资者产生关于投资品种供给状况、价格或价值的错误或误导;正常投资者认为或可能认为该行为是扰乱市场秩序的行为;该行为可能对市场上正常投资者的投资决策造成不利影响。其中,“正常投资者”是指在特定市场上有规律地参与相关投资交易的理性正常投资者。

由于英国《金融服务与市场法》对于市场滥用行为的规定比较抽象,实践中一般根据更为具体的《市场行为守则》判断相关行为是否构成市场操纵。根据《市场行为守则》的规定,市场操纵行为包括拟制交易、价格操纵和不恰当传播信息三种类型。

其一,拟制交易。典型的拟制交易是指没有实质利益变化的交易。在这种交易中,对手方之间的交易行为并未导致任何一方利益的实际变化,但交易本身却容易使市场上的投资者产生误解,认为可能会有更大的交易行为发生。这种方式是交易双方通过事先约定在某一价格上同时从事大量的卖出和买入行为,从而制造交易量虚增的效果来误导投资者。这种交易类似于我国市场上的对敲(matched orders)。从英国的实践来看,对这种行为的规制多停留在法律文义层面,在实践操作层面则困难重重。因为一些交易起初似乎并未发生实质利益的变化,但随着交易的连续进行,的确在一些情形下某一方的利益发生了变化,一方可能获益,另一方可能亏损。如果严格依照“没有实质利益变化”的标准,FSA是很难追究行为人的法律责任的。对于这种情形,是否认定其构成了市场操纵,FSA尚没有相关的执法实践。

其二,价格操纵。价格操纵具体包括挤榨(squeeze)和狭义价格操纵。(1)挤榨。挤榨一般是利用当事人对交易所所统计交易量的依赖而进行的,即在某种证券短缺时,故意控制其需求,并利用市场的拥挤制造虚假价格。该手法经常出现在利用其他手法操纵证券价格的过程中,配合其他操纵手法而使用。在挤榨操纵中,操纵者必须满足的前提条件是已经控制了一定数量的投资品种,并对市场上相关投资品种的供应量有着举足轻重的影响。但仅有控制本身还不足以构成挤榨,挤榨的构成还必须具备操纵者滥用其控制权力的条件,即操纵者通过成为市场上某一投资品种的主要供应方，来独断地决定该品种的价格以牟得暴利。挤榨的危害并非来自挤榨者突出的市场优势，也不在于挤榨者拥有的控制能力，也不仅仅因为价格朝有利于挤榨者的方向波动。挤榨的真正危害来源于挤榨者利用其控制力和市场交易优势对市场某类投资品种独断的定价权。因为证券、期货市场上正常的投资者总是希望价格朝自己理想的方向波动，并且努力减少这一波动过程中自身的风险头寸。在一个典型的挤榨市场中，整个市场找不到有力的反抗者，他们没有足够的筹码或者工具来抵御挤榨者的独断专行，因此挤榨者在胜负游戏中总是能赢得胜利。(2)狭义价格操纵。《市场行为守则》只是禁止投资者将证券价格维系在专断和不正常水平上的狭义价格操纵。专断是指其他投资者基本没有博弈定价的权力，不正常水平则是偏离市场理性投资者接纳的价格水平，具体判定均没有法定标准，而是交由法官进行个案处理。

其三，不恰当传播信息。不恰当传播信息是指不法行为人通过散播不准确的或误导性信息，来干扰市场价格的走势，影响投资者的投资判断。《市场行为守则》将“不恰当传播信息”列入市场操纵行为规制的动因并不在于规范信息披露和传播途径，而是惩戒利用“不恰当传播信息”的手段进行市场操纵的行为。[1]

根据英国《金融服务与市场法》第 397 条的规定，在即席判决的情况下，操纵行为构成证券期货犯罪的，单处 6 个月以下监禁，或者单处罚金，或者两者并处；非即席判决的，单处 7 年以下监禁，或者单处罚金，或者两者并处。[2]

4. 德国市场操纵犯罪刑法规制

德国《证券交易法》第四章“禁止操纵证券交易与市场价格的监管与合规”第 20a 条对市场操纵设置了具体的禁止性规定。市场操纵行为包括以下类型：(1)发布虚假或误导性的信息，且该信息对于金融工具估价具有重要影响；或者违反法律规定持有信息，且该信息可能对于本国证券交易或金融工具市场价格，或者欧盟其他国家或欧洲经济区其他签署合约国家的受监管市场中的金融工具价格产生重要影响。(2)实施证券交易或发布交易指令，可能产生虚假或

[1] 参见蔡奕：《英国关于市场操纵的立法与实践》，载《证券市场导报》2004 年第 12 期。

[2] Financial Services and Markets Act 2000 § 397. Misleading statements and practices.

误导性的信号,影响供求关系、证券交易或金融工具市场价格,或者制造人为的价格水平。(3)实施其他欺诈行为,可能对于本国证券交易或金融工具市场价格,或者欧盟其他国家或欧洲经济区其他签署合约国家的受监管市场中的金融工具价格产生重要影响。[1] 同时,新闻工作人员利用专业职权发布虚假或误导性的信息,从中直接或间接获取利益,符合上述行为类型的,构成市场操纵,但在行为性质的认定过程中必须充分考量与新闻职业有关的法律规定。[2] 市场操纵行为的禁止规定适用于经许可在德国证券交易所(包括受监管场内交易市场与场外交易市场)以及欧盟其他国家或欧洲经济区其他签署合约国家的受监管市场中交易的金融工具。此外,德国《证券交易法》第20a条还规定了市场操纵的例外情形:市场操纵的禁止性规定不适用于许可的市场操作行为。许可的市场操作行为由监管机构予以认定。不能基于先前缺乏市场广泛认同而将某种行为推定为不属于许可的市场操作行为。[3] 按照欧盟2003年《金融工具回购流程与价格稳定指令》的规定实施的证券回购与价格稳定措施,不构成市场操纵。[4] 市场操纵犯罪的法定刑为5年以下监禁或单处罚金。[5]

5. 法国市场操纵犯罪刑法规制

法国在相当长的时间里都没有制定正式的证券法律制度,直至1967年成立证券期货管理委员会并发布《证券交易委员会及向证券持有人提供资讯令》之后,才逐渐建构起比较松散的证券监管机制,同时也粗略地规定了故意编造并传播虚假或者误导性的市场信息、操纵证券市场价格等行为的刑事罚则。但由于相关条文内容比较原则,实际上并不具备可操作性。

对于规制操纵证券市场违法犯罪而言,法国相关证券立法实践是一个不断发展与条文具体化的过程。法国于2003年改革了证券市场的监管格局,成立了单一化的金融市场管理局(Autorité des Marches Financiers,AMF),作为企业金融、财务信息、金融投资服务、证券、期货市场的统一监督管理机构。AMF于2004年11月24日颁布《金融市场管理局规章》,吸纳了欧盟有关反市场滥用违

---

[1] Wertpapierhandelsgesetz – WpHG § 20a Verbot der Marktmanipulation (1).

[2] WpHG § 20a Verbot der Marktmanipulation (6).

[3] WpHG § 20a Verbot der Marktmanipulation (2).

[4] WpHG § 20a Verbot der Marktmanipulation (3).

[5] WpHG § 38 Strafvorschriften (2).

法犯罪监管的法律规定。其中,法国有关市场滥用行为的界定与认定条件规定在《金融市场管理局规章》第六编,充分吸收了欧盟反市场操纵相关指令与执行文件的精神,主要以客观构成要件为基础界定操纵证券市场违法犯罪行为。在行为对象方面,以金融工具替换证券,扩大市场操纵行为的对象范围,将所有直接或者间接操纵金融工具交易价格、交易量以及交易信息的行为均纳入规制范畴。对构成操纵证券市场违法的法人,AMF 有权处以警告、训诫或者暂时或永久停业的行政处罚;同时,可以并处 1000 万欧元以下罚款,或者行为人获利 10 倍以下罚款。对构成操纵证券市场违法的自然人,AMF 有权处以警告、训诫或者暂时或永久吊销从业资格的行政处罚;同时,可以并处 150 万欧元以下罚款,或者行为人获利 10 倍以下罚款。[1] 但是,由于《金融市场管理局规章》只能从行政处罚的角度规制市场操纵违法行为,对于严重的操纵证券市场行为难以发挥强大的规范震慑力,法国逐渐开始启动反市场操纵犯罪的刑事处罚立法实践探索。

2006 年,法国基于执行欧盟《2004/72/EC 实施意见》等有关金融投资服务机构及其从业人员发现疑似市场操纵交易报告的规定,法国修改了《货币与金融法》第 621 - 18 - 2 条的规定,强化了对市场操纵违法犯罪行为的行政监管,授权证券与期货管理委员会制定疑似市场操纵交易报告程序规则,要求具有报告义务的证券市场投资机构及其从业人员,通过电子邮件、传真或邮寄方式,提供符合可疑交易构成要素的信息。最为重要的是,《货币与金融法》第 465/1 条至第 465/3 条明确规定了市场操纵犯罪的刑事罚则:任何人直接或通过中介间接地实施或企图实施误导投资者且妨碍证券市场正常运作的操纵行为,或者通过公开渠道传播有关证券市场、证券发行人、证券或者任何金融工具未来交易可能表现的虚假性、欺骗性信息,影响相关交易价格的,构成市场操纵犯罪。对于自然人应当处以两年以下监禁并处 150 万欧元罚金或者 1 倍以上、10 倍以下非法获利数额的罚金。对于法人的刑事处罚根据《法国刑法典》的相关规定予以处理。[2] 根据《法国刑法典》第 131/38 条的规定,适用法人的罚金最高额为惩治犯罪法律规定的对自然人罚金最高定额的 5 倍。如果法律对于自然人犯

---

〔1〕 Réglement general de l'Autorité des marchéés financiers Artículo L 621 - 38.

〔2〕 Código Monetario Y Financiero Artículo L465 - 1, Artículo L465 - 2, Artículo L465 - 3.

罪的刑罚没有规定罚金刑，则法人犯罪罚金数额最高为100万欧元。[1]

二、证券期货犯罪所保护的法益

证券、期货市场是金融市场的组成部分，是指证券融资或中长期（一年期以上）资金借贷市场。[2] 证券、期货市场区别于短期债券、外汇、商品期货等其他类型金融市场的关键特征在于，其提供的是一种中长期资金的交易平台。[3] 证券、期货市场向公司或者主权实体提供融资平台，使其在承担融资成本的前提下，通过证券发行实现资金获取；证券、期货市场向市场参与者提供投资平台，使其在承担市场价格变动风险的前提下，通过证券交易实现盈利或者规避风险。因此，证券、期货市场实际上是作为金融商品类型之一的证券商品与市场资金之间的资源优化配置机制。

证券、期货市场刑事法律规范保护的法益是社会资金与证券商品之间资源优化配置的市场机制，投资者财产权、市场信赖、信息公平等实际上都是证券、期货市场刑事法律规范中规定的某种特定犯罪所侧重保护的社会利益，这些个罪层面的具体法益构成了完整的证券、期货市场刑事法律规范的整体法益。

市场的建构与发展都指向资源优化配置的价值追求。证券、期货市场作为市场类型之一，显然不能脱离市场的本质特征。公平、公正、公开的金融商品交易，能够为实体经济发展筹措大规模资金，根据市场资本自由流动的实际效果反映金融资产的供求关系，实现价格发现功能，指导投资者理性配置资产。理论上，一个没有证券犯罪、秩序井然的证券、期货市场能够最大限度地降低交易成本且最大限度地发挥证券、期货市场体系融资、配置资源、服务实体经济等功能。但是，金融实践中始终存在内线交易与市场操纵等证券期货犯罪。从经济学的视角分析，内线交易等证券期货犯罪增加了证券发行者筹集资本与各类市场主体参与融资与投资竞争的成本，扰乱了金融交易机制，从而阻碍了实体经

---

〔1〕 Artículo L131 – 37, Section 2 Des peines applicables aux personnes morales, CHAPITRE Ier De la nature des peines, TITRE III Des peines, LIVRE Ier Dispositions générales, CODE PÉNAL.

〔2〕 Steven M. Sheffrin, "Economics: Principles in Action, Pearson Prentice Hall", 2003, p. 283.

〔3〕 Creifeld, Rechtswöterbuch, 20. Auflage, Verlag C. H. Beck, 1992, S. 636.

济的增长。[1] 证券、期货市场刑事法律规范就是要恢复这种受到证券犯罪破坏的资本与证券商品之间资源优化配置的市场机制，保障证券、期货市场本身的健康与完整。证券、期货市场资源优化配置是充分竞争的结果，证券、期货市场刑事法律规范应当通过刑法的最终手段性保障有效监管框架下市场竞争的资源分配，公正对待处于不同竞争水平的融资者与投资者。

以中国《刑法修正案（七）》新增的证券犯罪类型——利用未公开信息交易罪为例，证券公司、基金公司等金融机构在证券、期货市场中扮演着金融服务者、交易参与者等多重角色，由于这些金融机构具有信息优势，刑法禁止金融机构从业人员利用职务获取的对金融交易价格具有重大影响的未公开信息，有针对性地提前于外部市场投资者买卖相关证券。利用未公开信息交易的刑事违法性形式上表现为这种行为使得投资者蒙受了财产损失、动摇了证券、期货市场的诚信基础、体现出信息失衡下的市场资源滥用等。但从实质上分析，利用未公开信息交易犯罪的危害本质在于，各类社会资本不是通过充分且公平的价格竞争方式获取或出售证券商品，而是破坏证券、期货市场竞争，即具有资源优势的市场参与者事先建仓，通过滥用外部投资者的资金扭曲证券商品价格，先于市场资本平仓获利。

再以中国《刑法》第182条操纵证券、期货市场罪为例，刑法虽然禁止单独或者合谋集中资金优势、持股优势或者利用信息优势联合或者连续买卖，操纵证券交易价格或者证券交易量的行为，但并不干涉证券、期货市场中的资金、持股、信息优势以及利用资源优势从事连续交易的行为。只要证券、期货市场参与者没有人为制造相关证券的价量水平，无论竞争过程中投资者产生多少损失或者竞争双方实力如何悬殊，资金、持股、信息等优势只是证券、期货市场中资金与证券商品等资源持有者之间充分竞争的起始状态或者终了结果，并非刑法规制的对象。因此，证券、期货市场刑事法律规范保护的市场机制归根结底是竞争的效率性与公平性。

投资者权益保护、金融行业秩序、从业人员诚信等价值，实际上都是证券、期货市场效率发挥与有序竞争机制保障下所表现出的不同层次的效果，而非证

[1] See Utpal Bhattacharya; Hazem Daouk, "The World Price of Insider Trading", *The Journal of Finance* 1, 2002.

券、期货市场刑事法律规范作为一个整体发挥其保障功能的作用对象，更不能将上述价值之一内化为证券、期货市场刑事法律规范的一元化追求，否则，就会偏离证券、期货市场的基础，从而在法律制度层面不合理地增加融资合规成本与阻碍投资竞争效率。证券、期货市场存在与发展的正当性基础在于通过合理控制风险使得市场参与者获取利润，其前提显然是认可投资风险。这意味着证券、期货市场刑事法律规范应当对风险具有较强的容忍度，不应当以积极介入的理念管控证券、期货市场风险或者个别性风险。证券、期货市场刑事法律规范只有设定其许可的投资风险边界，才能实现对证券、期货市场系统性与制度性风险的防范与惩治，规制通过不正当手段规避证券、期货市场风险获取巨额利润的行为，维护市场价格形成与发现机制的有效性。当然，应当强调的是，证券、期货市场刑事法律规范整体保护证券、期货市场运行机制的立法价值并不排斥其中的部分犯罪类型重点规制损害投资者权益的证券犯罪行为。这实际上是由证券、期货市场刑事法律规范保护法益的层次性所决定的——证券、期货市场刑事法律规范中的个罪或类罪完全可以侧重或全部以投资者权益为保护法益。

三、证券期货犯罪实践问题前瞻

随着全球证券、期货市场的不断发展、创新与完善，证券期货犯罪不断出现一些新情况、新问题，证券期货犯罪案件经常会出现刑法适用上的障碍、困惑及难题。如何准确认定证券期货犯罪行为，如何完善证券期货犯罪立法与司法解释，对此刑法理论界与实务界存在较大的争议。

因此，从刑法原理出发，结合证券、期货市场特点与金融理论，不仅对与证券期货犯罪定罪量刑有关的基本问题进行全面且深入的探讨和分析，而且就刑法规定的内幕交易犯罪、操纵证券、期货市场犯罪等在刑法理论与司法实务中出现的全新问题、热点问题、难点问题、重点问题提出对策，对于深度解析、公正惩治、有效预防证券期货犯罪的理论探索与法律实践具有极其重要的价值。

在以德国、日本为代表的大陆法系刑法理论研究中，对于证券期货犯罪的研究主要集中于纯理论层面的探讨、较为形式化的法条解释或者常规实务问题，例如，对于证券期货犯罪（或者内幕交易、市场操纵等个罪）保护法益的探讨、针对德国《证券交易法》、日本《金融商品交易法》等法律中有关证券犯罪刑事罚则的规范解释、传统证券犯罪行为类型的实务分析问题等。真正涉及证券期货犯罪刑法理论难题的研究（比如，市场操纵犯罪的实质内涵、行为机理等）则比较少见；真正涉及证券期货犯罪最突出、全新的法律适用难题（例如，市场操纵行为与金融商品交易价格之间的因果关系、金融市场技术创新带来的高频交易操纵等全新犯罪类型把握等）的实务性研究更为罕见。同时，在证券期货犯罪个罪研究层面，大陆法系刑法关于内幕交易犯罪研究数量较多，市场操纵犯罪研究至今没有取得非常重要的理论突破。

以美国、英国为代表的英美刑法理论研究体系，尽管对于内幕交易、市场操纵等证券期货犯罪行为进行了相当深入的研究，并且大部分具有跨学科研究的特点（例如，证券犯罪的刑法经济学分析，运用金融经济学模型研究证券犯罪中的疑难问题等），但也存在不少理论缺憾。例如，美国并没有形成固定的证券、期货市场刑事法律规范与理论逻辑，相关证券期货犯罪刑法理论大多集中于个别典型判例的分析，加之各个联邦巡回上诉法院采取的各种司法实务判断标准迥异且美国联邦最高法院对绝大多数争议尚未提出法院意见，造成证券期货犯罪实务标准混乱且理论分析零散，缺乏能够整体覆盖且具有解决实践问题的基础性理论分析。

中国大陆以及台湾地区近10年来对于证券犯罪的刑法学研究日益深入，一系列刑法学专著、论文对证券期货犯罪问题进行了全面的研究，但也存在一些缺陷。

其一，缺乏证券、期货市场概念与金融专业知识支撑。证券期货犯罪是根植于证券、期货市场的犯罪行为，证券期货犯罪刑法研究首先必须以证券、期货市场为基础，围绕证券、期货市场的特征展开与犯罪有关的问题研究，但由于目前的刑法学研究普遍忽视对于证券、期货市场概念的关注，造成相关法律适用规则建议、立法建言等脱离市场实际。同时，由于刑法学理论研究与实务人员普遍缺乏金融专业知识支撑，造成刑法原理与金融原理的脱节。

其二，证券期货犯罪个罪研究的结构性缺陷。内幕交易犯罪是证券期货犯罪刑法理论研究的重点领域，相关刑法学专著、博士论文都进行了集中研究，但针对操纵证券、期货市场犯罪、利用未公开信息交易犯罪的系统研究仍然比较少见。这主要是因为利用未公开信息交易、操纵证券期货犯罪的行为机理相对内幕交易而言，研究者、实务者感到陌生，需要依托的金融专业知识也具有一定的区别，需要更多的金融市场反操纵实践经验或者实务素材，而这些正是目前证券期货犯罪刑法理论研究所阙如的地方。

基于上述分析可见，本书专门以证券期货犯罪、证券、期货市场刑事法律规范的概念予以展开，期待对于推动证券期货犯罪刑法理论发展具有理论意义，对于反证券期货犯罪立法、司法实务的完善具有实践价值。

本书秉持高度的问题意识。本书对证券期货犯罪问题的选择与证券、期货市场刑事法律规范核心概念的布局都围绕着理论与实务中亟须深入研究的问题而展开。突出证券、期货市场刑事法律规范理论与实务中的争议性问题，不仅仅提出理论分歧与实务操作差异，更是纵深性地提出证券、期货市场刑事法律规范观念冲撞与现实断裂的根源性争议。在刑法解释与反思中，不仅对基本问题进行理论与实务结合的观点阐释与论证，更强调通过衍生问题的反思深化对争议问题提出不同分析视角。对于当前理论与实务中分析较多的证券期货犯罪基本问题，本书不做赘述，而是直奔内幕交易、利用未公开信息交易、市场操纵等证券期货犯罪的重大疑难问题，通过理论阐释有效解决实务中的疑难问题——证券期货犯罪的实质是什么？证券期货犯罪行为在金融市场实务中是怎样操作的？法律规范如何评价证券期货犯罪内含的经济机制、金融行为与市场心理？应当以怎样的理论架构划分证券期货犯罪行为类型，并准确分析不同类型在法律规制体系中的基本定位？如何区分证券期货犯罪行为、行政违法或者侵权行为、过度市场投机行为、一般市场投机行为以及推动证券、期货市场迅猛发展的竞争优势与创新机遇的正当交易策略应用？法律制度是否应当以刑罚方式起到最为严重的证券、期货市场侵害行为？如果证券、期货市场刑事法律规范制度介入是理性的，如何富有效率地实现证券期货犯罪的惩治任务与预防功能？如何在刑事司法、行政制裁以及民事诉讼体系中协调刑罚震慑、行政监管及证券、期货市场参与者平等法律对抗或通过市场交易机制公平竞争的边界？法律规范与司法规则如何根据金融市场、互联网、交易技术等外部条件的变化，有效调整规制证券、期货市场违法犯罪的制度安排？本书的理论与实践价值体现为，以上述问题意识为导向，通过理论性与实践性兼备的制度设计与安排，尝试回答上述困扰金融市场与制度规范的难题。

本书针对近年来证券、期货市场刑事法律规范理论与实务中面临的重大难题与热点问题，充分运用证券、期货市场、证券（期货、衍生品）法、刑法原理深入分析证券、期货市场刑事法律规范中的重要概念、争议问题、疑难判例等，以期为理论与实务界提供一种解决刑法理论与实践疑难问题的分析视角。本书所提出的一系列证券期货犯罪刑法规制问题以及相关立法、司法应对意见，有利于保障证券、期货市场公平竞争机制，合理控制刑法介入证券市场规范调控的度，有助于促进实务部门通过合法且合理的运用刑法、金融法等法律规范，实现证券、期货市场违法犯罪刑事法律规制的理念转换、规则丰富、技术更新，确保证券期货犯罪刑法规制实践与证券、期货市场现实需要互相契合。

本书重点挖掘证券期货犯罪最新、疑难且具有特色的刑法适用问题，有助于为实践部门提供一个可供参考的证券期货犯罪疑难问题司法适用规则标准。同时，本书对各种类型证券期货犯罪的实质、构成、认定等问题进行深度探讨，归纳当前刑事立法以及司法规则层面存在的缺陷，提出了证券期货犯罪刑事立法与司法解释的完善思路。

同时，还应当看到，2008 年全球金融危机凸显了“有毒”证券衍生产品以及证券违法犯罪行为对于全球金融乃至实体经济的破坏。在后金融危机时代法律制度深刻变革、欧元区国家债务违约风险持续动荡等全球经济与金融一体化的背景下，刑事立法与司法实践持续面对证券期货犯罪的挑战。在 2015 年中国“股灾”以及之后的互联网金融刑事法律风险连续爆发的背景下，针对金融市场犯罪中危害严重、稽查认定难度高、刑法规制疑难的证券期货犯罪，有效惩治与预防是提升金融市场整体效率的关键。所以，只有高效控制证券、期货市场中的违法犯罪问题，才能真正完善证券、期货市场机制，深化证券、期货市场改革，从而发挥我国证券、期货市场支持实体经济增长的积极作用。同时，也只有高效规制证券、期货市场中的操纵犯罪，才能在后金融危机的时代背景下，创新中国证券、期货市场参与国际竞争的发展模式。这也是本书作为资本犯罪刑法学研究对于证券、期货市场制度建设提供理论支撑的价值追求。

当然，以证券、期货市场视角为导向，以证券、期货市场刑事法律规范原理为依托与基础，对证券期货犯罪控制与证券、期货市场刑事法律规范保护问题进行研究，是一种全新的尝试，本书只做了一种初步的探索。

第二讲

内幕交易犯罪法律与经济分析

内幕交易犯罪的实质危害在于行为人触犯证券、期货市场竞争规则而制造不公平的信息优势，即违反证券、期货市场法律规范，利用尚未公开的信息的经济价值从事相关金融交易，损害其他市场参与者合法权益。证券、期货市场中的重大未公开信息的经济价值表现为其能够有效地揭示金融商品市场价格与实际价值之间的价差。法律并不一般性地禁止利用私有信息从事金融交易，也不禁止基于对市场公开信息获取能力差异形成竞争优势而获取金融交易利润，而是禁止滥用信息优势与证券、期货市场信息的经济价值并从价差发现与相关金融交易中获取利益的行为。有效的信息传递与公平的信息竞争是证券、期货市场参与者投入资本参与金融商品价格发现的市场基础。内幕交易犯罪滥用了应及时向市场所有参与者披露的信息的经济价值。证券、期货市场刑事法律规范规制内幕交易犯罪，其价值在于保障与提升证券、期货市场的信息效率。

内幕交易是市场参与者基于其掌握的重大未公开信息而形成证券等金融工具当前交易价格与内在价值之间存在价差的认识，并通过从事相关金融交易来实现这种相对于外部投资者而言的信息优势(基于职务、业务或者其他社会关系等知悉重大未公开信息)所可能带来的经济利益。对重大未公开信息更为强大的接触能力是知情人员在证券、期货市场竞争中超越外部投资者的优质条件以及获取金融交易利润的客观基础。[1] 从制度保护市场效率的角度分析，法律制度之所以管制内幕交易，并且以严厉的刑罚措施控制内幕交易犯罪，是因为这种重大未公开信息的使用损害了证券、期货市场的效率。但是，无论现有的法律经济学理论如何从定价、流动性、管理层激励、信息流转、信息产权、资产价值、公司治理等与效率有关的视角解释内幕交易行为的有效性与无效性，都只能触及内幕交易造成的正反结果，实质上就是观察一种经济面貌的两个侧脸，而无法探究行为现象背后的实质问题。

内幕交易起始于信息优势导致的信息掌控，发展为信息使用，终了于信息优势实现后的交易利益——分析内幕交易与证券、期货市场效率问题显然应当

---

〔1〕 See Zohar Goshen, Gideon Parchomovsky, "On Insider Trading, Markets, and 'Negative' Property Rights in Information", *Virginia Law Review* 87, 2001, pp. 1229 - 1235.

聚焦于信息。对于金融商品交易价格具有影响的信息,最初的二元化来源划分应是证券、期货市场与金融监管。信息来源于证券、期货市场,表现为出现了与金融商品定价有关的新的市场行为(例如,上市公司取得重大科研突破,预期盈利大幅度增长);信息来源于金融监管,表现为出现了影响金融商品市场价格的新政策(例如,调整货币政策)或者行政行为(例如,实施特定产业激励计划)。更深层次的信息类型划分则是着眼于信息使用行为对于证券、期货市场的现实效应,即基于特定信息从事相关金融交易产生的是结构性组织效应还是系统性市场效应——前者是指利用与金融工具交易价格有关的未公开信息实施的金融交易行为,影响的只是其所隶属的组织(例如,作为股票发行人的上市公司,作为机构投资者的基金公司,作为证券、期货市场监管者的行政机构等)效率;后者则意味着内幕交易行为对整个证券、期货市场的效率产生影响。信息来源与信息行为效应的差异在评估内幕交易对于证券、期货市场效率的影响上具有实质性意义,因而也决定了法律制度是否以及如何介入内幕交易的管制。如果内幕交易是立足于金融市场监管信息而实施的,那么在证券、期货市场效率受损不言自明的同时,内幕交易监管自动转化为根源性的控制权力介入市场与反腐败问题;内幕交易基于证券、期货市场的信息展开,同时其现实效应能够拓展至市场整体的,则应当根据证券、期货市场效应评估结果反思内幕交易监管问题;内幕交易行为效应局限于公司、金融机构等组织内部的,则应当在代理的框架下[1]阐释内幕交易刑法介入的定位。

一、内幕交易犯罪与权力腐败

国家工作人员利用在金融监管或者国有资产管理权运作过程中获悉的重大未公开信息,从事相关证券、期货、衍生品交易并谋取巨额利润,其违法性正是全面且集中根植于这种行为的道德背离性与经济低效性。证券、期货市场是一个变化无常、风险莫测的金融系统,而市场中的绝大部分交易主体只是具有普通金融知识的普通投资者。投资者将持有的资本配置到市场实际上并不能

〔1〕 利用在金融监管权力运作过程中职务行为获取的重大未公开信息从事相关金融交易的,其职务履行行为实际上也是一种广义的代理行为。但由于此类内幕交易行为类型的监管问题在下述“作为监管权力问题的内幕交易”部分的论证中能够直接解决,无须进一步作为代理问题进行分析。故此处的代理限定于狭义的代理,即经济行为意义上的授权与被授权。

得到收益回报的保证，他们只是希望在市场交易中能够获得公平的对待，同时寄希望于法律规范与市场规则的制定者与执行者能够维护证券、期货市场的信用。而公职人员利用金融监管权力或者国有资产管理职权获取的重大未公开信息从事相关金融交易，使投资者对证券、期货市场信任与信心会造成最严重的、毁灭性的损害，进而造成现有投资者撤离证券、期货市场。利用监管信息实施内幕交易行为对市场信用与市场效率双重且明显的损害，正是这种市场滥用违法犯罪行为受到严厉管制的制度理性依据。

权力介入金融与资产管理的程度之深，使政治力量与管制行为对于证券、期货市场整体以及金融商品个体、组合的市场交易价格的影响无处不在。证券期货行政监管机构的职务行为对于市场整体行情〔1〕与个股或者类股价格表现〔2〕具有重大影响。对于中国证券、期货市场而言，相当数量的政府监管行为能够直接决定金融资产价格，造成市场剧烈（短期）波动〔3〕——我国金融市场

---

〔1〕 例如，2012 年 9 月 27 日午后市场传闻收盘后证监会将召开新闻发布会，宣布新股发行将转为注册制以及改革期间暂停新股发行，午后开盘后市场风云突变，股指放量拉升，金融、煤炭股领涨大盘，券商股集体大涨。截至收盘，沪指报 2056.32 点，上涨 2.60%，成交 603.4 亿元；深成指报 8486.27 点，上涨 3.57%，成交 550.0 亿元。午后成交量超过早盘 2 倍。参见陈燕青：《救市憧憬引发 A 股大涨》，载《深圳商报》2012 年 9 月 28 日，第 B1 版。

〔2〕 例如，2013 年 2 月，证监会公布《全国中小企业股份转让系统有限责任公司管理暂行办法》。办法一公布，新三板概念股早盘立即强势上涨，板块整体上涨 1.33% 领涨概念板块，长春高新上涨 6.67%，南京高科上涨 4.9%，兴业证券和长江证券涨幅逾 3.40%。参见何川：《〈全国中小企业股份转让系统有限责任公司管理暂行办法〉发布——多项新规为“新三板”聚人气》，载《经济日报》2013 年 2 月 4 日，第 9 版。

〔3〕 以印花税政策对股市的影响为例——证券交易印花税 1990 年首先在深市开征，当时主要是为了稳定初创的股市及适度调节炒股收益，由卖出股票者按成交金额的 6‰交纳。同年 11 月，深圳市对股票买方也开征 6‰的印花税，自此内地双边征收印花税的历史开始。1991 年 10 月，深市将印花税率从 6‰调整到 3‰，牛市行情启动，后上证指数从 180 点升至 1992 年 5 月的 1429 点，升幅达 694%。1992 年 6 月 12 日，国家税务总局和原国家体改委联合发文明确按 3‰的税率缴纳印花税，指数在盘整一个月后掉头向下，从 1100 多点一路跌到 300 多点，跌幅超过 70%。深市盘整 4 个月后，从 2517 点下调到 1538 点，2002 年 11 月 23 日到 2003 年 2 月 22 日，深市从 1538 点回升到 3422 点，升幅超过 220%。1996 年年初至 1997 年 5 月，印花税依然为 3‰，深市呈现大牛市行情，指数上涨 660% 多。1997 年 5 月 12 日，证券交易印花税率由 3‰提高到 5‰，沪指半年内下跌近 500 点，跌幅达到 30% 多。1998 年 6 月，证券交易印花税率从 5‰下调至 4‰，股指不升反降，两个月内震荡走低 400 点。1999 年 6 月 1 日为了活跃 B 股市场，国家税务总局再次将 B 股交易税率降低为 3‰，上证 B 指一个月内从 38 点拉升至 62.5 点，涨幅高达 50% 多。2001 年 11 月 16 日印花税率再度调低至 2‰，股市又产生一波 100 多点的下行波段行情。2005 年 1 月 23 日，财政部又将证券交易印花税税率由 2‰下调为 1‰，股市轻微拉升后随即呈震荡下行趋势。2001 年 4 月至 2005 年年末，股市基

具有多头监管的特点，证监会之外的发改委、财政部、审计署及其派出机构等承担部分金融监管职能的机构及其工作人员，也能够利用重大未公开的金融监管信息实施内幕交易。

权力滥用所产生的金融交易资产收益是显而易见的。一项实证调查证明，在1993年至1998年，美国参议员在证券、期货市场中从事的金融交易收益超过市场平均水平约12个百分点，即使是与证券信息联系极为密切的上市公司内部人员也只获得了超过市场平均水平7.5%的收益；上述公职人员购买的证券整体表现为：购买前价格停滞或者交投清淡，购买后价格飙升，出售后恢复停滞或者清淡行情。[1]对此，内幕交易理论中有观点认为，公职人员相对普通证券、期货市场参与者而言拥有显著的信息优势，在大多数投资者耗费成本研究金融信息或者困扰于难以厘清行情头绪时，部分权力掌控者能够获取、使用重大未公开信息，并从市场交易中获取利润。[2]即便是内幕交易合法化观点最为经典的诠释者曼勒也明确指出，主张对上市公司内部人员实施的内幕交易行为予以去监管化或者合法化，并不意味着公务人员内幕交易可以适用相同的法律经济原理与制度安排。相反，在法律规范建构与执行层面应当对公务人员内幕交易行为进行更为严格的监管。[3]所以，内幕交易法律制度的管制重点自然也

本表现为熊市。2007年5月30日，财政部将证券交易印花税税率由1‰调整为3‰，股市出现急挫，后又创出新高。参见钟国斌：《证监会研究降低印花税》，载《深圳商报》2012年8月3日，第B1版；吴黎华：《证监会降费155亿“政策补仓”》，载《经济参考报》2012年8月3日，第1版。

〔1〕 See Alan Ziobrowski, Ping Cheng, James W. Boyd, Brigitte J. Ziobrowski, “Abnormal Returns From the Common Stock Investments of the U.S. Senate”, *J. FIN.*, *QUANTITATIVE ANALYSIS* 39, 2004, pp. 661 – 662.

〔2〕 Bud W. Jerke, “Cashing in on Capitol Hill: Insider Trading and the Use of Political Intelligence for Profit”, *U. PA. L. REV*158, 2010, pp. 1451 – 1461.

〔3〕 See Henry G. Manne, “Keynote Address”, *Journal of Law*, *Economics*, Policy 4, 2008, pp. 225 – 229. 当然，在内幕交易有利于市场效率方面，曼勒仍然坚持公务人员与上市公司内部人员的内幕交易在证券、期货市场效率上具有相同的积极影响，即能够促进价格发现，只是上市公司内部人员内幕交易合法化的经济论辩在公务人员内幕交易问题上并不适用。例如，允许上市公司内部人员实施内部交易作为其管理报酬补充的合理性，对于公务人员而言完全不具有正当性。因为除了职务与工作的经济报酬之外，公务人员不能基于其职务或者工作接受任何形式的额外或者外部报酬。

应当首先聚焦于公职人员的内幕交易。[1]

内幕交易的核心内容是交易，故内幕交易在属性上属于市场行为；内幕交易的侵害对象是市场，故内幕交易在实质上构成对市场效率的实际损害与现实风险。对于公职人员实施的内幕交易而言，其不仅严重侵害市场效率，而且造成国家信用与权力权威的破坏。公职人员贪污、受贿、渎职等职务犯罪行为剥夺了公民获得诚信公共产品与服务的权利。相应地，公职人员内幕交易行为严重侵犯了证券、期货市场投资者获取金融监管产品或者国有资产保值增值服务的权利。如果说重大未公开信息在上市公司以及证券、期货市场层面的产权属性仍然存在公共产品与私有产品的争议，[2]那么权力介入下形成的重大未公开信息显然属于公共产品，信息产权不可能归属于权力代理人。贪污的实质在于滥用公共管理职权非法占有国有产权；受贿的实质在于权利力财产性利益之间的腐败交易；[3]渎职的实质在于滥用权力而导致社会利益遭受重大损失，或者以国家社会人民的重大损失为代价换取私人的蝇头小利。[4] 同样具有权力滥用特质的公职人员内幕交易，则是基于职务或者职务影响获取重大未公开信息并通过相关金融交易行为将市场信息优势兑现为个人经济利益。因此，公职人员内幕交易属于市场滥用与权力滥用的结合——既是背弃公权信用的非法市场行为，也是损害市场效率的职务犯罪行为。

作为全球内幕交易监管最为严厉的证券、期货市场，美国出现过各种类型的公职人员内幕交易刑事案例：联邦调查局特别探员将通过执法数据库知悉的重大未公开信息泄露给他人从事证券交易，法院判决其构成内幕交易并判决6年监禁。[5] 美联储费城地区银行债券监管部经理向一名证券交易中介工作人

[1] U. S. Securities and Exchange Commission, The Investor's Advocate: How the SEC Protects Investors, Maintains Market Integrity, and Facilitates Capital Formation, Accessed February 25, 2013, http://www.sec.gov/about/whatwedo.shtml.

[2] See Kimberly D. Krawiec, "Fairness, Efficiency and Insider Trading: Deconstructing the Coin of the Realm in the Information Age", *Northwestern University Law Review* 95, 2001, pp. 443, 459–463.

[3] 参见谢杰、吕继东：《商业贿赂犯罪"经济往来"系列条款研究》，载《中国刑事法杂志》2007年第1期。

[4] 参见谢杰：《受贿且渎职行为的罪数形态与处断标准》，载《贵州警官职业学院学报》2010年第6期。

[5] United States v. Royer, 549 F. 3d 886, 890 (2d Cir. 2008).

员定期泄露联邦政府证券保险、联邦贴现率等信息，经辩诉交易程序后承担监禁6个月、2年缓刑、200小时社区服务的刑事责任。[1] 海军部一名军官在一项认罪协议中承认其基于其职务而知悉的巨额军备采购合约信息购买供货商公司股票。[2] 货币审计办公室(The Office of the Comptroller of the Currency)工作人员在辩诉交易中承认其利用其职务知悉的重大未公开信息买卖多家银行控股公司的证券。[3] 西弗吉尼亚博彩公司(弗吉尼亚州政府全资控股)的前董事、法律顾问获悉该公司计划开拓电视博彩业务后，立即购买了可能获取西弗吉尼亚州博彩公司电视博彩设备采购合同的上市公司的股票，均构成内幕交易。[4] SEC工作人员基于执法行为而获取的重大未公开信息与他人共谋买卖相关证券，构成内幕交易。[5] 农业部工作人员在农作物报告发布之前利用行业信息在棉花期货市场从事投机交易，构成内幕交易。[6] 但是，相对于美国上市公司高管、金融市场专业人士与一般参与者实施的内幕交易案件数量而言，针对公职人员内幕交易违法犯罪的执法、司法力度显得差强人意，美国学者甚至断言监管制度在公务人员内幕交易面前显得无能为力。[7] 同时，在禁止公职人员内幕交易立法上，美国制定了《阻止基于立法信息从事交易法》(Stop Trading on Congressional Knowledge Act，简称STOCK法)[8]，旨在禁止议员以及议会工作人员利用与立法有关的职务获取的重大未公开信息从事证券交易。但美

[1] Blyth, Co., 43 S. E. C. 1037, 1039 (1969).

[2] Saunders, Litigation Release No. 9744, 26 SEC Docket 75 (Sept. 2, 1992).

[3] Acree, Litigation Release No. 14231, 57 SEC Docket 1579 (Sept. 13, 1994).

[4] United States v. Bryan, 58 F. 3d 933, 936 (4th Cir. 1995); U. S. v. ReBrook, 842 F. Supp. 891 (D. W. Va. 1994).

[5] United States v. Peltz, 433 F. 2d 48, 49 (2d Cir. 1970).

[6] Haas v. Henkel, 216 U. S. 462, 472 (1910); Peckham v. Henkel, 216 U. S. 483, 484 (1910); Price v. Henkel, 216 U. S. 488, 494 (1910).

[7] See Donna M. Nagy, "Insider Trading, Congressional Officials, and Duties of Entrustment", *Boston University Law Review* 91, 2011, p. 1105, 1163.

[8] Public Law 112－105. 华盛顿特区国会议员布莱恩·拜尔德与纽约州国会议员路易斯·斯洛特尔于2006年3月28日首次向国会农业委员会提交STOCK法议案，未获委员会支持。随后的两次重新提议均未获农业委员会通过。2011年3月17日，在一系列的立法动议努力之后，STOCK法议案提交至金融服务、农业、行政、司法、道德、规则六大内务委员会。2012年STOCK法案由参议员约瑟夫·利伯曼提交参议院讨论并获通过(96:3)；随后获众议院通过(417:3)。2012年4月4日总统奥巴马签署该法。立法经过参见Adam Warr, Congressional Insider Trading: Is Misappropriation Appropriate?, 5 Critical Studies Journal 1 (2012)。

国宪法规定的立法人员言论保护、立法信息保密以及立法权对执法机构预算控制等均直接限制了证券监管机构查处基于立法信息从事内幕交易的现实可行性与执法能力。[1]

近年来，我国证券、期货市场监管机构与司法机关同样惩处了若干国家工作人员内幕交易犯罪行为：原证监会官员肖时庆在担任中国证监会上市公司监管部副主任期间，获悉中石化即将启动第二批下属上市公司的股改和重组工作的信息，光大证券正在与中石化就借壳事宜进行谈判的信息后，指使他人利用其控制的多个账户买入北京化二股票，在借壳重组达成协议后，北京化二股票由此更名为“国元证券”复牌后，肖时庆指使他人将其所控制的国元证券股票全部清仓，从中获利共计 1 亿余元。[2] 原中山市市长李启红利用国有资产管理的职务权限，获悉国有控股公司中山公用集团资产重组重大未公开信息，与亲属等共同利用该内幕信息从事中山公用股票交易，非法收益近 2000 万元，构成内幕交易、泄露内幕信息罪，被判处有期徒刑 6 年 6 个月、罚金 2000 万元。[3] 原南京市经委主任刘宝春在参与中国电子科技集团公司第十四研究所及其下属企业国睿集团有限公司，与高淳县人民政府洽谈重组高淳陶瓷股份有限公司过程中，将重大未公开资产重组信息向其妻子陈巧玲泄露，两人使用家庭控制的证券账户买卖上市公司高淳陶瓷股票，非法获利 700 多万元。[4] 在政策宣传层面，监管部门严厉打击公职人员内幕交易违法犯罪，强调应当重点治理国家工作人员利用职权在证券、期货市场中进行利益交换与输送问题。[5]

但是，监管公务人员内幕交易违法犯罪在法律制度与实践操作运作层面存在难以逾越的困境。

---

[1] See Andrew George, “Public (Self) - Service: Illegal Trading on Confidential Congressional Information”, *HARV. L.*, *POLY REV*2. 2008, pp. 161 - 164.

[2] 参见刘晓虎、王晓东：《肖时庆受贿内幕交易案——因获取让壳信息而指使他人购买让壳公司股票，后借壳公司改变的，是否影响内幕信息的认定》，载《刑事审判参考》(2012 年第 2 集 · 总第 85 集)，法律出版社 2012 年版。

[3] 参见《反腐倡廉年度报告(2011)——2011 年反腐典型案件》，载《检察日报》2011 年 12 月 27 日，第 6 版。

[4] 参见侯捷宁：《高淳陶瓷案曝出“官员内幕交易第一人”——南京市经委原主任刘宝春被判有期徒刑 5 年》，载《证券日报》2011 年 12 月 15 日，第 A3 版。

[5] 参见李丽：《监察部通报 4 起党员领导干部内幕交易案件》，载《中国青年报》2011 年 12 月 28 日，第 3 版。

其一,监管行为广泛介入证券、期货市场的现实局面意味着公共权力履行过程中涉及众多类型、数量的重大未公开信息,并且证券、期货市场交易与宏观经济市场运行中形成的数据主要依靠政府机构进行信息编制与数据统计,规制公职人员滥用此类信息与数据谋取个人资本得利的行为,势必需要建构规制范围非常宽泛的内幕交易法律制度与规范解释,而执法与司法实际上无法有效覆盖如此宽广的监管领域。

以中国刑法规定的利用未公开信息交易罪为例,能够引起金融商品市场交易价格变动的内幕信息之外的"其他未公开信息",不仅在逻辑内涵与外延上相当宽泛,而且在现实的金融实务中,证券业、基金业、期货业、保险业、银行业等监管部门以及相关行业协会在行政执法与行业管理中形成的执法监管信息、政策信息、经济态势数据信息,以及行业管理信息、宏观经济数据等,均会对证券、期货及衍生品市场价格产生重要影响。例如,中国人民银行调整利率、存款准备金率,或者国家统计局每月公布物价指数信息等,此类对证券期货交易价格具有极为重要影响的行政部门政策信息与数据信息,在公布之前均严格按照国家保密法律规定执行信息数据保密,均属于"其他未公开信息"。[1] 以国家宏观经济数据信息进行具体分析,对于证券、期货市场及其交易的金融商品市场价格具有重大影响的宏观经济数据包括各类物价指数、固定资产投资数据、出口进口增长率、贷款数据变动、广义货币供应量等。金融市场实践中利用尚未公开的宏观数据信息从事相关金融商品交易可以获取相当规模的利润。[2] 再以期货市场中的内幕交易犯罪为例,农业、有色金属行业、能源业等大宗商品主管部门、行业协会等在行政执法与行业监管中形成的立法执法、监管、政策、决定、数据信息等,均会对特定期货合约交易价格产生重大影响;甚至表面上与期货市场无关的监管信息都会影响期货合约价格,例如,房地产调控政策会引起

---

〔1〕 参见谢杰:《利用未公开信息交易罪行为对象的刑法分析》,载《江苏警官学院学报》2011年第6期。

〔2〕 例如,市场预期下月国家新增贷款为6000亿元,但实际上国家收紧贷款为5000亿元,提前获得该信息可以在股指期货市场提前做空,等待证券市场基于宏观信息的影响出现下跌后获利。如果提前获知国家GDP数值比预期高,则可以买进市值规模较大的个股或者做多股指期货,等待市场受到宏观利好数据影响股票上涨,再卖出个股或者股指期货合约,能够获得非常可观的交易利润。参见陈舒扬:《"路透版"CPI七次言中谁成就了"数据章鱼哥"?》,载《每日经济新闻》2011年6月9日,第2版。

螺纹钢、线材等现货市场供大于求进而引发螺纹钢、线材期货合约交易价格下降。[1] 从现有的内幕交易法律监管制度文本来看,对于监管机构及其工作人员的职务行为深度介入金融市场且构成证券、期货市场价格变动重大要素的现实,立法基本上做出了合乎比例的规范反应,依托于法律文本的解释在无须扩张的条件下即可覆盖极为宽泛的领域。这不仅衍生出内幕交易违法犯罪理论边界极宽的质疑,而且客观上凸显出执法与司法覆盖能力与实践资源的不足。

其二,全球证券、期货市场中,任何一种监管架构实际上都难以有效追究公务人员基于重大未公开信息从事相关金融交易的法律责任,数量有限的公职人员内幕交易犯罪案件无非是选择性执法[2]或者随机性执法[3]的结果。

在现实操作中可以预期的是,内幕交易监管机构或者司法机关面对公职人员作为违法犯罪主体的案件,会在一定程度上陷入畏缩不前或者迟疑顾虑的状态。不同公共管理机构"在财政上的关联与互惠"[4],在权力上的牵制,在职业上的同质属性,在社会或者文化上的日常交往或者形成共同体,甚至是市场滥用监管机构及其工作人员自身希望在证券、期货市场上实现交易利润等既有的利益,都会与惩治公职人员内幕交易赋予金融市场的利益形成冲突,从而导致负责市场滥用违法犯罪的监管机构或者司法机关无法建构惩治公职人员内幕交易违法犯罪的坚定立场。即使是在内幕交易监管机构独立性与监管强度相对较高的美国,监管公职人员内幕交易违法犯罪在实践操作上异常困难的现实多年来一直都没有明显改观。早在20世纪20年代,美国联邦最高法院前大法官约瑟夫·麦肯纳的一名法官助理被控利用审判过程中的重大未公开信息买卖相关证券,但最后由于美国联邦司法部顾忌该起内幕交易指控可能产生的负

---

[1] 参见谢杰:《最新内幕交易犯罪司法解释的缺陷与规则优化》,载《法学》2012年第10期。

[2] 此处的选择性执法是指针对国家工作人员实施的内幕交易违法犯罪进行追究并非是监管制度常规化、机制化运作的结果,而是基于政治、利益关系等目的将特定公职人员的基于重大未公开信息实施的金融交易认定为内幕交易犯罪,且通常情况下相似类型的交易行为并不作为内幕交易监管机制覆盖的重点,甚至不是实际上的监管范围。

[3] 此处的选择性执法是指国家工作人员涉嫌内幕交易通常在事实层面难以获取证据或者在法律层面难以建立确定的责任基础,特定的公职人员构成内幕交易案件应当被视为小概率事件。

[4] Joseph N. DiStefano, Senators´Stock Picks Bring Profit, Scrutiny, PHILA. INQUIRER, Nov. 7, 2004, E1.

面影响而予以撤案。[1] 近至2012年,美国国会道德办公室宣布没有证据表明参议员斯宾塞·巴楚违反内幕交易法律,建议撤销斯宾塞·巴楚内幕交易一案。[2] 而参议员巴楚从事相关金融交易的事实是,其于2008年7月至11月至少从事了40次股票期权交易,赌市场会下跌,并从中获利16万美元。在交易期间,巴楚作为国会领导定期听取财政部部长鲍尔森与美联储主席伯南克的汇报,并获悉金融危机持续严重、市场不断恶化的宏观经济信息。[3]

可见,作为监管权力问题的内幕交易,不仅指向了一种现实状况——证券、期货市场中存在行为波及面广、市场诚信破坏程度深、阻碍市场效率力度大的国家公职人员利用职务行为获取的重大未公开信息从事相关金融交易,而且折射出,现有的内幕交易监管法律制度与权力配置结构,对于控制权力腐败型的内幕交易行为而言,接近于低效甚至无效。

二、内幕交易犯罪与代理成本

对于源自市场主体经济行为的重大未公开信息而言,基于此类信息展开的内幕交易行为的核心内容是上市公司中的信息知情人员利用内幕信息从事相关金融交易或将信息泄露给其他人员,或者是基金公司等金融机构中的信息知情人员利用所在组织的投资决策信息等买卖相关金融商品或者将该信息泄露给其他人员。围绕着信息产权配置或者归属的组织与个体关系——代理关系——便成为解释内幕交易行为过程中不可回避的重要问题。现有的以代理关系为视角分析内幕交易的理论主要集中于上市公司股东与管理人员的利益

[1] See John B. Owens, "The Clerk, the Thief, His Life as a Baker: Ashton Embry and the Supreme Court Leak Scandal of 1919", *Nw. U. L. Rev*95, 2000, pp. 271 – 272; Embry v. United States, 257, 1921, p. 655.

[2] Scott Higham, "Congress Ethics Office Clears Bachus of Insider Trading", The Washington Post, May 1, 2012.

[3] David Weigel, "Spencer Bachus, Rogue Trader", Slate, Nov. 14, 2011.

冲突问题，[1]即上市公司管理人员[2]在接受公司授权履行职务或者从事业务过程中主导或者参与了重大事件或者重大经营行为，其代理行为对于生成与重大事件有关的信息具有因果关系，管理人员利用其参与创造的重大未公开信息从事金融交易并从中获取经济利益，是否与其代理行为应当促进公司股东利益最大化这一价值之间形成冲突。当然，由于在证券、期货市场发行与交易的金融工具包括证券、期货、其他衍生品以及基金等金融投资单元，涉及不同的金融工具发行人、交易者与金融工具交易的监管者，代理关系中并不是只有作为金融工具发行人的上市公司的股东与管理人员之间的利益冲突，还包括参与金融交易的基金公司、信托公司等金融机构股东与管理人员之间的利益冲突。

公司授予管理人员代理权之后，管理人员在通过职务或者业务行为为公司股东创造价值的同时，公司需要付出一定的成本作为管理人员劳动的对价，即代理成本。[3] 代理成本可以是公司基于监督管理人员高效履行职务而支付的行政管理费用；也可能表现为公司管理人员谋取其个人经济利益过程中对公司

---

[1] See Alexandre Padilla, "Can Agency Theory Justify the Regulation of Insider Trading", *The Quarterly Journal of Austrian Economics* 5, 2002, p. 3; James S. Ang, Don R. Cox, "Controlling the Agency Cost of Insider Trading", *Journal of Financial and Strategic Decisions* 10, 1997, p. 15; Thomas H. Noe, "Insider Trading and the Problem of Corporate Agency", *Journal of Law, Economics, and Organization* 13, 1997, p. 287.

[2] 在公司控制权相对集中的情况下，公司管理人员通常是由公司控制股东或者实际控制人通过各种机制安排的。故管理人员与公司之间的代理关系在部分情况下也可能转化为控制股东与非控制股东之间的代理，前者可以视为代理人，后者可以视为委托人。困难之处在于如何在制度上保证非控制股东不被控制股东剥削。在公司的特定集团能够控制影响所有者利益的决定时，控制股东与非控制股东之间的这种关系显著的紧张。公司所有权集中程度越高，这种代理问题就越严重。参见 Luca Enriques, Paolo Volpin, "Corporate Governance Reforms in Continental Europe", 21 *Journal of Economic Perspectives* 117, 122 – 125 (2007)。此外，能够构成内幕交易违法犯罪的行为主体显然也包括上市公司聘用的其他工作人员以及参与公司某项业务的财务顾问、律师等专业技术人员，此类非管理人员同样能够与公司之间形成代理关系。但是，内幕交易代理问题的重要文献一般将代理关系中的利益冲突表述为"管理人员与公司股东利益冲突"(the manager – shareholder conflict of interest)。See Adolf A. Berle, Gardiner C. Means, *The Modern Corporation and Private Property*, Cambridge University Press, 2005; Michael C. Jensen, William H. Meckling, "Theory of the Firm: Managerial Behavior, Agency Costs, and Ownership Structure", *J. FIN. ECON*3. 1976, p. 305.

[3] 代理成本主要包括组织监督成本、约束成本以及剩余损耗(因管理人员决策与所有者利益最大化决策之间的分歧而造成的组织所有者的利益减损)。See Michael C. Jensen, William H. Meckling, "Theory of the Firm: Managerial Behavior, Agency Costs, and Ownership Structure", *The Journal of Financial Economics* 3, 1976, pp. 305 – 308.

股东利益造成的损耗。评估上市公司等企业内部出现的内幕交易行为对于企业效率的影响,其核心在于分析代理成本——如果内幕交易有助于减少公司股东与管理人员之间的利益分歧,进而减少整体代理成本的,则内幕交易有利于提升公司运作效率;反之,内幕交易则损害公司效率。

在由非公职人员实施的内幕交易行为中,企业高级管理人员利用其行使决策与管理权过程中获悉的重大未公开信息从事相关金融交易是最为常见的,因为高级管理人员相对于企业一般工作人员而言,不仅对于信息的创造承载了更多的指导与参与工作,而且其职务能力决定了更有可能僭越企业信息保密制度。从经济激励的角度分析,与处于资本链条顶端的资本家和低端的普通员工不同的是,企业很难对行使代理权限的高级管理人员进行富有效率的利益激励。因为任何从一般员工发展到最高级别行政管理人员都可能迸发出具有经济价值的创新概念,企业很难在初始阶段就辨识出这些具有创造价值的管理人员,故很难事先设定富有效率的管理人员薪酬数额与结构。以基金公司、投资公司等机构中的基金管理人、投资经理人为例,公司的效益直接依托于高级管理人员具有创造性的金融交易或者投资决策所创造交易利润,无论事先如何通过薪酬安排优化管理人员经济收入与实际业绩之间的提成比例或者通过股权激励绑定公司整体与管理人员个人的利益,最后都难以实现委托人与代理人双方均满意的效果。[1] 正如曼勒所言,真正的创新工作是无法预测的,它的价值在被设计与实施之前是无法判断的;真正的创新是无法规划与充满活力的,几乎不可能事先通过合同对其进行任何形式的安排。[2] 这就意味着公司股东利益不断增长的动力源泉(企业创新)与其代理者的利益激励之间的分歧很难通过包括股权激励在内的单纯的薪酬制度优化予以解决或者协调。

基于控制企业与管理人员利益分歧的考量,主张内幕交易去监管化的理论认为,企业管理人员等内部人员可以通过内幕交易得到与其创新工作方向相同、时间相同的经济激励,在促进企业创新与股东利益增长的同时,能够成为一

〔1〕 相对于企业管理人员个人直接从其信息创造过程获取收益而言,任何基于实际效益为基础的提成比例或者其他股权分配计划都只能是间接的、远期的激励,因而无法直接、充分、立即满足管理人员的利益诉求。同时,为了满足高级管理人员利益激励而配置过高的薪酬安排也会损耗一部分归属于公司股东的经济利益。

〔2〕 See Henry G. Manne, *Insider Trading and the Stock Market*, Free Press, 1966, pp. 132 - 133.

种提升企业效率的市场化机制。[1] 内幕交易使公司管理人员持续根据其创造的有价值的新信息更新其报酬而无须承担重新协商劳动合约的成本,从而促进管理人员将其个人财富更为紧密地与组织利益进行联系。[2] 具体而言,管理人员通过各种工作创新的方式创造了对于证券、期货市场重新对证券进行定价而言具有重要价值的全新信息,其本人也成为首批知悉这种新信息的行为主体。管理人员可以通过在市场公众知悉这种创新工作、证券价格充分反映利好信息之前,购买本公司证券并享受重新定价之后的经济利益。如果内部人员购买证券的能力与投资成本有限,也可以向其他人转让信息。内幕交易能够使上市公司内部人员"稳定地将其创新活动予以市场化",[3] 从而实现内部人员创新与激励的统一。

对于企业而言,内幕交易不仅优化了用人单位在经理人劳动市场搜索合适人选的效率,提供了与管理人员创新精神相关的有用信息,而且在很大程度上减少了代理过程中的监督成本。[4] 企业都希望选择具有创造能力与一定风险承担意愿的管理人员,但在现实的经理人劳动市场中难以通过常规的评估机制对应聘人员进行有针对性的筛选。如果能够在企业与管理人员商谈合约的过程中涉及许可内幕交易且折抵固定报酬条款的探讨,企业就能非常便捷地从众多招录中挑选更具创新精神与风险担当的管理人员。因为设置允许管理人员利用经营过程中形成的重大未公开信息买卖本公司证券及衍生品获取个人利益的机制,切实回报了那些创造有价信息且愿意承担交易风险与固定报酬损失风险的管理人员,并且愿意选择内幕交易报酬激励的管理人员基本上属于最愿意承担风险且具有创造价值能力与创新精神的管理人员,同时能够主动地通过创造价值谋取个人与组织的利益共赢,从而节省企业督促其积极创造价值的监督成本。

然而,内幕交易在降低代理成本的同时,其本身极有可能构成一种牺牲股

---

[1] Henry G. Manne, *Insider Trading and the Stock Market*, Free Press, 1966, pp. 99 – 104.

[2] Dennis W. Carlton, Daniel R. Fischel, "The Regulation of Insider Trading", *Stanford Law Review* 35, 1983, pp. 857, 870 – 878.

[3] See Henry G. Manne, *Insider Trading and the Stock Market*, Free Press, 1966, p. 138.

[4] See Dennis W. Carlton, Daniel R. Fischel, "The Regulation of Insider Trading", *Stanford Law Review* 35, 1983, pp. 857 – 886.

东利益的、基于信息控制权而实施的、纯粹的私人获利行为，甚至可以直接认为内幕交易就是一种额外的代理成本——内幕交易实质上并没有提供一个促进上市公司股东与管理人员利益联盟的刺激动力的整体机制，而是在扭曲管理层报酬机制过程中创造了新的代理成本。[1]

首先，企业根据管理人员是否选择从事内幕交易来决定相应的固定报酬或者股权激励数额，会在根本上扰乱原本具有一定效率或者现实可操作性的事前报酬合约机制，即破坏以工作业绩、生产力为基础的薪酬机制。[2] 如果管理人员在与企业签订薪酬合约时选择更高的固定报酬且放弃基于重大未公开信息实施内幕交易的权利，企业就需要额外支出监督管理人员相关知情交易的成本，且知情交易监督成本并非一定能够发现并控制管理人员内幕交易行为。因此，实践中完全可能出现管理人员既获取高额固定报酬又不遵守合约从事内幕交易的情况。

其次，允许内幕交易可能与激励管理人员创新与创造价值并无关联，或者无法充分激励管理人员创新。相当数量的内幕交易者实际上并不是基于其开创了创新业务或者全新的管理模式而掌握了公司中有价值的新信息或者启动了有价值的重大项目。在当前证券、期货市场中，公司管理人员实施的内幕交易行为通常只是完全与创新与价值创造无关、单纯基于其公司职务就可以获取的重大未公开信息，例如，利用其掌握的公司财务情况在财务报告未公开前从事相关证券交易。同时，即便重大未公开信息与创新或者价值创造相关，实际操作上很难确保利用该信息从事相关金融交易的行为主体局限于制造新信息或者参与企业创新的人员。因为信息的扩散性决定了内幕交易利益具有明显的非排他性，会产生“搭便车”的情形——利用重大未公开信息实施相关金融交易的知情人员有相当部分只是无权参与公司管理的普通员工、专业人员等。[3]

---

〔1〕 See Reinier Kraakman, “The Legal Theory of Insider Trading Regulation in the United States”, in *EUROPEAN INSIDER DEALING*: *LAW AND PRACTICE*, Klaus J. Hopt, Eddy Wymeersch eds., Butterworths (Canada) Limited, 1991, p. 52.

〔2〕 即使像卡尔顿与费舍尔教授这样的内幕交易去监管化的积极拥护者也承认，禁止内幕交易能够防止内部人破坏传统且稳固的薪酬协议。Dennis W. Carlton, Daniel R. Fischel, “The Regulation of Insider Trading”, Stanford Law Review35, 1983, pp. 857 – 873.

〔3〕 See Laura N. Beny, “Insider Trading Laws and Stock Markets around the World: An Empirical Contribution to the Theoretical Law and Economics Debate”, *The Journal of Corporation Law*32, 2007, pp. 237 – 245; James D. Cox, “Insider Trading and Contracting: A Critical Response to the Chicago School”, *DUKE L. J*1986, 1986, pp. 628 – 653.

这些知情人员通常只是在完成或者执行与重大未公开信息有关的事宜过程中获悉信息,而非参与创造这种全新的信息或者事件。而真正具有创造性的企业管理人员需要掌控他们所创造的新信息,持续垄断这种内幕交易利益,排除其他知情人员实施内幕交易消耗或者提前释放重大未公开信息在证券、期货市场中的价值。如果企业内部真正的信息创造者不能垄断其创造的信息,就会降低其创新激励并对公司业绩产生消极影响。

此外,以内幕交易激励创新不仅将导致公司正常的商业与管理行为受到管理人员个人金融交易利润的影响,还会促使管理人员实施激进行为从而导致公司必须面对过度的风险。[1] 管理人员会利用公司的商业机会提升其在个人金融交易中的获利数额,[2]通过操控公司的商业决策优化其个人潜在的金融交易收益。[3] 例如,与上市公司重大合同签订与履行有关的信息会引发相关证券及衍生产品市场交易价格的波动,在公司管理人员能够基于重大合同信息买卖相关金融商品的情况下,个人利益就介入了管理人员正常职务行为(代理公司进行商业决策与经营行为),上市公司签订重大合约、放弃该项交易计划、合约顺利履行或者以和解的方式处理合同纠纷等一系列商业决策与行为所造成的金融商品价格波动都会影响到买卖相关金融商品的公司管理人员的交易利润。其完全可能基于个人利益最大化的目的,通过持续控制商业决策与行为的方式反复制造价格波动并从中谋取利益。同时,公司证券交易价格波动越大,内幕交易的获利就越大。这会激励公司管理人员通过设计风险极大的项目为公司股东获取对应的高收益,[4]从而使其有机会创造更具价值的新信息并从中获取更多的内幕交易,但过度的风险承担实际上并不符合公司股东利益。

内幕交易能否在降低代理成本的基础上提升组织运作效率的问题,实际上很难进行绝对的、直接的、定性的判断。公司与管理人员利益紧密关联的,在有

---

[1] See Lucian A. Bebchuk, "Chaim Fershtman, Insider Trading and the Managerial Choice Among Risky Projects", *J. FIN.*, *QUANT. ANALYSIS* 29,1994,p.1.

[2] See Lucian A. Bebchuk, Christine Jolls, "Managerial Value Diversion and Shareholder Wealth", *J. L. Econ.*, *Org* 15, 1999,pp.487, 487 – 88.

[3] See Robert J. Haft, "The Effect of Insider Trading Rules on the Internal Efficiency of the Large Corporations", *Mich. L. Rev* 80, 1982,pp.1051 – 1056.

[4] See Frank H. Easterbrook, "Insider Trading, Secret Agents, Evidentiary Privileges, and the Production of Information", *Sup. Ct. Rev*,1981,pp.309 – 332.

效保障管理人员个人利益与防控其从事过度风险经营行为的情况下，内幕交易有利于提升组织效率；在其他情况下，或是利益冲突决定了无法许可管理人员内幕交易，或是允许内幕交易将会导致利益冲突从而损害公司股东利益。因此，在现行的证券、期货市场环境与法律制度框架下，作为代理成本问题的内幕交易监管与去监管化论辩的价值并非在于形成强化或者取消内幕交易监管，而是尝试探索公司（委托人）与管理人员（代理人）在重大未公开信息使用问题上的利益共同点或者重合面。

在真实的企业运作实践中，管理人员个人利益是一种需要法律制度始终关注的诉求。并非所有流向管理人员的内幕交易利润都需要在制度层面予以禁止而不允许公司与管理人员在组织内部进行自由协商。抽象且绝对的禁止往往会损耗企业运营效率。如果公司价值与参与重大未公开信息创造的管理人员利益能够实现共赢，则应当在市场滥用违法犯罪防控政策上为公司与管理人员就重大未公开信息使用问题预留制度空间，允许双方通过市场化的方式进行安排。同时，即使特定的内幕交易类型能够促进公司运作效率，亦不能直接肯定在制度上对其进行去监管化的合理性，还应当进一步分析内幕交易对于证券、期货市场整体效率的影响。对于利用未公开信息交易行为而言，基金公司管理人员等利用的重大未公开信息属于募集资金的投资决策等信息类型，知情交易行为只涉及是否损害公司股东或者募集资金提供者利益的问题，对于证券、期货市场中的其他投资者而言也只存在信息能力上的差异问题，并没有损害证券、期货市场其他投资者的利益，知情交易反而能够为证券、期货市场投放额外的流动性。但对于内幕交易行为而言，上市公司内部人员等利用的是与上市公司经营或者财务有关的、能够影响证券及相关衍生品市场交易价格的尚未公开的信息，知情交易行为对于相关金融商品的定价、外部投资者的利益、市场竞争不公平而导致的流动性流失等均会产生影响，即内幕交易涉及证券、期货市场的整体效率问题。

所以，在排除公权力介入重大未公开信息形成的情况下，完全生成于市场的重大未公开信息被内幕交易利用之后，不仅应当在组织效率层面深度考察代理成本与内幕交易的关系，而且必须在更为宽泛的证券、期货市场层面分析内幕交易与市场效率之间的关系。

三、内幕交易犯罪与市场效率

内幕交易究竟是有益于还是损害组织效率是一个局限在组织内部的经济评估问题。在内幕交易的行为结构中，如果只涉及重大未公开信息知情人员与企业所有者（股东）之间的关系，分析内幕交易是否能够实现股东与管理人员利益最大化问题就是可行的。但是，相当部分的内幕交易不仅是组织内部的一种经济行为，更是一种对证券、期货市场产生实质性影响的市场行为，需要在更为广阔的市场效率层面对内幕交易进行评估。[1] 上市公司高级管理人员实施的证券内幕交易行为，就是典型的对证券、期货市场整体效率产生重大影响的内幕交易类型。潜在的上市公司外部投资者与持有重大未公开信息的上市公司内部人员从事方向相反的金融交易的可能性越大，外部投资者承担的市场风险越大，则证券、期货市场对于理性外部投资者的吸引力越低，证券、期货市场对于相关金融商品的定价越不被潜在的上市公司外部投资者认可。[2] 特定证券、期货市场中的投资者与资本数量的减少与定价认可度的下降会导致融资成本上升与资本效率下降，[3]最终引发该证券、期货市场在全球金融市场竞争中被淘汰。

特定的内幕交易行为会因为有利于控制代理成本而在组织效率层面产生较大的积极效应，但同时也会由于损害定价准确性与降低流动性而对证券、期货市场效率产生相当的负面影响。在引入作为市场效率问题的内幕交易概念之后，就有必要明确如何在统一的框架下评估组织效率与市场效率。一种设想是，对于确实涉及证券、期货市场整体影响的内幕交易类型，必须评估其对组织内部与市场整体的综合性作用，如果内幕交易对于组织产生的积极效应大于对于证券、期货市场造成的损害，应当允许内幕交易并通过民事诉讼对市场效率损害进行补偿。但是，一旦内幕交易行为超越了组织效率评估界限而对证券、

[1] See Kimberly D. Krawiec, "Fairness, Efficiency, and Insider Trading: Deconstructing the Coin of the Realm in the Information Age", *Northwestern University Law Review* 95, 2001, pp. 443, 445.

[2] See Roberta S. Karmel, "Reconciling Federal and State Interests in Securities Regulation in the United States and Europe", *Brook. J. Int'l L* 28, 2003, pp. 495 - 545.

[3] See Robert A. Prentice, "The Inevitability of a Strong SEC", *Cornell Law Review* 91, 2006, pp. 775, 824 - 25.

期货市场效率产生影响,就只能在证券、期货市场整体层面评估内幕交易行为的效率问题,因为证券、期货市场是发行证券等金融产品的组织运作的平台,任何影响市场效率的问题都要优先于组织个体效率进行排他性的评估。即使法律制度能够保证所有受到内幕交易损害的投资者均得到全额赔偿(在操作上不可能实现),由于证券、期货市场整体效率的损害(定价失准、流动性撤离等)无法通过补偿所有利益受损投资者的方式进行恢复,故特定的内幕交易行为只要损害市场效率,就不能再考虑组织效率。

定价准确性与市场流动性是法律与经济分析理论评估内幕交易对证券、期货市场影响的重要标准。定价效率是指市场价格及时且准确地反映了与金融资产有关的所有信息的水平,[1]是分析金融资产市场价格与内在价值是否相符的指标。特定金融商品的市场交易价格所反映的与该金融商品及其发行人有关的信息越充分,该价格越接近于金融商品的真实价值,证券、期货市场的定价就越准确。[2] 市场流动性表现为交易者迅捷地执行交易的市场水平,市场流动性越充分,交易指令执行的速度越快,交易成本越低。[3]

内幕交易介入市场后金融商品运行价格对基础资产真实价值关联信息的反映程度是判断内幕交易与市场定价效率关系的基础标准。以股票这种特定的金融商品种类为例,与上市公司未来业绩有关的信息以及市场价格对信息的反映程度是决定市场定价准确性的两大因素。[4] 如果内幕交易能够向市场释放并推动市场价格反映信息,股票的市场定价与价值之间的偏离度则较低,那么内幕交易对股票的定价准确性具有积极影响;反之,内幕交易对股票定价具有消极影响。

从现有的实证研究来看,对于内幕交易究竟能否提升定价效率问题从来没

---

〔1〕 See Nuno Fernandes, Miguel A. , "Ferreira, Insider Trading Laws and Stock Price Informativeness", *The Review of Financial Studies*22 ,2009 ,pp. 1845 , 1846.

〔2〕 See Li Jin, Stewart C. Myers, "R2 Around the World: New Theory and New Tests", *J. FIN. ECON* 79 ,2006 , pp. 257 – 258.

〔3〕 See Marcel Kahan, "Securities Laws and the Social Costs of 'Inaccurate' Stock Prices", *Duke L. J*41 ,1992 ,pp. 977 ,979 – 1020.

〔4〕 See Merritt B. Fox, "Randall Morck, Bernard Yeung, Artyom Durnev, Law, Share Price Accuracy, and Economic Performance: The New Evidence", *MICH. L. REV.* 102 ,2003 ,pp. 331 – 346.

有形成过一致性认识。早期的实证研究认为,内幕交易行为能够推进价格快速变动并提升市场定价效率。[1] 因为证券、期货市场实际上是可以自我察觉潜在的知情交易并将知情交易及其负载的信息整合于市场价格之中。[2] 尤其是与财务报告有关的信息,知情人员在信息公开之前的交易是提前反映财务预期利好与利空的重要指标。[3] 近期针对 1998 年至 2006 年美国存托凭证(American Depositary Receipts,ADR)的实证研究则发现,内幕交易监管制度得以执行国家或地区的 ADR 具有更好的市场流动性、更低的信息不对称性以及更为准确的定价效率。[4] 这意味着控制内幕交易更有利于提升金融商品价格反映市场信息的全面性与准确性。就内幕交易个案层面的深度实证分析而言,研究显示目前仍然难以辨识内幕交易行为与外部投资者所从事的相关金融商品交易行为对于金融商品市场价格的区别性影响。[5] 例如,伊万·博伊斯基曾于雀巢公司收购康乃馨公司之前买卖后者证券,一项针对该起内幕交易案件的实证分析报告指出,尽管相关证据明确显示博伊斯基利用并购内幕信息从事相关证券交易,但数量分析未能测算出博伊斯基内幕交易行为与非知情证券交易行为之间在市场价格影响方面的差异。[6]

从理论上分析,内幕交易促进金融商品定价准确性,其根本经济机制在于内幕交易能够替代信息披露促进市场价格吸收尚未公开的、与金融商品及其基础资产价值具有密切联系的信息。而需要内幕交易以非信息内容公开的方式促进价格效率的经济前提是,信息披露在特定情况下会损害市场效率。应当承认,绝对性信息披露机制损害市场效率的弊端是现实存在的。证券、期货市场

---

[1] See Stephen H. Penman, "A Comparison of the Information Content of Insider Trading and Management Earnings Forecasts", 20 *JFQA* 1,1985.

[2] See L. Meulbrock," An Empirical Analysis of Illegal Insider Trading", *J Fin*47,1992,p. 1661.

[3] See Stephen H. Penman, "Insider Trading and Dissemination of Firms' Forecast Information". *J Bus* 55,1982,pp. 479 – 491.

[4] See Kee H. Chung, Hao Zhang, "Insider Trading Regulation and Market Quality: Evidence from American Depositary Receipts", *Asia – Pacific Journal of Financial Studies*39, 2010, p. 340.

[5] See Z. Goshen, G. Parchomovsky, "On Insider Trading, Markets and 'Negative' Property Rights in Information", *Virginia Law Review*87,2001, p. 1229.

[6] See Sugato Chakravarty, John J. McConnell, "Does Insider Trading Really Move Stock Prices?", *The Journal of Financial and Quantitative Analysis* 34, 1999,p. 191.

法律制度尽管特别强调通过信息披露促进市场价格效率,但并不要求金融商品发行主体立即、全部披露所有重大信息。以证券为例,上市公司披露重大信息后商业竞争对手可以利用信息的早期知悉从事"搭便车"行为进而损害上市公司在实体经济竞争中的优势地位,导致上市公司的创新受到遏制,故有必要在信息披露与证券定价效率之间寻求平衡。[1] 具体分析信息披露对上市公司潜在的商业利益损耗——信息披露是由上市公司以承担个体成本的方式实现证券、期货市场的整体利益,但证券、期货市场是一个覆盖上市公司及其投资者和大量的上市公司竞争对手及其投资者的融资与投资平台。上市公司信息披露内容越全面、时间越迅速,竞争者对于上市公司的信息掌控也就越充分。这意味着上市公司信息披露在一定程度上提升了其竞争对手的利益。有利于实现证券、期货市场整体利益的信息披露(市场最优信息披露),其信息揭露水平介于不披露与完全披露之间。但信息披露义务主体显然会倾向于选择低于市场最优信息披露程度的实践操作。这就在相当程度上解释了为什么法律需要通过强制性披露规则推动上市公司进行信息披露。强制性信息披露补充了上市公司自愿信息披露不足以反映的那部分金融商品价格。然而,尽管强制性信息披露能够直接提升金融商品市场价格的精确度,但如果强制性信息披露要求义务主体全部披露信息,会对证券、期货市场制造较高且实际上也难以承受的成本。强制性信息披露制度必须为自愿性信息披露留出制度空间,这便促成了内幕交易替代信息披露优化市场价格准确性的现实可能。

基于此,法律与经济分析理论中的代表性观点指出,内幕交易在优化金融工具市场交易价格准确性的同时免去了证券等金融工具发行人披露尚未确定的未公开信息的成本,[2]内幕交易行为提升了证券、期货市场的定价效率,故禁止内幕交易的法律制度并不合理。[3] 因为内幕交易行为本身确实能够向证券、期货市场传递信息、制造市场趋势、影响与特定信息具有关联的金融工具市场价格。这种由内幕交易引发的交易量增长与价格变动,推动相关金融工具市场

---

[1] See Stephen M. Bainbridge, "Mandatory Disclosure: A Behavioral Analysis", *University of Cincinnati Law Review* 68, 2000, pp. 1023 – 1025.

[2] See Henry G. Manne, "Insider Trading: Hayek, Virtual Markets, and the Dog that Did Not Bark", *J. CORP. L.* 31, 2005, pp. 167 – 169.

[3] See Henry G. Manne, *Insider Trading and the Stock Market*, Free Press, 1966, pp. 80 – 91.

交易价格趋向于重大未公开信息所内含的真实价值。此外,以内幕交易替代信息披露对于上市公司实体经营而言具有重要价值。上市公司披露信息将损耗实体创新延伸出的信息价值,信息不确定性也会导致过早披露误导市场的法律责任,而内幕交易能够有效避免此类经济与法律风险,同时对证券交易市场注入相当的信息效率。[1]

应当承认,内部人员基于未公开信息所从事的知情交易助推证券、期货市场定价效率优于信息披露的观点具有合理性的因素与成分。以即时或者早期信息披露的法律责任成本为例,特定时间节点所披露的信息内容与最后发生的事实之间大致存在完全相反、显著偏离、偏离、略微偏离、基本一致、高度一致、完全一致等多种反映与被反映程度的关系。这种反映程度上的差异或者多种可能是由信息本身所具备的不确定性决定的。一旦信息表达与事实内容的偏离程度超过市场预期或者投资者认为信息披露主体存在虚构或者隐瞒真相,承担信息披露义务的上市公司就将面对大规模的潜在法律责任追究风险。披露信息可能导致的虚假陈述责任决定了信息披露义务主体倾向于不披露尚未完全或者相对成熟的信息(对最后发生事实反映程度相对较低的信息),并在事实发生相对确定的时间节点披露信息。新信息形成之后直至披露之前的价格信号可以由内幕交易向市场进行替代性传递。

但是,内幕交易在实际操作中很难成为信息披露促进市场定价准确性的廉价替代性方案,其主要原因在于内幕交易与市场定价效率之间的利益冲突,以及内幕交易促进信息效率的不确定性与低效性。

其一,内幕交易行为主体的个体利益与内幕交易替代信息披露优化市场定价效率所涉及的市场整体利益之间存在明显的利益冲突。

重大未公开信息知情人员并不会基于追求价格平衡的价值理念实施相关金融交易。内幕交易能否以及获取多少交易利润的根本机制在于其拥有的信息优势。知情人员对于信息的控制力越强,其获取利润的概率与数额就越高。这种基于内部人员主观意志足以整体排除外部投资者或者投机者信息竞争能力的优势只有在持续掌握、囤积、利用时才得以实现利益最大化。如果未公开

---

[1] See Dennis W. Carlton, Daniel R. Fischel, "The Regulation of Insider Trading", *Stanford Law Review*35, 1983, pp. 857 - 863.

信息通过价格信号的变化转移至公开市场,内幕交易的利益将会出现折损。如果市场价格充分反映重大未公开信息,将会根本性地限制知情人员利用其掌握的未公开信息实现经济价值的利益程度。即使客观上存在内幕交易获利与证券、期货市场定价效率优化的双赢空间,内幕交易利益最大化与证券、期货市场效率最大化的终极层面是存在价值冲突。未公开信息知情人员可能基于利益最大化的利己诉求而损害证券、期货市场定价效率。

其二,内幕交易是否以及在多大程度上促进金融商品市场价格朝着与其真实价值相应的反向进行运作存在高度的不确定性。

实践中不能排除市场中的专业信息分析人员或者投资者难以辨识由内幕交易行为所释放的信息与价格信号。因为即使在合法的内部人交易的场合,买卖本公司证券及其衍生品的内部人员也可能基于确保信息利益垄断的经济考量而刻意隐藏其交易行为或者控制其对市场的影响。在具体操作中,重大未公开信息知情人员可以通过分散交易量、使用“人头账户”等多种方式隐匿内幕交易行为本身可能向市场传递的信息内容。经结构化改造后的内幕交易排除或者模糊了知情人员身份、敏感时间大额交易等可能引起市场进行潜在信息评估的因素,绝大部分内幕交易被市场理解为流动性或者噪声交易。退一步分析,即使重大未公开信息的知情人员并不刻意对交易事实进行掩盖,内幕交易也可能难以向市场传递或者充分传递全新的信息内容。毕竟相当部分的内幕交易在数量上并未在同期市场交易量中占据显著地位,加之噪声交易对于证券价格对新信息进行充分反映的干扰,内幕交易的信息提示价值与优化定价效率会有很大的局限。[1] 重大未公开信息的内容指向利好(利空),知悉该信息的内部人员在信息尚未披露时做多(做空)金融商品,在其他影响该特定金融商品基本供求关系的条件没有相应变更的情况下,金融商品市场价格会相应上涨(下跌)。但是,证券、期货市场中的金融商品具有高度的可替代性,随着市场产品内容与结构的不断优化,特定金融商品会存在诸多可替代投资品种,有限的内幕交易数量规模决定了其在绝大多数情形下都会淹没在众多相类似金融商品整体交易总量之中,很难通过价量“解码”向市场有效传递潜在的价格敏感信

---

〔1〕 See Stephen M. Bainbridge, “The Insider Trading Prohibition: A Legal and Economic Enigma”, *Florida Law Review*38 1986, pp. 35 - 66.

息。内幕交易对于市场信息效率的潜在影响通常是不重要的。此外,内幕交易影响金融商品市场价格变动的过程缓慢、时间成本过高。其他市场参与者只能通过金融商品价格与交易量的变动解读潜在的内幕交易及其所指向的未公开信息,进而沿着内幕交易的方向参与市场交易。这个价量“解码”流程烦琐、复杂、零散、低效。所以,内幕交易所内含的信息在被市场察觉之前,金融商品市场价格可能会逐渐接近充分反映市场未公开信息的价格水平,但这显然是一个需要耗费相当时间与成本的价格变动过程。加上证券、期货市场中还存在诸多不具有理性投资判断基础的噪声交易扰乱价格信号的有序释放,经过种种环节弱化之后,内幕交易引导金融商品市场价格的效率最终很难实现。

可见,实证研究结论与理论分析观点的激烈冲撞决定了内幕交易与证券、期货市场定价效率关系难题在数十年的纠缠与困惑中仍然处于待解状态。内幕交易对证券、期货市场流动性影响问题同样如此。实证研究对于内幕交易行为是否降低市场流动性问题并没有形成确定的结论性意见。有的调查发现,做市商、专业交易者等感觉到内部知情人员针对特定证券或者衍生品实施的交易比较活跃时,其买卖价差〔1〕趋于增大。〔2〕有的研究认为,内幕交易并没有对市场流动性产生影响。〔3〕也有数据显示,提供流动性的市场交易者短期内受到内幕交易影响,但长期来看其有能力弥补特定时间节点出现的损失。〔4〕更有报告指出,内幕交易等信息不对称交易有益于做市交易等市场流动性因素。〔5〕

既然内幕交易对市场定价与流动性影响性评估的分析路径依赖长期无法解决内幕交易与市场效率关系问题,并且导致证券、期货市场法律制度始终在

---

〔1〕 买卖价差是衡量市场流动性的重要标准。买卖价差越大,交易执行成本越大,市场流动性越差。参见孙结源、施东晖:《从流动性与买卖价差看交易机制的改革——一个基于上海股市的实证研究》,载《上市公司》2001 年第 12 期。

〔2〕 See Nicholas L. Georgakopoulos, “Insider Trading as a Transactional Cost: A Market Microstructure Justification and Optimization of Insider Trading Regulation”, *Cornell Law Review*26, 1993, p. 1.

〔3〕 See Kee H. Chung, Charlie Charoenwong, “Insider Trading and the Bid – Ask Spread”, *Financial Review*33 ,1998 ,p. 1.

〔4〕 See Walayet A. Khan, H. Kent Baker, “The Impact Of Insider Trading On Market Liquidity In The NASDAQ Market” ,*The Journal of Applied Business Research*21 ,2005 , p. 11.

〔5〕 See Stanislav Dolgopolov, “Insider Trading and the Bid – Ask Spread: A Critical Evaluation of Adverse Selection in Market Making”, *Capital University Law Review* 33 ,2004 ,p. 83.

没有稳定的金融原理与实证研究结论的支撑下介入内幕交易违法犯罪规范控制,就完全有必要转换内幕交易效率问题的评估视角。对于有利于提升证券、期货市场效率的内幕交易行为应当去监管化——这一基本判断显然是正确的。但目前法律与经济分析框架的局限性在于将证券、期货市场效率问题完全等同于定价效率与流动性,而忽略了作为市场效率问题的内幕交易实质内容对于对证券、期货市场信息效率的影响。内幕交易监管或去监管化、内幕交易犯罪化或非犯罪化的法律问题,归根结底是重大未公开信息产权配置的经济问题与证券、期货市场信息效率保障的金融问题。定价与流动性视角是从证券、期货市场的角度静态地、形式化地分析内幕交易与市场效率之间的关系,加之法律与经济分析受制于实证研究方法的局限、证券、期货市场的地域化差异、理论抽象的认识分歧等多方面因素,实际上无法解释作为市场效率问题的内幕交易行为。既然是分析经济行为与市场效率影响与被影响联系问题,就必须从互动、联系的角度进行动态与实质的解释。因此,突破传统研究框架的法律与金融分析应当从内幕交易与证券、期货市场效率之间的"连接点"——信息——的角度解释内幕交易效率问题。内幕交易是基于重大未公开信息实施的获取信息披露前后金融商品价差利益的证券、期货市场交易行为。同时,根据前文有关 ECMH 的分析,金融商品市场价格是现有的所有市场参与者就该金融商品预期现金收益折现价值的共识。对于强式效率市场而言,所有信息均体现在金融商品市场价格之中。但是,证券、期货市场事实上无法完美评估所有市场信息、无法完美反映内部人员掌握的未公开重大信息,市场价格普遍性地偏离完美反映所有信息的真实价值或者所谓的正确市场价格,出现市场信息不对称所造成的价差。评估内幕交易效率问题的核心在于解释内幕交易行为对于证券、期货市场信息效率的关系,即内幕交易如何影响金融商品市场价格反映市场信息的整体过程。

在解构内幕交易如何影响市场信息效率时,必须对信息进行类型化,从而进一步明确与强化基于何种信息类型而实施的内幕交易属于市场效率评价工具所能覆盖的市场滥用行为。[1] 证券、期货市场中对于金融商品定价具有影响

〔1〕 正如前文所述,作为市场效率问题的内幕交易只是所有内幕交易违法犯罪统一范畴中的一部分,基于权力监管信息以及代理信息而实施的内幕交易行为分别归属于权力问题与代理问题,不属于市场效率分析工具评价的范畴。

的信息可以划分为市场性信息与行政性信息。前者是指在市场竞争与运作过程中形成的、没有公共权力介入的、由市场自发形成的价格敏感信息。后者是指对于证券、期货市场中的金融商品发行与交易价格具有影响的公共管理信息、金融监管信息等。行政性市场信息不仅包括政府或者国有资本在行政许可、参与证券、期货市场投资或者公司经营过程中基于其组织机构的运作模式而形成的信息(例如,国有资本投资主体或者政府对相关项目进行审批),而且覆盖各种金融监管信息,即监管机构在对金融市场进行管制与调控过程中形成的信息(例如,调整存款准备金率、开征或者取消印花税、对特定机构进行调查或者处罚等)。基于此类信息实施的内幕交易是权力腐败问题,不仅不会对证券、期货市场效率产生积极影响,而且根本不应当适用效率分析工具进行评估。市场性信息可以进一步地类型化为内生信息与外发信息。[1] 内生信息是指生成于金融商品对应基础资产体内的、在其保值增值的经济运作中内涵的、与该金融商品定价相关的信息,例如,在证券发行人经营过程中(主要是)由内部高级管理人员筹划、执行、决策等职务行为而生成的营收增长(下降)、公司并购扩张(出让资产)等信息;外发信息是指与金融商品对应基础资产真实实体价值并无直接关联的、由外部供求关系推动的、对金融商品定价具有重要价值的信息,例如,与证券发行人的经营行为无关的、由证券、期货市场中的外部投资行为或者分析意见促成的证券需求量变化信息,诸如基金公司增持特定证券、投资咨询公司发布上市公司分析报告等均属于外发信息。[2] 基于外发信息实施的内幕交易本质上属于代理成本问题,应当在代理框架下梳理可能涉及的多重利益

〔1〕 需要说明的是,此处信息类型化的价值在于准确地解释基于不同的未公开信息类型所实施的内幕交易所对应的经济问题本质是不同的。以不同的视角与标准划分信息,还可以对证券、期货市场信息进行其他完全不同的类型划分。例如,以信息涉及的范围为标准,可以将市场性信息大致区分为特定金融商品信息与特定市场领域信息。前者是指基于金融商品发行人(如上市公司)自身行为、内部事件等而形成的信息,包括经营状况、管理质量、商业计划、财务动态、历史数据、科研成果、发展策略、证券供求关系等;后者是指与特定金融工具有关的行业、区域、全国乃至全球经济动态等更为广阔的市场领域设定下的信息。

〔2〕 外发信息强调信息内容本身并不直接阐释或者说明金融商品基础资产实体价值,但这种外部供求关系因素仍然可能受到基础资产价值的影响或者制约。例如,基金公司大规模增持(减持)特定上市公司股票,该外发信息本身反映市场力量对于特定上市公司股票价格的定价意见,并不直接说明上市公司实体价值,但基金公司做出这一投资决策或者生成这一信息,仍然会受到上市公司基础资产价值的影响。

冲突关系。因此,基于内生信息实施的内幕交易行为属于市场效率问题。明确效率问题的基本内容与范围,其核心价值在于确定内幕交易刑法介入的重点指向。内幕交易对于证券、期货市场信息效率的影响性评估,关键分析在于内部人员利用与金融商品及其基础资产价值有关的未公开内生信息实施相关金融交易,对于金融商品市场价格有效率地(及时、充分地)反映信息究竟会产生何种性质的影响以及这种影响的具体经济机制。[1]

所以,在分析内幕交易与市场效率关系时,不能忽略内幕交易行为机理的核心——信息。内幕交易归根到底是信息使用问题——在权力运作的框架下,表现为滥用权力行使过程中获取的信息生产与支配权,以权力的腐败为代价获取个人经济收益。在代理的框架下,表现为在企业内部生成的重大未公开信息的使用权应否让渡给参与创造信息的管理人员。重大未公开信息的使用效果一旦波及证券、期货市场,就出现了一个全新的信息潜在使用权利人,即证券、期货市场中所有的潜在投资者。内幕交易者使用重大未公开信息不再是一个(在特定情况下)可以通过企业与管理人员进行协商从而实现效率最大化的问题,而是需要在解释信息、证券、期货市场与信息市场以及内幕交易对市场定价与市场流动性影响等一系列问题的基础上,深度评估内幕交易与证券、期货市场信息创造、传递、产权配置之间的关系,据此形成以优化市场效率为导向的内幕交易司法规则。

---

〔1〕 影响性质具体是指积极还是消极影响。内幕交易行为对于信息效率具有积极影响的,则应当对内幕交易违法犯罪进行去监管化;相应地,如果是消极影响,则验证了目前的法律制度在介入内幕交易违法犯罪控制的方向上是正确的。但是,更应当深入剖析内幕交易与信息效率之间影响与被影响关系的具体运作机制。这是刑法介入真正针对内幕交易的经济属性进行有效监管、发挥保护市场效率的关键之所在。

第三讲

内幕交易犯罪构成要件

内幕交易犯罪与其他证券期货犯罪一样,其主要侵犯的客体理应是证券、期货市场的管理秩序,而其中最主要的是对证券、期货市场的公平、公开和公正三大原则的破坏。当然,内幕交易犯罪也必然侵害广大投资者的合法权益,其中主要的是侵害了投资者在证券、期货市场上对有关投资信息享有的平等知情权。同时,这两方面是有着密切联系的,因为投资者一旦丧失了平等的知情权,其在市场中所处的地位就必然极为不利,在这种环境下从事证券、期货交易必然产生混乱,从而扰乱了证券、期货市场的管理秩序。内幕交易、泄露内幕信息罪的犯罪对象是内幕信息,其实行行为包括直接利用该信息从事相关证券、期货交易或泄露内幕信息或者建议他人从事相关交易活动三种方式,犯罪主体包括内幕信息知情人员、非法获取内幕信息人员两种类型,本罪的主观方面表现为故意。由于我国《刑法》规定的内幕交易、泄露内幕信息罪各个构成要素与证券期货实践具有紧密联系,仅从刑法的角度进行准确把握存在一定的困难,故有必要对本罪的构成特征进行论证与分析,为司法实践提供一个精准的内幕交易、泄露内幕信息罪的法律规格。

一、内幕交易犯罪的行为对象

内幕交易、泄露内幕信息罪的犯罪对象就是内幕信息。理论上一般认为,内幕信息知情人员、非法获取内幕信息的人员只有利用内幕信息进行证券、期货交易或者泄露内幕信息,才能构成内幕交易、泄露内幕信息罪。因为,禁止内幕交易并不意味着禁止内幕人员进行任何证券、期货交易,也即在没有利用内幕信息的情况下,内幕人员与其他投资者一样也应该具有从事证券、期货交易的权利。

究竟何为内幕信息,各国的法律有不同的规定。美国《证券法》《证券交易法》以及《证券交易委员会监管规则》等均没有对内幕信息概念进行明确的界定。在美国,内幕信息的定义是从判例法中发展起来的,具体包括实质性(materiality)和秘密性(confidentiality)这两个核心要素。内幕信息是指任何可能对某一(或某些)上市公司的证券价格产生实质性影响的,尚未公开的信息。其中,所谓秘密性是指该信息尚未被普通投资者所知悉,它是相对于有效公开的信息而言。有效公开是指向证券监管机关或证券交易所报告,或在公共媒体上公布,向足够多的投资分析师披露也等同于公开。所谓实质性是指该信息公开后,会影响到投资者是否愿意以当前的价格购买或出售该证券。也就是说,判断某个信息是否具有"实质性",应当以该信息能否影响包括"投机"和"保守"投资者的合理的投资判断为标准。[1] 美国联邦最高法院在 TSC v. Northway 案[2]与 Basic v. Levinson 案[3]的法院意见中指出:一项未经公开的信息是否属于内幕信息,关键在于判断,作为一位理性的投资人,在知道该项信息之后,是否非常有可能认为此项信息对其投资决定产生重要影响;机械且缺乏弹性的内幕信息认定标准无法根据实际需要做出判断;从整体上判断,内幕信息的认定应当从事情发生的概率与在上市公司整体活动中的影响程度两项因素综合分析。

欧盟《市场滥用指令》对内幕信息进行了相对明确的定义,即内幕信息是指那些尚未公开披露的,与一个或几个可转让证券的发行人,或与一种或几种可转让证券的准确情况有关的信息。如果该信息被公开披露的话,可能会对该证券的价格产生影响。[4] 在该定义中,内幕信息应当具有以下四个特征:一是信息尚未公开披露。二是信息真实、准确。这一要件可将内幕交易与利用谣传的其他欺诈行为区别开来。对"真实、准确"信息应有一个比较广义的理解,即只要不是谣传或不是凭空想象和印象,只要它是关于正在发展中的事物的准确信息,尽管尚未实现,尚未构成事实,都必须考虑进去。三是信息必须与可转让证券发行人或可转让证券的情况有关。对此,各国法律也有不同的规定。有些国家的法律将其范围规定得较小,仅限于上市公司内部的(有关公司内部事务的)信息,而不包括上市公司子公司或母公司的信息,尽管这些信息具有价格敏感性也不能包括,如丹麦和西班牙的法律中就作了这样规定。有些国家采取逐项列举的方法,如德国和英国,但也仅限于上市公司内部的信息。而多数国家采取范围比较大的做法,即认为任何种类的任何信息,无论是上市公司内部的还

---

〔1〕 参见顾肖荣、张国炎:《证券期货犯罪比较研究》,法律出版社 2003 年版,第 277 页。

〔2〕 TSC Industries, Inc. v. Northway, Inc., 426 U. S. 438 (1976).

〔3〕 Basic, Inc. v. Levinson, 485 US 224 (1988).

〔4〕 Directive 2003/6/EC of The European Parliament and of The Council of 28 January 2003 on Insider Dealing and Market Manipulation (Market Abuse).

是外部的，只要是与上市公司证券价格有关的，都可作为内幕信息对待。如有关市场行情、利率的变化、外汇政策、金融政策的改变等。甚至有关政治方面的重大信息也应包括在内。四是信息必须影响到证券市场的价格波动。[1]

在亚洲国家相关证券法律规定中，日本《金融商品取引法》对内幕信息进行了相对明确的规定：所谓内幕信息，是指与上市公司业务或者其他问题有关的重要事实，具体包括上市公司业务执行决策机关决定的重要事实、有关上市公司销售额、经常性利润以及纯利润变动的重要事实、有关上市公司运营、业务、财产且对投资者判断有显著影响的重要事实等。[2]

根据我国《刑法》第180条内幕交易、泄露内幕信息罪的规定，内幕信息的范围，依照法律、行政法规的规定确定。因此，同上述世界各国有关内幕信息的法律规定一样，我国刑法规定的内幕交易、泄露内幕信息罪的犯罪对象也是由相关证券期货行政法律法规进行具体界定。

根据我国《证券法》第75条的规定，证券交易活动中，涉及公司的经营、财务或者对该公司证券的市场价格有重大影响的尚未公开的信息，为内幕信息。同时，根据《证券法》第67条、第75条的具体规定，内幕信息主要包括以下内容：一是与上市公司重大事件相关的信息。具体包括：(1)公司的经营方针和经营范围的重大变化。(2)公司的重大投资行为和重大的购置财产的决定。(3)公司订立重要合同，可能对公司的资产、负债、权益和经营成果产生重要影响。(4)公司发生重大债务和未能清偿到期重大债务的违约情况。(5)公司发生重大亏损或者重大损失。(6)公司生产经营的外部条件发生的重大变化。例如，新公布的法律、法规、规章、行业政策可能对公司产生重大影响。(7)公司的董事、1/3以上监事或者经理发生变动。(8)持有公司5%以上股份的股东或者实际控制人，其持有股份或者控制公司的情况发生较大变化。(9)公司减资、合并、分立、解散及申请破产的决定。(10)涉及公司的重大诉讼，股东大会、董事会决议被依法撤销或者宣告无效。例如，法院裁决禁止控股股东转让其所持股份；任一股东所持公司5%以上股份被质押、冻结、司法拍卖、托管、设定信托或

[1] 参见张军主编：《破坏金融管理秩序罪》，中国人民公安大学出版社1999年版，第264~266页。

[2] 金融商品取引法（きんゆうしょうひんとりひきほう、昭和23年4月13日法律第25号）第百六十六条会社関係者の禁止行為。

者被依法限制表决权;主要资产被法院查封、扣押、冻结等。(11)公司涉嫌犯罪被司法机关立案调查,公司董事、监事、高级管理人员涉嫌犯罪被司法机关采取强制措施。董事、监事、经理、副经理或者其他高级管理人员执行公司职务时违反法律、行政法规或者公司章程的规定,给公司造成损害的,应当承担赔偿责任,对上市公司证券交易价格势必产生影响。尚未公开的公司的董事、监事、经理、副经理或者其他高级管理人员的损害赔偿责任,是内幕信息。二是与上市公司重要决策或行为相关的信息。主要包括:(1)有关公司分配股利或者增资的信息。公司分配股利信息是指公司将弥补亏损和提取法定公积金、法定公益金后所余利润如何分配给股东的计划。公司增资信息是指公司增加注册资本的计划,包括增加多少注册资本、如何增加注册资本的计划。公司分配股利或者增资的计划涉及公司的财务、经营,或者会对该公司证券的市场价格产生重大影响,因而属于内幕信息。(2)有关公司债务担保、相关资产重大变动的信息。公司在经营过程中,因某种原因而承担债务时,可以向债权人提供担保,以保证债权人的债权得到实现。如果公司债务担保发生了重大变化,那么,债权人为保证其债权能够得到实现,可能会对公司采取一些重大措施,从而对公司的经营、财务产生重大影响。公司营业用主要资产的抵押、出售或者报废一次超过该资产的30%,应当认定为内幕信息。抵押是指公司以其用于经营的主要资产向债权人提供担保,主要资产的出售是指公司将其用于经营的主要资产卖给他人,以获取一定数量的资金。公司营业用主要资产的抵押或者出售,必然会对公司的经营、财务产生重大影响,从而对该公司证券的市场价格产生影响。(3)有关公司收购的信息。上市公司收购是投资者公开收购股份有限公司已依法发行上市的股份以达到对该股份有限公司控股或者兼并目的的行为。收购某一股份有限公司的股票,必然对该公司股票的市场供求产生重大影响,也会对公司的经营、财务产生重大影响。因此,上市公司收购的有关方案在公开以前,是内幕信息。三是国务院证券监督管理机构认定的对证券交易价格有显著影响的其他重要信息。由于《证券法》第75条对内幕信息的界定设置了兜底条款,规定国务院证券监督管理机构认定的对证券交易价格有显著影响的其他重要信息同样构成内幕信息。因此,中国证券监督管理委员会根据《证券法》《公司法》、证监会发布的《上市公司信息披露办法》等一系列行政法律、法规、规章等法律规范依法认定的与上市公司有关的内幕信息,都可以成为刑法规定的内幕交易、泄露内幕信息罪中犯罪对象意义上的证券内幕信息。

根据2017年修订的《期货交易管理条例》第85条第11项的规定，期货内幕信息，是指可能对期货交易价格产生重大影响的尚未公开的信息，包括：国务院期货监督管理机构以及其他相关部门制定的对期货交易价格可能发生重大影响的政策，期货交易所做出的可能对期货交易价格发生重大影响的决定，期货交易所会员、客户的资金和交易动向以及国务院期货监督管理机构认定的对期货交易价格有显著影响的其他重要信息。可见，期货内幕信息的具体内容与证券内幕信息存在很大差异，主要表现为期货监管部门以及相关行政部门对于期货及其对应的现货所制定的政策以及与期货供求关系有关的重大交易信息。

对于内幕交易、泄露内幕信息罪的犯罪对象以及内幕信息应当具有哪些特征，我国刑法理论上的观点基本相同，但在具体表述上却颇不一致。有学者认为，内幕信息的特征有两个：一是秘密性，二是重要性。[1] 也有学者认为，内幕信息的特征，一是未公开性，二是敏感性。[2] 还有学者认为，内幕信息有三个基本要素：一是应为内幕人员所知悉；二是应为未公开的信息，即公众尚未获取或经合法渠道无法获取的信息；三是应具有价格敏感性，即有可能引起公司证券价格的波动。[3] 另有学者认为，内幕信息具有以下特征：一是相关性。即该信息与证券发行及证券、期货交易等活动相联系。二是未公开性。即有关的重要信息和资料尚未通过法定的方式向社会公众和投资者公开，该信息尚处于保密状态。三是重要性。即该信息公开后能对证券、期货市场价格产生下跌或上扬的实质性影响，从而能使证券、期货市场合约的持有人获利或遭受损失。[4] 更有学者认为，内幕信息应该具备四个条件：一必须是尚未公开的信息；二必须是真实、准确的信息；这样就将内幕交易与利用谣传的证券、期货操纵行为或虚假陈述的欺诈行为区别开来；三必须是与可转让证券发行人或可转让证券有关的

---

〔1〕 参见赵秉志主编：《破坏金融管理秩序犯罪疑难问题司法对策》，吉林人民出版社2000年版，第186页；胡启忠等：《金融犯罪论》，西南财经大学出版社2001年版，第268页。

〔2〕 参见薛瑞麟主编：《金融犯罪研究》，中国政法大学出版社2000年版，第262页。

〔3〕 参见郭立新、杨迎泽主编：《刑法分则适用疑难问题解》，中国检察出版社2000年版，第86页。

〔4〕 参见马长生、张惠芳：《论内幕交易、泄露内幕信息罪》，载赵秉志主编：《新千年刑法热点问题研究与适用》，中国检察出版社2001年版，第825～826页。

信息;四必须是影响证券、期货市场价格波动的信息。[1] 实际上,从《刑法》第180条内幕交易、泄露内幕信息罪的规定来看,刑法禁止的是内幕信息知情人员或非法获取内幕信息人员在涉及证券的发行,证券、期货交易或者其他对证券、期货交易价格有重大影响的信息尚未公开前,从事相关证券期货交易或者泄露内幕信息。可见,刑法文本中对内幕信息进行特征限定的要素集中表现为"对证券、期货交易价格有重大影响"与"尚未公开"。同时,从《证券法》《期货交易管理条例》等法律法规的规定分析,这些前置性法律规定同样是明确地从对证券期货交易价格的重大影响与信息本身尚未公开两个角度对内幕信息的特征进行限定。结合特征表述法定性、简洁性与金融实务惯例的考虑,笔者认为,作为内幕交易、泄露内幕信息罪犯罪对象的内幕信息,具有两个特征,即未公开性与价格敏感性。

二、内幕交易犯罪的客观行为

根据《刑法》第180条的规定,内幕交易、泄露内幕信息罪在客观行为上表现为在涉及证券的发行,证券、期货交易或者其他对证券、期货交易价格有重大影响的信息尚未公开前,买入或者卖出该证券,或者从事与该内幕信息有关的期货交易,或者泄露该信息,或者明示、暗示他人从事上述交易活动。从罪状结构的角度分析,本罪客观行为要素可以进一步解构为两大部分:一是行为条件,即内幕交易、泄露内幕信息行为的实施前提和基础是内幕信息形成且尚未公开;二是行为模式,具体包括本人或者由本人实际控制的人实施相关证券、期货交易,或者泄露内幕信息,或者建议他人实施相关证券、期货交易。

在实践中对内幕交易罪客观行为特征的把握上,最突出的疑难问题体现在如何理解行为条件要素,即证明行为人实施内幕交易犯罪行为,控方是否必须证明行为人"利用"了内幕信息?这里所谓的"利用",就是指行为人在涉及证券、期货的发行、交易或者其他对证券、期货交易价格有重大影响的信息尚未正式公开前,利用自己所知道的内幕信息,掌握有利的条件和时机,进行证券、期货的买入或者卖出。

---

[1] 参见孙昌军、易建华:《关于内幕交易罪几个问题的研究》,载赵秉志主编:《新千年刑法热点问题研究与适用》,中国检察出版社2001年版,第842~844页。

对于利用内幕信息是否为构成内幕交易罪的必备要件,美国证券期货法律与司法实践中存在一定的分歧。从美国联邦法律的规定来看,指控内幕交易犯罪无须证明"利用"内幕信息。例如,美国《证券法》《证券交易法》《内部人交易与证券欺诈执行法》都建构在戒绝交易理论的基础之上。根据戒绝交易理论,内幕消息知情人员或者非法获取人员,完全不能从事与内幕信息相关的任何证券期货交易。[1] 因此,上述美国联邦法律均否定"利用"要件是构成内幕交易的必备要件,内部人员只要在交易时知道"内幕信息",不管交易是否利用了这些信息,都应受惩罚。但是,美国判例实践中坚持禁止私用理论。根据禁止私用理论,内幕信息知情人员或者非法获取者,禁止利用内幕信息进行证券期货交易谋取私利,但刑法并不绝对地禁止不以利用内幕信息进行相关交易的行为。[2] 所以,美国联邦法院的相关判例依然要求控方对利用内幕信息进行证明。

对于内幕交易行为是否必须具备"利用"要件,我国相关法律法规的规定并不完全一致。例如,《上市公司信息披露管理办法》第 4 条规定:在内幕信息依法披露前,任何知情人不得公开或者泄露该信息,不得利用该信息进行内幕交易。可见,《上市公司信息披露管理办法》明确禁止利用内幕信息从事相关证券交易,内幕交易客观行为明确包括"利用"这一构成要素。但是,现行《刑法》第 180 条的规定中则并未出现"利用"一词。在刑法理论上,对于本罪的构成是否必须具备利用内幕信息要件的问题,各方面的观点也存在较大的分歧。

"利用"要件肯定论认为,从刑法规范的表面文义进行分析,只要内幕信息知情人员或者非法获取者在内幕信息公开之前进行了与该信息相关的证券期货交易,就已经符合了内幕交易罪的构成要件,不需要实际利用内幕信息的证据。例如,有学者认为,利用内幕信息并不是构成内幕交易、泄露内幕信息罪的必要条件。[3] 因为,如认定内幕交易、泄露内幕信息罪的成立必须以内幕信息的利用为前提必将给指控带来极大困难。在实践中,很难证明内幕交易者的哪

---

〔1〕 See Nasser Arshadi, "Insider Trading Liability and Enforcement Strategy", *Financial Management*27, 1998, p. 2.

〔2〕 United States v. Ohagan, 521 U. S. 1997, p. 642.

〔3〕 参见庞良程:《证券内幕交易罪的构成及认定》,载《中央检察官管理学院学报》1998 年第 1 期。

笔交易利用了内幕信息,哪笔交易又未利用内幕信息。在很多情况下,只要行为人否认利用内幕信息,即使其已进行了交易,也会使指控搁浅。相反,免去控方的一些证明责任,对内幕交易、泄露内幕信息罪的指控将大为有利。我国刑法规定,证券、期货交易的内幕信息的知情人员,在获悉内幕信息后,买入或者卖出证券、期货合约,即可定罪科刑。这实质上是一种严格责任。禁止知情人员在信息未公开前买入或卖出证券、期货合约。只要知情人员在知情后进行交易,就构成犯罪。应当指出的是,如果有确凿的证据证明知情人员所知悉的内幕信息与其所进行的交易行为并无必然联系时,对其交易行为也不能定罪。[1]

"利用"要件否定论认为,行为人必须实际利用内幕信息从事相关交易活动,才属于内幕交易罪的实行行为。利用内幕信息进行证券、期货交易是成立内幕交易并构成犯罪的必要条件之一。[2] 是否利用内幕信息进行证券交易是划分罪与非罪的标准之一。因此,在认定某一行为是否构成内幕交易、泄露内幕信息罪时,应首先确定其是否利用或依据了内幕信息。即使是内幕人员,如果没有利用内幕信息或依据内幕信息进行买卖或建议行为,则不构成该罪。在实践中应摒弃法定内幕人员中心论,即只要是内幕人员实施的诸如买卖、建议等行为,均认为是内幕交易的片面做法。[3] 有的学者进一步指出,《刑法》第180条虽然没有明文规定"利用内幕信息"的文字,但其表述方法实际上包含有"利用内幕信息"之意。只要对内幕信息"知情",或非法获悉内幕信息,又在信息未公开前买卖或使人买卖该证券,也就是利用内幕信息进行交易,而不需要再规定利用内幕信息,以免产生歧义。其主要理由是:首先,从本条的立法精神来看,法律之所以要禁止证券内幕交易行为,其根本原因就在于防止内幕信息的知情人员以及非法获取内幕信息的人员在该信息公开之前,利用其持有内幕信息的优势进行证券、期货交易,非法获取利益或避免损失。因为这种交易违反了市场经济及证券、期货交易的公开竞争规则,是对上市公司以及其他不知情的投资者的一种证券、期货欺诈,具有明显的非公开性和不正当性。如果知

---

〔1〕 参见邢怀柱:《证券期货犯罪及其立法评述》,载陈兴良主编,《刑事法评论》(第3卷),中国政法大学出版社1999年版,第120页。

〔2〕 参见周道鸾主编:《刑法的修改与适用》,人民法院出版社1997年版,第396页;孙际中主编:《新刑法与金融犯罪》,西苑出版社1999年版,第145页。

〔3〕 参见薛瑞麟主编:《金融犯罪研究》,中国政法大学出版社2000年版,第268页。

悉内幕信息的人员并没有利用该信息优势进行交易，则属于正当合法的公平交易，是证券、期货市场的健康运行状态，法律也就失去了对其进行规制的基础和必要性。其次，从法条的表述上看，第一，本条对犯罪主体表述为"证券、期货交易内幕信息的知情人员或者非法获取证券、期货交易内幕信息的人员"。对于第一类主体，即知情人员，《刑法》及《证券法》都没有指明是"应当知情人员"抑或是"实际知情人员"，如果没有"利用内幕信息"这一实质条件的限制，则对于"应当知情"而实际上却因某种特殊情况的确不知情的人员在内幕信息公开之前买卖证券、期货合约的行为也会认定为内幕交易罪、泄露内幕信息罪，对行为人来讲，法律岂非过于苛刻？同样，对于第二类主体中通过亲友关系或同事关系而被动接受内幕信息者而言，法律也失之于严酷。另外，以非法手段获取证券、期货内幕信息的人员，其不惜代价非法获取内幕信息的目的当然在于利用内幕信息进行证券、期货交易，从而非法牟利或避免损失。第二，在行为的时间条件上，本条将证券、期货交易行为限制在"涉及证券的发行、交易或者其他证券的价值有重大影响的信息尚未公开前"，这一规定实质上也隐含着行为人掌握并利用持有内幕信息的优势，从而通过该信息公开的时间差进行不公开交易，以非法牟利或避免损失，表明了内幕信息和内幕交易之间具有一定的因果关系。否则，有违刑法立法之基本精神。[1] 理论上也有观点在否定"利用"要件的基础上，特别强调知悉内幕信息与进行证券、期货合约买卖之间的因果关系的重要性。例如，有学者指出，在我国有关内幕交易的行政法规中，比较强调利用内幕信息这个要件，这说明内幕交易罪与利用内幕信息是不可分的。但是，在刑法中这一点并未得到明显体现。根据《刑法》第 180 条的规定，知悉内幕信息的人员，在内幕信息尚未公开前买卖证券、期货合约的，即构成内幕交易、泄露内幕信息罪。法律禁止内幕交易的目的，在于维护公开、公平的证券、期货市场秩序和公众投资人的平等交易权，防止以不公平的方式获取利益或者避免损失。行为人虽然知悉内幕信息，但并非基于该信息买卖证券、期货合约，这时的交易行为与其他投资人的交易行为性质相同，没有不公平的事实存在。如果有事实证明，知悉内幕信息的行为人买卖证券、期货合约，不是因为知道了

---

〔1〕 董丽静、龚卫：《证券内幕交易、泄露内幕信息罪的司法认定》，载赵秉志主编：《新千年刑法热点问题研究与适用》，中国检察出版社 2001 年版，第 864 页。

内幕信息，而是出于其他原因或目的，则不能认定构成内幕交易、泄露内幕信息罪。当然，要查清行为人是利用内幕信息，还是基于其他原因买卖证券、期货合约，是相当困难的。在这种情况下，一般只要证明他在买卖证券、期货合约时是知悉内幕信息的，即可认定构成本罪，除非行为人能够证明他买卖证券期货合约没有利用内幕信息。[1]

笔者认为，从我国《刑法》第180条的规定分析，我们不难发现该条文并未将利用内幕信息作为构成要件，其立法原意一方面是因为司法实践中判断行为人是否利用内幕信息确实有相当大的困难，如果将此作为必备要件，可能会给许多实施内幕交易的行为人提供一个逃避刑事责任的借口，同时也必然会又制造一个司法认定的难题。从证券期货犯罪司法实践的现实角度分析，查证内幕信息知情人员、非法获取、在特定的时间节点从事相关证券期货交易等事实已经存在极大的操作障碍的情况下，如果还需要控方进一步举证证明行为人主观上具有利用内幕信息的故意，客观上实施了利用内幕信息从事交易的行为，则会使内幕交易罪的定罪难度过大，从而严重影响刑法规范的适用效率。另一方面，刑法之所以规定内幕交易、泄露内幕信息罪无非是想从根本上禁止知情人员或者非法获取内幕信息的人员从事证券、期货交易，从而保证证券、期货市场的"三公"原则得以真正实现。因为，只要有知情人员或者非法获取内幕信息的人员从事证券、期货交易，就不可能有真正的"三公"环境存在。正因如此，《刑法》第180条才只是从时间上（在涉及证券、期货的发行、交易或者其他对证券、期货的价格有重大影响的信息尚未公开前）对本罪的构成作出规定，而没有从是否"利用内幕信息"上提出要求，这显然也是刑事立法的初衷。当然，由于本罪的构成是以情节严重为前提的，所以，尽管利用内幕信息并非是本罪的构成要件，但这并不意味着行为人的交易行为和泄露行为可以与内幕信息无关，相反，行为人如果构成犯罪，其交易和泄露行为应该与内幕信息具有关联性。

从证券期货交易信息平等、内幕信息人对上市公司承担的信义义务等角度分析，内幕交易罪对涉案交易行为的司法认定不能忽略行为人利用内幕信息与买卖证券期货之间的关联性。内幕信息知情人员或者非法获取者利用内幕信

〔1〕 参见周振想主编：《金融犯罪的理论与实务》，中国人民公安大学出版社1998年版，第346～347页。

息从事交易，损害了证券期货投资与交易的公平性，具有刑事可罚性。但是，如果行为人并没有实际利用内幕信息，即使其属于内幕信息知情人员或者非法获取者，只要其确实按照事先制订的证券期货交易计划、既定的投资习惯或者对市场的判断分析进行证券期货交易，就不存在相对其他投资者的不平等的信息优势，不能认定其符合内幕交易罪行为要件的法律特征。因此，虽然《刑法》第180条并没有直接列出实际利用内幕信息买卖证券期货这一要件，但要求内幕信息知情人员、非法获取内幕信息人员从事的相关证券、期货交易必须与内幕信息具有关联性，这应当是符合刑法规范目的界限的解释论意见。内幕信息知情人员或者非法获取者必须以该内幕信息作为其是否买卖证券期货的重要因素，才符合以内幕交易罪进行刑事处罚的规范目的。

笔者认为，"利用"内幕信息不是内幕交易犯罪的构成要件，但是，这并不意味着分析行为人是否利用内幕信息本身对于本罪的司法实践没有意义。因为，辩方提供证据证明其没有利用内幕信息从事相关证券期货交易是内幕交易犯罪重要的抗辩事由。如果内幕信息知情人员或者非法获取人员，在内幕消息尚未公开期间，掌握利好消息时购买证券期货，掌握利空消息时卖出证券期货，必须举证证明买卖证券期货的交易行为并非基于内幕信息而实施。如果行为人无法通过证据切断其持有内幕信息与买卖证券期货行为之间的关联性的，则推定其实际使用了内幕信息，应当承担不利的刑事诉讼后果。对于内幕交易罪实际利用内幕信息从事交易这一行为而言，在个罪举证责任分配合理性原则层面，理应由行为人承担举证责任。对于控方有证据表明买卖证券期货的行为人，于相关交易之前掌握内幕信息，对于在这样极度敏感的时间阶段实施的相关证券期货交易行为，刑法应当可以合理推定该买卖证券期货的交易行为利用了内幕信息。行为人有义务提出其未实际利用内幕信息这一免除内幕交易罪刑事归责的证据。2011年最高人民法院《关于审理证券行政处罚案件证据若干问题的座谈会纪要》第5条以司法解释性文件的形式认可了内幕交易行政诉讼中被处罚人对其未利用内幕信息从事相关证券交易承担证明责任，即"监管机构提供的证据能够证明以下情形之一，且被处罚人不能作出合理说明或者提供证据排除其存在利用内幕信息从事相关证券交易活动的，人民法院可以确认被诉处罚决定认定的内幕交易行为成立：（一）证券法第七十四条规定的证券交易内幕信息知情人，进行了与该内幕信息有关的证券交易活动；（二）证券法第七十四条规定的内幕信息知情人的配偶、父母、子女以及其他有密切关系的人，其证券交易活动与该内幕信息基本吻合；（三）因履行工作职责知悉上述内幕信息并进行了与该信息有关的证券交易活动；（四）非法获取内幕信息，并进行了与该内幕信息有关的证券交易活动；（五）内幕信息公开前与内幕信息知情人或知晓该内幕信息的人联络、接触，其证券交易活动与内幕信息高度吻合。”由于利用内幕信息并非《刑法》第180条规定的内幕交易罪构成要件，因此，刑事诉讼中完全可以将上述法律要素作为控方证明内幕信息知情人员、非法获取内幕信息人员从事内幕交易的基本法律规格。

在内幕交易、泄露内幕信息罪客观行为特征的总体把握上，还需要研究的问题就是“不作为”的内幕交易是否属于本罪客观行为的一种表现形式。理论上和实践中存在这种情况：行为人原先准备买入某一证券或期货合约，或者准备卖出手中的某一证券或期货合约，但是，在获知有关内幕信息后却停止了原来准备实施的买入或卖出行为，从而获取了利益或者避免了可能遭受的损失。对于这种行为应如何认定？从形式上分析，这种情况中的行为人在事实上利用了自己所获知的内幕信息获取了利益或者避免了可能遭受的损失，与行为人利用内幕信息实施积极交易行为的实际效果是一样的。因此，刑法理论上有观点认为，应当存在不作为型内幕交易罪，因为，内幕信息的知情人员负有一个法律义务，即不利用内幕信息谋取利益或转移风险。而且，这一证券法上的义务已经被刑法通过规定内幕交易罪所承认，应当能够成为不作为犯罪中的作为义务。不过，与一般的不作为犯罪相比，不作为型内幕交易罪有一个鲜明的特色，即在应当交易时（亦即若不利用内幕信息，则行为人必定会进行的交易），却利用内幕信息所带来的信息优势，不进行有关交易。这种利用内幕信息不交易或延迟交易的行为与传统的内幕交易行为所造成的危害结果相比，前者除了比后者更隐性化或者说因果关系没那么显而易见外，本质上并没有什么差别。[1]

笔者认为，这种所谓“不作为”的行为不能构成内幕交易罪，具体理由如下。

第一，从罪刑法定原则的角度出发，这种所谓“不作为”的行为不能构成内幕交易罪。《刑法》第180条明确规定“在涉及证券的发行，证券、期货交易或其他对证券、期货交易价格有重大影响的信息尚未公布前，买入或卖出该证券，或

〔1〕 参见陈柱钊：《不作为型内幕交易罪》，载《长春工程学院学报》（社会科学版）2007年第2期。

从事与该内幕信息有关的期货交易……”据此规定，买入、卖出或从事其他交易等行为均只能以作为的方式进行，不作为的方式根本不可能实现买入、卖出或从事其他交易。虽然行为人在知悉内幕信息后，根据内幕信息没有买入或者卖出原打算买入或者卖出的股票，获得了一定的非法利益或避免了一定的损失，有失公平，具有一定的社会危害性，但有关的行政法规和法律都没有规定此种“不作为”为违法或者犯罪行为。因而，应当严格遵循罪刑法定的原则，不将其作为犯罪处理。在前述情况下，行为人在获取内幕信息后，并没有进行买入、卖出或从事其他交易的行为，因此行为人不构成内幕交易罪。

第二，内幕交易犯罪必须有交易行为存在，从某种程度上说，交易是内幕交易犯罪的本质所在，如果没有交易也就不会有内幕交易犯罪。这是因为，内幕交易犯罪中，行为人掌握内幕信息本身并不能成为招至刑罚惩罚的理由，也即如果行为人没有因此而进行证券、期货交易，就不可能对社会带来任何危害。由此可见，在证券、期货市场上，内幕交易当然应该有实际“交易”行为的存在，没有“交易”行为存在，也就无所谓有内幕交易犯罪的存在。在证券、期货市场上的交易行为均表现为一种积极的买入或卖出的行为方式，实际上不可能存在有所谓消极的“不作为”形式的买入或卖出的行为方式。

第三，虽然在理论上和实践中确实可能存在行为人在获知有关内幕信息后停止了原来准备实施的买入或卖出行为的不作为型内幕交易罪，但从司法实践和证据角度出发，由于在不作为型的内幕交易罪中，并不存在见诸于客观的作为以及显性的危害结果，并且由于作为义务的成立仅仅基于行为人有进行交易的设想，证据收集难度较大，证明难度很大，无法在法庭上形成前后衔接的、有力的证据链来证明不作为型内幕交易罪。况且，如果当行为人的“要进行交易的想法”有过波动或这种想法不太确定不太坚决时，那么将使证明变得更加复杂。因此，这种行为在实践中根本无法适用内幕交易罪。[1]

第四，刑法中不作为均应该以特定的作为义务的存在为前提，没有这种特定的作为义务也就不应该有不作为犯罪的存在。在证券、期货市场上，行为人在获知内幕信息后，只有不进行交易的义务，而根本就不存在有所谓必须进行交易的义务，其作为证券市场的自由人，有权自主进行交易，市场并不因为他们

〔1〕 参见刘宪权：《金融犯罪刑法学专论》，北京大学出版社2010年版，第361页。

知晓了内幕信息而强制他们进行交易,或因为知晓了内幕信息,强制他们不得进行交易。虽然从自身的优势地位出发,他们利用了这种不对等的信息优势,转移了风险或者获取了由这种信息优势带来的利益,但由于没有现实的交易行为,并且由于义务的缺失,这种不交易的行为不构成刑法中的“不作为”。也即在某种程度上,行为人在获知内幕信息后,不进行交易是其应该做的,即使其从中得到了利益或实际避免了损失,也无可厚非。在证券、期货市场上,我们不应该期待投资者(包括内幕人)只能亏损不能获利,这种要求是不符合市场规律的。因此,虽然行为人的行为可能具有所谓“隐性”的社会危害性,即其获取了由信息优势转化而来的经济利益或转移了本应遭受的风险,但绝不能因此而认定其构成内幕交易罪。

第五,内幕交易犯罪的危害性不仅仅在于行为人违反公平竞争的原则,获得了不正当利益或使自己避免了损失,更重要的是在于行为人的这种行为从根本上破坏了证券、期货市场的正常交易秩序。行为人在获知内幕信息后不买或不卖,仅仅只是行为人自己得到了利益或者避免了可能遭受的损失(且这种利益并非是通过交易行为得到的),证券、期货市场的秩序并未遭受不良影响,公平竞争的原则也并未遭受直接的破坏。

第六,所谓不作为型内幕交易罪有主观归罪或惩罚思想犯的嫌疑。刑法的发展经历了中世纪或封建时期的“主观主义刑法”,到古典刑法学派的“行为刑法”,再到实证法学派的“行为人刑法”,最后发展到今天的取“行为刑法”和“行为人刑法”之长并将其融合的现代主义刑法,其间主观归罪或惩罚思想犯的刑法,由于其非人道性和不可证明性,已经被扔进了历史的垃圾桶。由于不作为内幕交易缺乏客观的行为和有形的危害结果,而且利用信息优势作出不交易决定的过程完全无须借助外部的行为,甚至不需要有物理意义上的身体动静。因此,惩治“不作为型内幕交易罪”的行为有主观归罪或惩罚思想犯的嫌疑,有悖于今天的刑法理念。

第七,将不作为型内幕交易行为犯罪化有悖于法律不强人所难的原则和人的趋利避害的本性。一个人原来具有从事某项活动的主观计划,但后来因外部因素的改变,其基于趋利避害的本能而不再按原计划进行活动,这是非常合情合理的。然而,如果我们刑法将此种情形也予以犯罪化,无疑使人处于一个两难的境地。因为如果行为人原本是计划卖出的,在获知内幕信息后其不卖出就可能构成内幕交易罪,卖出则必须承担不能获利甚至亏损的结果;如果行为人原本是计划买进的,在获知内幕信息后其不买进就可能构成内幕交易罪,买进则必须承担亏损的苦果。

综上所述,虽然行为人利用内幕信息实施消极交易的“不作为”行为与行为人利用内幕信息实施积极交易行为的实际效果相当,但两者具有本质的差异,前者并非是刑法中的“不作为”,也即不属于刑法意义上的行为,不构成犯罪,因而由其产生的实际效果也就不做刑法评价了,而后者则是刑法意义上的客观行为,该行为可能构成内幕交易罪,由其产生的实际效果则是犯罪严重程度的考量依据。

三、内幕交易犯罪的行为主体

世界各国在立法上禁止内幕交易、泄露内幕信息行为的实质,在于禁止内幕人员利用基于其身份所取得的信息便利谋取不正当利益或减少自己的损失。由此而言,对于内幕交易、泄露内幕信息罪的犯罪主体认定,也即确认行为人是否属于内幕人员,是认定内幕交易、泄露内幕信息罪的关键所在。

最早的内幕人员仅指发行证券的上市公司内部人员,因为他们是最有可能接触到发行公司商业秘密的人员。但在司法实践中发现除公司内部人员外,其他人也有可能预先获取内幕信息并以此获利,且此类人员的范围远远大于公司内部人员,行为涉及的范围及效果的严重性也绝非传统内部人员可比。因此,世界各国和地区的相关法律中基本上都规定内幕人员包括一切可能优先接触内幕信息,且对此信息负有不得私自泄露或利用得利的人员。理论上一般认为,之所以要将这些非上市公司内部人员的暂时性内幕人员包括在内幕交易罪的主体之内,主要是因为:公司为了本身的最大利益,往往会将公司的“内部消息”告诉他们,以便他们为公司提供尽可能好的服务。因此,这些人虽然不是公司的职员,但在前述情况下,对公司和股东亦负有“信义义务”。因为他们与公司已经建立了一种特殊关系,故将重要的内情告知他们,因此,这些人不得滥用因工作关系所获悉的消息。

我国《刑法》把内幕交易、泄露内幕信息罪的主体分为两类:内幕信息知情人员和非法获取内幕信息人员。对于内幕信息知情人员,我国《刑法》第 180 条规定,证券、期货交易内幕信息的知情人员的范围,依照法律、行政法规的规定确定。根据《证券法》第 74 条的规定,“证券交易内幕信息的知情人包括:(一)发行人的董事、监事、高级管理人员;(二)持有公司百分之五以上股份的股东及其董事、监事、高级管理人员,公司的实际控制人及其董事、监事、高级管理人员;(三)发行人控股的公司及其董事、监事、高级管理人员;(四)由于所任公司职务可以获取公司有关内幕信息的人员;(五)证券监督管理机构工作人员以及由于法定职责对证券的发行、交易进行管理的其他人员;(六)保荐人、承销的证券公司、证券交易所、证券登记结算机构、证券服务机构的有关人员;(七)国务院证券监督管理机构规定的其他人。”同时,根据《期货交易管理条例》第 81 条(第十二)项的规定,期货内幕信息的知情人员,是指由于其管理地位、监督地位或者职业地位,或者作为雇员、专业顾问履行职务,能够接触或者获得内幕信息的人员,包括:期货交易所的管理人员以及其他由于任职可获取内幕信息的从业人员,国务院期货监督管理机构和其他有关部门的工作人员以及国务院期货监督管理机构规定的其他人员。从这些规定中,我们不难发现,我国法律对于证券内幕人员的界定也不仅仅局限于上市公司内部人员,实际上包括了有可能优先接触公司内幕信息,且对于该信息负有不得私自泄露或利用得利的其他人员。也即对于内幕人员的界定,关键并不在于其是否为内部人员,而在于其是否能够通过合法途径接触或获得内幕信息。对于期货内幕信息知情人员而言,我国期货法规更强调禁止期货管理机构、交易所等行政管理活动中接触重大政策信息、期货交易信息的人员从事相关期货交易活动。这主要是由于期货交易价格主要受到大宗商品、债券、外汇等现货市场管理信息、期货合约供求关系信息、产业政策信息、外汇管理信息等未公开信息的影响,法律有必要对与这些领域与环节中从事信息管理或有权接触相关信息的人员设定禁止内幕交易的义务。

理论上一般认为,法定的内幕人员并不是在任何情况下都被禁止从事内幕交易。只有在同时具备以下三个条件的情况时,法律才予以禁止。这三个条件是:其一,知悉特定交易中所利用的内幕信息。如果法定内幕人员并不知悉特定交易中的内幕信息,其也就不负有披露或者不披露该信息的义务,因而也就不能令其对所进行的证券、期货交易行为承担法律责任。其二,对内幕信息的知悉与其职务或者业务有关。如果因亲友等非职务或者业务关系而知悉内幕信息,则不属于内幕人员。其三,内幕信息是在合法的职务或者业务关系中,而不是非法利用职务之便而知悉的。如果某人的职务范围不包括知悉内幕信息，而他利用熟悉其他岗位上的工作人员或工作环境的方便条件而超越权限获取内幕信息，就不是内幕人员了。[1]

非法获取内幕信息人员是指上述内幕信息知情人员以外，通过非法方法或途径从内幕人员处获取内幕信息的人员。其所获取内幕信息的非法方法或途径，包括通过盗窃、骗取等手段获得内幕信息，也可能采取私下交易、贿取或套取等手段取得内幕信息。[2] 具体而言，非法获取内幕信息的方法包括：(1)以骗取、窃取、窃听、监听等非法手段获取内幕信息；(2)利用行贿等非法方法获取内幕信息；(3)从"知情人员"处索取或者刺探内幕信息，或者利用胁迫"知情人员"的方式获取内幕信息；(4)通过私下交易等不正当途径获取内幕信息等。[3] 这些方法手段本身是积极的且具有违法性。但是，刑法理论上对于获取内幕信息的手段本身是消极且并不具有违法性的(例如，如获取的内幕信息系内幕人员主动告知的，或者行为人无意中听见的，或者行为人拾得他人遗失的内幕信息资料等)是否属于"非法获取"的问题颇有争议。有的学者认为，通过消极且不违法的行为获取内幕信息，既不属于内幕信息的知情人员，也不属于非法获取内幕信息的人员中所谓的"中性人员"，中性人员就是通过既不违法也不合法的中性方式获取了内幕信息并利用该内幕信息获利的人。[4] 也有学者认为，非法获取内幕信息的人员仅指"直接接受或接触第一手情报的人"，法律要求这些人负有保密义务，而那些从"直接接受或接触第一手情报的人员"处得到的"第二手""第三手"传来信息的人，他们没有保密义务，不能成为内幕交易罪的主体。[5] 但是，不同意见认为，"非法获取内幕信息的人员"是指一种客观上的不法，即除了法律规定的内幕信息的知情人员以外的任何人，只要知悉该内幕信息就是"非法"。如果将这里的"非法"限定为"故意地非法"，将大大增加指控非内幕人员犯本罪的难度，因为"故意地偷听"和"偶尔地听到"在实践中根本无法区

〔1〕 参见张军主编：《破坏金融管理秩序罪》，中国人民公安大学出版社1999年版，第286页。
〔2〕 参见赵秉志、黄京平主编：《刑法学》(下册)，中央广播电视大学出版社2003年版，第91页。
〔3〕 参见王作富主编：《刑法分则实务研究》(下册)，中国方正出版社2003年版，第546~547页。
〔4〕 参见喻福东：《证券内幕交易罪概念的重新界定》，载《求索》2006年第2期。
〔5〕 参见章惠萍、徐安住：《论内幕交易罪》，载《河北法学》2002年第1期。

分，司法机关难以取得相应的证据区分两者之间的界限。[1]

笔者认为，对"非法获取"的理解不能过于狭窄，仅仅将其限于积极的且具有违法性的方法手段，应从较为宽泛的角度加以解释。从"非法获得"的内涵分析，实际上应指"不该获得而获得"的情况，其中"不该获得"是指行为人与内幕信息之间并无职务或业务上的信赖关系，也即行为人属于被相关法律法规禁止接触或获取证券、期货交易内幕信息的人员。由此可见，这里的"不该获得而获得"本身就是对特定范围内幕信息知情权的违背。当然，这里的"不该获得而获得"本身并不就可以构成犯罪，行为人如果构成犯罪还需要进一步实施内幕交易或再泄露行为，否则不能构成内幕交易、泄露内幕信息罪。正是因为如此，对于"非法获得"作宽泛理解和解释（不管非内幕信息知情人员是采取什么样的方式，只要最终的结果是获得了其不该知悉的内幕信息，就属于非法获取），并不会扩大内幕信息、泄露内幕信息罪的打击面。

此外，对于内幕交易、泄露内幕信息罪的主体是一般主体还是特殊主体这一基本理论问题，我国刑法学术界也存有争议。有观点认为，本罪的主体应是特殊主体。因为，本罪并非任何自然人或者单位都可能构成，只有具备法定条件的个人或者单位才能构成本罪。[2] 但也有意见认为，本罪的主体应是一般主体。因为，尽管内幕交易大多是内幕人员实施，但现实中也有不少非内幕人员通过某种途径获得内幕信息，并根据该信息进行了内幕交易行为。凡是知悉内幕信息的人，无论是否内幕人员，无论是合法还是非法知悉内幕信息，在该信息公开前，都应当被禁止从事相关的交易。就此而言，内幕交易罪的主体归根结底仍是一般主体。[3] 还有人认为，本罪的主体既有一般主体，又有特殊主体，也即对于本罪的主体应区别情况而定。对于本罪中的证券交易的知情人员即内幕人员理应视为特殊主体，而对于本罪中的非法获取证券交易内幕信息的人

---

[1] 参见王政勋：《证券、期货内幕交易、泄露内幕信息罪问题研究》，载《中国刑事法杂志》2003年第4期。

[2] 参见魏东：《关于内幕交易、泄露内幕信息罪司法认定的若干问题再研究》，载赵秉志主编：《新千年刑法热点问题研究与适用》，中国检察出版社2001年版，第854页；马克昌：《论内幕交易、泄露内幕信息罪》，载《中国刑事法杂志》1998年第1期；郭立新、杨迎泽主编：《刑法分则适用疑难问题解》，中国检察出版社2000年版，第88页；李宇先、贺小电：《证券期货犯罪的定罪与量刑》，人民法院出版社2000年版，第93页。

[3] 参见郑顺炎、陈洁：《内幕交易犯罪构成要件争议》，载《人民司法》1998年第2期。

员，即非内幕人员，则为一般主体。[1] 笔者认为，某个犯罪的主体是一般主体还是特殊主体，关键是看刑法对这一犯罪的主体有无专门的规定，如果刑法分则中有专门规定，则这一犯罪的主体就应属于特殊主体；反之，则属于一般主体。由于我国《刑法》第 180 条对内幕交易、泄露内幕信息罪的主体作了专门的规定，即本罪应由"证券、期货交易内幕信息的知情人员或者非法获取证券、期货交易内幕信息的人员"构成，因而本罪的主体理应理解为特殊主体。

四、内幕交易犯罪的主观罪过

对于内幕交易罪、泄露内幕交易信息罪行为人主观罪过形式问题，目前学界大体上有两类意见：一类是总括分析法，另一类是分别分析法。在总括分析法中又有以下意见。

第一种意见认为，本罪的主观上可以是故意，也可以是过失。[2] 其主要理由在于：将内幕交易、泄露内幕信息罪的主观方面限于直接故意或间接故意会使得相当一部分社会危害已经达到犯罪程度的内幕交易、泄露内幕信息的行为，不能以犯罪论处，从而放纵了犯罪分子，不利于对证券、期货市场正常秩序的维护。再从刑事立法技术层面上考虑，刑法并没有用"故意"来限定"泄露"行为。因此，认为立法上将过失泄露内幕信息的行为排除在本罪的范围之外，并没有明确的法律依据。相反，从我国刑事立法技术的角度考虑，泄露内幕信息在主观方面的确既可以由故意，也可以由过失构成。我国《保守国家秘密法》明确规定了泄露国家重要机密罪在主观方面既可以是故意，也可以是过失，而我国《刑法》第 398 条第 1 款和第 2 款则分别对故意泄露国家秘密罪和过失泄露国家秘密罪作了规定。也就是说，我国立法中使用的"泄露"一词，在主观方面应该是故意和过失都包括在内，否则，立法机关不会用"故意"或者"过失"予以明确区分。现立法既然未作区分，那就意味着泄露内幕信息既包括故意泄露内幕信息，同时也不排除过失泄露内幕信息在内。当然，这里所说的过失，是指泄露内幕信息的情况。而利用内幕信息为自己买卖证券、期货合约，或者根据

---

[1] 参见郦毓贝：《内幕交易、泄露内幕信息罪主体特征研析》，载赵秉志主编：《新千年刑法热点问题研究与适用》，中国检察出版社 2001 年版，第 820 ~ 821 页。

[2] 参见张军主编：《破坏金融管理秩序罪》，中国人民公安大学出版社 1999 年版，第 289 ~ 290 页。

内幕信息的内容建议他人买卖证券、期货合约，一般不应由过失构成，只能由故意构成。

第二种意见认为，本罪的主观方面只能是故意，不包括过失，但未涉及犯罪目的问题。本罪的主观方面是直接故意，即明知是内幕信息而故意利用该信息进行证券、期货交易或故意将该信息泄露给他人进行证券、期货交易。过失不构成本罪。[1]

第三种意见认为，本罪的主观方面只能是故意，不包括过失，而且犯罪目的是获利或减少损失，但犯罪目的不是本罪的主观要件，因为并非所有的内幕交易行为都是为了牟利或减少损失，如以提供内幕消息为筹码收受贿赂，或以报复目的而泄露内幕信息等。在本罪的主观方面中，犯罪目的并不重要，重要的在于这种内幕交易行为侵害了广大投资者的利益，破坏了证券、期货市场秩序。从司法实践来看，只有不将犯罪目的作为本罪的主观要件，才能有效地打击那些为非法获利或减少损失目的而进行的内幕交易行为。[2]

第四种意见认为，犯罪目的是内幕交易、泄露内幕信息罪的主观要件。即本罪只能由故意构成，且行为人是以获取利益或者减少损失为目的。过失不构成本罪。[3] 具体而言，行为人明知所利用的信息是尚未公开并且对证券、期货的价格有重大影响的信息，不得为个人利益或他人利益而滥用或泄露该信息，但为了获取利润或减少损失，依然利用该信息买卖证券、期货合约或者泄露给他人进行交易。至于行为人是否在证券、期货交易中获取了非法利益或减少了损失，并不影响本罪的成立。[4]

第五种意见认为，内幕交易、泄露内幕信息罪在主观上只能由故意构成，这种故意既包括直接故意，也包括间接故意，并认为犯罪目的并不是必要条件。这种观点在直接故意和犯罪目的上的论述基本上与第三种观点相同，但补充了间接故意可以构成本罪的理由。因为内幕交易、泄露内幕信息罪在多数情况下

---

[1] 参见邓又天主编：《中华人民共和国刑法释义与司法适用》，中国人民公安大学出版社 1997 年版，第 300 页。

[2] 参见孙际中主编：《新刑法与金融犯罪》，西苑出版社 1998 年版，第 149 页；薛瑞麟主编：《金融犯罪研究》，中国政法大学出版社 2000 年版，第 272 页。

[3] 参见刘宪权：《金融风险防范与犯罪惩治》，立信会计出版社 1998 年版，第 320 页。

[4] 参见王新：《金融刑法导论》，北京大学出版社 1998 年版，第 201 页。

是出于直接故意,但也不能排除在少数情况下可以出于间接故意。例如,当行为人向他人谈及其所知悉的证券、期货交易行情时,明知自己的行为会发生泄露内幕信息并使他人利用该信息进行内幕交易,从而危害证券、期货交易正常秩序和投资者的合法权益的严重结果,而放任这种结果发生,即属于在间接故意下构成的内幕交易、泄露内幕信息罪。[1]

在分别分析法中有两种意见。第一种意见认为:内幕交易罪的主观方面只能是直接故意,并且是以自己或者他人谋取非法利益为目的。泄露内幕信息罪的主观方面,可以是故意,也可以是过失。[2] 第二种意见认为:就内幕交易罪而言,其主观方面只能是直接故意,即明知内幕信息而根据该信息买卖证券、期货合约,并且具有为自己或使他人谋取非法利益(获取利益或者减少损失)的目的。就泄露内幕信息罪而言,其主观方面只能是故意,即明知自己的行为会泄露内幕信息而希望或放任内幕信息泄露出去,过失不可能构成本罪。[3] 我国《刑法》规定的犯罪,如果是过失可以构成的,立法上有两种表示法:其一,特别冠以"过失"或者类似含义。如《刑法》第398条对泄露国家秘密犯罪,明文规定"故意或者过失泄露国家秘密"。其二,过失犯罪要求有客观结果。但《刑法》第180条规定的泄露内幕信息罪,既没有冠以"过失"或类似词语,又未规定要求客观结果,因此,可以认为本罪的主观要件只是故意,不包括过失。[4]

笔者认为,判断内幕交易罪的主观方面是故意还是过失构成,关键还是要分析刑法规定和理解刑事立法的本意。正如前文所述,由于证券期货犯罪是一种新型的刑事犯罪,只有达到严重的程度才可能构成犯罪。从这一立法本意上分析,我国刑法中惩罚的内幕交易、泄露内幕信息罪只应该是故意而不应该包括过失。另外,我国刑法明确规定,"过失犯罪,法律有规定的才负刑事责任",根据罪刑法定的原则,由于《刑法》第180条并未规定过失可以构成本罪,因而本罪的主观方面当然不应该包括过失。因此,笔者主张,本罪只能由故意构成,并且由于行为人实施内幕交易、泄露内幕信息的行为均是以获取非法利益或者减少损失为目的,因而本罪只能由直接故意才能构成。

---

〔1〕 参见魏东:《关于内幕交易、泄露内幕信息罪司法认定的若干问题再研究》,载赵秉志主编:《新千年刑法热点问题研究与适用》,中国检察出版社2001年版,第857页。

〔2〕 参见周道鸾主编:《刑法的修改与适用》,人民法院出版社1997年版,第397页。

〔3〕 参见马克昌主编:《经济犯罪新论》,武汉大学出版社1998年版,第295~296页。

〔4〕 胡启忠等:《金融犯罪论》,西南财经大学出版社2001年5月版,第272页。

第四讲

内幕交易犯罪司法判断规则

内幕交易犯罪在司法实务中存在一系列的司法认定疑难问题。尤其是在近几年司法实践中出现的内幕交易犯罪案件中，对于如何认定内幕信息的形成时间，如何判断内幕交易犯罪的行为主体，如何认定内幕信息知情人员建议他人实施相关证券、期货交易行为，如何把握本罪的主观故意等众多难点问题，刑法理论与实践中存在相当大的争议与分歧。因此，有必要综合运用证券期货犯罪刑法原理与金融知识论证上述疑难问题的司法判断规则，为本罪的司法认定提供理论支撑。

一、内幕交易行为违法性判断规则

证券期货犯罪是法定犯，构成证券期货犯罪的前提是相关行为违反刑法规定，内幕交易犯罪显然不能例外。因此，在内幕交易犯罪的司法认定中，首要的问题就是要判断涉案的交易行为是否违法。内幕交易罪刑事违法性的司法认定不能仅仅是对证券法相关规定的静态援引，而且是必须对整个内幕交易过程中行为的刑事违法性进行全面的证明，即司法实务部门通过严格的司法审查，论证内幕交易行为的违法事实及其法律依据。

然而，在当前的证券期货犯罪刑事司法实践中，司法实务部门自主性地对内幕交易罪刑事违法性问题进行论证与分析的能动性作用受到了明显的限制。并且，该种限制并非源于外部性力量的压制，而是司法实务部门面对证券期货专业性问题主动采取“司法克制”的态度，转而依托专业性证券期货行政监管部门的力量判断内幕交易罪的刑事违法性。

刑法理论上有观点认为，在证监会行政程序中形成的处罚决定、书面复函、调查笔录、认定函等文件材料，在刑事司法程序中不具有司法效力，不应当以此为依据认定内幕交易等证券期货犯罪行为的违法性。[1] 在近期的司法实践中，相当数量内幕交易犯罪案件中的辩护意见就直接反对控方将行政机构违法认定函等文件材料作为指控涉案行为违法的依据。例如，上海祖龙公司、陈榕生

---

〔1〕 参见吕蕾：《资产注入遭遇“暗礁”行政认定函能否推定其罪——专家热议证券内幕交易的“罪与非罪”》，载《上海法治报》2010 年 7 月 9 日，第 A8 版。

内幕交易案中,辩方提出证监会出具的《认定函》不具有证据可采性。[1] 但是,审判实践中一般不予采纳这样的辩护意见。

笔者认为,对于内幕交易罪等证券期货犯罪案件中相关行为的刑事违法性认定问题,司法实务部门必须进行独立且全面的司法审查与判断。证券期货监管部门制作的行政处罚决定书、行政复函等可以作为司法审查的证据,但不能直接作为定案依据,而应当对此类证据的合法性、关联性等进行刑事转化、综合论证、分析以及司法释理。

首先,证券期货监管部门提供的书面文件可以作为公文书证纳入全案的证据体系,具有可采性。国家机关在法定职权范围内行使职权所制作的书面文件,包括各种命令、决定、通告、指示、信函、证明文书等,属于公文书证,可以作为刑事案件的证据。证监会作为国务院证券监督管理机构,依照我国《证券法》的有关规定,具有认定内幕信息的法定职权。证监会根据稽查的事实、证据,并结合《证券法》的有关规定出具《认定函》,对涉案行为的违法性进行说明,符合法律规定。

其次,虽然证监会在行政程序中形成的相关证据及其在刑事程序中出具的文书具有证据可采性,但并不意味着司法机关可以直接按照公文书证中的结论性意见认定案件事实与相关行为的刑事违法性。证监会对内幕交易行为违法性进行确认的行政法律文件具有的既定效力仅覆盖行政程序环节,证监会无权对涉案内幕交易行为的刑事违法性进行认定。所以,在证监会出具认定函件等公文书证的情况下,司法机关必须对其所阐释的理由与结论进行独立分析,不能直接按照证监会提供的意见认定案件事实与法律性质。司法机关不得以节省司法资源、金融技术性知识能力低于证券期货执法部门等理由直接将行政法律文件作为认定内幕交易行为刑事违法性的依据。

最后,证券期货行政监管部门在查处内幕交易违法案件过程中形成的证据材料,经过合法性认定与转化之后,可以作为刑事案件的证据使用。司法实践中,证券期货犯罪案件通常由行政执法部门在调查结束后移送司法机关。内幕交易罪的司法审查必然滞后于行政调查。大量的能够证明证券期货犯罪行为

---

[1] 参见(2009)厦刑初字第109号。

刑事违法性的证据势必都由证监会等行政执法部门先行调取、采集、固定、制作。[1] 内幕交易等证券期货犯罪涉及大量交易数据、资金流动、账户信息等证据材料，司法机关只能在经过审查认可这些证据合法性的基础上，对涉案行为的违法性进行判断，不可能作为取证主体重新采集证券期货犯罪的证据。因此，认定内幕交易行为刑事违法性的具体依据只能是证券期货执法部门移送公安机关的证据。此类能够证明内幕交易行为刑事违法性的依据进一步可以区分为直接依据与间接依据，具体包括：(1)证券期货执法机构向证券期货公司、证券期货交易所等机构调取的记录证券期货交易流水数据、资金走向、账户资料等信息的书证、物证、电子证据等客观性材料，经司法机关确认具备证据合法性的，可以直接作为司法机关判断内幕交易行为刑事违法性的依据。(2)证券期货执法机构在办案过程中形成的涉案人员供述、证人证言、调查笔录等主观性材料，在刑事司法中不具有证据合法性，必须经过司法机关依法转换为刑事诉讼证据，从而成为判断利用内幕交易行为是否刑事违法的间接依据。

综上所述，在内幕交易犯罪案件中，涉案行为的违法性是一个必须通过证据予以证明的问题，这也是构成内幕交易犯罪的违法性基础。在行为违法性具体认定层面，司法实务部门应当进行独立的司法分析，不能直接依据内幕交易行政处罚过程中的行政法律文件直接认定涉嫌内幕交易行为的违法性。

二、内幕信息司法判断规则

内幕信息的认定一直是内幕交易、泄露内幕信息罪司法实践中的疑难问题，其难点集中于内幕信息未公开性与价格敏感性这两大特征的具体认定。刑法理论有必要结合法律规定与相关案例，在细致地分析内幕信息信息特征的基础上，针对内幕信息认定疑难问题提出司法适用规则与建议。

(一)内幕信息未公开性的判断

内幕信息未公开性是指该信息尚未公开，尚未为证券、期货市场上的有关

---

[1] 例如，在朱耀明操纵证券市场犯罪案件中，涉案的交易行为涉及全国48家证券营业部、273个资金账户、6509个证券账户，证监会总共制定了58卷证据材料移送公安机关，办案工作量极大。参见吴卫军：《操纵证券市场罪的理论与实务难点分析》，载陈辐宽主编：《金融证券期货犯罪疑难问题解析》，中国检察出版社2009年版，第22页。

证券、期货投资者所获悉。根据《刑法》第180条的规定，内幕信息知情人员、非法获取内幕信息的人员只有在涉及证券的发行，证券、期货交易或者其他对证券、期货交易价格有重大影响的信息尚未公开这一时间节点之前本人、建议他人从事相关证券期货交易或者泄露内幕信息，才构成内幕交易、泄露内幕信息罪。可见，任何信息一旦被公开披露，便由内幕走向公开，内幕人员利用这种信息进行证券、期货交易就成为法律所容许的行为。因此，明确一个信息是否属于未公开的信息就成为界定内幕信息的关键所在，而内幕信息是否公开的认定问题又直接决定着相关行为是否构成犯罪的判断结果。

对于如何判断相关内幕信息是否实际公开，国外学者提出了一种非常重要的理论，即有效证券、期货市场理论（Efficient Capital Markets Theory）。根据有效证券、期货市场理论的观点，在一个有效的证券、期货市场中，价格充分地反映了与上市公司有关的市场上的可获取信息。[1] 由于证券、期货市场中所有的有价值信息都体现在证券价格上，因此，以最快的速度对这些价格反映信息进行操作，可以实现利润最大化。[2] 特定证券价格等同于投资者对信息的观察结果。[3] 某个消息一旦被相当数量的投资者知悉后，相关公司的证券、期货价格便会很快地发生变动，或涨或跌。也就是说，当某个消息对证券、期货市场能产生有效影响时，该消息便已经属于公开的消息。反之，则仍属于尚未公开的消息。可见，有效证券、期货市场理论强调从市场信息实际公开的角度判断内幕信息是否仍旧处于秘密状态，将这种理论应用于内幕交易犯罪的司法实践，必须建构在对涉案证券特定时间段内的交易价格、交易量以及历史交易数据进行统计与比对的基础之上。美国证券期货法律实践中比较倾向于运用有效证券、期货市场理论，有的联邦巡回上诉法院的判例中明确采用经济学分析方法，对涉案的证券进行数据分析，从证券价格反映的角度判断涉案内幕信息是否实际公开。[4] 由于我国证券期货犯罪理论与实践对于有效证券、期货市场理论的理

---

〔1〕 See Eugene F. Fama, "Efficient Capital Markets: A Review of Theory and Empirical Work", *Journal of Finance*25, 1970, pp. 383 – 384.

〔2〕 See Eugene F. Fama, "Foundations of Finance: Portfolio Decisions and Securities Prices", *Basic Books*, 1976, p. 136.

〔3〕 See Ronald J. Gilson, Reinier H. Kraakman, "The Mechanisms of Market Efficiency", *Virginia Law Review* 70, 1984, pp. 549 – 552.

〔4〕 United States v. Nacchio, 573 F. 3d 1062(10th Cir. 2009).

解尚不深入，同时，对于该理论所依托的经济分析，金融理论上仍然存在一定的认识分歧，故将该理论直接应用于司法实践并不稳妥。所以，我国法律规定以及司法解释并没有采纳有效证券、期货市场理论的观点判断内幕信息是否实际公开。

我国证券法理论中有观点认为，信息公开的标准有三个：其一为全国性的新闻媒介上公布该信息；其二为通过新闻发布会公布信息；其三为市场消化了该信息，即市场对该信息已作出反应。[1] 在上述时间节点之前的内幕信息始终处于尚未公开的状态。我国证券期货犯罪理论中有较多观点指出，从信息公布时起到市场传播、消化、分析，从而引起证券、期货市场价格变动的一段时间，都应属于信息尚未达到公开化的程度。内幕人员在此期间利用该信息进行相关证券、期货合约买卖或建议未知该信息的他人买卖相关证券、期货合约，也应当认定为内幕交易罪。[2] 实际上，我国《证券法》对于信息公开进行了明确规定。《证券法》第 70 条规定："依法必须披露的信息，应当在国务院证券监督管理机构指定的媒体发布，同时将其置备于公司住所、证券交易所，供社会公众查阅。"可见，内幕信息的公布和公开应以有关信息和文件刊登在中国证监会指定的报刊上为准。显然，我国法律对于证券二级市场信息公开采取的是形式公开的标准，即信息公开的标准是在报刊或其他形式的公报上公布之日。所以，只要证实行为人的交割单所载日期先于其交易行为所利用的信息的合法公开日期，就认定为利用的信息属于"未公开"的信息。

当然，采用形式公开的标准在公平性方面存在确实存在一定的疑问。因为，证券、期货市场上的内幕信息一旦公布于众后，一般的投资者事实上需要一定的时间进行消化和理解，而在此之前，掌握内幕信息的人员可能早已提前消化和理解了信息的内容。如果有关信息一公布就允许知情人员进行证券、期货

---

〔1〕 参见陈晓：《论对内幕交易的法律规制》，梁慧星主编：《民商法论丛》（第五卷），法律出版社 1996 年版，第 89 页。

〔2〕 参见董丽静、垄卫：《证券内幕交易、泄露内幕信息罪的司法认定》，载赵秉志主编：《新千年刑法热点问题研究与适用》，中国检察出版社 2001 年版，第 868 页；孙昌军、易建华：《关于内幕交易罪几个问题的研究》，载赵秉志主编：《新千年刑法热点问题研究与适用》，中国检察出版社 2001 年版，第 842 ~ 844 页；张军主编：《破坏金融管理秩序罪》，中国人民公安大学出版社 1999 年版，第 267 页。

交易的话,对措手不及的广大投资者而言,同样也是极不公平的。[1] 这里存在的问题便是,内幕信息公开之后多久才算是实际公开?对此,美国司法实践提出了一些具体标准,比如,"新闻发布会后十分钟内""股票行情信息出现在股票行情显示器上之后两分钟内"等。目前我国有关证券法律对此没有专门规定。我国刑法理论上有观点认为,应当根据本地社会实际情况作出相应的规定。凡是发行人内部人员或者其他知悉内幕信息的内幕人员,必须在重大信息通过传媒公布后的一定时间以后才被允许进入该种股票的交易,否则,或者其所获利润归公司所有,或者构成内幕交易。[2] 也有学者认为,可以5日为限,即规定当消息公布后经过5日,就认为市场已消化了该信息。[3] 相对而言,后一种观点符合证券期货法律法规的要求。例如,《证券法》第45条规定,为上市公司出具审计报告、资产评估报告或者法律意见书等文件的证券服务机构和人员,自接受上市公司委托之日起至上述文件公开后5日内,不得买卖该种股票。可见,在证券、期货法律法规的规范逻辑体系内,相关审计报告在形式公开5日之后,可以认为市场充分了解了相关信息。当然,以此推论内幕信息公开5日之后应当认定为市场已经消化该信息确实比较牵强。所以,法律应对此作出规定,以使知情人员在参加交易前让广大投资者有一定的时间对信息加以消化和理解。这样最起码可以在形式上能保证证券、期货交易中对信息利用的公平。

(二)内幕信息价格敏感性的判断

内幕信息价格敏感性(price sensitivity)的判断问题一直是中外内幕交易犯罪司法实践中一个相当疑难的问题。从国外关于内幕信息价格敏感性的判断实践来看,比较有代表性的是欧盟与美国的法律标准。根据欧盟《市场滥用指令》的规定,价格敏感性是指信息一旦公开将对金融工具交易价格或者交易量造成重大影响。[4] 在美国的判例法实践将内幕信息价格敏感性称为实质性(material)。在内幕信息实质性的具体判断上,美国联邦最高法院是以理智投

---

〔1〕 参见刘宪权:《金融犯罪刑法学专论》,北京大学出版社2010年版,第346页。

〔2〕 参见张军主编:《破坏金融管理秩序罪》,中国人民公安大学出版社1999年版,第270页。

〔3〕 参见魏东:《关于内幕交易、泄露内幕信息罪司法认定的若干问题再研究》,载赵秉志主编:《新千年刑法热点问题研究与适用》,中国检察出版社2001年版,第852页。

〔4〕 Directive 2003/6/EC of The European Parliament and of The Council of 28 January 2003 on Insider Dealing and Market Manipulation (Market Abuse), Article 1.

资者作为认定标准，即如果一个理智的投资者，在他作出投资时，可能认为这个被忽略的事实是重要的，那么它就是重要的。换句话说，这个被忽略的事实公开后，极有可能被理智的投资者看成是改变了自己所掌握的信息的性质，那么，这些事实也就是重要的。如果投资人知道这些消息时，非常可能会认为该信息对他们作出投资决定有重要影响。从投资人的角度来看，如果他们将这条消息，与他们已经获知的其他消息合并在一起，便会对相关股票的价格，给予重新评价。美国法院经常就是以这种理智投资者的可能决定为标准来判断某项消息是否属于“重要消息”。[1]

在我国，有关法律中均规定了内幕信息价格敏感性要素。刑法将内幕交易、泄露内幕信息罪的法律规定具体表述为“对证券、期货交易价格有重大影响”。在证券内幕信息方面，《证券法》第75条的规范表述为“涉及公司的经营、财务或者对该公司证券的市场价格有重大影响”；《上市公司信息披露管理办法》第30条规定为“可能对上市公司证券及其衍生品种交易价格产生较大影响”。在期货内幕信息方面，《期货交易管理条例》第85条第11项的规定为“可能对期货交易价格产生重大影响”。可见，我国法律明确将价格敏感性作为内幕信息的法律要素。除了《证券法》《公司法》《期货交易管理条例》等法律法规规定了一些对证券、期货市场价格有重大影响的信息类型之外，《上市公司信息披露管理办法》第30条更是重申并细化列举了21种重大事件的类型，具体包括：公司的经营方针和经营范围的重大变化；公司的重大投资行为和重大的购置财产的决定；公司订立重要合同，可能对公司的资产、负债、权益和经营成果产生重要影响；公司发生重大债务和未能清偿到期重大债务的违约情况，或者发生大额赔偿责任；公司发生重大亏损或者重大损失；公司生产经营的外部条件发生的重大变化；公司的董事、1/3以上监事或者经理发生变动；董事长或者经理无法履行职责；持有公司5%以上股份的股东或者实际控制人，其持有股份或者控制公司的情况发生较大变化；公司减资、合并、分立、解散及申请破产的决定；或者依法进入破产程序、被责令关闭；涉及公司的重大诉讼、仲裁，股东大会、董事会决议被依法撤销或者宣告无效；公司涉嫌违法违规被有权机关调查，或者受到刑事处罚、重大行政处罚；公司董事、监事、高级管理人员涉嫌违法违

---

〔1〕 Basic, Inc. v. Levinson, 485 U.S. 224 (1988).

纪被有权机关调查或者采取强制措施；新公布的法律、法规、规章、行业政策可能对公司产生重大影响；董事会就发行新股或者其他再融资方案、股权激励方案形成相关决议；法院裁决禁止控股股东转让其所持股份；任一股东所持公司5%以上股份被质押、冻结、司法拍卖、托管、设定信托或者被依法限制表决权；主要资产被查封、扣押、冻结或者被抵押、质押；主要或者全部业务陷入停顿；对外提供重大担保；获得大额政府补贴等可能对公司资产、负债、权益或者经营成果产生重大影响的额外收益；变更会计政策、会计估计；因前期已披露的信息存在差错、未按规定披露或者虚假记载，被有关机关责令改正或者经董事会决定进行更正；中国证监会规定的其他情形。笔者认为，上述《上市公司信息披露管理办法》所规定的21种重大事件无疑属于具有价格敏感性的信息，在未公开前显然属于内幕信息。我国采用列举的方式具体规定价格敏感性信息的内容，具有明确性与相当的可操作性，符合罪刑法定原则的要求，但是，这种列举不可能穷尽一切，尽管《证券法》《期货交易管理条例》《上市公司信息披露管理办法》都设置了兜底条款，但由于缺乏"对证券、期货交易价格有重大影响"中"重大影响"的实质定义，反而又造成内幕信息价格敏感型缺乏一定的可操作性。对此，笔者建议，法律有必要对"重大影响"的信息进行实质界定，辅之以列举形式规定的价格敏感性信息类型，从而保证对内幕信息价格敏感性进行科学与准确的认定。

然而，我们更应当注意的是，内幕信息不是单纯的静态内容，而是一个从信息萌芽、发展、形成、持续影响证券、期货交易价格直至最后公开的动态过程。如何具体地认定内幕信息形成时间与公开时间，即如何确定内幕信息价格敏感期，在司法实践中存在极大难度。从理论上对规范文本进行分析，内幕信息价格敏感性就是信息对价格的重大影响性，即能够影响到理性投资者的投资行为，从而影响到证券、期货交易价格。但是，从实践角度对内幕交易行为进行动态分析，我们可以看到，证券期货法律法规所规定的各种类型的内幕信息是上市公司在业务经营、公司治理等企业实践活动以及期货交易、监管、政策制定过程中形成的重大信息，其本身具有从可能性向现实性转化的特点，这种处于变动中的不确定状态决定了在发展过程中的信息是否影响证券、期货交易价格也处于不确定状态。内幕信息价格敏感期时间范围判断的难点在于内幕信息形成时间的确定。对此，笔者认为，由于内幕信息具有复杂性与发展性，司法实践中无法静态地确定一个内幕信息形成时间的判断规则,只能在充分掌握内幕交易法律原理的基础上,采取类型化认定的思路予以具体分析。

第一,只有真实的信息才可能形成内幕信息,但内幕信息的形成并不要求达到确定性的程度。

证券市场是信息市场,信息是投资决策的基本依据。谣传、猜测和无根据的信息都不是内幕信息,据此进行的交易也不能认定为内幕交易。处于发展中的真实且确切的信息,尽管尚未实现或构成事实,也应认定其具有真实性。以我国证券市场内幕交易最为多发的资产重组环节〔1〕为例,上市公司接受资产注入或进行股权重组,相关信息成为内幕信息的前提是有证据予以证实。一般而言,资产重组涉及上市公司与资产交易对手方,其运作过程包括资产重组交易对手方的重组设想形成、咨询财务顾问、形成可行性方案、上市公司与交易对手方初步接洽与沟通、形成初步重组方案、就重组协议进行反复协商、形成一致性意见、向证监会进行初步报告、提交正式的资产重组报告、公开重组协议等一系列环节。只要上市公司与资产重组交易对手方就资产重组计划进行实施与推进,就能够证明该信息所指向的重组事项是确实存在的,具备了内幕信息的真实性条件。资产重组推进最终能否确定地转化为事实,实际上还需要视交易双方的谈判与监管层的审核情况而定,但资产重组最终未能实现或者正处于发展阶段,并不影响到此前内幕信息的确切存在。因此,在证券内幕信息价格敏感期的认定中,不能根据相关信息未能实现,或相关信息始终处于不确定状态,推论内幕信息始终没有形成。

第二,有关信息发展到可能对证券交易价格产生重大影响的程度实际上就属于法律规定的"有重大影响",即可成立内幕信息,证券交易价格现实的关联性变动可以作为相关信息重大影响的一种有效验证但非必要条件。

影响证券交易价格的可能性是指根据证券市场理性投资者与基本证券常识的判断,有关信息一旦公开,上市公司证券的交易价格在一段时期内与市场指数或相关分类指数会发生明显的偏离。例如,有关上市公司收购问题的未公开信息属于内幕信息,相关投资者拟通过定向增发、现金购买股权、股权置换等方式收购上市公司资产,涉及上市公司股权结构、资产的重大变化,未公开之前

〔1〕 参见李竞:《我国A股市场资产重组中的内幕交易》,载《经济论坛》2010年第10期。

显然是与公司重大财务活动有关的内幕信息。根据基本证券常识足以判断相关投资方拟收购上市公司这一信息可能影响该上市公司股票交易价格，属于内幕信息，该信息一旦公开或者泄露，上市公司市值波动势必明显大于同期市场指数波动。

刑法理论上的不同观点认为，内幕信息不能以对证券、期货市场价格有重大影响为构成要件，就如内幕交易并不以交易者是否达到了牟利或避损的目的或在多大程度上达到了该目的为构成条件一样。利用某一尚未公开的重大信息进行证券交易时，该信息是否会对证券价格产生重大影响，除了该消息本身外，还取决于许多因素，而且其影响往往要经过一段时间才能显现。如果将“对证券、期货市场价格有重大影响”作为认定内幕信息并进而作为认定内幕交易的前提条件或必要条件，那么内幕信息只有在内幕交易行为发生一段时间以后才能认定，并且还会出现这种情况，即某一重大信息在这项交易中可认定为内幕信息，而在另一次交易中则不能被认定为内幕信息，因为它没有对价格产生重大影响。这样，利用尚未公开的重大信息，只要价格未发生重大变化，就不构成内幕交易，那么禁止证券内幕交易的法律制度，对内幕人员交易行为的限制以及作为这些制度依据的公开、公平、公正原则将难以存在或失去存在的意义。[1] 有的学者则认为，对证券、期货价格有重大影响的信息必定是重大信息，而重大信息由于其他因素的作用并不都会对证券、期货价格产生重大影响。刑法之所以规定内幕信息必须以对证券、期货市场价格有重大影响为构成要件，正是为了强调内幕交易违法行为与内幕交易犯罪行为的区别。也即对于内幕交易违法行为只要利用了《证券法》第75条所列的内幕信息买卖证券、期货即可构成违法；而对于内幕交易犯罪行为则要求较高，必须以对证券、期货价格有重大影响为必要要件，如果行为人只是利用了内幕信息进行证券、期货交易，但并未对证券、期货价格有重大影响，就不能构成犯罪而只能作为违法处理。对于违法行为与犯罪行为的构成要件作出不同的要求，且构成犯罪的要求严于构成违法的要求，是完全必要的。特别是对于证券期货犯罪的规定更应该如此，如果不强调一些较严格的构成要件要素，实践中就很可能扩大打击面，这样当

---

〔1〕 参见穆津：《我国禁止证券内幕交易立法与执法的若干问题》，载《深圳大学学报》（人文社会科学版）1997年第3期。

然不会有利于市场经济的发展。[1]

然而，笔者认为，我国刑法认定某个内幕交易行为是否构成本罪主要采用的是行为无价值论，并以情节严重作为构成犯罪的条件，也就是说，只要行为人基于内幕信息进行交易，并符合刑法规定的“情节严重”标准，即可构成内幕交易罪。因此，只要行为人实施的内幕交易行为符合上述追诉标准，即使内幕信息最终并没有对证券或期货价格产生重大影响，也可以对行为人以内幕交易罪定罪处罚，而并不会出现“利用尚未公开的重大信息，只要价格未发生重大变化，将不构成内幕交易”的情况。内幕交易、泄露内幕信息罪并不以相关内幕信息对证券、期货价格实际出现重大影响为必要要件。因为对价格是否产生影响取决于证券市场而不取决于这种信息的本身。所以，相关重大事件发展到可能影响证券、期货交易价格的程度，就应当认定内幕信息已经形成。

第三，内幕信息本身所具有的类型复杂性特点决定了司法实践中无法设定统一的内幕信息形成时间判断规则，应当根据判例总结各种典型类型的内幕信息形成时间判断经验，合理判断内幕信息是否形成。

在“杭萧钢构”内幕交易案中，内幕信息表现为上市公司签订重大合同，该种内幕信息属于双方的法律行为。司法机关以谈判双方就项目的价格、数量、工期等内容基本达成一致意见之日作为内幕信息形成时间。[2] 这应当是一种合理的认定结论。因为交易双方就合同基本要素达成共识决定了合同成立与生效已经具备了现实的基础，如果将该项可能签订重大合同的信息予以披露，便足以引发上市公司股价波动。虽然无法绝对性地排除谈判双方最终无法签订合同的可能，但信息能否转化为事实并不影响内幕信息的形成时间认定。

在“广发证券”内幕交易案中，内幕信息指向借壳上市，即非上市公司通过将资产注入市值较低的上市公司，得到该上市公司一定程度的控股权，利用其上市公司地位，使非上市公司的资产得以上市。根据证券市场常识与理性投资者标准进行分析，非上市公司确定借壳上市方案之日意味着资产运作即将全面展开，可能影响目标上市公司的证券交易价格。司法机关以广发证券内部制作

---

〔1〕 参见刘宪权：《金融犯罪刑法学专论》，北京大学出版社2010年版，第350页。

〔2〕 参见陈海鹰、朱卫明、叶建平：《泄露内幕信息罪、内幕交易罪的若干问题探析——由“杭萧钢构案”展开》，载《法治研究》2008年第3期。

《广发证券股份有限公司借壳上市》方案，确定以辽宁时代、延边公路为备选壳的借壳上市方案之日为内幕信息形成时间，[1]同样也是合理的。

在“天山纺织”内幕交易案中，内幕信息指向上市公司资产重组，即由被告人姚荣江担任总经理的凯迪投资公司重组上市公司天山纺织。司法机关以新疆维吾尔族自治区、自治区国资委、金融办、凯迪投资等召开非正式会议拟定天上纺织重组之日为内幕信息形成之日。[2] 该项资产重组安排系国有资本主导、引入民营资本，因此，无论会议形式是否正式，会议是否形成重组具体方案，国有资本认可的具体民营资本确定且介入重组之时实际上就可以认为重大资产重组信息已经形成。在“高淳陶瓷”内幕交易案中，内幕信息同样指向上市公司资产重组，即由中国电子科技集团第十四研究所（以下简称十四所）通过资产置换及非公开发行等方式对上市公司高淳陶瓷进行重大资产重组。司法机关将资产重组合作框架第一次书面化的时间认定为内幕信息形成时间。[3] 虽然重组上市公司高淳陶瓷并非国有资本主导，而是各类市场资本通过交易、安排等措施完成资产重组，但仍然应当以资产交易方的实质性确定这一节点作为内幕信息的形成时间。从高淳陶瓷的重组情况分析，重组框架文件在第一次书面化之后即使经历了不断地修改与完善，但十四所作为重组交易方这一内幕信息自始至终予以保留。故十四所重组高淳陶瓷的资产交易总思路一经确定，重组信息事实上就已形成。

从上述对证券内幕交易判例的分析可知，内幕信息类型多样，不同的内幕信息有其特定化的形成逻辑。上市公司重大合同的成立具有双方性与博弈性，只有在合同双方就核心要素达成共识时，才能够认定内幕信息形成。非公众公司借壳上市的主动性集中于今后可能控制上市公司的母公司，非公众公司选定壳意味着其后续采取的措施单方面即可影响上市公司股价，故确定壳公司就代表此类内幕信息形成。上市公司资产重组实际上是上市公司控股股东或实际控制人选择特定对手及其提出的方案，退出上市公司并获取对价的交易过程。

---

〔1〕参见詹志强：《中国“券商内幕交易第一案”内幕》，载《检察日报》2009年1月22日，第6版。

〔2〕参见周渐玲：《天山纺织重组内幕交易详情曝光》，载《中国证券报》2011年1月18日，第8版。

〔3〕参见苏江：《涨停王高淳陶瓷内幕交易真相》，载《21世纪经济报道》2011年1月15日，第13版。

上市公司控股股东或实际控制人对于是否进行资产重组具有选择性，因此，只有在其确定交易对手时才能认定内幕信息业已形成。任何脱离上市公司内幕信息的具体类型、发展特点、公司业务实践等判断内幕信息形成时间的意见均不能为司法实践所采纳。

第四，内幕信息价格敏感期截止于信息实际公开之日，即有关信息被证券市场的所有投资者以及社会公众了解与知悉之时。

证券发行人、上市公司必须严格按照《证券法》、证监会《上市公司信息披露管理办法》等规定依法真实、准确、完整地披露信息，所以，在证券发行、交易过程中对证券价格有重大影响的内幕信息的披露规则具有明确的法律规定性。根据《证券法》第 67 条、第 70 条、第 75 条的规定，对上市公司股票交易价格产生较大影响的内幕信息，上市公司应当按照规定将该重大事件的情况向国务院证券监督管理机构和证券交易所报送临时报告，并予公告，说明事件的起因、目前的状态和可能产生的法律后果。信息公告应当在国务院证券监督管理机构指定的媒体发布，同时将其置备于公司住所、证券交易所，供社会公众查阅。

基于《证券法》关于信息披露的规定，理论上一般主张适用内幕信息的形式公开标准，即尚未被公众知晓的重大信息在证券监管机构制定的媒体予以发布之时，应当认定内幕信息业已公开。[1] 但也有观点认为应当采纳实质公开标准，即内幕信息按照法定形式披露之后，必须经过一定时间被市场消化，才能认定为内幕信息已经公开。[2] 笔者认为，一般情况下，应以上市公司按照规定的时间与规定的方式通过公众媒体（新闻发布会、网络、报纸、期刊等）向社会公开或者向证监会、证券交易所报告作为内幕信息公开的时间。但是，内幕信息形成之后、尚未通过正式形式公开之前，相关证券交易价格明显异常波动，已被市场消化，或者证券专业分析人员通过技术分析推断相关信息，向客户或者公众公开分析结论等，应以市场价格异常波动、公布分析结论等实际公开之日作为内幕信息公开时间。

---

〔1〕 参见顾肖荣、张国炎：《证券期货犯罪比较研究》，法律出版社 2003 年版，第 403 页。

〔2〕 参见刘宪权：《内幕交易、泄露内幕信息罪若干疑难问题探析》，载《犯罪研究》2003 年第 2 期。

三、泄露内幕信息行为司法判断规则

刑法理论上一般认为,泄露内幕信息的行为是指行为人将处于保密状态的内幕信息公开化,通过明示、暗示、书面或口头等方式,透露、提供给不应知悉该信息的人员,使信息受领人据此而进行证券、期货买卖。泄露内幕信息的行为既包括公开范围上的泄露,即将内幕信息告知不应或无权知道该信息的人员;也包括时间范围上的泄露,即在保密期届满前解密,让可以知悉或有权知悉的人员提前知悉。泄露的内容是使受领人得知可以作为证券、期货交易依据的内幕信息的全部或主要事实,如果只是透露一点风声,不能作为受领人进行证券、期货交易依据的,就不构成泄露行为。泄露内幕信息行为通常有“泄密”和“再泄密”之分。

“泄密”是指内幕人员直接将其掌握的内幕信息泄露给他人。对于泄露内幕信息行为应从法律上加以惩治,其中严重者应按犯罪处理,这已经成为世界各国和地区的共识。之所以将泄露内幕信息作为犯罪处理,原因在于与掌握内幕信息者直接进行证券、期货交易相比,虽然泄露内幕信息者本人不一定有直接的证券、期货买卖行为,但通过为他人提供内幕信息,完全可能间接地参与证券、期货交易,并从中获得利益或避免损失。另外,与掌握内幕信息者直接进行证券、期货交易相比,泄露内幕信息的行为对证券、期货市场、投资者及发行人所造成的损害往往更为严重。因为,内幕信息的知悉人员一般范围较小,不仅人数较少而且财力有限,他们买卖证券、期货的数量不会太大;而泄露内幕信息则可能在受领人之间辗转告知,使参与证券买卖的人数和交易量剧增,从而引起严重后果。同时,只要相关证据能够进行合法且准确的固定,“泄密”行为在司法实践中一般不存在认定上的疑难。

“再泄密”是指非内幕人员在获取内幕信息后,又将该内幕信息泄露给他人。应该看到,在传播面广泛的内幕交易中,“再泄密”往往扮演相当重要的角色。美国“IBM 收购莲花公司内幕交易案”是全球内幕交易判例史上“再泄密”最“经典”的案例。1995 年,IBM 是当时全球最大的 IT 公司,而莲花公司(LOTUS)是美国最优秀的软件公司之一,其在办公软件市场占据统治地位。IBM 看中了莲花公司的技术优势,于 1995 年 3 月向莲花公司提出友好兼并的建议。不过莲花公司 CEO 吉姆·曼兹坚信莲花公司的困难是暂时的,不必出售公司,故证券、期货市场对此一直无法作出判断，在合并消息公布前，莲花公司股价一直徘徊在30~35美元。经过IBM与莲花公司的谈判，最后双方对合并达成了共识，1995年6月5日，IBM宣布正式收购莲花公司，收购价高达每股60美元。6月11日，IBM最终以每股64美元收购了莲花公司97%以上的股票，总金额35.2亿美元，消息一出令人震惊。在收购的过程中，内幕信息实际上一直处于泄露的状态。1995年4月底，IBM公司的一位女秘书劳瑞娅·卡萨诺在复印材料时，得知IBM正考虑收购莲花公司，于是她一直关注着事态的进展。IBM与莲花公司达成原则协议后，劳瑞娅知道收购项目已成功，IBM公司将于6月5日左右对外宣布。劳瑞娅便将此信息告诉了丈夫罗伯特·卡萨诺。但是，夫妇俩此前从未进行证券交易，没有股票账户，便将消息告诉了好友格林，由格林购买一些莲花公司股票和期权，在消息公布后抛出，共获利1.7万美元，并付给女秘书夫妇3500美元作为提供内幕消息的报答。与此同时，罗伯特曾打电话给其另一好友杰瑞·曼佐尼，后者根据内幕信息购买了莲花公司的股票和看涨期权，净赚2.75万美元，并以4000美元作为回报。杰瑞·曼佐尼又将该内幕信息告知其表弟彼德·曼佐尼和两位同事理查德·科夫兰斯克与约翰·麦伟利。理查德·科夫兰斯克又将内幕信息告知其亲属多梅尼克·阿尔巴和三个商业伙伴詹姆斯·里贝里诺、杰拉德·威尔斯以及拉尔夫·塞佩。其中，多梅尼克·阿尔巴再将信息告知朋友约瑟夫·德斯科以及商业伙伴斯皮涅利；斯皮涅利进一步将信息告知其哥哥克劳迪奥。这一内幕信息通过上述人员进行的信息传递共有6层之多，相关人员都购买了一定数量的莲花公司股票或看涨期权。美国证监会最终发现，共有25人根据IBM公司女秘书的内幕消息在6月2日购买了莲花公司股票和期权，共获利超过100万美元。这起内幕交易案件中涉及的25名被告，只有一人是内幕信息的直接来源者，即劳瑞娅·卡萨诺，其他人都是通过再泄密获得内幕信息。最终，上述被告全部被法院判决构成证券欺诈或者以证券欺诈与美国证券交易委员会达成和解。[1]

我国刑法理论对于非内幕人员获取内幕信息后建议他人买卖或“再泄密”的行为如何处理的问题颇有争议。有观点认为，对非内幕人员获取内幕信息后

---

〔1〕 Securities and Exchange Commission v. Lorraine K. Cassano, et al., Civil Action No. 99 - CV - 3822 (S. D. N. Y.).

建议他人买卖和再泄密不作区分，只要有建议他人买卖或再泄密的行为就有可能构成犯罪，区分是否构成犯罪的标准是非内幕人员获取内幕信息究竟是主动的还是被动的。如果非内幕人员自己积极、主动地获取内幕信息，无论行为人采取的具体手段是自己盗取，还是设法从内幕人员那里探听（如通过向内幕人员行贿而获取内幕信息），不管行为人事后根据该信息是建议他人买卖证券、期货合约，还是向他人泄露该内幕信息从而使他人利用该信息买卖证券、期货合约，都一律按内幕交易认定。如果证实非内幕人员是被动的信息接受者，不论后来实施了建议行为还是泄露内幕信息行为，就不宜认定为内幕交易罪。这是因为，在主动获取的情况下，非内幕人员对获取的内幕信息负有不得利用该信息并保密的义务。无论事后建议还是泄露内幕信息，都是对该义务的违反，承担责任理所应当。在被动知悉的情况下，非内幕人员因为是消极的内幕信息的知情者，不存在承担保密的义务，因而即使第三人根据该信息进行了交易，也不应当认定为内幕交易。〔1〕但也有不同意见认为，对非内幕人员获取内幕信息后建议他人买卖证券、期货合约与再泄密进行区分，认为非内幕人员获取内幕信息后建议他人买卖证券、期货合约的构成犯罪，但再泄密的，不应作为犯罪。因为，根据我国《刑法》第180条的规定，内幕信息知情人员的范围，依照法律、行政法规的规定确定。由此可以推出，法律、行政法规没有限制的行为，即使行为具有社会危害性，也不应用刑罚加以制裁。〔2〕理论上还有观点认为，非内幕人员获取内幕信息的手段，有的很难说到底是合法获取还是非法获取。因为在合法获取和非法获取中间可以有一个中性行为——既不合法也不非法的情形。对这种行为也应犯罪化。因为内幕交易、泄露内幕信息的可责性表现在这种行为对市场和投资者造成危害，这种危害是从交易行为中体现出来的。无论什么人，只要从事这样的利用、泄露行为，特定的社会危害性就业已体现出来。〔3〕

笔者认为，非内幕人员在获取内幕信息后建议他人买卖或再泄密的行为是否有可能构成犯罪，应该严格根据刑法规定具体问题具体分析。对于非内幕人

---

〔1〕参见张军主编：《破坏金融管理秩序罪》，中国人民公安大学出版社1999年版，第277～278页。

〔2〕参见薛瑞麟主编：《金融犯罪研究》，中国政法大学出版社2000年版，第269页。

〔3〕参见郦毓贝：《内幕交易、泄露内幕信息罪主体特征研析》，载赵秉志主编：《新千年刑法热点问题研究与适用》，中国检察出版社2001年版，第821～822页。

员在获取内幕信息后再泄密的情况，有可能构成犯罪。理由是，《刑法》第180条规定，非法获取证券、期货交易内幕信息的人员（非内幕信息知情人员）……泄露该信息，情节严重的，应构成泄露内幕信息罪。可见，刑法条文并未将非内幕人员再泄密行为排除在犯罪之外。非内幕人员再泄密行为之所以可以构成泄露内幕信息罪，最重要的三点理由为：其一，不应知悉内幕信息的人员从获取内幕信息的那时起就应承担保密的义务。因为不管其获取内幕信息的途径怎样，最终的结果是得知了内幕信息的内容。在得知了内幕信息后，相关人员也就具有了承担保密的义务。其二，从行为人的主观故意来看，当行为人在明知自己通过非法手段获得的是证券、期货交易内幕信息之后，还故意泄露给他人，其主观恶性程度与证券、期货交易内幕信息的知情人员的泄露行为并无不同。其三，从泄露内幕信息罪的后果来看，这一犯罪的后果主要是由泄密行为引起的，没有行为人的泄密行为，也就不可能产生其后的内幕交易后果。

四、建议行为司法判断规则

《刑法》原第180条内幕交易、泄露内幕信息罪明确规定了两种行为方式：其一，内幕交易行为；其二，泄露内幕信息行为。《刑法修正案（七）》为《刑法》第180条增加了一种行为模式，即建议行为，即行为人在其获知内幕信息的基础上，通过明示或暗示的方式建议他人进行证券、期货交易的行为。例如，提出交易时机、交易证券、期货合约的种类、交易证券、期货的价位、交易量的大小等。

在《刑法修正案（七）》修改内幕交易、泄露内幕信息罪构成要件之前，对于内幕人员根据内幕信息建议他人进行证券、期货买卖是否应当属于本罪的行为方式的问题，刑法理论与司法实践中颇有争议。这主要是因为，我国《刑法》原第180条虽然没有将建议行为规定在内幕交易犯罪行为之中，但是，《证券法》第76条规定：证券交易内幕信息的知情人和非法获取内幕信息的人，在内幕信息公开前，不得买卖该公司的证券，或者泄露该信息，或者建议他人买卖该证券。可见，颁布于《刑法》之后的我国《证券法》明确将“建议他人买卖证券”的行为归入内幕交易行为的范畴之中。基于此，刑法理论上有观点认为，建议行为属于内幕交易、泄露内幕信息罪的行为方式。本罪的客观行为应该表现为三个方面：一是行为人利用内幕信息进行证券、期货买卖。二是行为人泄露内幕信息。三是行为人根据内幕信息建议他人进行证券、期货买卖。即内幕信息的知悉者根据内幕信息对他人的证券、期货交易提出倾向性的意见。[1] 还有意见认为,将建议他人买卖证券不作为犯罪处理的观点是不妥的。因为从理论上讲,内幕交易中的买卖证券、期货合约应该包括知情人员自己买卖证券、期货合约和建议他人买卖证券、期货两种情况;从实践中看,这种行为具有社会危害性,对于情节严重的,应以犯罪论处。[2] 当然,理论上也有意见指出,对建议行为需要区别对待。若接受建议者不知情也没有依据该建议进行证券、期货交易,则建议者不构成内幕交易、泄露内幕信息罪。除此之外,行为人明确将内幕信息告知他人,并建议他人买卖该种证券、期货合约;或者行为人虽未明确将内幕信息告知他人,但其建议他人买卖证券、期货合约的方式却能使他人心领神会该建议与内幕信息有关,则属于泄露内幕信息罪。[3]

然而,对此持否定意见的学者认为,作为行政处罚对象的内幕交易行为并非都可能成为犯罪行为。《刑法》第 180 条规定的作为犯罪的内幕交易行为,并没有包括行政法规所指的所有内幕交易行为,而只是部分行为。即只是限于内幕人员利用内幕信息自己买卖证券、期货合约或者非法获取内幕信息的人员自己买卖证券、期货合约。其中并没有包含行政法规中的其他内幕交易行为。如内幕人员根据内幕信息建议他人买卖证券、期货合约及非内幕人员通过其他途径获得内幕信息,并根据该信息买卖证券、期货合约或者建议他人买卖证券、期货合约的行为,不能作为犯罪认定,只能作行政处罚。内幕人员向他人泄露内幕信息,使他人利用该信息进行内幕交易的行为,只能以泄露内幕信息罪认定。[4]

应该看到,在《刑法修正案(七)》实施之前,尽管我国证券法明确将建议他人买卖证券的行为纳入内幕交易罪中,但是,当时的刑法中并未将建议行为纳入犯罪范围,虽然《刑法》颁布在先而《证券法》颁布在后,但是在有关刑事责任

---

〔1〕 参见张军主编:《破坏金融管理秩序罪》,中国人民公安大学出版社 1999 年版,第 264 页。

〔2〕 参见魏东:《关于内幕交易、泄露内幕信息罪司法认定的若干问题再研究》,载赵秉志主编:《新千年刑法热点问题研究与适用》,中国检察出版社 2001 年版,第 854 页。

〔3〕 参见董丽静、垄卫:《证券内幕交易、泄露内幕信息罪的司法认定》,载赵秉志主编:《新千年刑法热点问题研究与适用》,中国检察出版社 2001 年版,第 866 页。

〔4〕 参见胡启忠等:《金融犯罪论》,西南财经大学出版社 2001 年版,第 268 页。

的问题上,刑法当然要比证券法效力大。可见,将建议他人买卖证券的行为纳入内幕交易罪中并非是刑事立法的原意,没有将建议行为纳入内幕交易罪也并非是刑事立法的疏漏。在当时的证券、期货市场现实条件下,我国刑法之所以作如此规定,究其原因无非是:如果将建议行为纳入犯罪范围,可能涉及面太广,同时,由于建议行为本身较为复杂,当时的司法实践尚未积累起一定程度的反内幕交易犯罪经验,立即将建议行为纳入内幕交易、泄露内幕信息罪的规制体系并不符合当时的司法实务现实。

然而,毋容置疑的是,建议行为利用的是行为人掌握的未公开的内幕信息,这在客观上完全应当成为一种促使他人利用内幕信息进行相关证券、期货交易,在通常情况下,由于实施建议行为者是在掌握内幕信息的情况下建议他人进行证券、期货交易的,因此,行为人的建议往往起到鼓励、推动和指导的作用。这种情况中虽然行为人可能自己并没有直接从事证券、期货交易,有些甚至可能没有直接从中获利,但是,从实质上分析,建议者客观上是借他人之手进行相关证券、期货交易,这必然导致利用内幕信息进行证券、期货交易范围的扩大并对证券、期货市场造成更加严重的破坏,其社会危害性是显而易见的。因此,《刑法修正案(七)》将建议行为作为内幕交易、泄露内幕信息罪的一种行为方式,具有合理性。当然,从动态的刑法规范适用层面考察,《刑法修正案(七)》增加了明示、暗示他人从事内幕交易的行为要件,确实容易导致司法认定困难与混乱。这主要是由于内幕信息知情人员或非法获取人员明示、暗示他人从事相关交易的行为本身具有特殊性,并不像内幕交易罪中典型的内幕信息知情人员或者非法获取者直接进行的证券期货交易行为一般容易认定。

根据司法实践中的情况来看,通过明示、暗示的方式建议他人从事相关交易的行为具有多种表现形式:(1)信息获悉者明示、暗示他人从事相关交易,被对方采纳并实施;(2)信息获悉者进行明示、暗示,没有被他人采纳并实施;(3)在透露内幕信息内容的基础上,信息获悉者明示、暗示他人从事交易;(4)在没有透露信息内容的情况下,信息获悉者建议他人从事交易,他人基于其专业金融知识及具有相关从业背景等原因,无须信息获悉者提供进一步的信息内容与交易理由等。

正是由于明示、暗示他人从事相关交易行为及其后续结果的复杂性,以及行为与结果排列组合后样态的进一步复杂化,决定了在判断内幕交易罪明示、暗示他人进行相关交易这一行为要件的同时，必须查实并明确以下问题是否影响建议他人从事相关交易行为要件的认定：(1)在内幕信息知情人员、非法获取人员仅仅提出建议，被建议者没有采纳信息获悉者的意见进而从事相关证券期货交易，能否成为阻却内幕交易、泄露内幕信息罪成立的事由？(2)明示、暗示他人从事相关交易构成犯罪是否以透露内幕信息为必要，即建议者没有透露内幕信息，被建议者接受其明示或者暗示而从事相关证券期货交易，能否成为阻却内幕交易、泄露内幕信息罪成立的事由？

对于上述第一个问题，即被建议者是否从事相关证券、期货交易行为是否阻却纯粹建议行为的犯罪性，笔者持肯定的观点。因为单纯的明示、暗示行为既没有泄露内幕信息本身的内容，也没有进一步产生后续的内幕交易行为，与内幕交易打击利用内幕信息从事非法证券期货交易行为的本质存在较大距离，不应当作为本罪打击的对象。主要理由是：其一，他人没有依据内幕信息获悉者的明示或者暗示从事相关交易的，已经缺失了内幕交易罪语境下行为的“交易性”，不应当认为其符合内幕交易罪的行为要件；其二，内幕信息知情人员、非法获取人员没有透露任何内幕信息的内容，显然也不构成泄露内幕信息罪。

对于上述第二个问题，即内幕信息的知情人员或非法获取人员是否必须将内幕信息告知被建议者，才能构成《刑法》第180条规定的明示、暗示他人从事相关交易，刑法理论上的一种具有代表性的观点认为，构成建议行为不以告知被建议者内幕信息为前提。因为在现实生活中，内幕信息知情人员往往受过严格的法律、金融等专业知识的培训，对自己所实施的行为性质以及由此所可能造成的后果，一般都是明知的。而相当一部分内幕人员，为规避法律，在知悉某一证券、期货交易的内幕信息后，不是将内幕信息直接告知其亲朋好友，而仅仅对其亲友所进行的证券、期货交易提出倾向性的意见。由于行为人职务或者地位的特殊性，使得其根本无须说明提出这一建议的理由，其亲友也是心领神会的。依此建议行事，虽然其亲友不知道内幕信息，但在其所进行的证券、期货交易中所处的地位与其知道内幕信息进行的证券、期货交易几无二致，而后一种情况显然是典型的内幕交易行为，既然如此，与后一种情形神似而仅仅形不同的前一种情形，有何理由不将其认定为内幕交易呢？如果认为，内幕人员仅有建议买卖而并未将内幕信息的具体内容告知被建议者可以不作为内幕交易、泄露内幕信息罪，无疑会使相当数量的内幕交易行为难以纳入刑事制裁的范围，从而在一定程度上宽纵了犯罪分子，不利于证券市场的健康发展。[1] 对此，笔者认为，在透露内幕信息的基础上建议他人从事相关证券、期货交易的行为是否具有刑事可罚性，刑法规范本身实际上已经给出了答案。《刑法》第180条已经规定了泄露内幕信息的行为属于犯罪，完全可以结合被建议者是否实际从事相关证券、期货交易的事实提出定性规则：(1)告知他人内幕信息，并明示或者暗示其从事相关交易行为，被建议者没有进行相关证券、期货交易的，应当认定为泄露内幕信息罪；(2)被建议者实际进行相关证券、期货交易的，其行为同时符合泄露内幕信息、内幕交易的构成特征，直接认定行为人构成内幕交易、泄露内幕信息罪。

五、信息挖掘行为司法判断规则

金融市场中存在的一种现象与行为是，在内幕信息未公开前，有些投资者（投机者），尤其是机构投资者中的金融分析师，利用证券、期货市场公开的信息、资料、对上市公司或其管理人员进行调查所获知的信息等，对证券、期货市场作出分析预测，或者以这种预测结果为依据进行交易，而相关分析结果与未公开的内幕信息相一致，从而使相关人员在证券、期货交易中获取了巨额利润。国外证券、期货市场通常将这种行为称为信息挖掘(lnformations natching)。

对于信息挖掘行为能否构成内幕交易或者泄露内幕信息，理论上存在一些不同的看法。肯定的观点认为，行为人运用公开的信息和资料，对证券市场作出的预测和分析，如果这种预测一向被证实非常准确，并且对市场价格造成严重的影响或者危害，那么按内幕交易处理不无道理。[2] 相反意见认为，内幕交易、泄露内幕信息行为之所以为世界各国法律所禁止，其根本原因就在于，这种行为使得内幕交易的行为人与普通投资者所进行的交易不是建立在平等的基础上，而是处于“一明一暗”的交易状态。内幕交易的行为人对于某种股票价格的走势因其对内幕信息的知悉而“心中有数”，而普通投资者则只能借助于一般的技术分析和财务分析甚至于自己的猜测进行交易。借助没有确切消息的猜测显然是投机行为，而这也正是证券、期货市场危机四伏的原因所在。无论基

---

〔1〕 参见张军主编：《破坏金融管理秩序罪》，中国人民公安大学出版社1999年版，第276页。
〔2〕 参见白建军：《证券欺诈及对策》，中国法制出版社1996年版，第29~30页。

于这种猜测进行交易所导致的结局如何，这种行为显然是不能以内幕交易、泄露内幕信息罪的。而实际上，股评文章的性质也同样如此。股评文章究其实质而言，也是一种猜测，只不过由于这种猜测是由具有丰富证券专业知识，熟悉证券市场运行规律的证券专家，运用科学的分析手段对分开的信息资料进行分析研究所得出的结论，因而，其正确性一般远高于普通人所做出的猜测。但无论这种预测的准确度多高，都改变不了“猜测”的实质。显然，法律不能因为一个人的预言相当精确就可以剥夺其发表意见的权利，这是现代法治社会公民享有言论自由的必然结论。[1] 在现实生活中，具有一定社会危害性的行为有很多，法律没有必要，也不可能将所有具有社会危害性的行为，都用法律尤其用刑法加以调整。对于股评文章，尽管它可能对证券交易价格有一定的影响，但这种影响和法律规定的内幕信息比较，它的影响较小。因为它所依据的材料、信息已经公开。这种已经公开化的材料、信息对证券价格已经施加了影响，因此，通过这种信息作出的股评实质上就是对已公开的信息进行消化和再消化的过程，已不符合内幕信息的特征。另外，如果将类似的信息都作为内幕信息，势必会扩大内幕信息的范围和内幕人员的范围，不符合刑法的立法本意。[2]

笔者认为，对于内幕信息未公开前，利用已经公开的信息资料对市场作出分析和预测，并从事有关证券、期货交易的行为，不应该纳入刑法调整的范围之内，但也不应当完全忽视以信息收集、攫取为名义实际非法获取内幕信息行为存在的可能。首先应当明确的是，市场投资者（投机者）的分析和预测行为，无论对市场有多大的影响，无论与内幕信息本身的内容如何接近甚至完全相同，这毕竟是利用已经公开的市场信息资料得出的预期，而不是利用尚未公开的内幕信息得出的结果。内幕交易的前提条件是必须有内幕信息存在。如果对利用并非是内幕信息进行交易的行为加以惩治显然违背了刑法立法的原意。其次，证券、期货市场本身需要有人对市场的走向等作出一定的分析和预测，这些分析和预测纯粹是个人的见解，在某种意义上说，只要有证券、期货市场存在，就必然有人们对证券、期货市场的分析和预测存在。而且，在证券、期货市场上

---

〔1〕 参见张军主编：《破坏金融管理秩序罪》，中国人民公安大学出版社 1999 年版，第 269 ~ 270 页。

〔2〕 参见薛瑞麟主编：《金融犯罪研究》，中国政法大学出版社 2000 年版，第 263 页。

交易者不可能不对市场进行分析和预测,尤其是机构投资者,基于其专业能力与信息搜集实力,其对市场进行分析和预测往往能够为一般投资者提供重要的决策参考。应该承认,有关的分析和预测当然会对市场和人们的交易行为产生一定的影响,这是不可避免的,如果对作出分析和预测并进行交易的行为也要加以惩治,这不符合市场发展的客观要求和规律。最后,需要高度重视的是,信息挖掘行为与内幕交易、泄露内幕信息行为之间的界限比较模糊。在当前的证券、期货市场操作中,包括证券公司、公募基金以及私募在内的很多投资机构或者个人投资者,无视内幕交易、泄露内幕信息的违法性,以上市公司调研为名,实际上是将市场公开信息挖掘行为异化为非法获取内幕信息行为。对于市场分析人员、投资者等主体通过各种手段从上市公司及其内部人员处“拉”“搞”“套”内幕信息的行为,司法实践中应当引起关注,对于以信息调研为形式而实质上属于非法获取内幕信息的行为,应当认定为内幕交易或泄露内幕信息。

需要注意的是,《刑法》第 180 条内幕交易、泄露内幕信息罪并没有直接使用“建议”的表述,而是将建议行为更为明确地规定为“明示、暗示”。“明示、暗示”也就是向他人做出提示或建议,“明示”和“暗示”的行为其实就是对不同表现形式的“建议”行为的表述,两者并无本质区别。[1] 其本质上都是指行为人提示或者建议他人从事证券、期货交易活动,具体是指提示或建议他人买入或者卖出该证券,或者从事与该内幕信息有关的期货交易。[2] 在早前的司法实践中,有关内幕交易和泄露内幕信息的犯罪都很难取证,而且,内幕人员一般具有较强的反侦察能力,往往自己不从事交易,而是以明示或暗示的方式让他人操作,之后参与分成,而《刑法修正案(七)》修改后的《刑法》第 180 条规定“明示、暗示他人从事上述交易活动”构成内幕交易犯罪行为,相对来说降低了司法取证的难度,有利于提高执法效率,加强了刑法对证券、期货市场的保护力度。[3]

从明示与暗示具体的行为内容上分析,所谓“明示”,就是清楚明白地指示,即通过书面或口头的方式明确告知他人买入或者卖出与该内幕信息有关的证券或者期货合约,指示的手段没有限制,既可以是命令,也可以是利诱,还可以

---

〔1〕 参见刘宪权:《金融犯罪刑法学专论》,北京大学出版社 2010 年版,第 352 ~ 353 页。

〔2〕 参见谢望原:《简评〈刑法修正案(七)〉》,载《法学杂志》2009 年第 6 期。

〔3〕 参见葛磊:《新修罪名诠释〈刑法修正案(七)〉深度解读与实务》,中国法制出版社 2009 年版,第 27 ~ 28 页。

是胁迫，总之是通过直接表意的方式唆使对方从事交易；所谓“暗示”，就是不明确表示意思，而用含蓄的言语或示意的举动使人领会，这里主要是指行为人以使对方能够推知的方式间接指示，既包括以积极的行为暗示，也包括通过消极的不作为甚至是沉默来暗示。只要该言行能让相对人领会到该交易具有内幕信息背景且能够通过交易相关标的获得利益即可构成“暗示”。因为从事金融交易，尤其是短线交易的市场主体对于此类信息往往十分敏感，对一些含蓄的言行也能够心领神会，产生与明示同样的效果。至于如何确定对方能否领会，则应当根据一般市场主体的理解和判断能力衡量。如内幕信息知情人不明确说明内幕信息的具体内容，只是含蓄地向他人透露“某只股票有重大利空或者利好消息，可以重点关注”，这样的说法就能让人领会到内幕信息的存在，应当认定为“暗示他人从事交易”。但如果只是笼统地说“我觉得买点也没有太大风险”等类似的言语，就难以让人感知到存在重要的、敏感的内幕消息，不应当认定为“暗示他人从事交易”。此外，正如前文所述，还需要进一步分析接受信息的一方是否实际实施了有关的内幕交易行为。正如有的学者所言，如果被建议者没有实施内幕交易，建议者显然不构成内幕交易犯罪，就不存在甄别是否构成“暗示他人从事交易”的必要。[1] 还有必要强调的是，无论是明示还是暗示他人从事相关交易活动，实际上都使对方在某种程度上知悉了相关经营信息，因此，当对方向自己提出咨询意见，行为人只是单纯被动提供不确定的相关交易建议，对方根本无从判断相关经营信息的，即使行为人在提供建议时事先已经知悉相关经营信息，也并不能被认定为明示或暗示他人从事相关交易。[2]

六、内幕交易犯罪故意司法判断规则

犯罪故意的实践判断一直是经济犯罪、金融犯罪案件司法实践的疑难问题。在内幕交易犯罪案件的司法实践中，行为人是否具有内幕交易的犯罪故意同样也是控辩双方的争议焦点。笔者认为，对于普通的经济犯罪案件而言，犯罪故意的认定确实较为困难，特别是金融诈骗类案件，非法占有目的在实践中

---

〔1〕 参见刘衍明：《内幕交易罪的理解与适用》，载《中国检察官》2009年第6期。

〔2〕 参见缑泽昆：《〈刑法修正案（七）〉中“老鼠仓”犯罪的疑难问题》，载《政治与法律》2009年第12期。

难以直接证明,只能根据具体案件事实情况进行司法推定,且容易引起控辩纷争。然而,证券期货犯罪的特殊性决定了内幕交易犯罪故意的认定具有区别于一般经济犯罪的特点。对于内幕交易犯罪故意的认定,应当从内幕交易案件中的一系列事实中证明行为人的内幕交易故意,其关键在于缜密地梳理与内幕交易故意证明有关的核心事实。

实践中把握内幕交易故意应当注意以下典型事实:(1)内幕信息知情人从事违规交易的时间节点。行为人自己或者控制的证券、期货交易账户资料显示其买卖标的的时间点紧临内幕信息形成时间,证明违规交易的时间点与内幕信息的形成相互吻合,可以初步推断明知内幕信息形成而从事与之相关的违规交易。(2)内幕信息知情人从事违规交易所依托资金的具体来源与走向。调拨资金是行为人利用内幕信息从事违规交易进而牟取巨额利润的现实基础,而资金账户能够清晰地记录行为人调拨资金的具体脉络。在内幕信息形成时间前后,内幕信息知情人调拨大量资金进入账户用于买卖与内幕信息有关的证券、期货合约,表明其资金调拨行为与内幕信息所指向的重大事实之间存在密切关系,行为人主观上具有利用内幕信息买卖有关上市公司股票的故意。(3)涉嫌内幕交易行为所形成的交易数据。资金账户能够记录包括行为人动用资金总额、具体交易时间、买入卖出资金数量与证券、期货合约数量等所有违规交易的数据。如果交易数据显示,在内幕信息形成之后、公开之前,行为人利用利好信息,集中资金买入,或者行为人获悉利空信息,集中卖空,则表明行为人在交易存在巨大风险的情况下,精准且集中地围绕内幕信息进行做多牟利或者减持套现,其犯罪故意明确表现为通过内幕交易获利或者避损。(4)行政监管部门介入调查后行为人的异常反应。随着内幕交易打击力度的不断加强与执法监控能力的持续提升,行政监管部门介入调查内幕交易案件越来越及时。内幕交易者在证监会展开调查后的异常行为,例如,短时间内全部套现、联合提供伪证等,这些异常行为均能够反映行为人企图掩盖内幕交易行为的心理状态和真实意图。

证券、期货市场中的犯罪行为实际上始终处于法律监控的范围之内。[1] 因为证券、期货交易市场业已建构了完备的风险控制制度与数据信息管理制度。

---

〔1〕 See Frank H. "Easterbrook, Monopoly, Manipulation, and the regulation of Futures Markets", *Journal of Business* 59, 1986, pp. 103 – 106.

证券、期货交易所、经营机构、结算机构等制定了严格的业务数据管理制度，能够规范保存交易数据、清算数据及其他相关业务数据。通常情况下，持仓报告、交易数据等电子信息按照保密规定由交易所、经营机构存储；相关交易涉嫌内幕交易的，司法机关根据刑事诉讼法律程序规范调取交易信息进行违法性分析。这就决定了内幕交易故意的认定实际上可以不依赖于被告人的供述，充分把握上述与内幕交易犯罪故意密切关联的客观事实，通过对网络技术存储的交易数据分析、全案行为体系以及派生证据的认定，完全可以对内幕交易是否存在故意进行综合判断。

对内幕交易犯罪是否存在故意的司法认定中，还有一个争议问题就是对象认识错误的处理。如果行为人在主观上误把某种不属于内幕信息的消息当作内幕信息或将内幕信息加以利用或予以泄露，该如何处理？对此，有的观点认为，不能按内幕交易罪进行处罚，对其所造成的实际损害的，可按一般违法行为追究行政责任。如果行为人将内幕信息误认为是一般信息或不是内幕信息而加以利用或泄露的，则构成内幕交易罪。[1] 有的意见则认为，根据刑法关于认识错误的理论，如果行为人主观上把某种不属于内幕信息的信息当作内幕信息或者将内幕信息误认为不是内幕信息而进行交易或予以泄露的，应分别情况予以认定：行为人误把不属于内幕信息的信息当作内幕信息而进行内幕交易或予以泄露的，则行为人的行为构成内幕交易、泄露内幕信息的未遂犯罪；如果行为人将内幕信息误认为是一般信息或不是内幕信息而进行交易或泄露的，因行为人主观上没有内幕交易和泄露内幕信息的故意，只存在过失，则不能构成内幕交易、泄露内幕信息罪。符合其他条件的，可依法构成玩忽职守罪、过失泄露国家秘密罪。客观上未造成重大损失的，属于一般违法行为。[2] 笔者认为，从理论上分析，上述第二种观点无疑是正确的。但是，构成本罪的行为只有达到情节严重的程度，且有关交易和泄露行为应与内幕信息具有关联性。由于受到这些条件的影响，事实上如果行为人主观上把某种不属于内幕信息的信息当作内幕信息进行交易或泄露，就不可能出现所谓关联性问题，从而也很难达到情节

---

〔1〕 参见周道鸾主编：《刑法的修改与适用》，人民法院出版社 1997 年版，第 397 页；郭丽红：《论内幕交易罪的犯罪构成》，载《汕头大学学报》2000 年第 1 期。

〔2〕 参见马长生、张惠芳：《论内幕交易、泄露内幕信息罪》，载赵秉志主编：《新千年刑法热点问题研究与适用》，中国检察出版社 2001 年版，第 831 页。

严重的程度;如果行为人将内幕信息误认为不是内幕信息而进行交易或泄露,由于主观上缺乏故意,当然就不能构成犯罪。就此而言,笔者认为,如果行为人主观上确实存在对象认识错误的情况,一般不应该构成本罪。

第五讲

内幕交易犯罪司法解释疑难问题剖析

最高人民法院、最高人民检察院于2012年5月22日联合发布《关于办理内幕交易、泄露内幕信息刑事案件具体应用法律若干问题的解释》(以下简称《内幕交易犯罪解释》)。作为我国首部证券期货犯罪司法解释,《内幕交易犯罪解释》对内幕信息知情人员、非法获取内幕信息人员、内幕信息敏感期、内幕交易、泄露内幕信息定罪处罚标准等证券期货犯罪刑法理论与实践中长期存在争议的刑法适用疑难问题进行了规定。[1]《内幕交易犯罪解释》的实施对于指导司法实务部门办理证券期货犯罪案件,强化证券、期货市场法律监管力度,有效维护证券、期货市场秩序,保护广大投资者合法权益,具有重大且深远的影响。[2]《内幕交易犯罪解释》目前是解决我国内幕交易犯罪案件疑难问题的唯一刑法解释,不仅对于参与我国证券、期货市场的金融交易者起到了重要的规范指引作用,而且由于其规定的内幕交易犯罪刑法适用规则具有突出的创新性,在全球金融市场一体化的背景下,研究《内幕交易犯罪解释》对于丰富全球的证券期货犯罪刑法理论亦有重大意义。

但是,由于内幕交易犯罪相关实践问题具有高度复杂性,《内幕交易犯罪解释》在内幕信息知情人员与非法获取内幕信息人员认定、内幕信息重大性判断、内幕交易犯罪行为指控与抗辩、内幕交易犯罪情节认定等重大且疑难实践问题上仍然存在很多争议与困惑。对最新内幕交易犯罪司法解释进行深刻与细致的解析,能够推动证券期货犯罪刑法理论与实践更为冷静地对内幕交易犯罪问题进行审视,持续探索内幕交易犯罪刑法解释不断优化的理论支撑与发展路径。基于此,本书尝试深度剖析最新内幕交易犯罪司法解释实践运作中的疑难问题并提出司法规则优化建议,以期对惩治与防控内幕交易犯罪的理论探索与司法实践有所裨益。

一、内幕信息知情人员认定问题

内幕信息知情人员是内幕信息的第一手获取人员,故内幕信息知情人员司

---

[1] 参见杨维汉、崔清新:《惩治内幕交易犯罪　维护证券、期货市场秩序——最高人民法院有关负责人就首部证券期货犯罪司法解释答记者问》,载《检察日报》2012年5月23日,第2版。

[2] 参见张先明:《"两高"联合出台司法解释指导司法机关正确办理内幕交易犯罪案件》,载《人民法院报》2012年5月23日,第1版。

法认定是《内幕交易犯罪解释》首先解决的问题。《内幕交易犯罪解释》第1条规定:“下列人员应当认定为刑法第一百八十条第一款规定的‘证券、期货交易内幕信息的知情人员’:(一)证券法第七十四条规定的人员;(二)期货交易管理条例第八十五条第十二项规定的人员。”可见,《内幕交易犯罪解释》罗列了内幕信息知情人员司法判断所依据的法律、法规条文。但是,在《刑法》第180条明确规定内幕信息知情人员的范围依照法律、行政法规的规定确定的基础上,刑法理论与实务对于《证券法》第74条、[1]《期货交易管理条例》第81条第12项[2]分别规定了证券、期货交易内幕信息的知情人员本身并没有疑问。实践中的疑难问题在于,《证券法》《期货交易管理条例》有关内幕信息知情人员的规定分别存在明显的缺陷,导致司法实务部门在认定相关行为主体是否构成证券、期货内幕信息知情人员时会出现困惑与障碍。

在证券内幕信息知情人员法律规定方面,《证券法》第74条在明示性地列举了上市公司董事、监事、高级管理人员等6项证券内幕信息知情人员类型之后,通过第7项“兜底条款”将国务院证券监督管理机构规定的其他人整体纳入知情人员范围。尽管上述规定在形式上实现了明确列举与原则概括相结合,但由于缺乏内幕信息知情人员实质标准的界定,造成证券监管机构裁量权过大,最终导致“其他内幕信息知情人员”的范围处于不确定的状态。与此相对应,期货内幕信息知情人员法规的规定则更为模糊。尽管《期货交易管理条例》第81条第12项从实质解释的角度将期货内幕信息知情人员的本质界定为基于职务(管理、监督、专业、职业等多方面的职务)可获取内幕信息人员,但其具体列举的知情人员主体类型不仅极为概括,而且使用了大量“其他”人员、“有关”人员

---

[1] 《证券法》第74条规定:“证券交易内幕信息的知情人包括:(一)发行人的董事、监事、高级管理人员;(二)持有公司百分之五以上股份的股东及其董事、监事、高级管理人员,公司的实际控制人及其董事、监事、高级管理人员;(三)发行人控股的公司及其董事、监事、高级管理人员;(四)由于所任公司职务可以获取公司有关内幕信息的人员;(五)证券监督管理机构工作人员以及由于法定职责对证券的发行、交易进行管理的其他人员;(六)保荐人、承销的证券公司、证券交易所、证券登记结算机构、证券服务机构的有关人员;(七)国务院证券监督管理机构规定的其他人。”

[2] 《期货交易管理条例》第81条第12项规定:“内幕信息的知情人员,是指由于其管理地位、监督地位或者职业地位,或者作为雇员、专业顾问履行职务,能够接触或者获得内幕信息的人员,包括:期货交易所的管理人员以及其他由于任职可获取内幕信息的从业人员,国务院期货监督管理机构和其他有关部门的工作人员以及国务院期货监督管理机构规定的其他人员。”

等内涵十分模糊的表述，造成期货内幕交易犯罪司法实践难以确定期货内幕信息知情人员。笔者建议，有必要准确梳理证券、期货法律、法规各自的优点与缺点，从内幕交易犯罪主体实质特征与核心类型两方面优化内幕信息知情人员的司法认定规则。

（一）证券内幕信息知情人员

司法实践中应当明确，证券内幕信息知情人员的实质特征是基于职务可获取证券内幕信息。构成《证券法》第 74 条第 7 项规定的“其他”内幕信息知情人员的行为主体，显然应当与该条前 6 项规定的内幕信息知情人员主体类型具有同构型特征，在《证券法》本身没有直接且明确规定的情况下，这种同构型特征的归纳正是内幕交易犯罪司法实践应当予以明确的问题。从《证券法》第 74 条明示性规定的证券内幕信息知情人员类型来看，其实质特征都是基于其在上市公司、上市公司控股公司、上市公司实际控制人、证券监管与服务机构等所承担的职责（包括私营部门的业务性岗位与公共部门的职务性岗位）能够获取内幕信息。因此，由于所其承担的职责可以获取证券内幕信息的人员是证券内幕信息知情人员。这样的实质性界定不仅可以将上市公司并购重组参与方及其工作人员、上市公司重大合同交易对方及其工作人员等《证券法》第 74 条没有明示性规定，但在实践中能够基于公务性或者业务性的职责充分接触、管理内幕信息的证券内幕信息知情人员，准确纳入内幕信息知情人员范围，而且能够将上市公司的控股股东、实际控制人控制的其他公司及其董事、监事、高级管理人员等被《证券法》第 74 条所忽略但基于其与上市公司形成持股关系、实际控制关系能够获悉证券内幕信息的人员纳入知情人员范围。

（二）期货内幕信息知情人员

由于我国期货市场运行机制正处于不断完善的阶段，期货交易与期货监管体系相对复杂，导致期货从业人员与监管机构工作人员主体的定位、辨识、认定等存在一定的模糊与混乱。有必要通过司法解释明确框定期货内幕信息知情人员的主体范围，从而合理控制期货内幕信息与准确定位期货内幕交易违法犯罪的行为主体。《期货交易管理条例》规定“有关”部门工作人员经国务院监管机构的认定可以构成期货内幕信息知情人员。但是，“有关”的含义过于模糊与随意，故笔者建议司法解释应当对此进行细化，将“有关”部门工作人员可以构成期货内幕信息知情人员的类型确定为以下两类。

1. 有关监管部门工作人员

有关监管部门包括直接负责金融监管职能的机构，主要是中国人民银行、证监会、银监会、保监会及其各地派出机构。同时，发改委、财政部、审计署及其派出机构等承担部分金融监管职能的机构及其工作人员，也应当规定内幕交易违法犯罪中的“有关”监管部门及其工作人员。

2. 有关行业协会工作人员

中国证券业、期货业、保险业、银行业、信托业协会及其地区性协会等金融行业协会工作人员应当属于期货内幕信息知情人员。同时，在履行自律监管职能过程中掌握大量期货交易市场（特别是商品期货市场）未公开信息的行业协会（例如，有色金属工业协会等），此类协会工作人员在决定大宗商品期货交易价格变动的行业信息处于保密阶段时，利用行业信息优势从事私利交易或者违规抢先将信息提供给他人，也应构成期货内幕信息知情人员。

此外，应当特别强调的是，期货内幕信息知情人员并非局限于期货行业监管或者从业人员，随着金融交易产品开发的日趋成熟，证券与期货交易关联性日趋紧密，证券行业人员或者上市公司人员完全可以构成期货内幕信息知情人员。2010 年 4 月中国金融期货交易所推出沪深 300 股指期货合约的交易品种，自此我国期货市场正式迈进金融期货时代。由于沪深 300 指数期货合约的涨跌直接与证券现货市场多空信息挂钩，对沪深 300 指数中权重较大的成分股交易价格具有重要影响且尚未公开的信息显然属于证券内幕信息，而且其同样对股指期货合约交易价格具有重要影响，这种基于证券现货市场与股指期货市场关联性或者价格传递关系而对金融期货交易价格具有重要影响的未公开信息显然也是期货内幕信息。发行权重股的上市公司的内幕信息知情人员或者其他基于职务便利能够获悉此类内幕信息的金融机构、中介机构工作人员，同样应当属于期货内幕信息知情人员，其在影响权重股交易价格的上市公司内幕信息尚未公开之前，并不直接从事证券交易，而在股指期货市场上建仓谋取个人利益的，应当构成期货内幕交易犯罪。

二、内幕信息非法获取人员认定问题

根据《刑法》第 180 条的规定，内幕信息非法获取人员是内幕交易犯罪的另一种犯罪主体类型。对于非法获取内幕信息人员的认定，证券期货犯罪刑法理论与实务中长期存在三种不同的观点："非法手段论"认为，非法获取内幕信息人员只能是利用骗取、套取、偷听、监听或者私下交易等非法手段或者通过非法途径获取证券内幕信息的人员。[1] "不当获取论"认为，对"非法获取"的理解不能过于狭窄，"非法获得"应指"不该获得而获得"，其中"不该获得"是指行为人与内幕信息之间并无职务或业务上的信赖关系，也即行为人属于禁止接触或获取内幕信息的人员。[2] "混同认定论"采取淡化非法获取内幕信息人员独立类型特征与模糊上述意见分歧的方式，统一使用"内幕人"的概念将内幕信息知情人员及其近亲属、通过非法手段获取内幕信息的人员以及通过其他途经获取内幕信息的人都纳入内幕犯罪行为主体范围。[3]

《内幕交易犯罪解释》第 2 条通过联动规定非法获取内幕信息人员类型及其异常交易行为特征的创新性刑法解释技术解决上述争议：利用窃取、骗取、套取、窃听、利诱、刺探或者私下交易等手段获取内幕信息的，显然属于非法获取内幕信息人员；内幕信息知情人员的近亲属或者其他与内幕信息知情人员关系密切的人员，或者在内幕信息敏感期内与内幕信息知情人员联络、接触的人员，从事或者明示、暗示他人从事，或者泄露内幕信息导致他人从事与该内幕信息有关的证券、期货交易，相关交易行为明显异常，且无正当理由或者正当信息来源的，应当认定为非法获取内幕信息人员。

之所以将其评价为创新性解释，是因为《内幕交易犯罪解释》极为精巧地解释并未通过非法手段获取内幕信息人员的行为"非法性"，即根据交易行为事实（从事、建议从事、泄露信息导致他人从事）与交易行为评价（明显异常且无正当性事

---

[1] 参见王作富主编：《刑法分则实务研究》（上），中国方正出版社 2003 年版，第 546 页。

[2] 参见刘宪权：《金融犯罪刑法学专论》，北京大学出版社 2010 年版，第 365 页。

[3] 2007 年中国证券监督管理委员会《证券市场内幕交易行为认定指引（试行）》第 6 条规定："符合下列情形之一的，为证券交易的内幕人：（一）《证券法》第七十四条第（一）项到第（六）项规定的证券交易内幕信息的知情人；（二）中国证监会根据《证券法》第七十四条第（七）项授权而规定的其他证券交易内幕信息知情人，包括：1. 发行人、上市公司；2. 发行人、上市公司的控股股东、实际控制人控制的其他公司及其董事、监事、高级管理人员；3. 上市公司并购重组参与方及其有关人员；4. 因履行工作职责获取内幕信息的人；5. 本条第（一）项及本项所规定的自然人的配偶；（三）本条第（一）项、第（二）项所规定的自然人的父母、子女以及其他因亲属关系获取内幕信息的人；（四）利用骗取、套取、偷听、监听或者私下交易等非法手段获取内幕信息的人；（五）通过其他途经获取内幕信息的人。"

由）逆向证明内幕信息知情人员的近亲属、关系密切人、敏感期的联络、接触人等非法获取内幕信息。《内幕交易犯罪解释》第2条不仅通过限制行为主体类型的方式将偶然、无意地听到内幕信息人员排除在内幕交易犯罪行为主体之外，[1]而且在第3条极为详尽地列举了“相关交易行为明显异常”的核心判断指标，[2]实质性地提升了非法获取内幕信息人员基于内幕信息从事内幕交易犯罪行为证明规则的明确性。

对于《内幕交易犯罪解释》第2条第1项规定的以非法手段获取内幕信息人员，在实践中并不存在认定障碍，关键问题是对内幕信息知情人员的近亲属、关系密切人、内幕信息敏感期内的联络、接触人等内幕交易犯罪行为主体的判

---

〔1〕 参见颜斐：《无意听到内幕信息不是犯罪》，载《北京晨报》2012年5月23日，第A7版。无意听到内幕信息从而实施相关证券交易在国外判例中通常也不认为构成内幕交易犯罪。例如，美国证券交易委员会诉巴里·斯威策尔案。在该案中，美国证监会指控，斯威策尔在1981年6月举行的俄克拉何马州高中运动会上无意中听到他认识的一位上市公司董事及其妻子在谈论将要进行的并购事宜。斯威策尔基于该尚未公开的上市公司并购信息从事证券交易并获利5万美元。联邦地区法院判决斯威策尔的行为不构成内幕交易。因为无意听闻内幕信息的行为主体既非内幕信息知情人员，亦非非法获取内幕信息人员，其对于内幕信息的来源并不承担任何形式的信赖（不基于信息从事交易或者泄露信息）义务，不受到披露或者戒绝交易规则的限制，故不应当将偶然听到的内幕信息并据此从事相关证券交易的行为认定为内幕交易。参见SEC v Switzer, 590 F Supp 756 (WD Okla 1984)。

〔2〕 《内幕交易犯罪解释》第3条规定：“本解释第二条第二项、第三项规定的‘相关交易行为明显异常’，要综合以下情形，从时间吻合程度、交易背离程度和利益关联程度等方面予以认定：（一）开户、销户、激活资金账户或者指定交易（托管）、撤销指定交易（转托管）的时间与该内幕信息形成、变化、公开时间基本一致的；（二）资金变化与该内幕信息形成、变化、公开时间基本一致的；（三）买入或者卖出与内幕信息有关的证券、期货合约时间与内幕信息的形成、变化和公开时间基本一致的；（四）买入或者卖出与内幕信息有关的证券、期货合约时间与获悉内幕信息的时间基本一致的；（五）买入或者卖出证券、期货合约行为明显与平时交易习惯不同的；（六）买入或者卖出证券、期货合约行为，或者集中持有证券、期货合约行为与该证券、期货公开信息反映的基本面明显背离的；（七）账户交易资金进出与该内幕信息知情人员或者非法获取人员有关联或者利害关系的；（八）其他交易行为明显异常情形。”应当看到，在美国内幕交易案件司法实践中，交易模式是判断行为人是否基于内幕信息从事相关证券交易的重要指标。如果控方证明涉案证券交易行为所体现出的模式化特征比较异常，则可以推论从事证券交易的行为主体持有内幕信息或者说相关证券交易依托于内幕信息。从异常交易判断规则上来看，美国联邦第九巡回上诉法院的判例规则比较有代表性：内幕交易案件中的异常证券交易是指行为人从事的证券交易行为显著地区别于其以前的交易模式，在具体判断上应当结合行为人交易相关证券的总量以及比例、交易的时间、相关交易是否与其历史交易记录或者交易习惯吻合等相关要素进行分析。参见In re Silicon Graphics Inc. Securities Litigation, 183 F. 3d 970, 986 (9th Cir. 1999); Provenz v. Miller, 102 F. 3d 1478, 1491 (9th Cir. 1996)。对照上述《内幕交易犯罪司法解释》，我国内幕交易案件中的异常交易判断标准显然更为细致。

断。《内幕交易犯罪解释》第2条使用了两个非常重要的概念，即近亲属和关系密切的人员。由于刑法上的近亲属概念并不明确，首创于利用影响力受贿罪的关系密切的人员的内涵与外延在刑法理论与实务中存在较大的认识分歧，内幕信息知情人员近亲属、关系密切人认定问题显然受制于这样的现状而容易在内幕交易犯罪司法实践中产生争议。因此，亟须在理论上准确界定内幕信息知情人员近亲属、关系密切人的范围，否则《内幕交易犯罪解释》第2条第2项将难以在实践中得以有效执行。同时，司法实践中还需要结合现有的证券期货法律解释性文件与反内幕交易实践经验，进一步深度考察《内幕交易犯罪解释》第2条与第3条规定的"相关交易行为明显异常"的判断标准。

（一）内幕信息知情人员近亲属的认定

关于近亲属范围问题，我国《刑法》并没有专门的规定，三大诉讼法及其司法解释的界定也并不一致。[1] 法律及相关司法解释对于近亲属的范围界定的不一致，必然会导致刑法理论与实务部门对于如何认定内幕信息知情人员近亲属产生较大争议。笔者认为，在我国《刑法》以及刑法司法解释对近亲属概念未作规定的情况下，从诉讼法关于近亲属的规定论证刑法上的近亲属范围是无法获取合理解释的。因为诉讼法定义近亲属是为了解决诉讼上的代理、证据效力等程序性问题，刑事诉讼法基于程序严苛性更强的现实要求，设定了相对狭窄的近亲属范围，行政诉讼法与民事诉讼法基于便利诉讼的实用性考量，对近亲属的范围界定更为宽泛。而内幕信息知情人员近亲属是内幕交易犯罪主体要素，其范围界定应当受到近亲属这一法律概念实体法属性的制约，同时更应当与内幕交易犯罪实质相契合。所以，无论是从与刑法关系最为密切的刑事诉讼法中援引近亲属法律概念的内涵与外延，还是从行政诉讼法与民事诉讼法相关规范中进行推断，都会陷入近亲属概念刑法解释上的方向性误区。

笔者认为，社会生活中的近亲属概念要在刑法上探索其合理范围，必须以

---

[1] 根据《刑事诉讼法》第108条第6项规定，近亲属是指夫、妻、父、母、子、女、同胞兄弟姊妹。《最高人民法院关于贯彻执行〈中华人民共和国民法通则〉若干问题的意见》第12条则将近亲属的范围确定为：配偶、父母、子女、兄弟姐妹、祖父母、外祖父母、孙子女、外孙子女。在行政诉讼中，根据2000年《最高人民法院关于执行〈中华人民共和国行政诉讼法〉若干问题的解释》第11条的规定，《行政诉讼法》第24条规定的近亲属，包括配偶、父母、子女、兄弟姐妹、祖父母、外祖父母、孙子女、外孙子女和其他具有抚养、赡养关系的亲属。

财产关系作为限制标准对近亲属进行范围限定。财产关系标准不仅具有实体法上的规范性，而且与内幕交易犯罪利用内幕信息从证券、期货市场交易中非法获取利润的行为实质最为契合。因为近亲与远亲之间的界限是模糊与主观的，最为客观的判断标准应当是财产关系上的远近亲疏，即财产继承关系。从《继承法》第 10～12 条[1]有关财产法定继承的规定来看，除了夫妻、父母、子女、同胞兄弟姊妹等之外，继承法上的第一顺序、第二顺序和代位继承中具有法律继承权的主体，也应当视为近亲属。以财产继承关系为核心确定近亲属范围，不仅整体涵盖了三代以内直系血亲，而且根据亲缘结构与家庭财产归属的实际情况出发，将非婚生子女、养子女和有扶养关系的继子女，养父母和有扶养关系的继父母，同父异母或者同母异父的兄弟姐妹、养兄弟姐妹、有扶养关系的继兄弟姐妹，以及承担主要赡养义务的丧偶儿媳、女婿等纳入近亲属范围，更能实现内幕交易犯罪主体界定与内幕交易犯罪实质之间的高度契合。因为近亲属之所以能够从内幕信息知情人员处获取内幕信息，根本原因在于其不仅能够基于“近”的家属关系影响内幕信息知情人员对于内幕信息的保密程度，而且能够在内幕信息所可能产生的财产利益方面与内幕信息知情人员形成利益共同体。

（二）内幕信息知情人员关系密切人的认定

其他与内幕信息知情人员关系密切的人员这一概念显然源于《刑法》第 388 条利用影响力受贿罪中的“其他与该国家工作人员关系密切的人”。然而，刑法并没有对此类关系密切人进行定义。笔者认为，内幕信息知情人员的关系密切人着眼于该种类型的行为主体与内幕信息知情人员之间的人际关系，强调的是两者之间的人际关系超越普通层面，达到了紧密的联系、黏合、影响程度。

---

[1] 根据我国《继承法》第 10～12 条的规定，遗产按照下列顺序继承：第一顺序：配偶、子女、父母。第二顺序：兄弟姐妹、祖父母、外祖父母。继承开始后，由第一顺序继承人继承，第二顺序继承人不继承。没有第一顺序继承人继承的，由第二顺序继承人继承。本法所说的子女，包括婚生子女、非婚生子女、养子女和有扶养关系的继子女。本法所说的父母，包括生父母、养父母和有扶养关系的继父母。本法所说的兄弟姐妹，包括同父母的兄弟姐妹、同父异母或者同母异父的兄弟姐妹、养兄弟姐妹、有扶养关系的继兄弟姐妹。被继承人的子女先于被继承人死亡的，由被继承人的子女的晚辈直系血亲代位继承。代位继承人一般只能继承他的父亲或者母亲有权继承的遗产份额。丧偶儿媳对公、婆，丧偶女婿对岳父、岳母，尽了主要赡养义务的，作为第一顺序继承人。

这种紧密联系既可以是友好关系，也可以是客观中性的利益、利害关系，还可以是并非基于职权而生成的控制、胁迫、制约关系。因此，内幕交易犯罪司法解释既然使用了关系密切人的概念，实际上就应当将其实质内涵明确界定为与内幕信息知情人员人际关系紧密的人。对于内幕信息知情人员关系密切人的具体范围问题，应当根据人际关系的不同侧面予以具体展开：(1)亲属层面的人际关系，主要是指近亲属以外的与内幕信息知情人员关系密切的亲属；(2)利益层面的人际关系，主要是指与内幕信息知情人员有共同利益关系、利害关系的人；(3)情感层面的人际关系，主要是指内幕信息知情人员的情妇(夫)或者其他有情感依恋关系的人；(4)社交层面的人际关系，主要是指与内幕信息知情人员紧密交往的同乡、同事(包括现在和以前的平级和上下级同事)、同学、战友、朋友、商业伙伴、常规工作联系人等。

(三)内幕信息知情人员联络人、接触人的认定

内幕信息的传递一般多发于近亲属以及其他关系密切人之间，但这并不意味着没有证据表明行为人与内幕信息知情人员之间关系密切，就可以直接排除行为人获取内幕信息的可能。内幕信息完全可以在社会关系一般的主体之间进行传递。内幕信息知悉人员基于故意、口风不严、疏忽大意、意图使得信息受领者利用内幕信息牟利、炫耀等各种因素，都可能使行为人获取内幕信息。正是因为认识到上述内幕信息传递的实践特征，《内幕交易犯罪解释》第2条第3项规定，在内幕信息敏感期内，与内幕信息知情人员联络、接触，从事或者明示、暗示他人从事，或者泄露内幕信息导致他人从事与该内幕信息有关的证券、期货交易，相关交易行为明显异常，且无正当理由或者正当信息来源的，构成非法获取内幕信息人员。上述规定不仅将内幕信息知情人员近亲属、关系密切人之外的内幕信息敏感期内的联络、接触人纳入内幕交易犯罪主体范围，而且合理地将偶然、无意地听到内幕信息人员排除在内幕交易犯罪行为主体之外。[1] 行为人实施证券交易之前与内幕信息知悉人员之间的联络和接触是一个沟通联系与内幕信息传递的言语互动过程。这种联络和接触可以是面谈，也可以是电话、短信沟通，更可以是邮件联系；有的是“一语中的”直接点出内幕信息，也有的是“三言两语”传递内幕信息，还有的是在较长时间里的讨论内幕信息，更有

---

[1] 参见颜斐：《无意听到内幕信息不是犯罪》，载《北京晨报》2012年5月23日，第A7版。

的是谈论了多个事项过程中包含或者夹杂内幕信息。

(四)交易行为明显异常的认定

内幕信息知情人员的近亲属、关系密切人相对于内幕信息敏感期内知情人员的联络、接触人而言,其社会联系的现实强度与内幕信息内容的知悉程度明显更高,逻辑上合理的推论是前者实施的相关交易行为的异常性程度应当明显低于后者,这样才能保证内幕交易犯罪行为静态构成标准与动态证明过程的平衡并最终达到刑事归责的平衡。而《内幕交易犯罪解释》第 3 条对于上述两种不同的行为主体类型却设置了程度完全相同的"明显异常"指标,即从时间吻合程度、交易背离程度和利益关联程度等方面来看,内幕信息知情人员的近亲属、关系密切人、信息敏感期内的联络、接触人在账户使用、资金配置、交易时间、交易习惯、证券、期货产品基本面等综合要素上与内幕信息的形成、变化和公开时间"基本一致",都应认定为非法获取内幕信息人员从而承担内幕交易犯罪的刑事责任。

事实上,2011 年最高人民法院《关于审理证券行政处罚案件证据若干问题的座谈会纪要》(以下简称《证券行政处罚纪要》)对上述两种不同类型的主体设置了完全不同的判断标准。根据《证券行政处罚纪要》第 5 条[1]的规定,内幕交易行为成立的基础在于,内幕信息知情人员的近亲属、关系密切人的证券交易活动与该内幕信息"基本吻合",而内幕信息公开前与内幕信息知情人或知晓该内幕信息的人联络、接触,其证券交易活动应当与内幕信息"高度吻合"。对照《内幕交易犯罪解释》第3 条与《证券行政处罚纪要》第 5 条,敏感期内内幕信息知情人员的联络、接触人的交易行为与内幕信息基本一致可以构成刑事犯罪,但构成证券行政违法却要达到"高度吻合"的程度——内幕交易违法与犯罪

---

〔1〕《证券行政处罚纪要》第 5 条"关于内幕交易行为的认定问题"规定:"会议认为,监管机构提供的证据能够证明以下情形之一,且被处罚人不能作出合理说明或者提供证据排除其存在利用内幕信息从事相关证券交易活动的,人民法院可以确认被诉处罚决定认定的内幕交易行为成立:(一)证券法第七十四条规定的证券交易内幕信息知情人,进行了与该内幕信息有关的证券交易活动;(二)证券法第七十四条规定的内幕信息知情人的配偶、父母、子女以及其他有密切关系的人,其证券交易活动与该内幕信息基本吻合;(三)因履行工作职责知悉上述内幕信息并进行了与该信息有关的证券交易活动;(四)非法获取内幕信息,并进行了与该内幕信息有关的证券交易活动;(五)内幕信息公开前与内幕信息知情人或知晓该内幕信息的人联络、接触,其证券交易活动与内幕信息高度吻合。"

的法律规格出现明显倒挂。

一种在理论上存在解释空间的理解是,作为最新司法解释的《内幕交易犯罪解释》放弃了《证券行政处罚纪要》规定的区分化处理规则,根据新司法解释效力优先原则,刑事司法实践中应当坚持《内幕交易犯罪解释》第3条的规定。同时,《证券行政处罚纪要》本身以及权威性解读文本确实也没有完成"基本吻合"与"高度吻合"标准的实质性区分,[1]即《证券行政处罚纪要》没有明确回答何种程度的资金、账户、交易时间、交易模式等指标构成基本吻合或者高度吻合。但是,交易行为明显异常是否确实不具有基本一致(吻合)与高度一致(吻合)的实质可区分性?

笔者对此持否定意见并提出以下建议性规则供司法解释参考。高度一致(吻合)的信息指标表现为:(1)资金流向上,行为人及其控制的证券账户交易记录显示其不惜大额亏损卖出其他股票,然后满仓买入内幕信息涉及的股票;行为人在内幕信息形成之后且尚未公开之前,快速集中明显超过其以往交易记录的操作资金或者以高额资本成本获取融资,买卖内幕信息涉及的证券、期货。(2)交易风格上,行为人以往证券、期货交易风格表现为分散持股(持仓),但在相关内幕信息尚未公开之前集中绝对数量和相对比例显著超过其交易风格的资金配置模式,操作内幕信息涉及的证券、期货合约。(3)交易时间上,行为人在重大利空信息即将公开之前的精准减持,或者在重大利好信息形成之后的突击增持。与之对应,基本一致(吻合)的信息表征是:(1)行为人在其控制账户之间进行无亏损或亏损度一般的调仓;行为人调拨大量自有资金或者以合理成本借贷资金进入证券账户用于买卖与内幕信息有关的证券、期货。(2)在与内幕信息相关的证券、期货合约基本面没有明显变化的情况下,将集中持股(持仓)转换为集中持有内幕信息对应的证券、期货合约。(3)行为人实施的相关证券、期货交易时间完全处于内幕信息形成与公开的范围之内,但买入或者卖出时间节点并非紧接于利好信息形成之后或者利空信息公开之前。

三、正当交易抗辩认定问题

在排除内幕交易犯罪行为属性的正当化事由层面,《内幕交易犯罪解释》第

[1] 参见赵大光、杨临萍、蔡小雪、李涛:《〈关于审理证券行政处罚案件证据若干问题的座谈会纪要〉解析》,载《人民法院报》2011年8月31日,第6版。

4 条规定了不属于从事与内幕信息有关的证券、期货交易的情形：一是持有或者通过协议、其他安排与他人共同持有上市公司 5% 以上股份的自然人、法人或者其他组织收购该上市公司股份的；二是按照事先订立的书面合同、指令、计划从事相关证券、期货交易的；三是依据已被他人披露的信息而交易的；四是交易具有其他正当理由或者正当信息来源的。其中最需要进一步细化论证的是第二种情形。根据《内幕交易犯罪解释》第 4 条第 2 项的规定，按照事先订立的书面合同、指令、计划从事相关证券、期货交易的，不属于内幕交易犯罪行为。这实际上是内幕交易违法犯罪案件中的一种典型抗辩事由，即预设交易计划抗辩。例如，在岳远斌保荐代表人内幕交易案中，岳远斌及其代理人就提出，其买入上市公司三爱富股票是执行事先预定的交易计划，故岳远斌实施的相关证券交易行为不具有违法性，不应当认定为内幕交易。[1]

作为内幕交易违法犯罪的一种肯定性辩护，预设交易计划最早规定于美国证券交易委员会(SEC)2000 年监管规则《选择性披露与内幕交易》中，其内容为：控方推定持有重大未公开信息的行为人在从事相关证券交易时使用该未公开信息，但行为人可以提出以下反驳推定的事由：(1)事先存在从事该项交易的有约束力的合同；(2)执行事先存在的第三方交易指令；(3)事先存在的书面计划预先详细说明了该项交易。[2] 该项预设交易计划抗辩在实践中又被称为 10b5－1 避风港规则，即如果行为人预先计划(包括证券数量、交易价格、交易日期等要素)从事相关证券交易时没有获悉重大未公开信息，随后执行该计划中规定的交易行为，即使届时掌握了该重大未公开信息，亦不能对其提出内幕交易指控。[3]

从规则内容上分析，我国《内幕交易犯罪解释》第 4 条第 2 项规定的预设交易计划抗辩与美国《选择性披露与内幕交易》的 10b5－1 避风港规则基本一致。《内幕交易犯罪解释》基于保障被告人的抗辩权，防止内幕交易适用的不当扩

---

[1] 参见许志峰：《证监会查处券商人员内幕交易》，载《人民日报》2012 年 1 月 20 日，第 10 版。

[2] 17 C. F. R. § 240. 10b5 － 1.

[3] See Stanley Veliotis, "Rule 10b5－1 Trading Plans and Insiders' Incentive to Misrepresent", 47 *American Business Law Journal* 313, 314 (2010).

大,借鉴成熟证券、期货市场做法,[1]直接规定预设交易计划可以排除内幕交易犯罪性质,不仅在实体标准与证明程序上对持有内幕信息但并未实际使用该信息从事证券交易的市场主体提供了合法且合理的内幕交易免责空间,而且能够在很大程度上分散内幕交易执法与司法的压力,同时又可以通过允许合法的内部人交易丰富证券、期货市场的流动性。但在内幕交易案件司法实践中还应当注意以下两个问题。

(一)预设交易计划抗辩的实践判断

《内幕交易犯罪解释》仅仅原则性规定了预设交易计划抗辩事由,并没有对如何具体操作这种避风港规则作出进一步明确的指引。同时,我国《证券法》《期货交易管理条例》等行政法律法规均未对预定交易计划的适用范围与运作程序进行明确与系统的规定。而预设交易计划这种内幕交易抗辩事由的本质在于,在允许上市公司内部人员或者内幕信息实际持有人员实施必要的交易行为的同时排除其他基于内幕信息的违规交易。故预设交易计划的法律规则应当是非常复杂的一个规范结构,亟须设置完备的程序规范与实体条件等配套制度才能在实践中得以有效执行。

所以,笔者建议,预设交易计划纵然应当成为排除内幕交易刑事违法性的正当化事由,但在具体适用时应当明确构成该种抗辩事由符合以下法律要素:交易计划在时间上制定于内幕信息形成之前;预定交易计划必须委托证券中介机构进行操作;交易计划应当对证券交易方式、数量、价格、时间等要素,或者计算上述交易数量、价格和时间等要素的具体公式,进行明确约定;针对相关证券设定的交易计划应当向证券监管机构或者交易所备案;个人或者机构在知悉重大未公开信息之后,其本人或者受其委托的未知悉重大未公开信息的个人或者机构,不得对如何、何时、是否执行该交易计划施加后续影响。此外,相关证券、期货行政法律法规应当对证券、期货市场中的预设交易计划问题进行系统性与规范化的界定,为司法实践提供坚实的前置性法律规范基础。

(二)预设交易计划抗辩的滥用风险

作为一种安全港规则,预设交易计划实质上就是为内部人交易提供免责事

[1] 参见张先明:《"两高"联合出台司法解释 指导司法机关正确办理内幕交易犯罪案件》,载《人民法院报》2012年5月23日,第1版。

由，在实践应用中有必要细致评估内部人滥用该项抗辩事由规避内幕交易责任的风险，并提出针对性的规则应对。

在美国证券、期货市场中，基于预先设定的交易计划实施相关证券交易的盈利普遍高于一般证券交易，据此，美国证券监管机构以及证券、期货市场中有意见认为，这样的数据足以证明实践中普遍存在滥用预先设定的交易计划从事内幕交易的可能，并且 10b5 - 1 规则并不能有效地防止内部人通过预先设定的交易计划谋取不正当的利润。[1] 但是，上市公司内部人交易计划收益高于市场一般收益水平，只能说明上市公司内部人交易水平高于外部投资者。在没有证据证明此类内部信息具有重大性的情况下，上市公司内部人基于信息能力的优势获取高于证券、期货市场平均水平的收益，显然是基于信息差异而产生价格分歧的市场自然现象。因此，评估滥用预设交易计划抗辩的风险还需要更为明确的实证基础。

在一项更为全面且具有针对性的实证研究中，艾伦·加格林泽尔教授对 12500 家上市公司进行有关内部人交易的调查显示，其中共有 3000 余名内部人实施了 10 万余次内部人交易。调查结果显示：上述内部人交易中，基于 10b5 - 1 规则展开的事先预定的交易计划的收益高于市场平均收益水平 6 个百分点，而其中没有按照 10b5 - 1 规则展开的内部人交易收益仅高于市场平均收益 1.9 个百分点；上市公司内部人根据事先预定交易计划中的减持行为通常有条不紊地在上市公司发布利空信息之前以及利好信息之后进行，相对于没有基于 10b5 - 1 规则进行相关交易的上市公司内部人而言，这种减持行为体现出预期的异常准确性；在部分上市公司内部人终止事先预定的卖出证券计划的案例中，上市公司证券交易价格在原计划卖出证券的时间之后出现了明显的上涨。[2]

尽管这项实证研究仍旧无法确定滥用交易计划是否已经成规避内幕交易责任且现实地造成证券交易收益差异的直接原因，但其调查结果所反映的问题确实值得我国内幕交易司法实践进行反思——上市公司内部人在相对早期的时间范围内预先制订证券交易计划，在获悉重大未公开信息之后，一旦发现交

---

〔1〕 See Jane Sasseen, "The SEC is Eyeing Insider Stock Sales", Business Week, March 19, 2007, p. 41.

〔2〕 Alan D. Jagolinzer, SEC Rule 10b5 - 1 and Insiders' Strategic Trade, Management Science55, 2009, p. 224.

易计划与重大未公开信息所显示的交易方向不吻合便取消交易计划；上市公司内部人在交易计划制订完毕后，利用其管理职权通过控制上市公司重大事件发展过程的节奏控制重大未公开信息形成与发展的时间，或者控制信息披露的节奏——交易计划中的此类操作手法确实可以达到滥用避风港规则从而规避内幕交易责任的效果。

因此，笔者认为，反内幕交易司法规则在规定预先设定的交易计划可以排除内幕交易责任的基础上，应当进一步细化这种抗辩事由的具体适用条件，同时，司法机关在个案中应当加强对交易计划内容与现实交易情况的审查。上市公司内部人尚未掌握重大未公开信息之前，固然随时可以对交易计划进行调整。但是，在已经建构交易计划且获悉重大未公开信息之后，上市公司内部人必须按照合同、指令或者计划执行相关交易，即不能改变交易计划、在交易计划中增加或者新建与特定证券匹配的对冲交易，否则不能适用预设交易计划抗辩。〔1〕

四、内幕信息价格敏感期认定问题

根据《刑法》第180条的规定，证券、期货交易内幕信息的知情人员或者非法获取证券、期货交易内幕信息的人员，在涉及证券的发行，证券、期货交易或者其他对证券、期货交易价格有重大影响的信息尚未公开前，从事、建议他人从事、泄露内幕信息导致他人从事相关证券、期货交易，情节严重的，构成内幕交

---

〔1〕 监管机构应当同步完善强制性信息披露规则，防止上市公司内部人通过控制上市公司重大事件进程来操控重大未公开信息的发展。例如，在上市公司重大合同签订过程中，一般认为交易双方对合同价格要素达成一致时，上市公司重大未公开信息形成，故上市公司内部人在价格要素尚未达成的一致意见的情况下购买上市公司证券，通常可以基于未公开信息尚不具备重大性而认为其不构成内幕交易。但这种对于重大合同交易价格尚未达成一致意见的情形实际上完全可以由上市公司内部人在谈判过程中进行人为控制，比如，负责商谈的高管在对方提出符合上市公司利益预期的价格或者价格幅度时，故意拖延商谈进程，人为造成价格要素未达成一致的状态，并利用这一时间差从事内部人交易，在随后的磋商过程中及时认可之前交易对方提出的价格或者价格幅度。所以，监管机构有必要对上市公司重大信息强制性披露进行更为细致的要求与动态的监管，不断根据实践中的新情况调整监管规则。就上述示例而言，在信息披露监管上应当要求上市公司重大合同首次报价与最终商定价格一致的，以首次报价时间作为重大信息的形成时间，上市公司应当进行披露；基于商业利益考虑延迟披露的，应当予以保密。在首次报价且信息尚未披露时从事证券交易的，构成内幕交易；泄露该首次报价信息的，构成泄露内幕信息。

易、泄露内幕信息罪;内幕信息的范围,依照法律、行政法规的规定确定。我国《证券法》第67条、[1]第75条、[2]《期货交易管理条例》第81条第12项对内幕信息的概念和范围进行了界定。可见,法律禁止特定行为主体在内幕信息形成之后至公开之前从事相关证券、期货交易,故内幕信息的司法判断是准确认定内幕交易犯罪的首要问题。

但内幕信息并非上市公司重大事件等内容的静态反映,而是一个从信息萌芽、发展、形成、持续影响证券、期货交易价格直至最后公开的动态描述。如何判断内幕信息对证券、期货合约交易价格的重大影响性,即价格敏感性,是内幕信息司法实践判断的最大难题。由于《刑法》《证券法》等均以内幕信息形成与公开作为禁止内幕交易行为的时间节点,故实践中分析相关信息是否具有影响理性投资者的投资行为进而影响证券、期货合约交易价格的特性,实际上就是内幕信息价格敏感期的判断问题。《内幕交易犯罪解释》第5条第1款与第4款分别以司法解释的形式正式将"内幕信息敏感期"的概念界定为内幕信息自形成至公开的期间,并明确将内幕信息公开标准规定为内幕信息在国务院证券、期货监督管理机构指定的报刊、网站等媒体披露,这在一定程度上解决了部

---

[1] 《证券法》第67条规定:"发生可能对上市公司股票交易价格产生较大影响的重大事件,投资者尚未得知时,上市公司应当立即将有关该重大事件的情况向国务院证券监督管理机构和证券交易所报送临时报告,并予公告,说明事件的起因、目前的状态和可能产生的法律后果。下列情况为前款所称重大事件:(一)公司的经营方针和经营范围的重大变化;(二)公司的重大投资行为和重大的购置财产的决定;(三)公司订立重要合同,可能对公司的资产、负债、权益和经营成果产生重要影响;(四)公司发生重大债务和未能清偿到期重大债务的违约情况;(五)公司发生重大亏损或者重大损失;(六)公司生产经营的外部条件发生的重大变化;(七)公司的董事、三分之一以上监事或者经理发生变动;(八)持有公司百分之五以上股份的股东或者实际控制人,其持有股份或者控制公司的情况发生较大变化;(九)公司减资、合并、分立、解散及申请破产的决定;(十)涉及公司的重大诉讼,股东大会、董事会决议被依法撤销或者宣告无效;(十一)公司涉嫌犯罪被司法机关立案调查,公司董事、监事、高级管理人员涉嫌犯罪被司法机关采取强制措施;(十二)国务院证券监督管理机构规定的其他事项。"

[2] 《证券法》第75条规定:"证券交易活动中,涉及公司的经营、财务或者对该公司证券的市场价格有重大影响的尚未公开的信息,为内幕信息。下列信息皆属内幕信息:(一)本法第六十七条第二款所列重大事件;(二)公司分配股利或者增资的计划;(三)公司股权结构的重大变化;(四)公司债务担保的重大变更;(五)公司营业用主要资产的抵押、出售或者报废一次超过该资产的百分之三十;(六)公司的董事、监事、高级管理人员的行为可能依法承担重大损害赔偿责任;(七)上市公司收购的有关方案;(八)国务院证券监督管理机构认定的对证券交易价格有显著影响的其他重要信息。"

分与内幕信息认定有关的理论分歧与实践争议。[1]

然而,《内幕交易犯罪解释》第5条第2款与第3款[2]规定的内幕信息形成时间司法认定规则在实践适用中仍然存在较多争议与困惑。笔者认为,未公开信息是对与证券、期货交易价格具有重大影响的事件或者行为发展过程及其程度的描述,其动态地展现重大事件或者行为逐步从高度不确定性向可能性乃至现实性的转化。内幕信息是上市公司在业务经营、公司治理等市场活动中或者期货市场政策调整、交易监管中形成的重大未公开信息,内幕信息形成时间认定本质上是对尚未公开信息何时对证券、期货交易价格产生重大影响的量化判断问题。所以,有必要通过基本原理与类型化阐释相结合的方式建构司法判断规则,并通过发布指导性案例细致阐释例外情况。

(一)内幕信息形成时间司法判断的基本原理

内幕信息形成时间的司法判断应当秉持分析问题贯通全面性与兼容性的理念,既要根据证券、期货市场现实对内幕信息形成时间进行适度的提前认定,又要在准确评估高风险信息基础上排除其具有重大性的可能。

首先,在判断信息是否对证券、期货交易产生重大影响时,应避免内幕信息重大性认定标准成为保障证券、期货市场投资者权益的障碍。

尚未公开的信息发展到对证券、期货交易价格产生重大影响的程度即可形成内幕信息,信息所对应的事件是否发生以及交易价格现实的关联性变动可以

---

[1] 在《内幕交易犯罪解释》发布前,理论与实践中对内幕信息公开标准的意见并不一致。有的观点主张适用形式公开标准,即尚未被公众知晓的重大信息在证券监管机构指定的媒体予以发布之时,应当认定内幕信息业已公开。参见张小宁:《论内幕交易罪中"内幕信息"的界定》,载《昆明理工大学学报》(社会科学版)2009年第3期;顾肖荣、张国炎:《证券期货犯罪比较研究》,法律出版社2003年版,第403~404页。但也有观点认为应当采纳实质公开标准,即内幕信息按照法定形式披露之后,必须经过一定时间被市场消化,才能认定为内幕信息已经公开。参见陈海鹰、朱卫明、叶建平:《泄露内幕信息罪、内幕交易罪的若干问题探析——由"杭萧钢构案"展开》,载《法治研究》2008年第3期;刘宪权:《内幕交易、泄露内幕信息罪若干疑难问题探析》,载《犯罪研究》2003年第2期。《内幕交易犯罪解释》采取了形式公开标准,避免了实质公开标准的不确定性。

[2] 根据《内幕交易犯罪解释》第5条第2款与第3款的规定,一般情况下,内幕信息形成时间与可能对证券、期货价格产生重大影响的上市公司"重大事件"、"计划"、"方案"以及期货市场"政策"、"决定"的形成时间是一致的;特殊情况下,由于影响内幕信息形成的动议、筹划、决策或者执行人员对其行为所带来的市场影响具有较高的确信度,其动议、筹划、决策或者执行的初始时间,应认定为内幕信息形成之时。

作为信息重大影响的有效验证但非必要条件。例如,有关上市公司收购的未公开信息并不需要等到收购方案成型或者收购交易实施才能认定内幕信息形成,在上市公司收购交易双方启动磋商时,根据基本证券常识足以判断相关投资方拟收购上市公司这一信息可能影响该上市公司股票交易价格,该信息一旦公开或者泄露,上市公司市值势必明显波动,故早在收购磋商初期之前,完全可以得出内幕信息形成的判断。所以,判断与证券、期货发行与交易有关的事实所蕴含的信息是否具备重大性,应当就该事实的现实发展情况进行分析,而不能机械地将信息具有重大性的时点固定在证券期货法律规范规定的特定重大事件、事实确定发生之时。

其次,内幕交易中未公开信息重大性判断原则上不能与虚假陈述中的未公开信息重大性判断问题进行混同理解。

全球证券、期货市场法律规范对证券欺诈监管设置了一项相同的标准,即利用上市公司内部信息从事证券交易,或者违规披露、不披露上市公司信息,只有在该信息具有重大性时,才可能构成内幕交易或虚假陈述。理论上有观点认为,虚假陈述与内幕交易中的信息重大性判断问题适用相同法律规则。[1] 但在实践中,虚假陈述与内幕交易往往又适用不同的信息重大性判断规则。例如,理性投资者规则与市场影响规则是美国联邦法院系统判断虚假陈述案件中信息是否具有重大性的两大重要标准。根据理性投资者规则,信息重大性应当考察虚假陈述的事实对于理性投资者的价值。理性投资者会认为相关事实对于决定如何实施投资行为是重要的,或者对于理性投资者而言,披露相关事实非常可能会显著地改变市场对相关金融商品的认知,则构成重大信息。[2] 相关信息具备重大性并不意味着理性投资者必定会基于该信息的介入而改变投资决

---

〔1〕 See Thomas Lee Hazen, *The Law of Securities Regulation* (5th ed.), West Group, 2005, p. 284.

〔2〕 TSC Industries, Inc. v. Northway, Inc., 426 U. S. 438, 449 (1976). 我国台湾地区判例适用相同的规则:相关信息是否构成对股票价格具有重大影响的信息,除了可以参考信息公开后相关公司股票价格变动之外,作为判断该信息是否构成重大信息的依据,应当是某一事件对公司的影响,该未经公开的信息是否在合理投资人于知晓该信息后,非常可能会重大地改变其投资决定,或者该未经公开的信息,与合理投资者已获悉的信息合并观察之后,合理投资人便会对股票价格或者投资与否进行重新评估。参见台湾地区"高等法院"1995 年度上诉字第 2706 号刑事判决。

策,[1]而是指上市公司内部人控制的与证券投资有关的重大信息,如果被证券、期货市场中的其他理性投资者掌握,并结合市场中其他与该上市公司有关的信息,该理性投资者可能对证券进行重新估价。[2] 根据市场影响规则,重大性是判断虚假陈述违法犯罪案件是否成立的首要条件,信息重大性应根据信息披露之后上市公司证券交易价格的即时变动或合理时间范围内的变动予以分析。[3] 尽管这两大信息重大性判断标准在司法判断客观性尺度把握层面存在内在冲突,但其均强调构成虚假陈述的前提,即未公开信息的重大性,应当着眼于信息之于市场或者市场参与者的现实或者可预期的效果。而在美国内幕交易判例实践中,尚未公开的信息重大性(也就是内幕信息形成时间)判断主要适用"发生概率—影响程度"规则:相关信息是否具有重大性取决于对特定时间该信息所反映的事件的发生概率以及该事件发生对于上市公司的预期影响程度的具体权衡。即某项尚未披露的信息与法律规定的重大事件等相关,则该信息在特定的时间节点是否对于证券交易价格具有重要影响,应该结合该项事实的发生概率与重大事件实际发生时对上市公司经营活动的影响程度这两个因素进行判断。[4] 可见,内幕交易案件信息重大性判断明显突出信息所对应的事实的质[5]与量[6]对于信息是否具有价格敏感性的直接影响,并且这种影响性的判断更侧重于从市场经验与投资心理的主观角度进行衡量。

笔者认为,上市公司重大事件、重大经营行为等是一个持续演进与不断发展的过程,相关信息在反映事件或者行为进程时具有多个发展阶段。在信息发展过程中,禁止从事内幕交易的时间起点,即信息具备重大性的时间,与应依法披露的信息具备重大性的时间,应适用不同司法判断标准——内幕信息形成时

---

[1] S. E. C. v. Mayhew, 121 F. 3d 44, (2d Cir. 1997).

[2] See Stefan Padfield, "Who Should Do the Math? Materiality Issues in Disclosures that Require Investors to Calculate the Bottom Line", *Pepperdine Law Review*34, 2007, pp. 927 – 933.

[3] In re Merck & Co. Inc., Securities Litigation, 432 F. 3d 261 (3d Cir. 2005). 基本案情:原告对默克制药公司及其高管提起证券欺诈集团诉讼,声称被告在2002年首次公开发行过程中通过不恰当的财务手段对子公司资产剥离问题进行误导性陈述。美国联邦第三巡回上诉法院认为,默克制药公司重新披露子公司资产问题后证券交易价格并未立即或者及时变动,故不能认定该项信息具有重大性。

[4] SEC v. Texas Gulf Sulphur Co., 401 F. 2d 833, 849 (2d Cir. 1968).

[5] 例如,事实的具体性质是并购重组还是财务变化。

[6] 例如,事实的发生概率是25%、50%还是75%。

间应当早于开始具有披露重大信息义务的时间。因为较早地认定信息具有重大性而强制上市公司进行披露可能会损害上市公司利益(例如,在并购交易初期就要求对磋商情况进行披露,会刺激市场反应,导致投资者或投机者大量购买目标公司证券,从而推高收购成本,甚至造成交易价格所依赖的证券市场价格畸高而取消并购计划),或者误导投资者(例如,披露并购初期信息后,市场预期并购最终将会发生从而大量做多目标公司证券,但由于并购初期磋商远未涉及并购交易核心问题,在后续谈判中由于双方无法达成一致意见、执行困难等原因而出现并购失败,目标公司证券价格暴跌,投资者产生重大损失)。而在上市公司重大事件、经营行为发展阶段的早期就将反映事件内容的信息界定为重大信息,不仅与市场交易行为总是对信息进行提前反映的现实相契合,而且能够通过内幕信息形成时间的提前认定压缩内部人交易时间,相对有效地提升知情人员在未公开信息性质模糊的存续时间进行内部人交易的成本。因此,内幕交易中的重大性标准显然低于虚假陈述标准,实践中应确立内幕信息形成时间显著早于重大信息披露义务生成时间的基本原理。

最后,与上市公司重大事件、期货交易政策等有关的信息确实处于高度不确定状态的,基于该信息而实施的金融交易具有高度风险,知情人员从事的此类高风险投机交易不应构成内幕交易。

实践中,上市公司可能从事的重大行为或者可能发生的重大事件,早在内幕信息形成之前,通常就已经处于信息保密的范围,只有一定范围的内部人才有可能接触,市场外部投资者对并购最前期的信息无从知晓。这固然是信息掌控上的客观不平等。但是,反内幕交易法律规范与司法实践没有必要过度放大上市公司内部人与外部投资者之间的信息获取与判断能力落差,从而忽视了内部人员利用高度不确定信息进行交易本身所具有的风险性。证券、期货市场应允许,甚至必须坚持信息能力的差异,否则,如果市场信息评估结论完全一样,就不存在价格分歧,证券、期货市场资源优化配置的功能也就受到了根本性冲击。反内幕交易制度规制的应当是利用理性投资者认为会影响证券价格的未公开信息从事交易的行为,因为这种交易被广泛认定为没有风险或风险极低且不公平地局限于内部人才能进行操作。信息尽管与会引发证券价格波动的重大事件相关,但若其处于前期高度不确定状态,就意味着基于此类信息所从事的交易同样蕴含着高度风险,不应认定此类尚未公开的信息已经发展为内幕信息。因此,不应规制证券、期货市场中基于此类信息实施的高风险投资或投机。

(二)内幕信息形成时间的类型化判断规则

信息重大性应根据个案中交易行为的特征以及相关事实的进展模式进行具体分析,判断上市公司运作过程中的相关信息何时具备重大性事实上并不存在一元化的法律标准。[1] 这种意见正确地强调了信息重大性判断必须建立在大量事实分析的基础之上,但在内幕信息形成时间判断实践中,并非不能根据特定的内幕信息类型化特征抽象出一些核心规则。相反,在并购重组、财务信息披露等典型、高发、市场共识较为集中的环节,完全可以对内幕信息形成时间的规律进行类型化阐释。

1. 并购重组内幕信息形成时间判断

并购重组环节是我国内幕交易犯罪案件的重灾区。[2] 2008～2011 年,在证监会调查或者移送公安机关的内幕交易案件中,近一半为并购重组过程中的内幕交易。由于一些并购重组项目决策环节多,直接涉及的知情人员多,内幕信息保密具有相当难度。[3] 故当前实践中行为人主要是利用并购重组过程中形成的内幕信息进行非法交易。在美国证券、期货市场中,SEC 早期查处的比较著名的内幕交易案件[4]基本上都是在并购环节发生的。在近几十年的金融实务中,由于并购交易中的收购方通常会向目标公司股东支付较高的溢价,并购信息对于目标公司证券交易价格上升预期具有极为重要的价值,从中实施内幕交易的利益极为可观,故并购环节的内幕交易是全球证券、期货市场以及司法实践极为关注的主要违法犯罪类型。所以,有必要重点分析并购重组中内幕信息形成的现实规律与判例经验,建构类型化规则,并以此为经验与逻辑基础,逐步研究与重大合同、业绩发布、经营变化等有关的其他内幕信息类型的司法规则。

---

[1] Radiation Dynamics, Inc v Goldmuntz, 464 F2d 876, 888, (2d Cir 1972).

[2] 参见郑晓波:《内幕交易势头得到一定程度遏制》,载《证券时报》2011 年 4 月 6 日,第 A1 版。

[3] 参见许志峰:《内幕交易颠覆股市根基》,载《人民日报》2012 年 5 月 25 日,第 10 版。

[4] 当时比较有影响的案件是 Ward La France 卡车公司内幕交易案。Ward La France 公司在没有披露其正在进行的公司股权转让磋商的情况下,于磋商首日直至并购双方就交易价格达成口头一致性意见期间,在场外市场购买本公司证券。SEC 认定上市公司未公开的控制性股权溢价转让或者重大资产交易磋商信息构成内幕信息。参见 Ward La France Truck Corp, 13 SEC 373 (1943)。

我国上市公司并购重组环节内幕交易案件判例基本上是将上市公司及相关并购重组方等拟交易主体确定的时间认定为内幕信息形成之时:(1)在“延边公路”内幕交易案中,非上市公司广发证券拟通过资产注入的方式控股上市公司。广发证券确定收购对象意味着上市公司收购计划即将全面展开,会对收购对象的股票运行价格产生重要影响。该案内幕信息形成时间被认定为广发证券制作借壳上市方案并拟定以辽宁时代、延边公路为备选收购对象之日。[1](2)在“创新科技”内幕交易案中,上市公司创新科技实际控制人上海祖龙公司董事长陈榕生计划将其控制的上海振龙房产公司有关资产注入创兴科技。由于上市公司资产重组交易双方都处于单一行为主体的实际控制之中,重组是否进行完全取决于实际控制人的意志,故被告人陈榕生会同创兴科技高管以及证券中介商讨资产注入方案之日被认定为内幕信息的形成时间。[2] (3)在“中山公用”内幕交易案中,上市公司中山公用科技股份公司(以下简称科技公司)的控股股东中山公用事业集团股份公司(以下简称集团公司)计划将集团公司整体资产注入科技公司从而实现集团公司整体上市。由于集团公司系国有资本控股,集团公司重大资产处置需要经过行政审批程序,故集团公司董事长向原中山市委书记陈根楷汇报集团公司资产注入科技公司计划之时被认定为内幕信息的形成时间。[3]

可见,并购本质上是上市公司股东或其实际控制人与特定交易对手之间的资产交易,股东或实际控制人出让部分股份或者整体退出上市公司,交易对手方支付对价,故并购拟交易双方到位或确定之时,可认定为内幕信息形成。[4]司法实践在理解该类型化规则时,应注意以下要点。

其一,具有并购意向的公司一般只有在互相直接接触或者通过投行等中介机构协助接触的基础上才有可能确定拟交易对象并进行初步磋商。

从逻辑上分析并购交易的行为过程,接触事实发生在前,交易主体确定在

---

[1] 参见詹志强:《中国“券商内幕交易第一案”内幕》,载《检察日报》2009年1月22日,第6版。

[2] 参见吕蕾:《资产注入遭遇“暗礁”行政认定函能否推定其罪——专家热议证券内幕交易的“罪与非罪”》,载《上海法治报》2010年7月9日,第A8版。

[3] 参见黄建屏、梁美:《李启红等内幕交易、泄露内幕信息案》,载《刑事审判参考》(2011年第6集·总第83集),法律出版社2012年版,第2页。

[4] 参见谢杰:《内幕交易罪若干疑难问题的实践认定》,载《吉林公安高等专科学校学报》2011年第5期。

后。因此,原则上不能认为处于"过于初始阶段的接触信息"[1]具有重大性。因为目标公司与收购方的管理层均极有可能在接触之后直接否定展开初步磋商必要,即排除对方成为拟交易对手。并购的自然过程通常最先表现为寻求收购或者被收购的行为,即收购方(被收购方)或者其委托的公司官员主动接触被收购方(收购方),在基本排除接触环节相关事实所形成的信息具有重大性的前提下,后续环节中的被接触方的反应对信息重大性认定显得极为关键。一旦被接触方开始对主动接触方的收购提议表现出部分认同倾向时,可认定交易主体已经确定。

其二,结合阶段性市场热点、潜在并购双方股东的持股情况、上市公司股价波动、内部人交易行为等要素,在部分情况下,即使没有证据显示并购重组意向的公司之间有过直接接触,也可根据收购方确定目标公司的事实判断并购重组交易双方已经到位,进而认定内幕信息已经形成。

证券、期货市场不时会出现阶段性的并购交易热点行业或者公司。在对并购重组充满欲望的证券、期货市场或者阶段性市场背景下,任何单方面的并购重组计划都极有可能成为市场关注的焦点,并购意向或者规划方案中确定潜在交易对手即使处于交易流程的初级阶段,也不能阻碍该信息具有重大性的判定。[2] 即使潜在的并购交易双方尚未进行明显的或者有证据表明的接触,上市公司证券价格可能已经出现明显的波动。同时,潜在并购双方具有同一股东或实际控制人,并且内部人员已经开始从事内部人交易的,尚未公开的并购信息即使处于早期阶段,仍可基于知情人员的态度以及交易行为,推论该信息具有重大性。因为"如果信息知情人员纷纷从事内部人交易并导致证券价格产生异动,意味着内部人已经认识到了信息重大性,这显然可以作为推论信息具有重大性的关键要素"。[3] 在这种市场环境、证券价格、股权关系、内部人交易情况等各项指标已经显示并购重组迹象的情况下,并购交易中具有主动权的一方锁

---

[1] Mill Bridge V, Inc. v. Benton, 2010 WL 5186078 (E. D. Pa. 2010). 该案所涉及的信息由于处在过于初始的并购接触阶段而被法院认定为不具有重大性。

[2] 分析证券、期货市场阶段性地高度关注并购交易这一市场环境对于认定内幕信息形成时间影响问题的判例,参见 U. S. v. Teicher, 987 F. 2d 112, (2d Cir. 1993)。

[3] S. E. C. v. Geon Industries, Inc., 531 F. 2d 39, 47, 48 (2d Cir. 1976).

定一个或者多个交易对手方时,可以认为交易双方已经到位或者确定。[1] 对于由上市公司启动的并购重组而言,这种资产交易实际上是上市公司控股股东或实际控制人选择特定对手及其提出的方案,退出上市公司并获取对价的交易过程。上市公司控股股东或实际控制人对于是否进行资产重组具有主动性与选择性。在其通过并购可行性论证等确定主要交易对手的方案时,并购对手方已经处于相对确定状态,可以认为拟交易主体就位。相应地,非公众公司收购上市公司的,其主动性集中于今后可能控制上市公司的母公司,非公众公司通过方案论证等选定借壳上市的壳资源,意味着其后续采取的措施单方面即可影响上市公司股价,故确定壳公司就代表并购重组的交易双方已经确定。

其三,在上市公司与并购交易对手方为同一主体实际控制的情况下,所谓的并购交易双方的接触、确定、启动初步磋商等都是实际控制人的主观意志,客观上难以分离出明显且独立的选择、确定交易对手的事实,只能将内幕信息形成时间顺位推移至与之相隔最近的时间节点——实际控制人、上市公司及相关资产管理人员、证券交易中介等初步磋商的开始时间。[2]

根据《内幕交易犯罪解释》第 5 条第 3 款的规定,影响内幕信息形成的动议、筹划、决策或者执行人员,其动议、筹划、决策或者执行初始时间,应当认定为内幕信息的形成之时。但在完全由实际控制人操控的并购重组项目中,实际控制人是影响且参与整个内幕信息发展过程的最终决策者,并购程序中的未公开重大信息是否形成,只能着眼于实际控制人的行为而非其他动议者、筹划者

---

[1] 在上述“延边公路”内幕交易案中,广发证券于 2006 年 5 月 10 日形成《广发证券股份有限公司借壳上市》这一内部方案,明确将辽宁时代和延边公路作为备选的借壳上市目标公司且制定了详尽的借壳上市推进计划。尽管上市公司延边公路于当日晚间公告称其主要股东和管理层未与广发证券就借壳上市事项有过任何接触;股改工作尚处前期筹备阶段。但从股权关系来看,吉林敖东药业集团股份公司分别为广发证券的股东与上市公司延边公路的控股股东。当时正值券商借壳上市这一市场热点的阶段性爆发阶段。延边公路自 2006 年 4 月 25 日至 5 月 10 日收盘,7 个交易日累计涨幅达 74%;其中,4 月 26 日尾盘触摸涨停之后,4 月 27 日至 5 月 10 日连拉五个涨停板。参见余风:《延边公路暴涨谜团深交所彻查广发证券》,载《第一财经日报》2006 年 8 月 2 日,第 A1 版。

[2] 在实际控制人为国有资本投资主体的情况下,所谓的初步磋商实际上等同于并购计划向行政负责人进行汇报。

或者执行者的行为。美国纽约南区法院[1]在新近的内幕交易判例中指出，当参与计划进行并购的公司管理者本身是公司实际控制人的情况下，由于其有权决定是否使交易程序继续进行、是否推进交易计划等，其实际态度及行动对于判断并购概率具有直接的效果。[2] 然而，具体如何判断实际控制人的“实际态度及行动”，该判例并未给出更为细致的规则。笔者认为，实际控制人全局主持下的并购重组本质上是将其本人实际控制的其他资产与上市公司资产之间进行再度配置，实际控制人之外的行为主体进行动议或者筹划，其确定性存在很大的疑问，而实际控制人本人的动议或者筹划，很大程度上是一种主观性的思考，一般不具有外部的、直观的表征。因此，只有在客观化的初步磋商启动时才能确认实际控制人控制下的上市公司的交易对手方。这种认定结论的规则依据仍然是并购重组的交易主体到位，并且是《内幕交易犯罪解释》上述原则性条款的具体化。

2. 财务类内幕信息形成时间判断

与证券发行人有关的财务信息对于证券交易价格均具有影响，财务报告等信息披露事项是证券、期货市场投资者最为关注的资讯，而财务预期则是在财务信息尚不完全确定时投资者进行资本配置决策的核心参考要素。在财务报告尚未制作完毕之前，基于财务资料形成的上市公司财务预期具有现实的不确定性，但由于财务预期与上市公司盈利和亏损具有直接联系，财务预期对于证券定价而言具有重要参考价值。因此，涉及财务的未公开信息形成时间判断同样是需要重点研究的类型化规则。

我国《证券法》规定了证券交易活动中涉及公司财务的重大未公开信息构成内幕信息，列举了各种构成内幕信息的重大事件以及其他对证券交易价格具有重大影响的信息类型，但并未就涉及公司财务的内幕信息进行内涵界定与类型归纳。对于涉财务内幕信息界定问题，理论上有观点认为，与证券发行公司资产、获利有关的发行公司本身内部变化或者营运情形的未公开信息，属于涉及公司财务的内幕信息，上市公司内部人在此类信息未公开时在相关证券交易

---

〔1〕 美国纽约南区法院是联邦一审法院中最活跃与最重要的单位，其审理的金融案件通常具有标杆价值。主要是由于其管辖范围覆盖了纽约的主要金融中心。

〔2〕 S. E. C. v. Wyly, 788 F. Supp. 2d 92 (S. D. N. Y. 2011).

中加以利用的，构成内幕交易。[1] 这种广义的界定模式将除上市公司重大人事变动之外的，包括公司经营、资产、股权变动等在内的几乎所有重大信息均归类为涉财务内幕信息，对财务信息进行了过于宽泛的理解，即将以非财务资料形式呈现的与上市公司经营业绩有关的非财务信息纳入财务信息的范畴。而上市公司财务信息实际上是以货币性数据资料为核心的、呈现公司资本动态的运动的信息，主要包括资产负债表、股东权益变动表、现金流量表。[2]

因此，笔者认为，涉及财务的内幕信息应当是与上市公司经营业务的收益与亏损直接关联的、以财务资料形式呈现的重大未公开财务信息。结合《证券法》有关内幕信息范围界定的规定、证监会或证券交易所关于财务信息披露的规章与规则以及反内幕交易法律实践，[3] 中国证券、期货市场中的上市公司涉财务内幕信息类型具体包括：(1)上市公司年度报告、中期报告、季度报告以及业绩预告；[4] (2)重大收益、亏损；(3)债务担保、资产抵押、报废的重大变更；(4)重大债务以及违约未能清偿的到期重大债务。

利用与证券或者证券发行人财务有关的重大未公开信息从事内幕交易主要表现为两种行为模式：一是通过财务信息造假的方式违规披露重大信息，利用该信息从事相关证券交易。例如，在财务报告中虚构营收等，在财务利好信息发布后卖出相关证券。二是通过不披露重大财务信息或者滥用已知的未公开重大财务信息，从事相关证券交易。例如，明知上市公司月度营收显著降低、明显减产、库存激增、重大亏损，在季报公开前卖出证券避损或者卖空证券获利。在前一种行为模式中，虚假、伪造的财务信息生成时间实际上就是内幕信

---

[1] 参见林俊宏、黄鈵淳、许碧真：《从讯谍案谈内线交易民事赔偿责任之相关问题》，载《法官协会杂志》(第7卷第2期)2012年12月。

[2] International Accounting Standard 1 (ISA 1), Presentation of Financial Statements, International Accounting Standards Board.

[3] 应当看到，上市公司资产出售、股权变更、收购以及重大合同签订等均与上市公司资产负债表直接关联，此类信息在尚未公开时显然应当属于涉财务内幕信息，但由于反内幕交易法律实践对涉及并购重组、重大合同的内幕信息认定问题已经积累了长期、相对稳定、类型化的法律经验与规则逻辑，基于证券、期货市场监管现实的考量，需要对此类内幕信息类型进行独立分析。

[4] 我国《证券法》《公司法》并未就上市公司季度报告与业绩预告问题做出规定。有关上市公司季报与业绩预告信息披露的规定，参见中国证券监督管理委员会《上市公司信息披露管理办法》、《公开发行证券的公司信息披露编报规则第13号〈季度报告内容与格式特别规定〉》以及深圳证券交易所《上市公司信息披露工作指引第1号——业绩预告和业绩快报》等。

息形成时间，在法律适用上并不存在过多障碍。在后一种行为模式中，由于各种财务资料逐渐累积为财务报告或者重大盈利、亏损结论是一个量变到质变的动态发展进程，判断特定时间节点的财务资料或者信息集合具备重大性存在相当困难，需要进行具体分析以下内容。

其一，根据我国证券法律、法规、规章以及交易所规则的规定，上市公司定期报告（年度、中期、季度报告）应当披露对证券投资决策具有重大影响的信息，[1]财务信息披露范围[2]基本覆盖了与上市公司经营与财务有关的所有资讯。相关报告制作完成之时即为内幕信息形成时间，直至报告披露，均应当禁止泄露或者基于该信息从事相关证券交易。应当强调的是，定期财务信息强制性披露只是在特定的时间节点上对已经客观存在的财务事实所进行的事后揭示，无法监管发生在各个定期财务报告公布日期间[3]发生的重大财务信息披露与内幕交易问题。根据相关信息披露法律规范要求，定期报告空档期出现财务情况重

---

〔1〕《上市公司信息披露管理办法》第 19 条规定：上市公司应当披露的定期报告包括年度报告、中期报告和季度报告。凡是对投资者作出投资决策有重大影响的信息，均应当披露。年度报告中的财务会计报告应当经具有证券、期货相关业务资格的会计师事务所审计。第 20 条规定：年度报告应当在每个会计年度结束之日起 4 个月内，中期报告应当在每个会计年度的上半年结束之日起 2 个月内，季度报告应当在每个会计年度第 3 个月、第 9 个月结束后的 1 个月内编制完成并披露。

〔2〕《上市公司信息披露管理办法》第 21 条规定："年度报告应当记载以下内容：（一）公司基本情况；（二）主要会计数据和财务指标；（三）公司股票、债券发行及变动情况，报告期末股票、债券总额、股东总数，公司前 10 大股东持股情况；（四）持股 5% 以上股东、控股股东及实际控制人情况；（五）董事、监事、高级管理人员的任职情况、持股变动情况、年度报酬情况；（六）董事会报告；（七）管理层讨论与分析；（八）报告期内重大事件及对公司的影响；（九）财务会计报告和审计报告全文；（十）中国证监会规定的其他事项。"第 22 条规定："中期报告应当记载以下内容：（一）公司基本情况；（二）主要会计数据和财务指标；（三）公司股票、债券发行及变动情况、股东总数、公司前 10 大股东持股情况，控股股东及实际控制人发生变化的情况；（四）管理层讨论与分析；（五）报告期内重大诉讼、仲裁等重大事件及对公司的影响；（六）财务会计报告；（七）中国证监会规定的其他事项。"第 23 条规定："季度报告应当记载以下内容：（一）公司基本情况；（二）主要会计数据和财务指标；（三）中国证监会规定的其他事项。"

〔3〕例如，上市公司上年度财报披露之后、本年度季报制作完成之前；中期报告披露之后、第三季度报告制作完成之前；本会计年度结束、年度财报制作完成之前等。

大变动,应当通过业绩预告、[1]临时报告[2]等方式进行财务信息披露,但对于财务信息知悉人员何时应当禁止从事相关证券交易问题,在认定规则层面仍是空白。[3] 笔者认为,在所有涉及财务的内幕信息类型中,上市公司债务(违约)、担保等重大财务变动情况信息具有明显的事件指向性,即系列事实以一元化的线性态势按照时间顺序逐步发展为特定事件。故实践中完全可以直接根据事实进程时间轴上的特定节点确定内幕信息形成时间与重大信息披露时间——此类重大财务事件发生后,上市公司应当立即披露;出现明显的债务违约、承担担保义务、担保责任等事实(例如,被担保人资不抵债等)之时,应当认定为内幕信息形成时间,在信息披露之前禁止知悉该信息的人员从事相关证券交易。

其二,对于上市公司重大担保、债务违约之外的其他未公开财务信息,例如,上市公司出现重大亏损或者相对于上一次定期报告出现大幅度盈利增长,

---

〔1〕《上市公司信息披露管理办法》第25条规定:"上市公司预计经营业绩发生亏损或者发生大幅变动的,应当及时进行业绩预告。"第26条规定:"定期报告披露前出现业绩泄露,或者出现业绩传闻且公司证券及其衍生品种交易出现异常波动的,上市公司应当及时披露本报告期相关财务数据。"

〔2〕《上市公司信息披露管理办法》第30条第1款规定:"发生可能对上市公司证券及其衍生品种交易价格产生较大影响的重大事件,投资者尚未得知时,上市公司应当立即披露,说明事件的起因、目前的状态和可能产生的影响。"第31条规定:"上市公司应当在最先发生的以下任一时点,及时履行重大事件的信息披露义务:(一)董事会或者监事会就该重大事件形成决议时;(二)有关各方就该重大事件签署意向书或者协议时;(三)董事、监事或者高级管理人员知悉该重大事件发生并报告时。在前款规定的时点之前出现下列情形之一的,上市公司应当及时披露相关事项的现状、可能影响事件进展的风险因素:(一)该重大事件难以保密;(二)该重大事件已经泄露或者市场出现传闻;(三)公司证券及其衍生品种出现异常交易情况。"

〔3〕典型情形表现为:2011年3月18日,汉王科技发布2010年年报,全年总收入突破12亿元,较2009年增长112.71%,实现净利润8790.16万元;汉王股价当日最高涨幅逼近6%。在紧随其后的一个交易日(3月21日),汉王科技9名高管合计减持120万股该公司股票,股价在75元左右。然而,4月18日,汉王股价暴跌6%,收盘66.61元。汉王科技随即公布利空信息,一季报预亏4000万~5000万元;4月19日,汉王股价逼近跌停。4月28日汉王10转增10股后,股价下跌4.78%,收盘价为25.7元。4月30日,汉王发布第一季度业绩报告,半年预亏9000万元,股价最低跌至23.90元。截至5月20日收盘,汉王股价跌至19.89元。在靓丽的2010年年报公布之后、第一季度巨亏以及中报预期预亏之前,汉王科技高管紧急且精准减持,证券、期货市场哗然以及法律人士指出汉王高管涉嫌虚假陈述、内幕交易之余,并未及时出现针对上市公司及其高管的虚假陈述民事诉讼以及内幕交易行政调查。参见孙勇杰:《内幕交易撞枪口 汉王科技退市疑云》,载《时代周报》2011年第51期。

由于其并不具有事件指向性或者特定性，而是各种交易累计基础上的经营数据信息，确实难以勾勒出信息初步生成、具备重大性、最终确定发生的线性发展流程。只能将信息披露义务与内幕交易禁止中的信息重大性实质标准进行同一化处理，即未公开的财务资料或者经营数据反映出上市公司重大财务变动时为内幕信息形成时间或者信息披露义务生成时间。[1] 对于如何具体把握"重大"财务变动，司法实践中有观点认为，由于上市公司内部人能够掌握销售业绩、月度营收、市场动态、税前损益等信息，针对上市公司内部对于其证券交易价格具有影响的财务变动情况，上市公司内部人主观上处于确知或者应知的状态。在诸如月度营收等财务信息变化之后、财务报告定期发布之前，信息知悉人员从事相关证券交易的，应当以内幕交易进行定罪处罚。[2] 这种观点实际上忽略了财务情况变动"重大性"的量化尺度。

笔者认为，上市公司出现对财务有一定影响的信息（如订单数量下降、营收减少），信息知悉人员便不能买卖相关证券，或者上市公司应当立即披露该信息，这显然会过度突出信息对于证券定价的价值或者引起证券、期货市场中的投资者对财务信息产生过度反应。同时，上市公司盈利或者亏损是一个财务数据的累积过程而非事件发展进程，盈利增长或者出现亏损完全可能是暂时的（例如，月度亏损），难以涵盖上市公司阶段性的财务结论（例如，季度、半年财务报告），在财务信息定期披露时可能被其他经营数据所稀释。此外，出于维护上市公司商业利益的需要，过于严格地限制内部人交易或者积极地披露短期经营数据，可能导致上市公司在业务开展上出现不利的连锁反应（例如，上市公司披露本月订单数量大幅下降是因为某重要采购商不再续订，可能会引起其他采购商紧张、恐慌甚至直接撤单等）。所以，仅仅出现订单撤销、营收减少等财务动向并不能认为相关信息已经具备了重大性，对于证券交易价格具有重大影响的财务信息应当是重大亏损或者重大盈利信息。而亏损与盈利都是以数据形式出现的财务发展趋势或者财务结论，故关键在于设定一个合理的趋势指标或者数值范围，以此为基础并结合当时证券、期货市场中有关该证券定价的具体认

---

〔1〕 由于上市公司出现重大亏损、扭亏为盈、盈利增速等并不具有事件性，故上市公司应当以业绩预告的形式"及时"（而不需要"立即"）披露该重大信息。内幕交易禁止期间为该预期形成时至披露时。

〔2〕 参见我国台湾地区"最高法院"1994 年度台上字第 1433 号刑事判决。

识，确认亏损或盈利信息对于证券交易价格的影响是重大的。

笔者建议，经营数据反映出上市公司财务出现以下情形的，应当认定该数据信息具有重大性，应当禁止知悉人员从事相关证券交易，并及时披露该重大信息：预计本期财务报告期实现扭亏为盈；上期财务报告期盈利，预计本期财务报告期亏损；预计较上年同期相比利润出现超过50%的大幅变动。同时，应注意分析当时的证券交易价格动向、市场预期等因素具体验证财务变动信息对股价的具体影响。如果证券价格等已经在上一轮行情中对盈利或者亏损趋势进行了提前或者超涨（跌）反应，实际上已经形成了利多（空）出尽的市场格局，则原本能够影响证券交易价格上涨或者下跌的未公开财务信息实际上已经钝化，即使达到上述量化标准，也不应认定其具备重大性。

（三）内幕信息形成时间司法判断例外情形的个案论证

内幕信息形成时间司法判断的基本原理与类型化规则并不具有绝对的排他效力，应允许在个案中存在例外情形。因为内幕信息形成时间原则性的判断原理较难针对个案特点进行直观分析。同时，即使是实践中比较成熟的类型化规则，例如并购重组型内幕信息，也不可能绝对地适用于所有与上市公司收购、资产重组有关的内幕信息形成时间判断问题。实践中应正视基本原理与类型化规则的局限性，以更为接近个案情形与专属特征的指导性案例呈现例外性适用规则。[1]

仍以并购重组以及生成于该环节的内幕交易为例，并购一般表现为具有收购或者出售资产的意向方在市场中寻找交易对手，而从事内幕交易的基本上是并购双方公司中的内部人。然而，部分并购项目并非由交易方为主进行前期接洽，而是由财务顾问牵线搭桥、撮合配对、协助磋商等。以颇受关注的谢风华、

---

[1] “两高”在联合发布《内幕交易犯罪解释》的同时，还公布了黄光裕、杜兰库两起内幕交易犯罪典型案例。参见张先明：《最高人民法院公布两起内幕交易犯罪典型案例》，载《人民法院报》2012年5月23日，第3版。这种具有创新性质的证券期货犯罪指导性案例探索，有必要通过制度化运作将之明确化、固定化、常规化。在具体操作上，不仅仅是整体公布案件事实与法律适用意见，更应当凸显个案中具体疑难问题的司法规则；不仅仅是完整地发布内幕交易犯罪指导性案例，还可以是归纳司法解释文本无法覆盖但个案判决意见有效解决的疑难问题及其相应规则，并将多个此类案件以“组案”的形式进行发布，强化对司法实践中特别疑难问题的权威论证与分析。

安雪梅内幕交易犯罪案[1]为例，尽管属于并购重组中的内幕交易，却因主体身份及其与上市公司的关系而具有显著的差异性特征——实施交易的行为主体是知悉该信息的财务顾问而非并购公司内部人。但证监会向法院提交的认定函并未关注到该项差异而仍将内幕信息形成时间界定为重组交易双方主体确定之时。[2]

由财务顾问作为证券中介协调并购各方接洽，虽然在形式上出现了确定的并购交易主体，但上市公司或其实际控制人以及交易对手方对于是否以及与何方进行收购、资产重组等问题，具有单方面选择权，不应直接认定经过财务顾问协调确定交易主体的信息会对上市公司证券价格产生重大影响。[3] 就并购重组环节内幕信息形成时间判断而言，在个案认定中必须根据资产交易主体不同的确定途径予以具体分析。

在以财务顾问为主导确定并购重组交易主体的资本操作启动阶段，通常先由财务顾问牵头，撮合具有收购或者出售上市公司股份意向的交易双方并约定初步商谈时间，随后由资产交易双方工作人员进行初步接洽，最终由上市公司控股股东或者实际控制人与资产交易方负责人就并购重组事宜展开初步磋商。在这种证券交易模式中，资产交易双方是完全独立或者不受任何外部资本力量控制的证券、期货市场行为主体，并购重组存在诸多不确定因素。财务顾问拟定资产交易双方时，只能认识到相关公司存在并购重组意向，或者根据经验判断相关公司的财务状况与重组意向比较契合，具有实施并购的现实条件。至于是否启动初步磋商程序、何时进行磋商、磋商规格、谈判框架结构等内容，则完全处于不明朗状态。资产交易双方实现合作的可能性尽管可以基于专业能力与经验进行预期，但财务顾问对于这种可能性的掌控程度较弱，并购重组的不确定性较大。故不能将经过证券中介引荐并确定上市公司并购重组交易主体之时认定为内幕信息的形成，而应将信息具备重大性的时间节点适当延后，界

---

[1] 参见(2011)浦刑初字第2738号刑事判决书；许峰：《保代"神叨侠侣"内幕交易第一案吹响民赔号角》，载《证券时报》2012年2月4日，第A4版。

[2] 谢风华、安雪梅内幕交易犯罪案中的一节事实是谢风华利用财务顾问职权获取的与上市公司并购重组（天宝矿业借壳万好万家）有关的信息实施相关证券交易。参见(2011)浦刑初字第2738号刑事判决书。

[3] 参见谢杰：《最新内幕交易犯罪司法解释的缺陷与规则优化》，载《法学》2012年第10期。

定在并购重组意向双方在证券中介撮合下进入初步磋商阶段之时。财务顾问等证券中介掌握上市公司并购重组有关信息的职务便利,在其引荐资产交易双方之后、相关主体尚未开展初步磋商之前从事相关上市公司股票交易的,由于无法合理预期该阶段的信息对证券交易价格会产生重大影响,内幕信息尚未形成,不能认定其构成内幕交易。

我国证券、期货市场中并购重组环节的内幕交易行为,一般表现为知悉重大未公开信息的行为主体大量买入目标公司证券,在并购信息公开进而引发目标公司证券交易价格大幅上涨之后卖出谋取巨额利润。这种典型的并购环节内幕交易行为在交易模式上可以归纳为做多目标公司股票。但是,全球证券、期货市场中还广泛存在其他类型的并购环节内部人交易:其一,做多收购方公司股票。行为人在获悉与并购有关的未公开信息之后,看好收购方公司的预期收益,买入收购方公司的股票。其二,做空收购方公司股票。行为人在获悉与并购有关的未公开信息之后,看空收购方公司的预期收益,融券卖空收购方公司的股票。

由于收购方向目标公司股东支付溢价获取股权在全球证券、期货市场中极为普遍,作为资产交易主体的收购方与目标公司一旦确定,此类信息的公开显然会引起目标公司证券价格的上涨。因此,并购交易主体确定这一未公开信息对于目标公司证券交易价格具有重大影响,应当认定内幕信息形成。并购交易主体确定时,目标公司证券交易价格上涨固然具有显著的可预期性,但收购公司的证券价格并不能据此推论将会上涨,实践中并购声明发布后收购公司的证券价格出现显著下跌的情形比较常见。[1] 在确定的并购信息公开后市场仍然会出现收购方公司证券涨跌不一的情况下,更难以认定并购双方初步接触与磋商信息会对收购方公司证券交易价格产生重大影响。

我国内幕交易司法实践中尚未出现知情人员利用并购环节未公开信息买

---

〔1〕 证券、期货市场通常对收购方的预期比较谨慎。因为收购意味着扩张,在积极谋求扩张的情况下,收购势必会给收购方带来包括财务风险、公司治理等多方面的更多不确定因素。如果市场认为收购之后没有协调效应或者收购价格过高,收购方股价就会下跌。例如,2012 年 7 月 23 日,中信证券宣布其全资子公司中信证券国际拟以 12.52 亿美元收购里昂证券 100% 股权,其中 19.9% 股权收购已完成交割,双方有意于 2013 年 6 月 30 日前完成所有资产交易程序。当天中信证券港股跌 5.23%,在日本上市的中信股价更是暴跌 20% 左右。参见刘畅:《中信证券:收购里昂反而暴跌》,载《北京晨报》2012 年 7 月 24 日,第 B7 版。

卖收购方公司证券的案例。美国具有代表性的联邦法院判例意见是：证券市场价格对未公开信息所对应的重大事件潜在反应的不确定性，并非判断未公开信息重大性的必要指标。并购交易中的未公开信息应当在初步磋商这种早前环节就具备重大性。[1] 可见，美国内幕交易判例规则并不认同并购交易主体确定这类早期信息对于收购方公司证券交易价格可能不具有重大影响的观点，或者说不认为收购方证券交易价格在并购初期信息发展过程中的极度不确定性应当影响信息重大性的判断。对此，笔者持不同意见，具体理由如下。

其一，将并购交易主体确定这类早期并购信息认定为具有重大性的市场前提不成立。对于发生在并购重组中的内幕交易案件，在信息发生阶段初期就认定其具有重大性，主要是基于证券、期货市场对于并购信息典型的积极反应。并且，证券、期货市场中广泛存在的"噪声交易者"基于对并购信息过度反应而实施的"噪声交易"会进一步炒作或者放大市场交易价格与实际价值之间的短期偏离。[2] 但这种积极或者过度反应的对象实际上只限定于目标公司的证券价格。就收购方公司证券交易价格而言，市场对于并购交易与收购方证券价格之间的关系客观上存在的认识分歧，造成初步磋商阶段存在着各种投机性的做空或者做多的市场反应，并购信息对于收购方公司证券交易价格的影响会淹没在各种市场分歧或者方向相反的投机交易之中，从而弱化了并购初期信息与收购方证券价格的关联性。因此，之所以将并购交易中的内幕信息形成时间节点提前确定在交易双方确定之时，就是考虑到这一初期信息对于目标公司证券价格影响的重要性，既然这个市场前提对于收购方公司证券价格并不成立，就有必要针对知情人员买卖收购方公司证券的行为确定独立的内幕信息形成时间判断标准。

其二，基于并购交易主体已确定等处于早期阶段的未公开并购信息，从事收购方公司证券交易，具有高度风险，属于向市场提供流行性的投机行为，而非

---

[1] U. S. v. Mooney, 425 F. 3d 1093 (8th Cir. 2005).

[2] 金融市场中的"噪声交易(者)"是指基于各种不稳定的、非理性的投资决策而实施交易的行为(人)。金融市场中的"噪声交易(者)"造成交易或者风险水平与理性投资者预期的价值产生偏差。在市场非重要事件较多的情况下，噪声交易(者)对于价格的因果影响性远远大于少量的重大事件本身。参见 Fischer Black, "Noise", 41 *Journal of Finance* 529 (1985); J. Bradford De Long、Andrei Shleifer、Lawrence H. Summers & Robert J. Waldmann, "Noise Trader Risk in Financial Markets", 98 *Journal of Political Economy* 703 (1990)。

应承担责任的内幕交易行为。未公开信息只有在对证券交易价格具有重大影响时,才能认定为内幕信息。在并购交易双方均为上市公司的情况下,判断内幕信息是否形成应当坚持相对性,即应分别分析相关信息对收购方或者目标公司证券的影响。与并购有关的未公开信息的重大性对于收购方与被收购公司而言各有不同。收购方以明显高于市场的价格收购目标公司,对于目标公司的股价具有重大意义,但对于收购方公司的证券价格并非必然具有重大性,反而应当强调此类早期并购信息对于收购方公司证券价格判断的风险性。由于无法预期并购交易主体确定、相关公司官员接触、启动初步磋商等信息对于收购方公司证券交易价格的影响,基于此类未公开信息做多或者做空收购方公司股票具有显而易见的风险,不能认为与并购有关的初期信息相对于收购方公司证券具有重大性,因而也不能认定内幕信息在上述阶段已经形成。

可见,在个案中判断并购重组环节内幕信息的形成时间,除了应当考察并购交易过程中是否存在证券中介的实质参与外,还应进一步分析知悉未公开并购信息的行为主体所具体从事的金融交易行为,针对的是目标公司证券还是收购方公司证券。如果个案中的交易行为表现为做多或者做空收购方公司证券或相关金融衍生产品,则分析内幕信息是否形成不能以并购交易主体是否确定为标准,而应当显著地延后至初步磋商结果形成之时,即并购交易双方就交易价格与交易结构两大要素[1]达成原则性共识(合约)。尽管并购交易具体情况千差万别,但交易价格和交易结构始终是任何并购项目中的本质性内容。价格与结构上的共识是并购交易磋商双方互为理解的确定性证据。并购交易磋商双方就价格和结构达成原则性共识固然并非对目标公司证券交易价格产生重大影响的起始时间,却为判断该信息是否开始对收购方公司证券交易价格产生重大影响提供了一个具体的适用标准。在交易价格和交易结构业已确定的情况下,有关并购交易的信息量已经充分且明确,并购交易最终宣布撤销或者误

---

〔1〕 其中,交易价格要素具体是指并购所需要支付的现金或者股权价值。实践中,如果不存在固定数字化的价格,价格的计算一般是基于目标公司证券预期时间的市场价格、收益、净资产进行测算。交易结构主要是指并购交易的法律形式(例如,双方公司合并、子公司合并、资产买卖、现金收购、换股等)以及收购方支付对价的类型(现金、普通股、优先股、权证、信用债券等)。有关并购重组项目磋商中价格与结构要素的详细判例判断,参见 Greenfield v. Heublein, Inc., 742 F.2d 751, 757, (3d Cir. 1984)。

导投资者进行投资决策的可能性都比较小，可以对收购方公司的证券交易价格进行稳定的预期。在信息未公开的条件下，知情人员相对市场外部投资者在交易风险控制上具有明显的优势。因此，并购双方就交易价格与结构达成共识时，可以认定对收购方公司证券具有重大影响的内幕信息形成，如果知情人员据此做多或做空收购方公司证券的，则构成内幕交易。

所以，内幕交易犯罪个案中的核心事实差异实质上影响着未公开信息是否具备重大性的判断，在进行内幕信息形成时间司法判断时，应运用指导性案例填补基本原理与类型化规则无法覆盖的例外情形。

五、内幕交易犯罪情节认定问题

由于内幕信息知情人员、非法获取内幕信息人员从事内幕交易、泄露内幕信息行为，符合"情节严重"标准的，才构成犯罪，只有达到"情节特别严重"的程度，才能适用第二档法定刑，所以，犯罪情节对内幕交易犯罪的定罪量刑实践具有深远的意义。基于对内幕交易犯罪情节问题的高度重视，《内幕交易犯罪解释》通过多达 5 个条文对此问题规定了细致的司法判断规则：《内幕交易犯罪解释》第 6 条与第 7 条对内幕交易犯罪"情节严重""特别严重"的量化标准进行了规定；《内幕交易犯罪解释》第 8 条与第 10 条对犯罪数额认定这一内幕交易犯罪情节中的核心难题做出了规定。由于犯罪情节直接影响内幕交易的定罪与量刑，故有必要对相关问题展开深入探讨。

（一）内幕交易犯罪情节标准实践适用障碍与难点

由于我国证券期货犯罪司法实践长期以来对内幕交易犯罪"情节严重"标准设置不甚合理，"情节特别严重"标准持续缺位，没有突出从宽情节对于惩治疑难证券期货犯罪案件的重要性，更没有对作为犯罪情节评价核心指标的内幕交易犯罪数额认定规则进行深入分析与论证，导致内幕交易犯罪情节司法认定存在很大的障碍。"两高"最新内幕交易犯罪司法解释尝试对内幕交易犯罪情节相关重要问题进行解决。

根据《内幕交易犯罪解释》第 6 条的规定，内幕交易犯罪情节严重包括以下情形之一：证券交易成交额在 50 万元以上的；期货交易占用保证金数额在 30 万元以上的；获利或者避免损失数额在 15 万元以上的；内幕交易或者泄露内幕信息三次以上的;具有其他严重情节的。对照2010年5月7日最高人民检察院、公安部《关于公安机关管辖的刑事案件立案追诉标准的规定(二)》(以下简称《经济犯罪追诉标准(二)》)第35条的规定,《内幕交易犯罪解释》仅将《经济犯罪追诉标准(二)》中的"多次"内幕交易行为具体化为"三次",并没有对内幕交易犯罪情节严重的各项指标进行实质性优化。

笔者认为,上述内幕交易犯罪"情节严重"标准较难实现刑法规范对证券、期货市场金融产品交易秩序的保障,内幕交易犯罪"情节严重"标准仍旧处于虚置状态,从而容易产生弱化司法权威的负面效果。从内幕交易犯罪刑法理论研究情况分析,"情节严重"标准过低长期以来受到理论界的质疑。[1] 实践中,中国证监会查处的内幕交易行政处罚案件数额远远超过内幕交易犯罪情节严重标准,但大多都没有进入刑事追诉程序——根据笔者对中国证监会网站公布的2010年、2011年内幕交易违法案件进行的统计分析,证监会网站公布的2010年内幕交易行政违法案件为5件,涉及证券交易成交额累计分别为70万元、88万元、110万元、135万元、210万元余元,超过内幕交易犯罪情节严重标准2~7倍;2011年内幕交易违法案件为9件,其中4起案件的内幕交易成交额低于50万元,5起案件成交额累计分别为79万元、104万元、312万元、380万元、416万元余元,最高超过情节严重标准8倍多。可见,刑事司法实践客观上也难以按照如此低的数额标准追究涉案人员的刑事责任。

从司法解释具体规定与证券、期货市场现实对比的层面进行分析,由于不符合证券、期货市场发展的社会现实,内幕交易犯罪"情节严重"的数额标准与细化解释较难得以适用。证券成交额50万元以上、期货保证金30万元以上、获利或避损额15万元以上等情节严重的数额标准严重偏离我国证券期货交易实践。例如,根据中国金融期货交易所《股指期货投资者适当性制度实施办法(试行)》的规定,自然人申请开户时保证金账户可用资金余额不低于人民币50万元的,期货公司会员才能为其申请开立股指期货交易编码。同时,根据中国金融期货交易所《股指期货投资者适当性制度操作指引(试行)》的规定,一般法人投资者申请开户,净资产应当不低于人民币100万元。将期货内幕交易情节严重标准与股指期货投资者基本财务条件数额标准进行对比,我们可以清晰

[1] 参见顾肖荣、张国炎:《证券期货犯罪比较研究》,法律出版社2003年版,第416页。

地看到，内幕交易犯罪“情节严重”中期货交易占用保证金累计30万元以上的标准竟然低于股指期货最低的开户保证金数额要求，且远远低于法人参与金融期货交易的一般净资产要求。

同时，三次交易、其他情节严重等标准在实践中较难执行。以“三次交易”为例，基于证据获取与证明责任上的现实难度，证券期货犯罪司法实践中证明涉案人员针对特定的证券或者期货交易品种实施一次或者两次内幕交易行为已经异常困难，证明三次内幕交易行为则近乎不现实。再以“具有其他严重情节”为例，这种“兜底规定”实际上根本没有指导实践的司法规范指引功能，没有必要在司法解释中继续建构这种没有具体规范内涵的兜底性司法规则。

更值得重点分析的是，犯罪情节的标准设定应当针对内幕交易的行为特点，创造性地探索既能充分反映内幕交易行为危害，又能紧密联系内幕交易行为实质特征的情节严重评估标准。内幕交易行为实质上表现为基于内幕信息而实施的相关证券、期货交易，除了与交易行为相关的数额、次数等危害性量化指标之外，内幕信息本身实际上也存在程度上的可区分性。从这个意义上分析，基于市场反应更为强烈的内幕信息从事相关证券、期货交易的犯罪行为，在情节上应当相对于市场反应一般的内幕交易行为更为严重，司法解释理应将涉案内幕信息对证券、期货市场的实际影响要素纳入情节严重的评价范围。

（二）内幕交易犯罪情节司法判断规则的优化路径

内幕交易犯罪“散户式”的司法解释标准导致“情节严重”无法筛出具有严重社会危害性的非法证券期货交易行为，也会使最高司法机关制定的解释文件束之高阁，最终丧失权威性。内幕交易犯罪情节量化指标无法体现出这种证券期货犯罪的行为特质，很大程度上体现出司法解释对于证券期货犯罪缺乏深度与专业化的认知。内幕交易犯罪的主体、行为、对象等要件经由司法解释，实际上已经使其犯罪构成极具张力，故特别需要“情节严重”这一综合性入罪要素通过司法解释的填充以便有效控制内幕交易犯罪的刑事法网。“情节严重”标准的准确定位，既是完善内幕交易犯罪刑法规范的实践要求，也是证券期货犯罪刑事司法的政策选择。

由于我国证券期货犯罪普遍存在“情节严重”等定罪标准设置过低、没有针对证券期货交易特点建构实践标准等问题，内幕交易犯罪“情节严重”标准优化应当纳入证券期货犯罪体系进行结构性完善。笔者建议,有必要优化证券期货犯罪司法解释,通过对内幕交易、操纵证券、期货市场等行政处罚案件进行数据统计,分析此类非法证券期货交易中成交资金额、占用保证金数额、获利数额、避损数额等数据信息,将各个主要项目的数额平均值设定为犯罪情节严重的下限。当然,有必要指出的是,对于提高内幕交易犯罪等证券期货犯罪"情节严重"标准(核心显然是提高定罪数额标准)的建议,实践中可能出现的一种质疑是,提高定罪标准会向公众传递出对证券期货犯罪的打击力度趋于减弱的信息。这种隐忧也是我国长期以来将证券期货犯罪刑事追诉数额标准设定在一个较低水平的重要原因。但是,从上述"情节严重"标准虚置及其危害的分析中可知,过低的追诉标准势必导致"法不责众"。证券、期货市场投资者空守着严厉的刑事追诉标准这一所谓的坚强后盾,实质上却由于追诉标准的不切实际造成了更严重的后果——证券期货犯罪刑法规范的较少适用。因此,适当提高内幕交易犯罪"情节严重"的入罪标准,有利于廓清违法与犯罪的界限,在同步提升证券期货违法案件行政执法能力的情况下,能够实质性地减少刑事司法实践的随意性,本质上是强化了证券期货犯罪的惩治力度与刑法规范的执行力。

同时,司法解释有必要将"其他情节严重的情形"等指标排除在"情节严重"的认定标准之外,转而将内幕交易犯罪行为对证券、期货市场秩序、投资者权益所产生的可量化恶劣影响(例如,内幕交易犯罪行为侵犯股民权益导致大规模证券集团诉讼、引发群体性事件等)、内幕信息公开后证券、期货合约的交易价格产生剧烈波动(例如,内幕信息公开之后连续五个交易日涨停、跌停或者连续十个交易日涨幅或者跌幅超过70%)等作为"情节严重"司法认定的标准。

以涉案内幕信息对证券、期货市场实际影响效果量化指标为例,内幕信息是内幕交易犯罪的核心构成要素,以内幕信息为中心对内幕交易犯罪行为的危害性程度进行评价显然契合内幕交易犯罪在客观行为方面的独立性特征。内幕信息的重要法律特征表现为重大性或者价格敏感性,即内幕信息一旦公开将会对证券、期货合约的交易价格产生显著影响。但在证券、期货市场实践中,尽管各类不同的内幕信息对于证券、期货市场均会产生显著影响,但这种显著影响的具体程度存在明显差别。

证券、期货市场实践中,有的内幕信息属于短期性的重大事件或者重要情况。例如,上市公司重大诉讼,其对于上市公司经营利润的影响是阶段性或者相对确定的,在上市公司股票交易价格上通常表现为阶段性的下跌。有的内幕信息则属于长期性的重大事件或者重要情况,例如,上市公司经营业绩在经历高速增长之后由于业务限制开始出现巨额亏损且将公司财务状况长期难以改善,上市公司股票交易价格在公司业绩亏损披露之后长时间大幅下挫。同时,内幕信息公开后对证券、期货市场的实际效果也存在明显的差异。有的内幕信息公开后导致当日涨停、跌停或者较大幅度的涨跌。有的内幕信息虽然确实具有价格敏感性,但公开后市场反映并不十分激烈,相关证券交易价格只出现了一定幅度的上涨或者下跌。这种内幕信息公开后的证券、期货市场交易实际效果虽然并非内幕交易犯罪的构成要件,但如果将每一个案件中的同类市场反应指标纳入评估体系进行分析,确实能够从直观的价格指标上区分出何种或者哪一个内幕信息对于证券、期货市场公平竞争机制的侵害程度更为显著。从欧盟这样的成熟证券、期货市场反内幕交易犯罪司法实践经验的角度分析,欧盟法院在内幕交易法律制裁强度评估环节,高度重视与内幕信息有关的金融工具交易价格事实上的变动情况,并将该要素作为判断内幕交易法律制裁比例性的重要尺度。[1] 我国内幕交易犯罪司法解释应当重视此类成熟证券、期货市场的司法实践经验。总之,经过实证分析、客观论证或者针对内幕交易行为特征而设置的内幕交易犯罪"情节严重"司法解释标准才能经受刑事司法实践的考验。

实践中还应当特别注意的问题是,证券期货犯罪司法实践已经证明,取证难是内幕交易犯罪案件查处中的重大难题。[2] 所以,单纯从入罪或者强化惩罚的角度设置内幕交易犯罪的司法规则,其实际效果并不一定能够完全发挥。笔者认为,证券期货犯罪司法解释有必要针对内幕交易案发隐蔽性、封闭性、内部性的特征,植入二元化的情节认定规则,即合理设置从宽情节,对于积极配合调查或者提供相关信息的内幕交易违法犯罪参与者,设置一定的从轻、减轻、免除处罚情节,从而实现缓释内幕交易犯罪查处压力的目标价值与宽严相济刑事政

---

〔1〕 Case C－45/08: Judgment of the Court (Third Chamber) of 23 December 2009 Spector Photo Group NV, Chris Van Raemdonck v Commissie voor het Bank－, Financie－ en Assurantiewezen (CBFA) － Directive 2003/6 － Insider dealing － Use of inside information － Sanctions － Conditions.

〔2〕 参见苏江:《世界级难题:"内幕交易"取证难倒监管层》,载《21世纪经济报道》2007年4月6日,第12版。

策在证券期货犯罪案件中的具体适用。笔者建议司法解释可以增加此类规则：内幕交易、泄露内幕信息，具有下列情形之一的，可以依法从轻或者减轻处罚：(1)配合证券期货监管部门或者公安机关调查的；(2)受金融机构高层管理人员逼迫从事内幕交易的；(3)主动消除或者减轻内幕交易行为危害结果的；(4)提供内幕交易违法犯罪行为的策略、方案、违法交易数据、账户信息、资金来源信息等线索材料的等。内幕交易、泄露内幕信息犯罪情节略微超过规定标准的，主动投案自首的，可以免除处罚。

（三）内幕交易犯罪数额司法认定规则的实践探索

内幕交易犯罪数额集中表现了此类证券期货犯罪行为的规模及其对证券、期货市场交易秩序的危害性，故准确计算内幕交易犯罪数额是内幕交易犯罪情节认定中极为重要的问题。根据《内幕交易犯罪解释》第6条与第7条的规定，内幕交易犯罪数额表现为证券交易成交额、期货交易占用保证金数额、获利或者避免损失数额三种类型。其中，证券交易成交额与期货交易占用保证金数额可以直接根据从事内幕交易犯罪行为的账户交易数据予以计算，在司法实践中并不存在困难。而获利或者避免损失数额不仅涉及内幕交易犯罪刑法适用与金融实务中的不少疑难问题，而且对于内幕交易犯罪罚金数额裁量具有直接影响。根据《刑法》第180条的规定，实施内幕交易犯罪行为，情节严重的，处5年以下有期徒刑或者拘役，并处或者单处违法所得1倍以上五倍以下罚金；情节特别严重的，处5年以上10年以下有期徒刑，并处违法所得1倍以上5倍以下罚金。故内幕交易犯罪罚金完全以内幕交易行为的违法所得为依据。同时，《内幕交易犯罪解释》第10条第1款规定："刑法第一百八十条第一款规定的'违法所得'，是指通过内幕交易行为所获利益或者避免的损失。"可见，内幕交易获利或者避损数额是罚金刑的直接裁量依据。但是，对于内幕交易获利数额与避免损失数额的认定问题，《内幕交易犯罪解释》并没有制定针对性的数额计算方法，该问题极有可能在实践过程中出现较多争议与分歧。

笔者建议，内幕交易犯罪司法解释有必要优化与细化违法所得数额司法判断规则，以"正收益"为核心设计内幕交易犯罪数额认定方法。具体而言，在内幕交易犯罪案件中，涉案内幕信息公开会引起证券、期货交易价格上涨或者下跌的，行为人在该信息公开之前建仓谋取价格上涨利益或者平仓规避价格下跌风险的，应当直接根据价格上涨收益与规避风险收益认定违法所得。同时还应当看到，证券、期货市场实践操作中，有的内幕交易者在重大信息未公开之前抢先建仓后并没有全部平仓，因此除了将实际套现收益认定为违法所得之外，对于未平仓的浮动收益也应当进行刑法评价。所以，内幕交易违法所得“实际正收益”认定规则在实务中应当重视以下细节与重点。

1. 获利型正收益的认定

对于内幕信息公开后会引发证券、期货交易价格上涨或者下降的，由于相应的做多或者做空交易都可以使行为人谋取实际利润，故其具体的交易方向并不影响违法数额的认定。关键在于判断建仓数额与平仓数额之间的价差。在内幕信息引起价格上涨的情况下，行为人掌握内幕信息直到该内幕信息公开之后的时间里，其建仓买入证券、期货合约且全部平仓卖出的，相关获利价差都是正收益，可以直接认定为违法所得；如果存在部分没有平仓卖出的证券或者期货合约，由于不存在实际获取的正收益，应当在以下第 3 点评估正收益环节另行认定。在内幕信息引起价格下跌的情况下，行为人建仓卖空相关证券、期货合约且全部平仓买入了仓位的，相关获利差价均认定为违法所得；未平仓买入回补部分同样根据评估正收益数额规则另行判定。

2. 避损型正收益认定

内幕交易正收益显然并不局限于实际获取交易利润，持有的证券或者期货合约应当出现亏损而基于内幕信息抢先交易规避损失，实际规避损失数额也是一种正收益。在内幕信息公开对证券、期货合约交易价格产生下跌影响的情况下，行为人基于内幕信息提前平仓卖出证券或者了结期货头寸的，应当首先计算内幕信息公开之后引发证券、期货合约交易价格下降期间的平均价格，其次计算行为人在信息公开前平仓的平均价格，最后将两者的价差认定为内幕交易规避损失的正收益。没有全部平仓的，不存在规避损失的问题，故不能作为内幕交易违法所得处理。

3. 评估正收益的认定

评估正收益是内幕信息持有人基于内幕信息从事证券、期货交易但在案发后仍未平仓部分应当通过评估规则认定为违法所得的犯罪数额。由于没有平仓的证券、期货合约仅存在账面价值，没有实际转化为行为人的现实收益，需要通过评估规则准确评价为可归责的内幕交易违法所得数额。内幕信息引起价格上涨的，未平仓正收益应当是内幕信息对市场产生影响期间的证券、期货合约的平均交易价格与行为人实际建仓平均成本价格之间的价差。内幕信息公开引发价格下降，行为人在内幕信息公开前建仓卖空，尚未平仓部分应当在案发后强行平仓，但该未平仓部分的正收益不能根据平仓数额进行评估，仍然应当根据内幕信息对市场影响期间内平均价格与行为人建仓评价价格之间的价格进行认定。获利正收益与评估正收益相加为内幕交易违法所得总量。

此外，在内幕交易犯罪案件中，内幕信息来源、交易资金供给、证券账户安排、交易实际操作等往往由数个行为人共同实施，内幕交易共犯结构存在很大的差异，有必要建构具有针对性的共犯数额判断规则。根据证券期货犯罪共犯原理，两个以上行为人基于获利目的共同利用内幕信息从事相关证券、期货交易，构成内幕交易共犯。然而，由于金融犯罪共犯数额认定在理论上存在分赃数额、分担数额、参与数额、犯罪总额等不同判断规则，[1]如何根据内幕交易犯罪行为特点确定共犯数额，刑法理论与司法实践中存在很大的认识分歧。

《内幕交易犯罪解释》第9条实际上采用了“微调的”犯罪总额规则，即内幕交易犯罪构成共犯的，按照共同犯罪行为的成交总额、占用保证金总额、获利或者避免损失总额定罪处罚，但罚金刑处罚上，判处各被告人罚金的总额应掌握在获利或者避免损失总额的1倍以上5倍以下。这意味着内幕交易犯罪案件中的每个共犯在定罪与自由刑裁量层面对内幕交易犯罪总额承担责任，仅在适用罚金刑时，将内幕交易共犯违法所得总额作为所有共犯罚金数额的基准，而非对每个共犯判处罚金的基准。

对此，笔者认为，有必要将“修正的”犯罪总额规则作为内幕交易共犯数额的认定依据，即原则上将内幕交易犯罪总额认定为共犯数额，例外情况下以参与数额或者个体违法所得数额作为共犯数额。实践中，内幕交易共犯一般共同谋划内幕交易策略、共同分配违法所得、共同抵抗行政调查与刑事侦查，内幕交易共犯结构中的部分行为人及其行为在整体中不具有可区分性，应当以内幕交易犯罪总额认定共犯数额。有的内幕交易共犯尽管存在明确的事先共谋，但行为主体分别出资、独立交易、自负盈亏，在这种情况下，主犯显然仍然应当对总额承担责任，但从犯的行为及其实际作用具有明显的可区分性，即从犯实施的

〔1〕 参见刘宪权：《金融犯罪数额问题的刑法分析》，载《法学》1998年第11期。

内幕交易行为在总体数额中可以作为一个独立的部分区分出来进行评价，且对于内幕交易共犯社会危害性的增加与强化并不明显，应当以实际参与数额（证券交易成交额或者期货交易占用保证金额）或者个体违法所得认定其犯罪数额。

第六讲

利用未公开信息交易犯罪刑法规制的法律依据

财经媒体早在2000年就以“基金黑幕”为题对基金公司滥用资金管理权与信息优势操纵市场、“老鼠仓”交易等进行专题报道，引发市场、学者、监管层的广泛关注。[1] 实际上，不仅是基金管理公司，而且证券期货公司、信托公司、保险公司等同样具有大量自营交易业务与资产管理业务，其从业人员基于职务便利也掌握大量未公开的证券期货投资决策信息。证券、期货交易所、行业协会甚至是相关监管机构人员，在履行交易服务、行业自律、行政执法等管理性职务过程中同样掌握大量未公开重要信息。但是，由于内幕信息之外的未公开信息的法律监管并没有上升到刑法强度，导致利用未公开信息进行违规交易行为惩防效率较低。《刑法修正案（七）》增设利用未公开信息交易罪，与内幕交易罪一起组成了我国证券期货内线交易犯罪刑法规范体系，进一步严密了打击利用未公开信息违规从事金融交易的刑事法网。《刑法》第180条第4款规定的内幕信息之外的其他重大未公开信息，是与金融商品内在价值无直接关联的、由特定市场资金流动变化而影响金融商品市场价格的外发性信息（例如，基金公司管理的客户资金、保险公司管理的年金账户等买入、卖出股票的信息），其经济价值在于发现特定金融商品短期供求关系变动影响下的预期市场价格与当前供求关系影响下的市场价格之间的价差。利用未公开信息是基于资产管理中应当由权益人独享的重大信息谋取交易利润，行为人违法所得的代价是其所供职的机构或者客户的经济利益损害与市场特定信息利益冲突的违反。利用未公开信息交易犯罪刑法规制的价值在于防控证券、期货市场信息利益冲突，保护投资者合法权益。

现阶段证券、期货市场刑事法律规范理论，对于利用未公开信息交易犯罪的比较研究并不深入，有的文献在对利用未公开信息交易犯罪域外刑事法治进行介绍或者翻译时，甚至直接以外国反内幕交易法作为替代。因此，有必要准确分析中国与域外刑法对于证券、期货市场基于传统内幕信息之外的未公开信息从事非法交易行为进行刑事规制的概况与特点，与我国进行充分比较，在互动性思考中研析我国刑法利用未公开信息交易罪的优点与缺陷，把握此类金融犯

[1] 参见平湖、李箐：《基金黑幕——基于基金行为的研究报告解析》，载《财经》2000年第19期。

罪立法司法发展的脉动。

一、利用未公开信息交易行为犯罪化背景

证券期货犯罪一直是刑法修正案中涉及的重要内容。我国刑法修正案陆续增设了期货犯罪、背信损害上市公司利益罪、违法运用资金罪等证券期货犯罪。此类刑法规定为维护证券、期货市场公平交易秩序起到了极为重要的作用。然而,内线交易犯罪长期以来严重危害金融交易秩序与证券、期货市场健康发展。特别是近年来,违规交易者不仅利用上市公司内幕信息从事内幕交易违法犯罪活动,而且有部分金融机构以及监管机构工作人员,利用职务便利所掌握的影响证券期货交易价格的重要未公开信息,抢先建仓或者卖空相关证券、期货合约,严重侵犯投资者权益、扰乱金融交易秩序、损害证券、期货市场的健康机体。早在21世纪初,吴敬琏等经济学家就揭露过"老鼠仓"等"基金黑幕",只不过当时操纵股市等问题更为突出,使"老鼠仓"问题不太明显。现在,随着对操纵股市等问题的治理力度加大,情况有了很大好转,"老鼠仓"问题就显得极为突出了。〔1〕

金融实践中,以上投摩根唐建、南方基金王黎敏等"老鼠仓"交易为典型的一批利用证券期货未公开信息交易违法案件受到金融监管部门的行政处罚,受到社会各界的广泛关注。〔2〕 2007年,原上投摩根成长先锋基金经理唐建,以其父亲和第三人的账户,于基金建仓前买入了新疆众和股票,获利逾150万元;原南方宝元债券型基金及南方成分精选基金经理王黎敏,使用其父亲的账户在基金建仓半年后买入了太钢不锈股票,获利在百万元左右。唐建、王黎敏因上述违法违规进行证券投资、牟取私利的行为被证监会查处。证监会在没收违法所得152万余元并各处罚款50万元外,还对两人实行市场禁入。〔3〕 这是证监会对基金"老鼠仓"开出的处罚第一单。在当时的法律规范制度架构下,由于我国刑法没有明文规定这类行为构成犯罪,因而难以追究当事人的刑事责任,对"老

---

〔1〕 参见田兴宏、焦焰:《基金"老鼠仓"的法律规制研究》,载《长沙理工大学学报》(社会科学版)2009年第1期。

〔2〕 参见谢潞锦:《唐建:公募基金经理老鼠仓"第一人"》,载《第一财经日报》2007年11月15日,第T24版。

〔3〕 参见黄鑫:《从"老鼠仓"事件谈增设背信罪之必要》,载《中国刑事法杂志》2009年第2期。

鼠仓”的查处也仅止于行政处罚。尽管人们估计，在之前“牛市”下，实际的“老鼠仓”绝不止监管部门发现的这两起，但曝光在大众视野中的“老鼠仓”，确实就只是这两起。而明知自己利益遭受到“老鼠仓”吞噬的基金公司，也宁愿“打碎了牙往肚里吞”，甘愿捂着、藏着，私下里低调处理，也不愿将此等丑闻公之于众。随着我国金融市场的不断发展，“老鼠仓”问题开始成为行业内的毒瘤，不仅危及全行业的健康有序发展，也严重损害到了广大金融投资者的利益。

严重扰乱证券期货交易市场秩序的“老鼠仓”行为之所以无法通过刑法进行震慑，很大程度上是因为中国刑法仅规定了内幕交易罪，对于其他严重损害证券、期货市场交易秩序的违规交易，不能作为犯罪处理，导致无法基于刑法规范对利用未公开信息交易行为进行责任追究。基于此，社会各界纷纷建议设立新的罪名规制此类利用未公开信息实施的违规交易行为。[1]

社会的广泛关注客观上推进了立法机关加速研究通过刑法规制“老鼠仓”的必要性与可行性。在《刑法修正案（七）》的制定过程中，部分全国人大代表和证监会提出，一些证券投资基金管理公司、证券公司等金融机构的从业人员，利用其因职务便利知悉的法定内幕信息以外的其他未公开的经营信息，如本单位受托管理资金的交易信息等，违反规定从事相关交易活动，牟取非法利益或者转嫁风险。这种行为严重破坏了金融管理秩序，损害了公众投资者的利益，应当作为犯罪追究刑事责任。立法者清晰地认识到，“老鼠仓”是当前我国资产管理和代客理财市场的一大顽疾，在基金证券市场比较普遍。“老鼠仓”交易严重破坏金融管理秩序，损害市场的公平、公正和公开，严重损害客户投资者的利益，严重损害金融行业信誉，从而影响投资者对金融机构的信任，到头来也会损害从业人员所在单位的利益，如不严惩，将会严重影响资产管理和基金、证券、期货市场的健康发展。[2] 所以，《刑法修正案（七）》增设了利用未公开信息交易罪，专门针对“老鼠仓”等证券、期货市场中各类不公平的交易行为进行刑法规制。至此，受学界和舆论广泛抨击的证券、期货市场中利用未公开信息交易行为终于有了明确的刑法规制依据。刑法理论界普遍认为，刑法修正案增设利

---

〔1〕 参见于海涛：《基金老鼠仓定性背信行为　司法建议刑上“从业人员”》，载《21世纪经济报道》2008年4月22日，第1版。

〔2〕 参见黄太云：《〈刑法修正案（七）〉解读》，载《人民检察》2007年第6期。

用未公开信息交易罪彰显了刑法对证券、期货市场中出现的新的危害行为进行及时惩防的决心,不仅有利于规范金融行业、保护投资者权益,而且增强了金融犯罪刑法规范的时代性与科学性。[1]

二、利用未公开信息交易行为刑法规制争议

对于是否应当将以"老鼠仓"为典型的利用未公开信息交易行为规定为犯罪,理论与实务界存在两种截然相反的观点。主张非犯罪化的观点认为,"老鼠仓"等行为是证券期货行业的潜规则,特别是由于"老鼠仓"构建的种类多样,流程设计也越来越精良,实际上根本无法根治,因此只能与"老鼠仓"和平共处。[2] 呼吁犯罪化的意见认为,是否将某种行为规定为犯罪,主要取决于行为的主客观方面和刑法本身的价值取向,而与是否能够根除无关,将"老鼠仓"行为犯罪化处理有利于抑制这一行为的蔓延。应该承认的是,只要有利益驱动,部分基金管理公司或证券公司的管理人员一定会想方设法绕开监管,钻法律的漏洞,这并非仅靠刑法就可以解决。但是只要将"老鼠仓"行为犯罪化处理,其威慑作用还是可以起到犯罪的一般预防效果,而钻刑法漏洞本身是需要成本的,增加违法行为成本,也会对违法行为本身起到特殊预防作用。因此,总体看将"老鼠仓"行为犯罪化处理是具有社会积极意义的,而且将"老鼠仓"行为犯罪化处理并不违反罪之谦抑的原则。在立法层次上罪之谦抑原则主要表现在两个方面,即不犯罪化和非犯罪化。所谓不犯罪化,是指那些不具备法益侵害性的行为,或者有一定危害性但是不值得定罪处罚的行为不(或者不应当)被纳入犯罪圈,就是要确立刑法上犯罪概念的定性和定量因素;所谓非犯罪化,是指已经被规定为犯罪的行为,由于社会的发展或观念的变迁已经不再具有社会危害性,或者出于刑法效益的考虑不宜再作为犯罪处理的,立法上作出排除其刑事违法性的过程,以使犯罪圈的设定真正符合既定性又定量的原则。显然从未被规定为犯罪的"老鼠仓"行为不可能基于"非犯罪化"因素被罪之谦抑的概念所涵摄。该种行为侵犯了特定法益,并且基于上文的分析,值得作为犯罪处理,

---

[1] 参见赵秉志:《〈刑法修正案(七)〉的宏观问题探讨》,载《华东政法大学学报》2009 年第 3 期。

[2] 参见冯兆蕙:《"老鼠仓"入罪模式及选择》,载《河北法学》2009 年第 9 期。

因此,将“老鼠仓”行为犯罪化处理并不违反罪之谦抑的原则。[1]

笔者认为,在对“老鼠仓”等利用未公开信息交易行为是否入罪进行讨论时,有必要对这类行为进行界定,即“老鼠仓”行为到底是指什么。只有在对“老鼠仓”行为的认识适用统一标准的前提下,方能展开讨论。“老鼠仓”行为究竟是什么?理论上有“广义说”和“狭义说”两种说法:广义说认为,“老鼠仓”行为表现为以下三种形式:一是身为受托资产管理业务机构的从业人员(以下简称相关从业人员)知道相关大额资金的投资信息,却违背受托人义务,私自买入相关的股票以追求私利的行为;二是相关从业人员违背受托人义务,自己先行买入股票,然后用所管理的基金把股票价格拉升,自己买入的股票通过股价差获利;三是利益输送,即相关从业人员违背受托人义务,故意选择不公平的价格或者不适当的时机交易,让公募基金为私募基金高位接盘,致使公募基金被套牢,私募基金却解套获利。狭义说认为,“老鼠仓”指庄家在用公有资金拉升做庄个股股价前,先用自己个人(亲友团)的资金在低位建仓,再用公有资金将股价拉升到高位,个人仓位率先卖出获利,最后套牢亏损的是机构(公有)和散户的资金。[2] 这种在底部埋仓吃公家粮的行为,与老鼠进粮仓颇为类似,因此被形象地称为“老鼠仓”。

笔者认为,对一个法律现象进行认识或解释时,应遵循“立法原意”。诚然,由于时间的一维性,真正的“立法原意”已经过去,我们很难了解,但至少我们应从业已存在的规范形式出发,推定当时的“立法原意”。既然《刑法修正案(七)》将“利用未公开信息交易罪”规定为《刑法》第180条中的一款,其内涵就应限定在内幕交易、泄露内幕信息罪适用的领域之内。因此,笔者认为“狭义说”的解释较为合理。基于对“狭义说”的赞同,笔者认为将“老鼠仓”等利用未公开信息交易行为入罪是立法上正确的选择,具体理由如下。

第一,从行为的社会危害性角度来看,“老鼠仓”行为具有严重的社会危害性,理应受到刑法规制。综观最近几年发生的“老鼠仓”的案件,一个中等“老鼠仓”的违法所得,都少则千万元,多则上亿元。这种行为严重扰乱了证券市场的投资者权益,影响了证券投资基金在我国的发展。如果任其发展,既不利于推

---

〔1〕 参见黄鑫:《从“老鼠仓”事件谈增设背信罪之必要》,载《中国刑事法杂志》2009年第2期。
〔2〕 参见蔡曦蕾:《“老鼠仓”问题法律应对探析》,载《山东警察学院学报》2009年第2期。

动我国证券市场规模的扩大，也不利于我国证券市场在结构上的优化完善；同时对广大有理财服务和投资管理需求的民众而言，"老鼠仓"行为极容易误导资金的流向和利用，增加投资风险，助长证券、基金市场的投机行为，对我国社会主义市场经济秩序健康、平稳、持续发展形成极大的干扰和破坏，具有犯罪化的必要。

第二，从刑罚的目的角度来看，将"老鼠仓"行为入罪并适用刑法，有利于实现刑法特殊预防和一般预防的功能。正如贝卡利亚所言："只要刑罚的恶果大于犯罪带来的好处，刑罚就可以收到它的效果。这种大于好处的恶果中应该包含，一是刑罚的坚定性，二是犯罪既得利益的丧失。除此之外一切都是多余的，因而也是蛮横的。"〔1〕对潜在的犯罪嫌疑人而言，将"老鼠仓"行为入罪并对犯罪人进行适当的惩罚，能产生很好的震慑和教育作用，使其遵循社会主义市场经济规则行事。从宏观上讲，显然也有助于形成良好的社会主义市场经济秩序，有利于我国金融市场的完善与发展。

第三，从国外立法例的角度来看，利用未公开信息交易行为的犯罪化是证券、期货市场法律监管的趋势。鉴于"老鼠仓"的巨大危害性，美国等西方国家都把"老鼠仓"案件作为刑事案件来处理。犯罪人不仅会被没收违法所得，处以巨额罚款，还会被判处有期徒刑甚至终身监禁。如 2006 年美国证券交易委员会专门负责监控市场的一位律师揭露了一起著名的"老鼠仓"案件，相关责任人被判刑，罚款金额高达 1 亿美元。同时美国各级证券交易机构也设置了市场监管部门，允许知情人、新闻媒体、律师向其举报。举报消息一旦查证属实，举报人可获得占案值 10% 的奖金。正是这种高昂的违法成本和健全的举报机制，有效地抑制了"老鼠仓"案件的发生。日本政府也于 2006 年出台了新法，用以应对日益猖獗的"老鼠仓"犯罪，将情节严重的"硕鼠"的最高刑提高至 5 年，罚款金额也大幅提高。如 2007 年的日本广播公司股票"老鼠仓"案，"村上基金"前经理村上世彰入狱两年，被罚款 12 亿日元（约合 7000 万元人民币）。这是日本迄今为止对"老鼠仓"案件作出的最高罚款判决。〔2〕

综上所述，证券、期货市场的健康、良性发展有赖于公平竞争的市场环境，

〔1〕 [意]贝卡利亚：《论犯罪与刑罚》，中国大百科全书出版社 1993 年版，第 42 ~ 43 页。
〔2〕 参见黄鑫：《抑制证券、期货市场"老鼠仓"行为之法律思考》，载《金融与法》2009 年第 2 期。

而利用未公开信息进行证券、期货交易则使不同的投资者在信息完全不对称的情况下进行交易，这极大地损害了证券、期货市场的公平性，从根本上动摇了证券、期货市场的根基。因此，本罪的立法有利于充分保护广大基金投资者的合法权益，严密证券、期货市场监管，促进我国证券、期货市场健康、稳定发展。

三、利用未公开信息交易犯罪刑法规制的价值定位

深入探究利用未公开信息交易罪的立法价值，能够从宏观上把握利用未公开信息交易罪的实质，不仅有利于指引本罪构成要件与疑难问题的理论阐释，而且能够帮助实务人员深刻洞悉本罪的实践价值。笔者认为，利用未公开信息交易罪对于证券、期货市场交易机制的保障具有重大的立法价值。

（一）维护证券、期货市场交易秩序

公平、公正、公开的证券期货交易能够为实体经济发展筹措大量资金，根据市场资本自由流动的实际效果反映金融资产的供求关系，实现价格发现功能，指导投资者理性配置资产。理论上，一个没有证券期货犯罪、秩序井然的证券、期货市场能够最大限度地降低交易成本且最大限度地发挥金融服务实体经济的功能。但是，金融实践中始终存在利用未公开信息交易罪等内线交易犯罪。以经济学视角分析，此类内线交易犯罪行为增加了证券发行者筹集资本与市场主体参与期货合约的成本，扰乱了金融交易秩序，从而阻碍了实体经济的增长。[1]

证券、期货、基金公司等金融机构在证券、期货市场中扮演着金融服务者、交易参与者等多重角色，且由于金融机构具有资金、信息优势，金融机构从业人员利用职务获取对金融交易价格具有重大影响的未公开信息有针对性地买卖证券、期货合约，侵犯了证券、期货市场金融交易的公平秩序。具有金融市场监管职能的部门制定金融政策、实施金融执法等行政行为更是会对具体或者整体证券期货交易价格产生系统性影响，监管部门工作人员利用职务便利获取未公开的政策信息、执法信息从事相关证券期货交易，对市场秩序扰乱程度更深。利用未公开信息交易罪正是对这些严重扰乱金融交易秩序行为的预防与惩罚，

---

〔1〕 See Utpal Bhattacharya、Hazem Daouk, "The World Price of Insider Trading", *The Journal of Finance*, Vol. LVII, No. 1, 2002.

规范、指导、调整金融从业人员与监管人员的行为。

(二)捍卫证券、期货市场投资者权益

由于难以直观地发现内线交易犯罪如何具体地侵犯投资者的财产性权利,日本刑法理论有观点主张,内线交易犯罪属于无被害人犯罪。[1] 我国刑法理论一般认为,证券、期货市场的特征决定了证券期货犯罪均基于经济利益而实施,非法利益的获取必然以牺牲证券、期货市场投资者权益为代价。[2] 按照日本学者的意见,利用未公开信息交易罪等内线交易犯罪的保护法益就只能是金融交易秩序而不是投资者权益。按照我国学者的观点,金融交易秩序与投资者权益保护密切相关,内幕交易犯罪侵犯了投资者的平等交易权利,而投资者一旦丧失平等交易权,证券期货交易局面必然混乱,故内幕交易犯罪侵犯的客体应当包括投资者合法权益。[3]

笔者同意利用未公开信息交易罪、内幕交易罪等内线交易犯罪的客体包括证券、期货市场投资者合法权益的意见。投资者之所以选择参与金融交易,原因在于信任证券期货交易的公平性。而行为人利用因职务获取的证券、期货市场一般投资者所不掌握的重大未公开信息从事违规交易,不仅是利用不公正、不平衡的信息优势侵犯与其交易品种相同、交易方向相反的投资者权益,更是破坏了投资者对金融机构、监管部门及整个金融行业从业人员的信赖。全球金融危机之后,美国于2010年实施《多德—弗兰克华尔街改革与消费者保护法案》(以下简称《金融改革法案》)。《金融改革法案》对公司治理、信用评级、资产证券化、银行监管、金融消费以及投资者保护、系统性风险控制等问题设置了全新的监管框架,其中最为重要的就是凸显金融产品消费者以及投资者权益的法律保护——《2010年投资者保护与证券改革法》(Investor Protection and Securities Reform Act of 2010)。这体现了全球证券、期货市场在金融危机之后强化投资者保护的趋势。我国刑法增设利用未公开信息交易罪,完善证券期货内线交易犯罪刑法规范体系,为证券、期货市场投资者合法权益构筑了最后一道且

---

〔1〕 参见李运平、王金贵:《全球化背景下的金融犯罪问题国际学术研讨会综述》,载《人民检察》2007年第19期。

〔2〕 参见刘宪权:《证券期货犯罪的刑事立法及其完善》,载《法学》2004年第5期。

〔3〕 参见刘宪权:《证券期货犯罪理论与实务》,商务印书馆2005年版,第316页。

最为有力的保护屏障。

(三)强化金融从业人员职务忠诚

金融机构从业人员应当根据其职责要求依照法律以及单位规章制度履职,禁止从事违背忠实义务或者损害金融机构利益的行为;监管部门或者行业协会工作人员接受单位授权对金融行业进行监督管理,不得利用职务便利非法谋取私利。根据美国联邦最高法院判例,从行为人利用职务掌握实质性未公开信息之时起,其便对信息来源的公司承担忠实与守信义务,一旦利用该实质性未公开信息从事证券交易,便是违背了忠信义务,构成证券欺诈。[1] 该判例所包含的内线交易犯罪忠信理论的启示是,无论金融机构从业人员还是监管机构工作人员,其基于职务便利掌握的未公开信息,应当运用于职务行为,不能利用未公开信息为自己从事相关证券期货交易谋取利益。证券、期货市场中的未公开信息对于证券期货交易秩序具有重要影响,职务者基于私利滥用未公开信息,不仅损害了整体市场秩序,而且侵害了单位利益与声誉。金融机构或者监管机构中能够接触此类信息的职务者应当具有更高的忠诚义务标准。因此,利用未公开信息交易罪从刑法的高度设置禁止利用因职务便利获取的未公开信息从事相关证券期货交易的严格要求,有利于强化保护金融机构或者监管机构工作人员的职务忠诚。

---

〔1〕 United States v. O'Hagan, 521 U.S. 642 (1997).

第七讲

利用未公开信息交易犯罪构成要件

利用未公开信息交易罪的犯罪对象是内幕信息之外的其他重大未公开信息，其实行行为包括行为人直接利用未公开信息从事相关证券期货交易或者建议他人从事相关交易活动两种方式，犯罪主体包括金融机构从业人员与监管机构工作人员两种类型，本罪的主观方面表现为故意。由于利用未公开信息交易罪各个构成要素均属于刑法规范体系中的全新表述，有必要对本罪的构成特征进行论证与分析，从而为司法实践提供一个可供操作的利用未公开信息交易罪法律规格。

一、利用未公开信息交易犯罪的行为对象

《刑法》第 180 条第 4 款将利用未公开信息交易罪的犯罪对象规定为"内幕信息以外的其他未公开的信息"。未公开信息是证券期货犯罪体系中的一个崭新概念。在立法机关设置利用未公开信息交易罪之前，证券期货违法犯罪语境下的未公开信息并不是一个确定的法律概念。与内幕信息不同，未公开信息的司法认定并没有相关的前置性行政法律、法规、规章等规范基础可以作为判断依据。由于刑法条文仅对未公开信息的外延（内幕信息以外）进行了原则性规定，未公开信息的内容、范围、特征、实质等完全处于不确定状态，极易造成刑法适用上的混乱。

刑法理论上，对于未公开信息的定义主要有以下几种观点：第一种观点认为，"内幕信息以外的其他未公开的信息"，主要是指资产管理机构、代客投资理财机构即将用客户资金投资购买某个证券、期货等金融产品的决策信息。[1] 第二种观点认为，未公开信息，是指对证券、期货市场价格变动具有重要影响且在依法披露前限于少数人知悉的未来投资经营信息。[2] 第三种观点认为，未公开信息是指证券期货交易活动中，内幕信息以外的其他对证券、期货的市场价格

〔1〕 参见黄太云：《〈刑法修正案（七）〉内容解读（一）》，载《人民法院报》2009 年 4 月 8 日，第 6 版；卢勤忠：《基金犯罪研究》，北京大学出版社 2010 年版，第 279 页；卢勤忠：《利用未公开信息交易罪的认定》，载《政法论丛》2010 年第 1 期。

〔2〕 参见缑泽昆：《〈刑法修正案（七）〉中"老鼠仓"犯罪的疑难问题》，载《政治与法律》2009 年第 12 期。

有重大影响的尚未公开的信息。[1]

笔者认为,上述意见不同程度地对未公开信息的特征进行了概括,但在核心环节上均没有对未公开信息的实质特性进行重点把握,具体分析如下。

第一种观点强调未公开信息是资产管理机构即将用客户资金投资金融产品的决策信息,不仅将其局限于客户资金对应的投资决策信息,而且认为未公开信息是即将产生的信息,具有"未然性"。实际上,未公开信息也可以是金融机构利用自有资金投资金融产品的信息,不必限制于客户资金的狭隘范围。同时,更重要的是,未公开信息还可以是业已形成的信息,不能否定其亦可具有"实然性"的特点。

第二种观点突出未公开信息属于投资性经营信息的特点。但是,并非只有投资性信息才能认定为内幕信息以外的其他未公开信息。例如,证券公司研究部工作人员在某公司证券投资分析报告已经制作完毕但尚未公开的情况下,利用职务便利获取其中的分析数据与研究信息,买卖相关公司的股票。此时,该份某公司证券投资分析报告显然属于内幕信息以外的其他未公开信息,但其并不具有投资性,而是属于研究性经营信息。故没有必要将未公开信息框定在投资性经营信息的范围内。此外,由于金融监管部门工作人员利用职务便利获取与证券期货相关的执法信息从事证券期货交易同样构成本罪,所以,未公开信息不局限于经营信息,监管信息也应当纳入未公开信息的范围。

第三种观点模糊地归纳了未公开信息具有未公开性、价格敏感性等特征,实际上是重复了刑法条文的规定,属于简单的概念整合,对于司法实务分析判断基本没有指导价值。

笔者认为,未公开信息既可以是金融机构开展金融业务过程中的经营信息,也可以是形成于上市公司内部但相关法律法规没有明文规定将其纳入内幕信息范围且对上市公司股票走向具有重大影响的价格敏感信息,还可以是金融监管部门、证券期货交易所以及行业协会在行政执法、业务指导、交易管理、行业自律监督过程中掌握的监管信息、管理信息或者行业信息,甚至可以是利率、

[1] 参见赵秉志:《简析〈刑法修正案(七)〉的若干热点罪名》,载《法制日报》2009年10月21日,第12版;赵斌、曹云清:《利用未公开信息交易罪若干问题研究》,载《江西公安专科学校学报》2009年第4期。

汇率、税收等宏观调控政策信息等。因此，利用未公开信息交易罪中的“内幕信息以外的其他未公开的信息”是指，不为公众所知悉，对相关证券期货交易价格有重要影响，金融机构、监管部门以及行业协会按照规定采取规范管理的投资经营、技术分析、监督管理、行业资讯、调控政策等信息。

二、利用未公开信息交易犯罪的客观行为

根据《刑法》第 180 条第 4 款的规定，利用未公开信息交易罪的客观行为表现为，行为人实施了利用职务便利获取的内幕信息以外的其他未公开的信息，违反规定，从事与该信息相关的证券交易活动，或者明示、暗示他人从事相关交易活动，情节严重的行为。

其中的“违反规定，从事与该信息相关的证券交易活动”，不仅包括证券投资基金法等法律、行政法规所规定的禁止基金等资产管理机构的从业人员从事损害客户利益的交易等行为，而且包括所有证券、期货市场监管法律法规以及证监会发布的禁止金融机构从业人员从事违背受托义务的利用未公开信息交易活动等行为。利用未公开信息交易行为一般表现为，金融机构从业人员或者金融监管机构人员在市场一般投资者买入证券或者其衍生品、期货或者期权合约等金融产品前，自己先行买入，或者在市场一般投资者对其投资的基金卖出前，自己先行卖出等行为。同时，构成利用未公开信息交易罪还可以采用明示或暗示他人从事买卖证券、期货合约的行为。当然，利用未公开信息交易行为必须达到“情节严重”的程度，才能构成犯罪。“情节严重”的标准应当根据司法解释规定的追诉标准予以确定。

三、利用未公开信息交易犯罪的行为主体

根据《刑法》第 180 条第 4 款的规定，利用未公开信息交易罪的犯罪主体仅限自然人，具体分为两种类型：(1)金融机构从业人员。包括证券交易所、期货交易所、证券公司、期货经纪公司、基金管理公司、商业银行、保险公司等金融机构的从业人员。(2)监管机构工作人员。包括中国人民银行、证券监督管理委员会、银行业监督管理委员会、保险监督管理委员会等有关承担监管职责的部门的工作人员以及中国证券业协会、期货业协会、保险行业协会等承担自律性管理职能的协会的工作人员。

由于我国金融市场运行机制正处于不断完善的阶段，金融服务与金融监管体系相对复杂，导致金融机构从业人员与监管机构工作人员主体的定位、辨识、认定等存在一定的模糊与混乱。有必要通过利用未公开信息交易罪的犯罪主体研究明确框定构成本罪的主体范围，同时在利用未公开信息交易罪的主体进行类型化分析的基础上，深度透视此类犯罪形成与发展的核心环节。

（一）金融机构从业人员

利用未公开信息交易罪中的金融机构从业人员牵涉证券、期货、保险等各大金融行业及其从业人员管理制度，有必要框定金融机构的范围、对有关金融机构进行细化说明以及明晰从业人员判断标准。

1. 金融机构的基本范围

《刑法》第 180 条第 4 款已经通过明示方式规定了证券期货交易所、证券期货公司、基金公司、商业银行、保险公司中的从业人员可以构成本罪的犯罪主体。但利用未公开信息交易罪中的“金融机构”显然并非严格局限于上述范围，有必要对其他金融机构进行梳理。实际上，在具体金融服务活动中生成与控制未公开信息的金融机构均可归入利用未公开信息交易罪中“金融机构”的范畴，除了本罪条文明确列举的金融机构之外，还包括信托公司与财务公司。

根据《信托法》及 2007 年银监会《信托公司管理办法》的规定，信托公司是以营业和收取报酬为目的，以受托人身份承诺信托和处理信托事务的金融机构。信托公司从事证券信托、基金投资、证券承销等与证券期货交易有关的金融业务，掌握了大量影响金融产品交易价格的未公开信息。信托公司从业人员利用信托资产管理、基金投资运作过程中获取的未公开信息从事个人谋利交易，损害信托权益人利益的，属于典型的利用未公开信息交易犯罪行为。《刑法》第 180 条虽然没有明示性地罗列出信托公司，但信托公司显然应当纳入利用未公开信息交易罪中的“等金融机构”范围。

根据《公司法》及 2006 年银监会《企业集团财务公司管理办法》的规定，财务公司是以加强企业集团资金集中管理和提高企业集团资金使用效率为目的，为企业集团成员单位提供财务管理服务的非银行金融机构。由于财务公司有权向银监会申请从事证券投资业务，故其从业人员利用证券、期货市场未公开信息实施违规交易的，同样构成利用未公开信息交易罪。

2. 若干金融机构的具体分析

虽然利用未公开信息交易罪刑法条文明确了作为本罪主体的金融从业人员所属的各类金融机构，但由于金融机构体系与内容本身的复杂性，仍有必要对本罪实践中容易出现混淆、遗漏的若干金融机构类型进行具体说明：一是关于“期货交易所”。2010 年我国证券、期货市场推出沪深 300 指数期货交易品种。故除了传统的商品期货交易所之外，本罪中的期货交易所还包括金融期货交易所。二是关于“证券公司”。利用未公开信息交易罪中的“证券公司”，不仅指根据《公司法》《证券法》《证券公司管理办法》成立的经营证券（经纪、自营、承销、财务顾问、投资咨询、资产管理等业务）的券商，[1]还包括证券登记结算公司、证券资信评级公司以及各类国际投行等合格境外投资者（QFII）。三是关于“期货经纪公司”。本罪刑法条文的表述是“期货经纪公司”，单纯从刑法规范文义解释角度分析，只有期货经纪公司从业人员才能成为利用未公开信息交易罪的主体，而从事投资咨询业务、资产管理业务的期货公司从业人员无法构成本罪主体。但是，《期货交易管理条例》明确规定期货业务还包括咨询业务以及期货监督管理机构规定的其他业务。从我国期货公司的实际情况来看，“期货有限责任公司”与“期货经纪有限公司”的注册量也基本相当。[2] 同时，从事期货经纪业务之外的期货投资咨询业务、资产管理业务的期货公司人员掌握着大量客户交易信息及与证券期货投资关联的未公开信息，此类期货公司从业人员显然应当纳入利用未公开信息交易罪的主体范围。因此，在对“期货经纪公司”进行刑法解释的过程中，应当以延展性的视角将其内涵合理确定为所有期货公司而不能局限于仅从事商品、金融期货经纪业务的期货公司。

3. 从业人员的判断标准

作为利用未公开信息交易罪的行为主体，金融机构从业人员具有明确的规范性内涵，即必须按照法律、法规、部门规章等规范性文件判断相关主体是否属于在依法从事金融业务的单位中从事具体金融业务的专业人员。

金融机构中与实际金融业务无关的非专业性工作人员不能构成利用未公

---

〔1〕 有的证券公司将咨询业务、资产管理业务拆分后成立的证券投资咨询公司、证券资产管理公司，应当属于本罪中的证券公司。

〔2〕 关于我国期货公司信息情况，参见中国期货业协会网站期货公司公示系统，载 http://www.cfachina.org/infodisclosure.php，最后访问日期：2011 年 1 月 11 日。

开信息交易罪的犯罪主体。例如,金融机构中的文秘、复印员、保洁员、资料保管员等工作中可能接触重要信息的人员,可以成为内幕交易罪中的信息非法获取者,[1]由于其显然不是金融从业人员,即使这类人员获取未公开信息且从事金融交易,也无法认定为利用未公开信息交易罪,只能根据侵犯商业秘密罪进行法律评价。

金融机构从业人员的判断应当基于实质性标准而非形式化尺度。我国对各类金融机构从业人员均设定了资格管理制度,任何人必须通过考试取得证券、期货、保险等行业的从业资格才能在金融机构中从事相关金融业务。[2] 但这并不意味着形式上的金融从业资格是金融机构专业人员构成利用未公开信息交易罪主体的必要条件。由于部分金融行业尚未建立起全面的从业资格管理制度,且有的金融机构存在无证上岗等违规操作问题,故实践中分析相关主体是否属于金融机构从业人员,必须进行实质判断,事实上从事专业性金融业务的人员,应当认定为金融机构从业人员。

(二)监管机构工作人员

《刑法》第180条第4款的表述为"有关监管部门或者行业协会的工作人员",如何合理解释"有关"所指向的具体范围,有必要结合我国金融监管体制及其运作实践进行分析。

1. 有关监管部门工作人员的界定

有关监管部门显然包括直接负责金融监管职能的机构,主要是中国人民银行、证监会、银监会、保监会及其各地派出机构。由于我国金融行业具有多头监

---

〔1〕 内幕交易刑法理论与司法实践对此问题仍有争议。肯定的意见认为,非法获取应作宽泛解释,其意指不该获得而获得,故上述"中性人员"属于内幕交易罪的主体。参见陈海鹰、朱卫明、叶建平:《泄露内幕信息罪、内幕交易罪的若干问题探析——由"杭萧钢构案"展开》,载《法治研究》2008年第3期;刘宪权:《证券期货犯罪理论与实务》,商务印书馆2005年版,第349~351页。否定的意见认为,偶然、被动、消极地获取内幕信息的人员不属于内幕交易罪的主体,无论其是否进一步从事证券期货交易。参见最高人民检察院法律政策研究室、中国证券监督管理委员会法律部编著:《证券期货犯罪司法认定指南》,中国人民公安大学出版社2009年版,第49页;李宇先、贺小电:《证券犯罪的定罪与量刑》,人民法院出版社2009年版,第159~160页。

〔2〕 相关金融机构从业人员资格管理规定参见《证券业从业人员资格管理办法》《期货业从业人员资格管理办法》《基金从业人员资格管理暂行规定》《保险资产管理从业人员管理办法》等。

管的特点,其他承担部分金融监管职能的部委也应当属于有关监管部门。例如,财政部金融司的职责范围涵盖了:协调执行货币政策;拟订并监督执行银行、保险、证券、信托等非银行金融机构的资产与财务管理制度;对主权信用进行评级等。[1] 上述金融监管职责不仅直接影响金融政策进而作用于证券、期货市场,而且涉及相关金融机构资产配置信息,相关工作人员利用此类政策信息与监管信息,可以从事相关金融交易谋取个人利益。因此,发改委、财政部、审计署及其派出机构等承担部分金融监管职能的机构,也属于利用未公开信息交易罪中的"有关监管部门"。

根据法律法规规定不具有金融监管职能的行政机构工作人员是否当然地排除在利用未公开信息交易罪的犯罪主体之外?对此笔者持否定意见。因为"有关"并不是指监管机构与金融监管之间的关联性,其本质上代表的是监管机构所承担的监管职责与证券期货产品交易价格之间的相关性。没有金融监管职能的行政机构也可能通过行政监管行为直接影响证券期货产品的交易价格。例如,上市公司紫金矿业因严重环境违法行为被福建省环境保护厅处以956万余元罚款的行政处罚。[2] 由于该行政处罚数额远远低于紫金矿业年净利润与证券、期货市场对该事件的预期,消除了环境污染事故对其盈利预期所产生的不确定性,紫金矿业A股当日封住涨停,2010年9月底至10月中旬紫金矿业A股与H股分别累计上涨约50%和35%。[3] 可见,不具备金融监管职责的行政机构的执法信息同样能够对证券市场价格产生重大影响,在执法信息未公开前利用此类监管信息从事金融产品买卖,具有相当严重的社会危害性。

所以,对利用未公开信息交易罪中"有关监管部门"的范围进行解释,不能将"有关监管部门"简单等同于与金融监管有关的行政机构,而应当以一种开放性的解释视角研判相关行政机构的具体监管职责与行政行为是否能够实质上影响特定证券期货产品的交易价格。行政机构因行使具体监管职能对特定证

---

[1] 财政部金融司主要职责参见财政部网站公布的政务信息,载 http://jrs.mof.gov.cn/zhengwuxinxi/ guanyuwomen/zhongyaozhineng/200805/t20080522_33463.html,最后访问日期:2011年1月12日。

[2] 参见徐锐、邱江:《紫金矿业被罚款近千万元》,载《上海证券报》2010年10月8日,第5版。

[3] 参见童芬芬:《"环保门"企业的利益跷跷板》,载《中华工商时报》2010年10月15日,第7版。

券期货交易走向产生实际作用与影响效果的，应认定属于本罪中的“有关监管部门”，其工作人员利用职务便利获取相关执法信息从事金融交易的，完全应当纳入利用未公开信息交易罪的主体范围。这种金融犯罪刑法解释的内在逻辑及结论，不仅符合行政监管信息与证券、期货市场反映之间的互动关系，而且有利于对滥用行政监管信息从事金融交易谋取私利的行为进行有效震慑。

2. 有关行业协会工作人员的确定

中国证券业、期货业、保险业、银行业、信托业协会及其地区性协会等属于接受金融主管部门监督管理与业务指导的自律性金融行业协会，它们根据行政法规、金融主管部门的规章及规范性文件，主要负责各类金融信息的收集、管理与交流，对金融机构会员进行管理、监督、检查及服务。上述行业协会工作人员属于利用未公开信息交易罪的犯罪主体。

在对本罪中“有关行业协会”的范围进行解释时，同样不能忽略无法归类于金融领域的行业协会。虽然有的行业协会的会员并非金融机构，其主管单位亦非金融监管机构，但其在履行行业自律性监管职能过程中掌握着大量与金融产品交易市场（特别是商品期货市场）具有密切关系的行业信息。例如，中国有色金属工业协会、中国农产品市场协会等行业协会，其主要职责包括了根据政府主管部门的授权与委托，开展行业数据统计调查，采集、整理、加工及分析行业信息。[1] 此类行业信息准确反映了有色金属、农产品等供求基本情况，对于我国期货市场中铜、锌、棉花、白糖等大宗商品期货交易价格具有重要影响。此类行业协会中的工作人员，在决定大宗商品期货交易价格变动的行业信息处于保密阶段时，利用行业信息优势从事私利交易或者违规抢先将信息提供给他人的，也应依据利用未公开信息交易罪追究其刑事责任。所以掌握金融产品交易价格关联信息的非金融领域行业协会工作人员，属于利用未公开信息交易罪的主体。

（三）行为主体的立法完善

根据《刑法》第180条第4款的规定，只有“金融机构”的从业人员可以构成

〔1〕 中国有色金属工业协会、中国农产品市场协会主要职责分别参见其官网的协会简介，载：http://www.chinania.org.cn/web/xiehui/xhjj.html，最后访问日期：2015年3月1日；http://www.chama.agri.gov.cn/xhqk/t20071213_784880.htm，最后访问日期：2015年3月1日。

利用未公开信息交易罪,"非金融机构"的从业人员不是本罪的犯罪主体。但是,在金融市场从业人员中,非金融机构从业人员同样能够利用职务便利接触未公开信息进而利用该信息实施相关的证券期货交易。例如,从事证券法律服务、证券审计服务的律师、会计师等不仅能够接触大量上市公司的内幕信息,而且其证券法律服务、审计服务范围包括负责证券投资基金募集管理、拟订证券公司集合资产管理计划、出具证券公司、证券投资基金公司审计报告等多项能够接触内幕信息之外的其他未公开信息的业务。

因此,利用未公开信息交易罪的犯罪主体要件的范围,有必要根据金融行业各类结构及其从业人员的职务便利与未公开信息的接触程度进行设置。金融行业中能够接触未公开信息的主体均应纳入利用未公开信息交易罪的主体范围,不能局限于金融机构从业人员。

同时,利用未公开信息交易罪的犯罪主体还包括监管机构工作人员,但该类工作人员必须隶属于"有关"主管部门或行业协会。在社会公众对于"有关"部门的用语规范性、明确性、合理性已经提出普遍质疑的背景下,利用未公开信息交易罪的主体要件仍然使用"有关"这一模糊限定,不仅在刑法规范用语明确性层面存在疑问,而且导致利用未公开信息交易罪的规范含义无法涵盖具有较大社会危害性的行为。

实践中,不只是"有关"监管部门工作人员能够利用直接性的职务便利接触未公开信息,"无关"部门的公职人员同样可以基于其重要职权、地位及影响形成的便利条件,从"有关"监管部门工作人员处获取未公开信息。利用未公开信息交易罪的刑事可罚性基础之一便是行为人实施的违规交易违背了职务忠诚义务,故利用未公开信息交易罪属于职务犯罪在金融领域的一种表现形式。在职务犯罪领域,构成受贿罪不仅可以是基于利用职务便利的直接受贿(《刑法》第 385 条),而且可以是利用本人职权或者地位形成的便利条件的斡旋受贿(《刑法》第 388 条第 1 款),甚至可以是利用其他国家工作人员职务行为的利用影响力受贿(《刑法》第 388 条第 2 款)。而在利用未公开信息交易罪现有的刑法规范评价框架下,对于"无关"部门的公职人员利用其职权、地位及影响力形成的便利条件,通过"有关"监管部门工作人员获取未公开信息,从事相关证券期货交易的行为,无法进行刑事归责。刑法理论与实践中有观点认为,可以通过共犯追究其利用未公开信息交易罪的刑事责任。但是,如果没有相关证据能够证明存在共谋与分取交易利益，"有关"主管部门工作人员将未公开信息告知"无关"部门的公职人员，前者构成建议型利用未公开信息交易罪，后者属于被建议者，仅可追缴违规交易所得，不能认定其构成利用未公开信息交易罪。但是，相对于有关监管机构工作人员而言，此类"无关"部门的公职人员利用未公开信息从事非法交易对证券、期货市场交易公平秩序的破坏及其对职务权力的滥用有过之而无不及。

所以，笔者认为，基于未公开信息可以借助不同形式的职务便利、职权、地位以及职务影响力进行恶性传递的特点，有必要将利用未公开信息交易罪的第二类主体即监管机构工作人员进一步完善为国家工作人员，使国家工作人员利用因职务便利、职权或者地位、职务影响力所形成的便利条件获取未公开信息并从事相关证券期货交易活动的行为，能够根据利用未公开信息交易罪进行公正评价。

四、利用未公开信息交易犯罪的主观罪过

以利用未公开信息交易罪为代表的证券期货内线交易犯罪，其本质上是以欺诈手段违规侵犯证券、期货市场金融交易的公平性，其欺诈性、违规性的罪质特征决定了其当然地属于故意犯罪。故意犯罪的基本定位能够使利用未公开信息交易犯罪与利用未公开信息交易违法之间形成明确的界限。[1] 同时，区分直接故意与间接故意对于利用未公开信息交易罪而言并没有理论意义与实践价值。刑法规范没有限定利用未公开信息交易罪属于直接故意犯罪（以获取利益或者规避损失为目的），故其故意内容比较宽泛——行为人明知其利用职务便利获取未公开信息从事或者建议他人从事相关证券期货交易对证券、期货市场公平交易秩序制造了不容许的风险却仍然实施该种行为。实践中，获取利益或规避损失的主观目的往往在利用未公开信息交易犯罪数额认定中客观体现，无须控方就主观目的（直接故意）进行证明。因此，在刑法理论上对利用未公开

---

〔1〕 在英美刑法内线交易犯罪理论中，犯罪故意（willfulness）甚至是内线交易犯罪与违法（侵权）之间的唯一界限。参见 Kathleen F. Brickey, *Corporate and White Collar Crime: Cases and Materials*, ASPEN PUBLISHERS, INC., 2002, p. 204; Wendy G. Couture, "White Collar Crime's Gray Area: The Anomaly of Criminalizing Conduct Not Civilly Actionable", *Alabama Law Review* 72, 2009, p. 1.

信息交易罪进行故意犯罪的基础定位依据充分且无深究直接或间接故意的必要，关键在于对违法性认识问题作进一步的刑法原理阐释。

由于金融法律规范体系极为庞杂，对于部分证券期货交易合规性问题，法律专业人士尚且存在争议，要求非法律专业的金融机构从业人员、监管部门或者行业协会工作人员对自身行为的违法性具有具体的认识，显然过于苛求。在刑法理论上，不知法律不免责原则已经在法定犯层面得以修正，法定犯中需要行为人具备违法性认识。[1] 在利用未公开信息交易罪中，金融机构从业人员、监管部门或行业协会工作人员对于自己行为的违法性应当具有认识，但不要求证明行为人认识到具体违反法律。因此，利用未公开信息交易罪的违法性认识具有概括性特征。

由于金融机构从业人员、有关监管部门或行业协会工作人员属于金融专业人员，且利用未公开信息交易罪属于职务型犯罪，行为主体的身份与职务特质决定了司法实践可以合理推定其对哪些利用未公开信息交易行为属于违反规定具有专业性认知。该种司法推定的合理性依据还在于，金融实务领域相对于其他社会经济活动环节而言，其合规性管理极为严格，在金融机构、金融监管单位、金融行业协会等组织体系内建构了相对完备的合规实体规范与合规执行程序，利用未公开信息交易罪中规定的行为主体在实践中都需要按照单位合规管理的要求进行业务操作。故利用未公开信息交易罪违法性认识推定规则具有较强的合理性。

需要引起注意的是，实践中一直有观点认为，利用未公开信息交易罪等证券期货犯罪属于目的犯，尽管在条文中没有明确表述，但“盈利”或者“减少、避免损失”作为条文的隐性要件暗含其中，如果没有“盈利”或“减少、避免损失”就不应该构成利用未公开信息交易罪。从司法实践中的实际情况来看，确实存在这样的事实，即证券交易所、期货交易所、证券公司、期货经纪公司、基金管理公司、商业银行、保险公司等金融机构的从业人员以及有关监管部门或者行业协会的工作人员利用未公开的信息从事与该信息相关的证券、期货交易活动，往往是为了使本人或者其亲友“盈利”或者“减少、避免损失”，但结果是不但没有盈利或者减少、避免损失，反而自己也被“套住了”。

---

〔1〕 参见于洪伟：《违法性认识理论研究》，中国人民公安大学出版社 2007 年版，第 31 页。

从犯罪构成理论的角度分析,目的犯之目的是故意之外的主观要素,它与故意之内的目的是有所不同的,对此应当加以区分。[1] 笔者认为,此处“盈利”或者“减少、避免损失”是故意之内的目的,更确切地说是一种动机。相同的犯罪目的可能有不同的犯罪动机,相同的犯罪动机也可能产生不同的犯罪目的,进而实施不同的犯罪行为,符合不同的犯罪构成。因此,犯罪动机不是犯罪构成的必要要件。“盈利”或者“减少、避免损失”这一动机对是否构成本罪没有影响。另外,在证券、期货市场中,决定是否实际盈利的因素多且复杂,除了自身的原因外,还受大盘、政策、市场资金充裕程度、欧美股市的走势等因素的影响。[2] 因此,尽管行为人以盈利或避免损失为目的利用未公开信息进行交易,但由于诸多因素的影响,也可能出现与其主观预期相违背的结果。只要行为人的交易行为完成了,且达到了情节严重的程度,就应当以本罪追究其刑事责任。

---

〔1〕 参见陈兴良:《走向规范的刑法学》,法律出版社 2008 年版,第 213 页。

〔2〕 赵斌、曹云清:《利用未公开信息交易罪若干问题研究》,载《江西公安专科学校学报》2009 年第 4 期。

第八讲

利用未公开信息交易犯罪司法判断规则

利用未公开信息交易罪在司法实务中存在一系列疑难问题。例如,如何辨识未公开信息的特点及其与内幕信息的区别?利用未公开信息交易行为是否"违反规定"?行为人是否基于职务便利获取未公开信息?从事的证券期货交易是否与未公开信息相关?因此,有必要综合运用证券期货犯罪刑法原理与金融知识论证上述疑难问题的司法判断规则,使利用未公开信息交易罪不只是停留在理论评价层面,而且能够在实践中真正得以充分适用。

一、未公开信息司法判断规则

未公开信息的认定无疑是利用未公开信息交易罪中最为重要的问题之一。"内幕信息以外的其他未公开的信息"这一刑法文字表述在规范解释层面存在明显的不确定性,导致司法实务中较难精准地认定行为人从事相关证券期货交易所利用的是否属于未公开信息。因此,在刑法理论上极有必要细致地分析未公开信息的特征,为司法实务部门认定未公开信息提供参考标准。同时,刑法司法解释亦应当尽快对未公开信息的内容与范围进行明确规定。

(一)未公开信息特征的把握

从《刑法》第 180 条第 4 款的规定来看,"未公开信息"应具备以下基本特性:一是差别性,即未公开信息必须是内幕信息之外的其他信息;二是未公开性,即"未公开信息"尚未通过法定渠道或其他以公众熟知的方式向社会大众和广大投资者公布;三是关联性,即"未公开信息"必须是与证券、期货合约的市场价格有关的重大信息,而不能是其他一切信息;四是价格敏感性,即"未公开信息"对于证券、期货合约的价格具有重要影响;五是可利用性,即"未公开信息"被行为人掌握后,行为人或其亲友可从中受益。在上述"未公开信息"的 5 个特性中,尤为值得探讨的是未公开性与价格敏感性。

1. 未公开性

未公开性是指,金融机构、监管部门以及行业协会按照规定采取规范管理的投资经营、技术分析、监督管理、行业资讯等信息未在公开市场上被公布或者尚未被证券期货投资者知悉。未公开信息处于秘密状态时,该信息的使用、管理等必须按照规定进行操作。此类信息一旦按照规定进行公布或者被市场人士通过技术分析合法公开,那么相关人员利用该信息从事相关的证券期货交易并不为法律所禁止,也没有戒绝交易的法律义务。

未公开性实际上意味着相关信息处于一种秘密状态,此种状态具体可以分为依法保密与内控保密。依法保密主要是指金融监管部门、行业协会按照法律、法规等规定必须保证相关信息的未公开性,未经许可不得使用、披露相关信息。例如,根据《中国证监会工作人员行为准则》第 21 条的规定,证监会工作人员公开发表言论和文字材料时,不得涉及证券、期货监管未公开信息;内容涉及资本市场信息的,应当真实、客观。非因工作需要,不得与他人谈论证券、期货监管未公开信息。第 18 条规定,证监会工作人员应当遵守国家关于证券、期货监管机构工作人员不得买卖股票和从事期货交易的规定。可见,金融监管机构、行业协会等单位在执法过程中形成的金融监管未公开信息依法处于保密状态。内控保密主要是指证券公司、期货公司、基金公司、保险公司等金融机构按照证监会内部风险控制指引、保守秘密规定等文件的规定保证公司相关经营信息处于秘密状态。例如,中诚信证券评估有限公司是经中国人民银行上海分行核准从事信用评级等业务的非银行金融机构,该公司的《信息保密制度》规定,公司或公司职员在开展证券评级业务活动中获取的国家秘密、关于项目或与项目有关的、关于客户或与客户业务相关的不被公众领域所知的信息、资料、文件,或客户声明必须保密的信息、资料、文件,无论是纸面形式、磁记录形式、光学记录形式、电子记录形式还是其他记录形式都属于保密对象。公司附属组织和分支机构以及职员都有保守前述秘密的义务。接触到前述秘密的员工,例如管理人员、技术人员、财务人员、销售人员、秘书、保安人员等对保守前述秘密均负有责任。[1] 可见,证券公司、期货公司、保险公司等金融机构在开展业务、经营管理过程中形成的经营性信息按照内控规范处于保密状态。

2. 价格敏感性

价格敏感性,是指金融机构、监管部门以及行业协会按照规定采取规范管

〔1〕 参见《中诚信证券评估有限公司信息保密制度》,载 http://www.sac.net.cn/newcn/home/info_detail.jsp? info_id = 1198548770100&info_type = CMS.STD&cate_id = 1198222163100,最后访问日期:2015 年 3 月 1 日。

理的投资经营、技术分析、监督管理、行业资讯等信息对证券、期货交易价格有重大影响。对于未公开信息价格敏感性的判断与分析,实践中存在疑问的主要有以下问题。

一是价格敏感性的必备性问题。

《证券法》《刑法》均明确规定对证券、期货交易价格有重大影响的信息才能认定为内幕信息,而《刑法》第 180 条第 4 款并没有明确规定未公开信息必须具备价格敏感性的特征。但是,这显然并不意味着未公开信息不必具有价格敏感性。因为如果某金融机构工作人员利用职务便利非法利用不可能对证券、期货交易价格产生重要影响或者影响极为有限的未公开信息从事相关交易,其不仅无法实现谋取利益或者规避损失的目的,而且也不会对其所在金融机构以及相关客户的利益产生实际损害。此类行为的社会危害性不足以构成利用未公开信息交易罪。

因此,在利用未公开信息交易罪中,价格敏感性是认定未公开信息的重要客观标准。行为人只有在其利用的未公开信息达到可能对证券、期货交易价格具有重大影响的客观标准时才承担刑事责任。未公开信息可能会影响相关的证券、期货的市场价格,进而对证券、期货市场上的投资者是否愿意以当前的价格购买或者出售相关金融资产产生重要影响,并且,投资者的对应性行为会再次反作用于证券期货交易价格。利用符合价格敏感性特征的未公开信息非法从事证券、期货交易,才能适用利用未公开信息罪追究非法交易者的刑事责任。

二是价格敏感性的确定性问题。

未公开信息对于相关证券期货交易价格的重要影响存在可能性重要影响与确定性重要影响的区别。有的未公开信息对于有关证券、期货交易价格的重要影响表现为一种合理预期,但这种预期会因为其他因素的介入导致对于证券、期货交易价格没有产生重要影响;有的未公开信息的证券期货交易价格的重要影响通过客观交易数据确定地予以显现。这里存在的问题是,利用未公开信息交易罪中的"其他未公开的信息"是否以该信息对证券期货交易价格具有确定性的重要影响为必要?《刑法》第 180 条第 4 款对此问题显然没有进行规定,这就需要通过刑法解释理论予以明确。笔者认为,行为人利用的信息只有对相关证券、期货交易价格产生确定性的重要影响,才能认定为本罪中的未公开信息。

从刑法体系解释的角度分析，内幕信息与未公开信息在基本特征层面具有等同性，既然构成内幕信息以该信息对证券期货价格有重大影响为必要，则未公开信息应当与其保持一致。由于内幕交易罪与利用未公开信息交易罪规定于刑法同一法条中，表明两罪的社会危害性相当，内幕交易与利用未公开信息交易犯罪的行为样态、构成要件配置、法定刑设定等均相同，故在内幕信息与未公开信息的基本特征层面，不应当有超越刑法证券期货犯罪中内线交易类犯罪体系一致性的明显差异。在《刑法》第180条第1款已经明确规定内幕信息是“对证券、期货交易价格有重大影响的信息”的情况下，构成未公开信息亦应以对证券期货交易价格产生确定性影响为必要。

从证券期货犯罪与违法界限的角度分析，利用未公开信息交易违法行为与犯罪行为之间应当有所区别，行为人利用可能对证券期货交易价格产生重要影响的未公开信息从事证券期货交易，可以构成违法，但不能认定为犯罪。构成未公开信息的前提是该信息对于证券期货交易价格具有确定性影响，这不仅是利用未公开信息违法与犯罪之间合理边界的重要体现，而且有利于有效控制利用未公开信息交易罪的刑事法网，避免本罪打击范围过大。

（二）未公开信息与内幕信息的界分

证券期货犯罪刑法理论以及证券法理论通说将内幕信息核心特征概括为秘密性与重大性。[1] 由于秘密性即指内幕信息未公开，重大性是指内幕信息对于证券期货价格有重大影响，故内幕信息的基本特征本质上与未公开信息的未公开性与价格敏感性并无二致。虽然未公开性与价格敏感性在概括的层面属于未公开信息与内幕信息共同具备的基本特征，但必须廓清两者的界限：首先，未公开信息与内幕信息基本特征上的共性只是处于抽象、静止的概括层面，在司法实践具体、动态的分析判断层面，未公开信息与内幕信息在未公开性、价格敏感性问题上的判断标准与法律依据截然不同。其次，未公开信息具有明显区别于内幕信息的独立性特征与差异化标志。在刑法理论上清晰地划定未公开

---

[1] 参见刘宪权：《证券期货犯罪理论与实务》，商务印书馆2005年版，第320～328页；刘宪权：《内幕交易、泄露内幕信息罪若干疑难问题探析》，载《犯罪研究》2003年第2期；刘宪权、卢勤忠：《金融犯罪理论专题研究》，复旦大学出版社2002年版，第436～441页；范健、王建文：《证券法》（第二版），法律出版社2010年版，第358～360页。

信息与内幕信息之间的边界具有重大意义，其不仅能够精细化地解释“内幕信息以外的其他未公开的信息”的刑法规范含义，梳理未公开信息的外延，而且有利于在司法实务中丰富与深化未公开信息的认定标准。

1. 信息具体内容的差异化表现

内幕信息以外的对证券期货交易价格有重要影响且不为公开市场知悉的信息才属于未公开信息，这就决定了未公开信息与内幕信息在具体内容上具有非此即彼的逻辑关系。

内幕信息的具体内容及其范围具有明确的前置性行政法律、法规、规章、行业规则等作为规范依据，司法机关在实践中可以根据相对确定的行政法律、法规、规章、行业规则等规范所设定的具体要求填充刑法中内幕信息的具体内容。我国《证券法》《公司法》《期货交易管理条例》、证监会发布的《上市公司信息披露办法》《上市公司重大资产重组管理办法》以及上海、深圳证券交易所发布的最新版的《股票上市交易规则》等一系列法律、法规、规章、行业文件等，对各类法定内幕信息、有关公司分配股利或者增资的信息、有关公司债务担保、相关资产重大变动的信息、有关公司收购的信息等不同种类的内幕信息进行了具体规定。上述内幕信息范围之外的其他对证券期货交易价格具有重大影响且不为公开市场所知悉的信息均为未公开信息。可见，利用未公开信息罪中的未公开信息与内幕交易罪中的内幕信息在具体内容上形成的非此即彼的逻辑关系，在刑法证券期货犯罪体系内共同搭建了互为补充的“未公开的信息”的逻辑范畴与概念结构，使原本在解释上不甚明确的内幕信息兜底性规定，即“对证券交易价格有显著影响的其他重要信息”[1]能够用未公开信息进行填充，强化了证券期货犯罪核心概念刑法解释的明确性。

未公开信息的具体内容基本没有前置性法律、法规、规章等规范性文件进行明确规定，因此，具体哪些内容可以划入刑法规定的未公开信息的范畴，是一个需要通过对主要信息内容进行列举的开放性问题。笔者认为，以下对于证券期货交易价格有重要影响的信息可以被纳入刑法未公开信息的范围：一是证券、期货交易所，证券、期货公司的非公开交易业务数据信息。例如，在证券交易中，证券交易所将行情信息、证券指数、成交概况、证券交易排名、会员交易排

〔1〕 参见《证券法》第75条第2款第8项。

名等基本数据信息予以公开，但是，对于机构投资者的持仓量、新近建仓量、加仓减仓量、资金进出量等具体交易数据以及相关清算数据按照严格的信息数据管理制度进行保密。此类未公开交易业务数据中对证券期货交易价格有重大影响的信息，属于刑法中的未公开信息。二是证券公司、期货公司在从事自营业务、资产管理业务、投资咨询业务等过程中形成的经营性信息。例如，证券公司在利用自有资金从事自营业务时，证券公司自营业务账户动态、交易席位情况、自营业务规模、资产配置决策等经营过程中形成的信息，实际上对于该信息所指向的证券期货供求关系具有实质性影响，此类信息按照证监会有关证券、期货公司业务风险管理指引的规定必须采取信息保密措施进行信息风险控制，属于刑法中的未公开信息。三是基金管理机构等将要利用客户资金进行巨额投资的决策信息。基金管理公司、全国性以及地方性社会保险基金管理机构、托管机构运作管理的基金数量巨大，其对于证券、期货市场的影响深远，此类投资性决策信息，属于刑法中的未公开信息。四是商业银行、保险公司、信托公司等金融机构在从事与证券期货投资相关的经营活动中形成的投资决策、资金动向数据、投资咨询等综合性信息。例如，商业银行中间业务包括了金融期货交易业务、证券投资分析业务、基金托管业务等与证券期货相关的业务，其中涵盖了大量影响证券期货交易价格的决策信息、数据信息、咨询信息；保险公司、信托公司从事的证券回购、基金投资、资产管理等业务涉及影响相关证券产品交易价格的投资信息。上述信息属于刑法中的未公开信息。五是证券业、基金业、期货业、保险业、银行业等监管部门以及相关行业协会在行政执法与行业管理中形成的执法监管信息、政策信息、经济态势数据信息以及行业管理信息等。例如，中国人民银行调整利率、存款准备金率，或者统计局每月公布物价指数信息等，此类对证券期货交易价格具有极为重要影响的行政部门政策信息与数据信息在公布之前均严格按照国家保密法律规定执行信息数据保密，属于刑法中的未公开信息。

2. 信息是否公开的区别化判断

利用未公开信息交易罪侵犯法律所保护利益的手段本质上是一种证券、期货市场信息的非法获取与使用——行为人利用职务便利获取内幕交易以外的其他“未公开的信息”从而在证券、期货市场中形成不正当信息优势，在信息配置不公平的情况下通过相关证券、期货交易攫取巨额利益。故信息是否公开直接决定了利用相关信息从事交易行为是否具有犯罪性。在如何认定证券期货交易价格具有重要影响的信息是否公开的问题上,利用未公开信息罪与内幕信息罪具有不同的司法判断规则。

相对于内幕信息具有明确的法定披露时间节点而言,未公开信息没有持续信息公开的法定要求,甚至关于未公开信息本身能否公开问题,刑法理论上仍然存在较大争议。有学者认为:“内幕信息是应该到时公开的,而基金从业人员掌握的投资信息则是自始至终都不能公开的,相当于商业秘密,这是两者的根本区别。”〔1〕不同意见认为:“在金融市场中,根据相关法律法规,经相关机构采取保密措施的各种信息,有的要求必须对外公布,而有的则要求定期或定时对外披露。”〔2〕

笔者认为,未公开信息本身具体内容的复杂性意味着其披露规则具有不同的法律要求,这也决定了司法实务中判断未公开信息是否公开必须综合不同的分析标准并结合不同的信息特点予以认定。

首先,对于按规定进行披露的未公开信息,应以其公布时间作为未公开信息业已公开的初步判断基点。未公开信息显然具有披露的要求。虽然在刑法条文结构与文字表述上,《刑法》第 180 条第 4 款并没有采取与本条第 1 款相同的方式明确规定在信息“尚未公开前”从事相关证券期货交易的行为构成本罪,但这并不代表未公开信息不存在公开的问题。在金融实务中,金融机构以及相关监管部门在证券期货交易以及执法过程中形成的未公开信息,其保密要求只是阶段性的,很大一部分未公开信息最终应向市场予以公开。典型示例:基金公司依法定期公布季报、半年报、年报,向基金投资者披露详尽的投资信息;〔3〕国家统计局定期公布宏观经济数据;央行宣布调整利率、存款准备金率等。此

〔1〕 卢勤忠:《利用未公开信息交易罪的认定》,载《政法论丛》2010 年第 1 期。

〔2〕 缑泽昆:《〈刑法修正案(七)〉中“老鼠仓”犯罪的疑难问题》,载《政治与法律》2009 年第 12 期。

〔3〕 《证券投资基金法》第 62 条规定:公开披露的基金信息包括:(一)基金招募说明书、基金合同、基金托管协议;(二)基金募集情况;(三)基金份额上市交易公告书;(四)基金资产净值、基金份额净值;(五)基金份额申购、赎回价格;(六)基金财产的资产组合季度报告、财务会计报告及中期和年度基金报告;(七)临时报告;(八)基金份额持有人大会决议;(九)基金管理人、基金托管人的专门基金托管部门的重大人事变动;(十)涉及基金管理人、基金财产、基金托管业务的诉讼或仲裁;(十一)国务院证券监督管理机构规定应予披露的其他信息。

类信息对于证券期货交易价格具有显著影响，超过保密期限后即向市场公开。故未公开信息的正式公布日期可以作为判断该信息是否公开的时间基准。

其次，在正式公布之前未公开信息已经实际公开的，应当将实际公开日期认定为公开时间。未公开信息并不仅是静态的概念表达与资讯堆砌，其具有明显的动态执行性。未公开信息被执行后所产生的实际效果很可能已经深刻地对证券、期货市场的交易价格产生影响。价格的显著变动会引起市场分析人士的关注，从而将信息概括地传递至整个证券、期货市场。例如，2010 年第二季度，各大基金调仓后新近大量购入的股票中，中天科技、远兴能源和 S 仪化于 2010 年 7 月 19 日分别大涨 6.13%、4.96% 和 4.61%。同时，基金大幅加仓的浙江龙盛、东方航空和信达地产的当日涨幅也分别达到 5.76%、4.85% 和 3.59%。各大证券媒体对此投资讯息进行了广泛的报道。[1] 基金新建仓位的信息经由媒体传播已经被公众所知晓。因此，如果相关信息在有关金融机构、金融监管部门按照法律规定的形式正式公布之前，已经通过价格波动规律被市场分析人士以及投资者所消化，则不能以信息正式公布之日作为公开时间，而应当将实质公开时间认定为未公开信息也已公开。

最后，对于金融机构持续保密的未公开信息，不存在按照规定进行披露与公开的问题。保险公司、证券公司等金融机构利用自有资金进行证券期货投资，此类投资经营性决策信息属于公司的内部保密信息，在没有泄密的情况下，仅为公司特定人员所掌握，在保密期限内始终处于非公开状态。

综上，判断未公开信息是否已经公开，应当根据未公开信息的不同性质及其披露要求，综合以下标准进行认定：定期按照规定的时间与约定的方式通过公众媒体（新闻发布会、网络、报纸、期刊等）向社会公开；未公开信息被使用之后，相关证券期货交易价格明显波动，已被市场消化公开；证券期货专业分析人员通过技术分析推断相关信息，向客户或者公众公开分析结论的等。在未公开信息公开之后从事相关证券期货交易的，不构成利用未公开信息交易罪。对于自始自终不公开的未公开信息，不存在信息正当公开问题，除了未公开信息非法泄露并公开之外，利用此类信息从事证券期货交易的，符合利用未公开信息交易罪的构成要件。

---

〔1〕 参见吴倩：《基金骑“牛股”散户慎追捧》，载《广州日报》2010 年 7 月 24 日，A17 版。

二、利用未公开信息从事金融交易司法判断规则

金融机构从业人员、有关监管部门工作人员等利用因职务便利获取的未公开信息，自己从事相关证券期货交易，是利用未公开信息交易罪典型的实行行为。实践性难点问题集中体现为利用未公开信息与本人从事证券期货交易的认定。

（一）利用未公开信息的推定与反驳

由于《刑法》第 180 条第 1 款内幕交易罪只规定了证券期货交易行为必须发生在内幕信息公开之前，证券期货犯罪理论对于利用内幕信息这一要素的必备性问题存在争议。[1]《刑法修正案（七）（草案）》在征求意见时，理论上就有观点建议取消“利用”要件。[2] 但最后《刑法》第 180 条第 4 款利用未公开信息交易罪仍明确规定构成本罪必须“利用”未公开信息。实践中普遍性的观点是，在证券期货内线交易犯罪案件中，直接证明行为人利用未公开信息、内幕信息具有相当难度，应当通过推定方式进行认定。[3] 内幕交易刑事案件审判实践已经对推定行为人利用内幕信息的有效性予以确认，但司法实务中不乏反对推定的意见。[4] 在利用未公开信息交易罪的语境下，能否对“利用”这一要素进行推定？

笔者认为，在行为人始终不承认利用未公开信息从事相关证券期货交易的情况下，根据一系列形成证据链条的环境证据推定其实际上利用了未公开信息是合法且合理的。

---

〔1〕 参见卢勤忠：《基金犯罪研究》，北京大学出版社 2010 年版，第 262 ~ 265 页；刘宪权：《证券期货犯罪理论与实务》，商务印书馆 2005 年版，第 333 ~ 338 页。

〔2〕 参见顾肖荣：《对〈刑法修正案（七）〉（草案）的建言与求证》，载《政治与法律》2009 年第 1 期。

〔3〕 赵斌、曹云清：《利用未公开信息交易罪若干问题研究》，载《江西公安专科学校学报》2009 年第 4 期；杨冬：《证据推定监管层严打内幕交易》，载《证券时报》2011 年 1 月 24 日，第 2 版；最高人民检察院法律政策研究室、中国证券监督管理委员会法律部编著：《证券期货犯罪司法认定指南》，中国人民公安大学出版社 2009 年版，第 54 页。

〔4〕 参见苏江：《涨停王高淳陶瓷内幕交易真相》，载《21 世纪经济报道》2011 年 1 月 5 日，第 13 版。

根据证据法原理,“刑事推定本身就是一种证明规则”。[1] 在基础事实客观确实的情况下,可以据此作出推定。推定行为人基于未公开信息实施证券期货交易并不意味着在利用未公开信息交易刑事案件中放弃了无罪推定原则。在没有明显的否定性解释、经验所认可的范围内,司法机关可以通过推定对刑事案件的相关事实作出留有余地的保守估计。[2]

根据利用未公开信息交易违法犯罪的实际情况分析,具有接触未公开信息职务便利的金融机构从业人员以及监管部门工作人员本身就具有禁止买卖与未公开信息相关的证券期货的戒绝交易义务,故完全可以基于其违背法定义务的交易事实推定其利用未公开信息。以证券从业人员、证券监管部门工作人员为例,根据《证券法》第 43 条的规定,证券交易所、证券公司和证券登记结算机构的从业人员、证券监督管理机构的工作人员以及法律、行政法规禁止参与股票交易的其他人员,在任期或者法定限期内,不得直接或者以化名、借他人名义持有、买卖股票,也不得收受他人赠送的股票。根据 2011 年 1 月 1 日实施的《证券公司信息隔离墙制度指引》的规定,在业务经营过程中掌握或知悉内幕信息或者可能对投资决策产生重大影响的尚未公开的其他信息的人员,禁止违规买卖列入观察名单、限制名单的投资产品。可见,证券行业从业人员与证券监管工作人员具有绝对的证券交易戒绝义务;对于其他投资产品的买卖,必须严格按照内控规定进行操作。所以,在证券从业人员、证券监管工作人员掌握未公开信息、从事相关证券期货交易的基础上,推定其交易行为系利用未公开信息实施的结论,不仅处于常理范围之内,而且能够得到合规管理制度的验证。

因此,笔者认为,控方提供证据证明存在符合下列要素的证券期货交易行为,可以推定行为人实际利用了未公开信息:(1)行为主体依职责或者经授权,掌握或知悉可能对证券期货交易价格产生重大影响的尚未公开的信息;(2)行为主体在掌握或知悉上述信息期间、该信息公开之前买卖了相关证券期货。必须重视的是,推定可以反驳,当反驳的合理性强度超过推定强度时,可以认定行为主体并未基于未公开信息从事相关证券期货交易。行为人有足够证据证明

---

[1] Michael H. Graham, “Burden of Proof and Presumptions in Criminal Cases”, 45 *Criminal Law Bulletin* 6 (2009).

[2] 参见邓子滨:《刑事法中的推定》,中国人民公安大学出版社 2003 年版,第 115 ~ 118 页。

存在以下情形之一的，推定其利用未公开信息的意见不能成立：(1)在掌握或者知悉未公开信息之前，已经凭借对市场公开资料、数据等信息的分析作出相关投资判断与交易策略；(2)有正当理由相信行为人虽然依职责或经授权能够掌握但客观上确实没有接触未公开信息；(3)根据证券、期货市场有关情况、操作规律、发展趋势，按照经验法则与证券期货知识，结合证券期货监管部门组织的专家委员会或者证券期货交易所的专业认定意见，能够得出行为人从事的证券期货投资品种与未公开信息无关等。

(二)本人从事相关证券期货交易的判断规则

金融机构从业人员、有关主管部门、行业协会工作人员以其个人的证券期货交易账户、资金账户自行或者委托经纪人实施金融交易，或者以其近亲属、情妇(夫)等具有共同利益关系人员的交易账户、资金账户从事相关证券期货买卖，当然应当认定为本人从事相关证券期货交易。但是，上述交易样态通过直观判断就能够加以认定，显然属于“低端”的利用未公开信息交易违法犯罪形式，在金融从业人员或者监管工作人员违规案例中较为罕见。

实际上，利用职务便利获取未公开信息的行为主体本人实施相关金融交易，本质上是对与未公开信息有关的证券期货交易行为的一种控制，其不仅是形式控制(以本人名义直接或者委托他人买卖证券、期货合约)，而且表现为实质控制(控制他人或者利用他人账户从事相关交易)。以实质控制形态表征的利用未公开信息交易行为多发且较难认定，更有必要研究判断标准。

笔者建议，具有以下情形之一的，可以认定相关证券期货交易受到行为人的实际控制：(1)向他人提供购买证券、期货合约的资金，且他人买卖证券、期货合约的利益或者损失，全部或者部分由本人占有或者承担；(2)对他人的证券期货交易账户、资金账户或者他人所持有的证券、期货合约具有使用、管理、收益、处分等权限；(3)本人的近亲属、情妇(夫)等具有共同利益关系的人从事相关证券期货交易。上述认定标准决定了实务部门在查处利用未公开信息交易案件时，绝不能遗漏任何有关资金走向、人际关系、异动账户等要点的分析。

(三)利用未公开证券市场信息从事金融期货交易行为的性质判断

2010 年 4 月起，随着上海证券交易所推出沪深 300 股指期货合约，我国证券、期货市场正式进入了金融期货时代。但是，股指期货交易在丰富金融交易品种的同时,对利用未公开信息交易的规范应对提出了全新挑战。由于《证券法》《证券投资基金法》及相关配套行政法规、规章等文件明确禁止证券公司、基金公司等从业人员从事证券交易,相关从业人员本人或者利用他人名义从事证券交易必须承担相应的法律责任。同时,根据《期货交易管理条例》《期货从业人员资格管理办法》等法律文件的规定,期货公司管理人员和技术人员等从业人员不得参与期货交易。但是,现有的法律、法规、规章等文件均没有规定证券公司、基金公司从业人员能否从事股指期货交易。由于沪深 300 指数期货涨跌直接与证券市场多空信息挂钩,证券公司、基金公司等直接接触证券交易市场的从业人员显然有条件利用其所在公司职务行为掌握的未公开信息,判断沪深 300 指数期货的涨跌走向,通过多空选择进行套利。尤其是规模极为庞大的基金公司管理人员,利用投资者基金从事大盘股的操作,对于股指具有实质性影响,其利用基金公司未公开的证券投资信息,在股指期货市场上建仓谋取个人利益,在金融实践中是完全可能的。

对于利用证券市场未公开信息从事金融期货交易的行为是否构成利用未公开信息交易违法犯罪,实践中有的持肯定的态度,但也有不少反对意见认为,沪深 300 指数期货合约指数标的的广泛性实际上已经在技术上控制了部分证券公司、基金公司等从业人员利用未公开信息从事股指期货交易的非公平性交易风险,利用证券现货市场的未公开投资信息在股指期货市场进行跨市场的交易,虽然具有利用未公开信息交易的行为特征,但基于证券现货市场与股指期货市场的关联度难以论证,这种行为不宜作为犯罪处理。

笔者认为,证券公司、基金公司、证券交易所等从业人员存在利用未公开信息从事股指期货交易谋取个人利益的行为风险,有必要通过刑法规范进行震慑与规制。在股市呈单边下挫状态下,这种利用未公开信息交易的行为具有严重的社会危害性,容易引发系统性风险。在市场行情不利时,券商、基金公司等从业人员,特别是主要负责人员利用证券现货市场的抛售信息,选择在股指期货交易中做空,容易获取巨额利益。其主要原因在于,此类证券市场从业人员的职务行为决定了其具有交易信息优势,在证券市场通过职务行为抛售股票,同时自己在股指期货做空套利,交易的公平性荡然无存。所以,坚持股指期货指数标的广泛性能够消解证券从业人员利用未公开信息从事股指期货交易套利风险有待商榷。

同时,我们应当看到,在金融期货交易领域,应当完善相关交易制度,对利用未公开信息交易行为建立完备且一致的法律规制体系。《刑法修正案(七)》创新性地设置了利用未公开信息交易罪,规定证券交易所、期货交易所、证券公司、期货经纪公司、基金管理公司、商业银行、保险公司等金融机构的从业人员以及有关监管部门或者行业协会的工作人员,利用因职务便利获取的内幕信息以外的其他未公开的信息,违反规定,从事与该信息相关的证券、期货交易活动,或者明示、暗示他人从事相关交易活动,情节严重的,构成犯罪。利用未公开信息从事股指期货交易情节严重的行为,显然构成利用未公开信息交易罪。在刑法已经明确规定利用未公开信息交易罪的情况下,有必要对此类利用未公开信息交易行为进行规制。当然,由于前置性行政法律、法规、规章等文件没有对股指期货市场中证券公司、基金公司、证券交易所等从业人员利用职务行为获取的未公开信息从事交易行为作出具体的禁止性规定,实际上造成了法律体系一致性阙如。这也是证券期货法律规范应当进行完善的方向。

在明确利用未公开证券市场信息从事金融期货交易行为具有刑事可罚性的基础上,我们也应当注意到,证券现货市场与股指期货市场毕竟只是关联市场而非同一市场,对于跨市场的利用未公开信息交易行为,在司法认定上,显然应当与同一市场的利用未公开信息交易行为有所区别。刑法重在震慑而非积极介入证券、期货市场的监管。关键在于要求证券公司、基金公司、证券交易所等建立有效的内控机制,切实阻断证券从业人员利用未公开信息从事股指期货交易谋取个人利益的风险。在监管部门尚未出台规范从业人员从事股指期货交易的具体细则之前,相关证券业机构应当率先建立严格的内部交易报告制度,要求核心业务部门人员以及技术人员全面向本单位披露其从事的股指期货交易内容;高级管理人员从事股指期货交易应当接受合规部门的审查,在核准之后才能进行股指期货交易。特别是基金公司,应当通过严格的内控机制防止从业人员违背信义义务利用交易权限,无视基金投资者利益,通过相关股指期货交易谋取私利的行为。

三、建议他人从事金融交易司法判断规则

在原来的内幕交易罪刑法规范架构内,并没有规定利用内幕信息建议他人从事相关金融交易的行为构成犯罪,这主要是考虑到建议行为在实践中认定难

度很大，而且将建议行为入罪打击面过大。[1]《刑法修正案（七）》在利用未公开信息交易罪、内幕交易罪中同步增设了建议行为这种内线交易犯罪新类型。根据《刑法》第180条第4款的规定，行为人利用基于职务便利获取的未公开信息明示、暗示他人从事相关金融交易，同样构成利用未公开信息交易罪。

然而，建议他人从事相关金融交易本质上是一种语言的表达，根据维特根斯坦的"语言游戏"理论，同样的语言完全可以形成截然不同的用法与意义，必须通过静态语言符号发现背后动态人类活动的建设性内容；[2]建议他人从事相关证券期货交易不可避免地牵涉金融技术性判断问题；刑法规范没有对泄露未公开信息、被建议者实际从事相关交易的必要性问题进行明确规定。这都对实务部门精准认定建议行为形成了障碍，有必要在厘定相关疑难问题的过程中明确"明示、暗示他人从事相关交易活动"的内涵。

（一）关于被建议者是否实际从事相关证券期货交易问题

行为人建议他人从事相关证券期货交易之后，有的被建议者按照意见对相关证券期货品种进行了买卖，有的被建议者却没有实际从事相关金融交易。对于后一种情况，能否认定未公开信息知悉人符合利用未公开信息交易罪"明示、暗示他人从事相关交易活动"的行为标准？

笔者认为，利用职务便利获取未公开信息的行为人明示、暗示他人从事相关金融交易，他人没有从事相关交易的，一般情况下不能认定行为人构成利用未公开信息交易罪。因为无论是利用未公开信息交易罪，还是内幕交易罪，本质上都属于证券、期货市场中的内线交易犯罪，既然在整个案件的犯罪行为体系中没有客观体现交易属性，就不能认为相关行为符合了利用未公开信息交易罪的罪质。同时，由于利用未公开信息交易罪的成立必须符合"情节严重"的标准，而知悉未公开信息的行为人建议他人从事相关交易，他人没有实施证券期货交易行为，客观上就不会扰乱证券、期货市场的交易秩序。如果建议行为没有造成未公开信息泄露，建议他人交易行为所产生的恶劣影响处于可控状态，则不符合利用未公开信息交易罪"情节严重"的实质标准；如果造成未公开信息泄露甚至大规模泄露，对于利用职务便利获取未公开信息并建议他人从事相关

[1] 参见刘宪权：《金融犯罪刑法理论与实践》，北京大学出版社2008年版，第331页。
[2] [德]维特根斯坦：《哲学研究》，汤潮、范光棣译，三联书店1992年版，第75页。

金融交易的行为主体,可以按照侵犯商业秘密罪、故意泄露国家秘密罪等泄密类犯罪进行定罪处罚,没有必要强行通过利用未公开信息交易罪处理。

(二)关于泄露未公开信息问题

行为人在获知未公开信息的情况下,明示或者暗示他人买卖相关证券、期货合约构成利用未公开信息交易罪,是否以实际向对方泄露未公开信息为必要?

刑法理论上有观点认为,明示或者暗示他人买卖相关证券、期货合约,本质上均使他人在一定程度上了解了有关未公开信息;如果金融机构从业人员、监管部门工作人员单纯提供不确定的交易意见,他人没有知悉未公开信息的,也不能认定其行为属于明示或者暗示他人买卖相关证券、期货合约。[1] 可见,上述意见主张没有透露未公开信息具体内容的建议行为就意味着证券期货交易意见并不确定,故明示或者暗示他人买卖相关证券、期货合约必须以向他人透露未公开信息为前提。

但是,笔者认为,明示或暗示他人买卖相关证券、期货合约构成利用未公开信息交易罪,不以向对方泄露未公开信息为必要。因为刑法体系解释可以证明透露未公开信息的非必要性。利用未公开信息交易罪行为要件体系中包含了两种实行行为,一是本人利用未公开信息从事相关该金融交易,二是本人在知悉未公开信息的基础上建议他人从事相关金融交易。既然两种行为同属于利用未公开信息交易罪的实行行为,其在要素配置上应当具有等量性——知悉未公开信息+基于未公开信息发生的相关金融交易;在危害结果层面也具有等量性——基于未公开信息产生的内线交易扰乱了相关证券期货交易市场的公平秩序。两种行为模式的差异性仅仅在于,前一种实行行为中违规交易的原因是未公开信息知悉人自己直接实施,后一种实行行为中违规交易的原因是未公开信息知悉人建议他人实施。因此,未公开信息是否透露并不具有构成要件要素的实体意义,充其量只能作为进一步判断行为人通过何种具体方式建议他人从事相关交易活动的客观情形。

行为人向特定对象透露未公开信息,应当将其认定为明示行为,还是暗示

---

〔1〕 参见糇泽昆:《〈刑法修正案(七)〉中"老鼠仓"犯罪的疑难问题》,载《政治与法律》2009年第12期。

行为,抑或单纯地透露未公开信息不符合利用未公开信息交易罪建议行为的特征?

有学者指出,内幕交易罪中的明示就是内幕信息知情人员在知悉内幕信息后直接明确将内幕信息告诉交易者,提示其从事相关证券期货交易;利用未公开信息交易罪中的明示具有相同的含义。[1] 不同意见认为,金融从业人员、监管机构工作人员等故意告知特定对象未公开信息,此种行为本质上属于暗示他人从事相关交易。[2] 更有意见认为,只要具备建议他人从事相关证券期货交易的目的,向他人透露未公开信息无论明示与暗示,均构成利用未公开信息交易罪。[3]

笔者认为,在利用未公开信息交易罪的语境下,知悉未公开信息的行为人向特定对象透露未公开信息,属于明示还是暗示抑或两者皆非,无法设置一个封闭性的认定标准,必须根据个案中未公开信息的特质进行具体判断。

利用未公开信息交易罪不同于内幕交易罪,在后者的刑法规范与犯罪行为框架中,绝大部分内幕信息都属于上市公司并购重组、资产增减、利润走向等影响特定证券交易价格的重大消息,内幕人员告知特定对象内幕信息的内容,直接等同于提供一个确定且可信的交易策略。因此,在内幕交易罪中,告知特定内幕信息就是明示他人从事相关证券期货交易。利用未公开信息交易罪则不同,有的未公开信息能够直接锁定对应的证券期货交易对象与方法。例如,基金公司对某只特定股票大量建仓或者加仓。有的未公开信息无法明确框定证券期货交易品种,甚至连操作方向都无法确定。例如,金融机构一年期存贷款基准利率上调若干百分点,可能引起股价齐跌,完全也可能属于"利空出尽"反而引发股价齐涨。行为人即使将此信息明确告知特定对象,如果没有告知其在股指期货市场中的操作方向(买还是卖),实际上无法认定其行为属于明示;同时,由于此类金融政策性信息没有对应的证券交易品种,更不可能认定其明示他人从事相关证券交易。因此,判断行为人向特定对象透露未公开信息的行为

[1] 参见卢勤忠:《基金犯罪研究》,北京大学出版社2010年版,第260页、279页。

[2] 参见缑泽昆:《〈刑法修正案(七)〉中"老鼠仓"犯罪的疑难问题》,载《政治与法律》2009年第12期。

[3] 参见赵斌、曹云清:《利用未公开信息交易罪若干问题研究》,载《江西公安专科学校学报》2009年第4期。

性质,应当在一个原则性与开放性的基本尺度下结合个案情形与当时的证券市场状况作具体分析:未公开信息具有确定的证券期货交易品种指向与操作方向的,向特定对象透露未公开信息可以认定为明示;根据未公开信息结合证券、期货市场知识,基本能够确定交易品种与操作方向的,向特定对象透露未公开信息可以认定为暗示;向特定对象透露未公开信息之后,根据证券、期货市场一般投资者知识标准无法确定证券期货交易策略的,不能认为其透露行为符合利用未公开信息交易罪"明示、暗示他人从事相关交易活动"的特征。

(三)关于明示、暗示的认定问题

在明确被建议者实际从事相关交易、透露未公开信息等因素如何影响"明示、暗示他人从事相关交易活动"司法判断的基础上,论述明示、暗示司法认定标准问题则相对顺畅。

明示他人从事相关证券期货交易是指,未公开信息知悉者明确告知相关证券交易品种及操作方向,或透露未公开信息内容且该信息能够明确指向相关证券交易品种及操作方向,或既告知未公开信息又提示相关证券交易品种及操作方向。

暗示他人从事相关证券期货交易具有间接性与互动性,前者表现为未公开信息持有人没有直白地告知确定的证券期货交易策略,后者决定了需要被建议者通过发挥一定的主观能动性来理解如何从事相关证券期货交易。因此,司法实践中认定暗示行为具有一定难度。笔者认为,暗示行为的本质在于心照不宣。根据当时证券、期货市场的实际状况与发展规律、证券期货常识以及经验法则进行判断,未公开信息知悉人间接提出的倾向性意见("不宣")能够使证券、期货市场正常投资者领悟相关证券期货交易活动("心照"),可以认定为未公开信息知悉者暗示他人从事相关证券期货交易。

四、利用未公开信息交易行为关联性司法判断规则

关联性判断是利用未公开信息交易罪司法实践中极为重要的问题。因为,如果行为人利用的不是通过职务便利获取的未公开信息从事相关交易活动,或者违规从事的证券期货交易与未公开信息没有关联,则不能构成利用未公开信息交易罪。所以,明确利用未公开信息交易行为的关联性判断规则对于本罪而

言具有重大意义。

(一)职务便利与未公开信息的关联性分析

根据《刑法》第180条第4款的规定,行为人从事违规交易所利用的未公开信息,必须"因职务便利获取"。对于如何理解"因职务便利获取",刑法理论上有观点提出如下认定规则:一是利用工作地点、工作环境的便利条件获取的内幕信息以外的其他未公开的信息,如基金管理公司的工作人员趁总经理办公室无人之机看到的公司拟建仓的证券品种的决定;二是利用职务身份、影响的便利条件获取的内幕信息以外的其他未公开的信息,如某甲基金管理公司的经理和某乙基金管理公司的经理通过告知对方自己所在基金管理公司拟建仓的证券品种,从而获悉对方公司拟建仓的证券品种。[1]

应该看到,上述观点侧重对利用职务便利的两种方式即"直接利用"和"间接利用"的论述,并没有揭示"职务便利"与"未公开信息"的关系。为了更好地打击和预防犯罪,笔者认为,利用未公开信息交易罪中的职务便利,应当是指证券交易所、期货交易所、证券公司、期货经纪公司、基金管理公司、商业银行、保险公司等金融机构的从业人员以及有关监管部门或者行业协会的工作人员,主管、管理、从事、履行本职工作、义务或者其他一切与职务有关的便利条件。在此基础上,"职务便利"与"未公开信息"之间必须具有因果关系,也就是说行为人的"未公开信息"必须是利用"职务便利"获取的。这意味着未公开信息的获取路径具有严格的限定性,必须与职务便利具有因果关系。职务便利与未公开信息之间的关联性决定了金融机构从业人员、有关监管部门或行业协会工作人员利用基于工作便利等原因而获取未公开信息从事违规交易,不受利用未公开信息交易罪的法律规制。

之所以强调两者之间必须具备因果关系是因为司法实践中存在无意获取"未公开信息"的情形,如在某基金公司职员饭馆会客时,无意中听到自己公司的领导谈论本公司将重仓持有某支股票的信息并加以利用的情形。笔者认为,在此种情形下,行为人并不是利用职务便利而获取到信息的,两者之间没有因果关系,故应该被排除在刑法规制的范围之外。强调"职务便利"与"未公开信

---

[1] 参见赵斌、曹云清:《利用未公开信息交易罪若干问题研究》,载《江西公安专科学校学报》2009年第4期。

息”之间的因果关系，也是罪刑法定原则的精神要旨所在。

应当注意到，刑法理论业已对职务便利的规范内涵进行深度解读，相关贪污贿赂犯罪司法解释也为实务部门提供了职务便利的判断标准。目前刑法理论对利用未公开信息交易罪“职务便利”的解读基本沿用了传统职务犯罪理论的内容与结构。[1] 实际上，在利用未公开信息交易罪中，无须继续静止性地诠释何谓职务便利，但仍有必要结合证券期货交易、金融业务、金融监管、未公开信息及本罪行为主体等特点，梳理职务便利与未公开信息的因果关联。

金融机构、有关监管部门及行业协会中的职务范围具有广泛性。刑法规范明确规定“因职务便利获取的内幕信息以外的其他未公开的信息”，这意味着职务便利必须具有管理未公开信息的属性。根据金融机构与金融监管的实践特点，管理未公开信息的职务主要涵盖以下内容：(1)金融单位、有关监管部门、行业协会及其相关派出、分支机构高级管理职务。金融机构中的董事、经理、监事以及监管部门、行业协会中的主要负责岗位承担金融单位中的整体管理任务，在主管、分管范围内对于未公开信息进行管理，显然属于获取未公开信息的职务便利途径。(2)金融机构中负责证券期货交易经纪、自营、投资管理、研究咨询、证券承销、交易结算等具体金融业务的职务。上述职务便利在各自负责的金融业务环节对生成的未公开信息承担管理职能，应当属于获取未公开信息的职务便利途径。(3)金融机构中负责合规管理、信息隔离、跨墙监督、金融信息技术管理等综合性金融业务的职务。虽然上述职务运作过程中不会主动生成未公开信息，但职责内容是对金融机构中的未公开信息进行监管管理，其履行职务的前提必然是知悉未公开信息。(4)有关监管部门、行业协会中履行监管职责、行业管理职责过程中接触未公开信息的管理职务。基于不具有未公开信息管理属性的工作便利获取未公开信息进而从事相关证券期货交易的，由于不存在职务便利与未公开信息的因果关联，不能构成利用未公开信息交易罪，可以通过侵犯商业秘密罪等刑法规范进行评价。

（二）交易活动与未公开信息的关联性

根据《刑法》第 180 条第 4 款的规定，行为人构成利用未公开信息交易罪，

---

〔1〕 参见徐春：《利用未公开信息交易罪的司法认定》，载《南昌大学学报》（人文社会科学版）2010 年第 6 期；赵斌、曹云清：《利用未公开信息交易罪若干问题研究》，载《江西公安专科学校学报》2009 年第 4 期。

必须是从事与该信息“相关”的证券、期货交易活动，或者明示、暗示他人从事“相关”交易活动。实践中如何认定交易活动与未公开信息之间的关联性？刑法理论尚未对未公开信息与交易行为的相关性问题进行论证，故有必要综合金融实务与刑法理论设定相关性判断规则。

行为人买卖与未公开信息直接对应的证券期货交易品种的，可以认定为交易行为与未公开信息具有关联性。例如，证券公司自营业务负责人员利用公司拟卖空A股票的未公开决策信息建议他人提前卖出A股票；再如，成品油定价政策制定部门工作人员在成品油涨价信息公布之前做多燃料油期货合约。未公开信息内容的覆盖面与影响力各不相同，交易品种与未公开信息之间的直接关联性并不局限于“一对一”的对应关系。一条未公开信息可以形成多项与之直接关联的金融交易。例如，房产调控政策信息对于证券期货交易具有广泛影响，行为人利用此类未公开信息买卖地产行业股票、螺纹钢期货合约、沪深300股指期货均可认定为与未公开信息直接关联。

由于证券、期货市场中的资金、交易品种、信息等要素之间具有高度的交互性，行为人完全可以规避与未公开信息具有直接关联的交易品种，转而选取直接或者形式上关联性不明显却实质相关的交易品种进行买卖谋利。例如，基金管理公司经理基于职务便利知悉公司计划使用基金资金大量买入中国石油H股。如果其抢先使用自己控制的账户买入中国石油H股，则该交易行为与未公开信息直接相关。如果其抢先使用控制账户购买中国石油A股，或做多沪深300股指期货，虽然交易行为指向的证券期货产品与未公开信息指向的证券标的仅具有间接关联，但由于H股与A股联动，中国石油权重股的定位决定了其股票价格攀升能够带动股指期货上升，故其仍可以获取巨额利益。美国证券犯罪理论将此类行为称作“替代性交易”（substitute trading）。[1] 但并不是所有的替代性交易均具有刑事可责性，这就需要实务部门在交易行为与未公开信息间接关系中准确筛选出具有刑事犯罪性质的关联性情形。笔者认为，司法机关无法按照一个固定的原则对间接关联是否具有犯罪性进行判断，而应根据证券、期货市场正常投资者所具备的证券期货常识以及经验法则进行个案分析。如

〔1〕 See Ian Ayres, Joe Bankman, “Substitutes for Insider Trading”, *Stanford Law Review* 54, 2001, p. 235.

果根据证券期货常识能够认为行为人所从事或者建议他人从事的证券期货交易与未公开信息实质相关且所获利益明显违背证券期货交易公平性准则，则可以认定该交易活动与未公开信息“相关”。

五、未完成的利用未公开信息交易行为司法判断规则

通常情况下，利用未公开信息犯罪案件一般是在行为人实施完全部的交易行为之后被稽查机构发现，在达到构成犯罪标准的情况下，移送司法机关进行刑事追究。但是，随着证券、期货市场稽查技术的不断升级，实践中也存在一些特殊情况，即行为人在“建仓”后即被证券监督机构发现，在行为人“跑仓”前，相关部门及时制止了行为人的非法行为。一般来说，利用未公开信息交易行为需要经历一个完整的过程，即“建仓”到“跑仓”的过程，在特殊情况下，行为人通过利用未公开信息交易而获得巨额利益的设想并没有得逞。对此能否认定为利用未公开信息交易罪未遂，刑法理论与实践中存在较大争议。

典型案例表现为：张某在担任某基金的基金经理期间，利用职务便利获取该基金的基金投资与研究信息，并操作他人控制的“Z”账户，先行买入某股票，投资金额达400多万元，但在建仓过程中，引起了证券监督管理机构的注意和警惕。相关部门跟踪掌握了张某的具体行为后，在张某准备跑仓前，将其行为禁止。张某具体的操作方式是，在参加融通公司投资决策委员会会议、基金晨会、投研例会、研究月度会、外部券商推介会及与该公司基金经理、研究员交流的过程中，获取了该公司旗下基金投资及推荐相关个股的非公开信息，通过网络下单的方式，为他人操作其实际控制的“Z”账户从事股票交易。张某还通过网络下单方式，操作其妻的同名账户进行交易，根据计算，若相关部门未予以禁止，使其成功卖出该股票，可获利200多万元。

对于张某是否属于利用未公开信息交易罪的未遂形态主要存在两种不同意见：第一种意见认为，张某由于没有获得利益，因此张某的行为只是违反了相关经济法规，只要进行相关行政处罚即可，其根本不构成犯罪。第二种意见认为，张某实际上已经着手实施相关的犯罪行为，其没有获得利益是由于意志以外的原因所导致的，符合刑法上未遂的概念，因此张某的行为属于利用未公开信息交易罪的未遂形态。

就本案而言，张某作为基金公司经理，利用职务便利获取该基金的基金投

资与研究信息,操作他人控制的“Z”账户,先行买入某股票,投资金额达400多万元。张某符合本罪特殊主体的要求,也符合本罪客观行为的表现形式,对犯罪行为及结果表现为故意的心理态度,侵害了基金管理秩序、投资者利益、单位利益和单位信誉,实际上已经符合利用未公开信息交易罪的构成要件,因此可以排除上述无罪的观点,因为这种意见实际上是将“未得逞”与“不具备全部构成要件”相混淆,这两个概念是两个层面的问题,“得逞”与否是判断犯罪停止形态所要认定的事实,而是否具备构成要件则是判断犯罪是否成立所要认定的事实。比如,在故意杀人中,行为人向犯罪对象开枪,但未打中要害,仅造成伤害的结果,虽然其杀人目的并未得逞,在这种情况下,还是应当认定为构成故意杀人罪,而不能认定为不构成犯罪。同理,在本案中,犯罪是否得逞并不是区分犯罪是否成立的要件,只要具备了利用未公开信息交易罪的构成要件,行为人就构成利用未公开信息交易罪。那么,张某究竟是否构成利用未公开信息交易罪的未遂?笔者认为,解决该问题的关键在于论证利用未公开信息交易罪是否存在未遂形态。

实践中有观点认为,利用未公开信息罪存在未遂的可能性。该观点首先证明本罪属于情节犯,从本罪行为特点来看,从行为着手到行为得逞存在一定的时间差,这就给未遂提供了极大的空间;从法定刑角度来看,本罪基本犯的最高法定刑是5年,因此当本罪的社会危害性达到了应该判3年以上有期徒刑的时候,本罪就可能具有未遂的可罚性;从司法实践角度来看,倒卖车票罪的罪状与本罪罪状在情节严重上存在相同意义的规定,类比认为存在未遂的可能性。[1]不同意见认为,情节犯不存在未遂形态。因为,在未达到法定情节要求的情况下,情节犯本身就不成立,情节犯的犯罪未遂更无从谈起,立法者对某些行为成立犯罪在罪状中之所以列明“情节严重”或“情节恶劣”的要求,是由于对这些行为如果不提出这样的要求,就不能使其社会危害性达到应当追究刑事责任的程度。因此,情节犯在犯罪构成上的特点是,在具备犯罪构成的四个要件之外,还必须符合“情节严重”或“情节恶劣”的要求,否则就不成立犯罪。而犯罪未遂是以犯罪的成立为前提的。在情节犯尚未成立的情况下,自然不存在讨论情

---

〔1〕 参见王睿:《浅析利用未公开信息交易罪的未遂》,载《学理论》2010年第3期。

节犯的犯罪未遂问题的余地。[1]

笔者认为，界定一个罪名是否存在未遂的可能性，还应当从既遂与未遂的本质出发。关于犯罪既遂与未遂问题，刑法通说认为，犯罪既遂是指着手实行的犯罪行为具备了具体犯罪构成全部要件的情况。既遂与未遂区别的标志，就是犯罪实行行为是否具备了犯罪构成的全部要件。至于犯罪构成要件是否完全具备，在各类犯罪中则可以有不同的表现。[2] 这里的犯罪构成要件齐备，是指犯罪主体、主观方面、客观方面、客体全部齐备。在有些犯罪中，行为人实施犯罪后虽然没有达到犯罪目的，但在法律上已经完全具备了犯罪构成的要件，应为犯罪既遂，而不是犯罪未遂。我国《刑法》中虽然有不少犯罪是以法律规定的犯罪结果的发生与否作为区分犯罪既遂与未遂的标准，但犯罪结果是否发生，尚不能作为一切犯罪既遂与否的区分标准。上述否定情节犯存在未遂形态的观点，实际上是混淆了犯罪构成要件齐备与犯罪构成要件具备的界限。犯罪构成要件具备是犯罪成立与否的标准，一个行为符合犯罪构成要件，就表明犯罪构成要件已"具备"，但我们不能认为该行为就是犯罪构成要件"齐备"。例如故意杀人未遂的行为，行为人已经具备了故意杀人的构成要件，但有可能因为对象未死亡，而使故意杀人中的"死亡"要件缺乏，导致构成要件并不齐备。

因此，判断利用未公开信息交易罪是否存在未遂形态，除了正确理解犯罪齐备的意义外，还必须从以下两个方面进行把握。

其一，"停顿"是犯罪未遂的前提。

故意犯罪的停止形态应该以行为过程中产生"停顿"为成立的前提条件，没有停顿也就不会有故意犯罪的停止形态。一个故意犯罪行为只有一个形态，而行为形态的确认是以行为最后的停顿点作为标准的。我们不能在分析案件过程中对行为人的完整行为人为地进行分割，也不能将行为人行为过程中的"暂时停顿"作为判断故意犯罪停止形态的标准。即故意犯罪的停止形态是在犯罪过程中由于某种原因停止下来所呈现的状态，我们考察一种犯罪的停止形态只能以一种行为结局性的停止作为参考依据，而不能以行为的暂时停止来确定犯罪预备、未遂或中止。另外，故意犯罪停止形态是一个静止的犯罪行为状态。

---

〔1〕 参见王志祥:《情节犯基本问题研究》,载《保定学院学报》2008 年第 21 卷第 1 期。

〔2〕 参见赵秉志:《犯罪未遂的理论与实践》,中国人民大学出版社 1987 年版,第 95 ~ 98 页。

就同一犯罪行为而言，出现了几种犯罪形态后，不可能再出现另一种犯罪形态。

犯罪未遂就属于行为最后停顿时犯罪由于意志以外的原因停顿下来而没有完成的未完成形态。本案中的停顿点在于证券监督管理机构发现张某利用职务之便，获取相关信息后“建仓待撤”，及时予以禁止，这种停止是终结性质的，对于张某而言也是意志以外的原因。

其二，犯罪实行行为是否着手是重要标志。

《刑法》第 23 条第 1 款规定：“已经着手实行犯罪，由于犯罪分子意志以外的原因而未得逞的，是犯罪未遂。”这里的着手，是指行为人已经开始实施刑法分则条文规定的某种犯罪构成要件中的具体行为。对于“着手”认定的标准，我国刑法理论界有不同的认识：有的提出“接触对象说”，认为犯罪着手与否应以是否接触对象为标准；有的提出“接近对象说”，认为犯罪着手与否应以是否接触对象为标准；有的提出“引发结果说”，认为着手行为对犯罪结果的发生具有原因力，因此把是否有可能直接引起犯罪结果的发生作为认定着手的标准；有的提出“时间、地点紧接说”，认为与犯罪的时间、地点紧密结合的是犯罪着手，否则便是犯罪行为的着手，在不同场合，其表现形式也不一样，因此具体认定犯罪是否着手，没有一个固定不变的标准和模式，需要根据具体案情作出具体分析判断。[1]

笔者认为，“着手”的认定标准应根据主客观相统一的原则，结合我国的刑法分则中对每一个具体犯罪的规定来加以确定。我国刑法中着手的标准是“开始实施使刑法所保护的犯罪客体面临实现危险性的侵害或威胁的行为”。按照主客观相一致的原则来理解：客观上具体表现为是“开始实施使刑法所保护的犯罪客体面临实现危险性的侵害或威胁的行为”；主观上表现为“行为人明显地表现出使刑法所保护的犯罪客体面临现实危险性的侵害或威胁的意志”。犯罪行为的着手认定还应当结合我国的刑事政策加以确定。我国刑法只规定着手实行犯罪以后，由于犯罪分子意志以外的原因而未得逞的，属于未遂。但对于何为“着手”，则没有也无法进行明确规定。因此，刑法理论上在对犯罪实行行为着手的标准进行界定时，确实需要结合我国刑事政策内容加以考虑。

因此，在上述案例中，利用未公开信息交易罪的着手应当是实施使基金管

---

〔1〕 参见刘宪权主编：《中国刑法理论前沿问题研究》，人民出版社 2005 年版，第 165 页。

理秩序、投资者利益、单位利益及基金行业信誉面临现实危险性的侵害或威胁的行为；具体而言，既可以是资产管理机构的从业人员在用客户资金买入证券或其衍生品、期货或者期权合约等金融产品前，自行先买入证券的行为；也可以是明示或者暗示他人买入证券的行为。一旦实施这种"买入"行为，就构成了对基金管理秩序、投资者利益、单位利益及基金行业信誉的侵害和威胁。因为这种"买入"行为是基金市场所排斥的行为，一旦实施这种行为，对于其他投资者来说其投资风险就大大提高，随着时间的推移，若行为人提前"撤仓"，将资金撤走，投资者将面临巨大损失。

所以，在上述案例中，张某的行为理应构成利用未公开信息交易罪，并且属于未遂形态，具体理由如下：首先，张某已经着手实行了利用未公开信息交易罪的实行行为。张某在参加融通公司投资决策委员会会议、基金晨会、投研例会、研究月度会、外部券商推介会及与该公司基金经理、研究员交流的过程中，获取了该公司旗下基金投资及推荐相关个股的非公开信息，操作他人控制的"Z"账户，先行买入某股票。这一行为属于利用未公开信息交易罪的着手行为。其次，张某的犯罪未得逞。"老鼠仓"行为具有一定的复合性，根据《刑法修正案（七）》第 2 条第 2 款的规定，相关人员从事与内幕信息以外的其他未公开信息相关的交易活动，这里的交易活动就是本罪的客观方面。如上所述，"老鼠仓"的交易活动包含了"建仓"与"跑仓"两个阶段，是一个具有时间差的过程，张某没有"成功跑仓"，实际上是没有齐备本罪的客观要件。最后，张某犯罪未得逞是由于意志以外的原因。由于证券监督管理机构对其行为产生了警惕，追踪了一段时间后，采取果断禁止其行为的决定，致使张某未能获利。

六、利用未公开信息交易犯罪规范界限司法判断规则

在《刑法修正案（七）》增设利用未公开信息交易罪之前，我国刑法理论对于利用未公开信息交易罪的本质一直存在认识分歧。第一种观点认为，利用未公开信息交易行为本质上就是内幕交易犯罪。[1] 第二种观点认为，利用未公开信息交易行为实际上是职务侵占罪，因为，以"老鼠仓"为典型的证券、期货市场

---

[1] 参见顾肖荣：《为解决证券市场"老鼠仓"问题的若干立法建议》，载《政治与法律》2008 年第 5 期。

中的利用未公开信息交易行为,其所获得的收入应该归基金财产所有,因此,在基金从业人员违法私建“老鼠仓”并将由此获得的收入占为己有的情况下,成立职务侵占罪。第三种观点认为,利用未公开信息交易行为属于非法经营同类营业罪,可以将非法经营同类营业罪的犯罪主体由国有公司、企业的董事、经理扩大到一般公司、企业的董事、经理乃至从业人员,再适用于“老鼠仓”。利用未公开信息交易行为的本质在于金融从业人员违背信托义务而实施的竞业行为,这种行为与其说损害了基金财产的利益,不如说剥夺了基金财产的盈利机会和结果。[1] 第四种观点认为,利用未公开信息交易行为兼具内幕交易、操纵市场和违背职守三种特点,但就其侵犯的核心利益来看,主要是损害了当事人之间委托信任关系,是一种背信犯罪行为。[2] 这种对利用未公开信息交易罪本质理论把握的分歧与模糊,延续到当前的司法实践中,集中表现为利用未公开信息交易罪与其他证券期货犯罪、金融犯罪之间实践界限的模糊,亟须在理论上廓清利用未公开信息交易罪的规范边界。

(一)利用未公开信息交易罪与内幕交易、泄露内幕信息罪的界分

利用未公开信息交易罪与内幕交易、泄露内幕信息罪在实践中极易混淆,其主要原因是:首先,两罪均利用了未公开的信息。内幕交易、泄露内幕信息罪的行为人是利用了内幕信息这一未公开信息进行交易,利用未公开信息交易罪的行为是利用了内幕信息以外的其他未公开信息进行交易。这些未公开信息都对证券市场的价格波动起到了关键作用,而且具有秘密性,一般投资者是无法获取的。任何人一旦掌握这类未公开信息,就可以对证券投资具有一定主动权。其次,两罪主体均为特殊主体。利用未公开信息交易罪的主体是证券交易所、期货交易所、证券公司、期货经纪公司、基金管理公司、商业银行、保险公司等金融机构的从业人员以及有关监管部门或者行业协会的工作人员。内幕交易、泄露内幕信息罪的主体是证券交易内幕信息的知情人员或者非法获取证券交易内幕信息的人员。而知情人员也往往就是相关金融机构、行业协会的管理

---

〔1〕 参见曾献文:《制裁“老鼠仓”:岂是一罚了之》,载《检察日报》2008 年 5 月 28 日,第 3 版。

〔2〕 参见涂龙科:《刑法修正案中的个罪认定研究——背信运用受托财产罪的认定》,载《改革开放 30 年刑事法治研究〈中国刑法学年会文集 2008 年度 · 上卷〉》,中国人民公安大学出版社 2008 年版。

人员、工作人员，两罪主体存在一定交集。最后，两罪交易方式都利用了时间差。两罪行为人都是通过"低买高抛"的操作手段，在这一时间差中谋取暴利，在证券操作方式和手段上极为相似。

以实践中的典型案件为例：韩某系某基金公司经理，自担任经理至其违法行为被发现期间，韩某利用任职优势，获取大量有关该基金公司的投资信息，而这些投资信息对证券市场价格的波动起到了决定性作用，韩某利用其经理身份，透过高层内部会议，将一些尚未公开的投资信息加以利用。由于公司的内控制度尚未建立，未按公司制度规定进行股票出入库管理，对重点持仓股票未进行维护和跟踪，使韩某有机可乘。韩某与他人共同操作其亲属开立的证券账户，低位建仓，高位抛售，先于或同步于韩某管理的基金多次买入、卖出相同个股，相关犯罪行为自《刑法修正案（七）》通过后多达10余次，违法获利27.7万元，情节严重。2010年9月，证监会已将韩某涉嫌犯罪的证据材料移送公安司法机关追究刑事责任，并将待刑事处罚后再做出取消其从业资格及市场禁入的决定。

对于本案中基金经理韩某应当认定为构成何种罪名，实践中主要存在两种不同意见：第一种意见认为，韩某作为基金经理，在相关金融证券投资信息尚未公开前，买入、卖出相同个股，应当构成内幕交易罪。第二种意见认为，基金公司的投资信息并非内幕交易罪中的未公开信息，此外，韩某的行为手段也不符合内幕交易罪的要求，因而其应当构成利用未公开信息交易罪。上述意见分歧在很大程度上体现了司法实务中，利用未公开信息交易罪与内幕交易、泄露内幕信息罪的界限并非十分明确。

笔者认为，前文所述未公开信息与内幕信息的区别可以作为利用未公开信息交易罪与内幕交易、泄露内幕信息罪界限辨识的重要标准，除此之外，实践中还可以从以下两方面予以具体辨析。

其一，两罪获得未公开信息的手段不同。

对于利用未公开信息交易罪而言，《刑法》第180条强调"利用因职务便利获取的内幕信息以外的其他未公开的信息"，这里"因职务便利"就是指行为人利用自己所在金融机构的职务所特有的权限，例如，负责或经办本金融机构投资业务，从而合法获得相关信息。利用未公开信息交易罪强调"职务便利"要素，是因为利用未公开信息交易行为是利用了投资时间差所形成的条件，进行违法暴利活动。而这种时间差的形成，有赖于行为人与受害人之间的信息不对称。而信息不对称正是由于职务之便所获得的。

同时也应当认识到,“职务之便”的限定,实际上是对利用未公开信息交易罪行为主体的限定。本罪的主体是特殊主体,一般是金融机构从业人员。但是,如果金融机构从业人员仅仅是因为熟悉环境,窃取了相关信息,则显然不属于“职务之便”,因为其本身并无知情权。因此本罪主体因为“职务之便”而有了另一层限定,就是金融机构从业人员有无合法知情权。利用未公开信息交易罪的行为集中发生于负责、经手、管理本金融机构投资交易的人员,这些人员比其他普通从业人员更容易获得相关信息,也有权获得这些信息,并且这些人员具有较高职务,如基金公司经理等,他们一旦利用未公开信息进行交易对金融市场的危害更大,社会反响也更强烈。《刑法》第 180 条显然将无知情权的金融机构从业人员排除在了本罪主体范围之外。

内幕交易、泄露内幕信息罪则不限于“利用职务上的便利”。《刑法》第 180 条规定获取内幕信息的手段有两种,一种是知情人员所知悉的信息,另一种是非法获取的信息。也就是说,本罪获取未公开信息的手段范围更广,并不局限于利用职务便利,即便是通过非法途径获取的信息,并进行违法交易活动,也应当入罪。

其二,两种犯罪行为侵害的被害人不同。

利用未公开信息交易罪的侵害对象主要是本金融机构的客户,具有特定的范围。给客户造成的损失应当由两部分构成:一部分是金融机构从业人员利用未公开信息交易获得的违法所得;另一部分是“老鼠仓”行为给投资者所投资的对象造成的损失,例如,基民对基金的投资损失。投资者对投资对象的损失又可以分成两类:一是犯罪行为人获得暴利从而必然使其他投资者的收益骤减;二是犯罪行为人抛售所持股票后,往往使其他投资者风险提高,从而会给投资者造成实质上的损失。因此,利用未公开信息交易罪对行为人所在金融机构之外的投资者,并没有直接的侵害,没有对他们造成直接的损失。

内幕交易、泄露内幕信息罪的侵害对象范围更广,是整个金融市场中的不特定多数投资者。行为人的犯罪行为是通过私自滥用信息,对不特定多数投资者平等知情权的破坏。证券市场的投资者具有流动性大、变化快、数量多的特点,而且造成这些投资者损失的直接原因是证券市场的价格波动。由于证券交易市场具有极强的敏感性,内幕交易、泄露内幕信息的行为是促使价格波动的一个最重要原因。

在上述韩某利用未公开的信息从事违法交易的案例中，韩某所利用的“信息内容”是本基金公司将要向某上市公司投资的信息，就是一种证券“二级市场”的投资决策信息。这种信息与股票所对应的上市公司本身并无直接关系，不是《证券法》所规定的内幕信息。因此，韩某违法交易行为所利用的是内幕信息之外的其他未公开信息。韩某自担任经理至其违法行为被发现期间，利用任职优势，获取大量有关该基金公司的投资信息，与他人共同操作其亲属开立的证券账户，先于或同步于韩某管理的基金多次买入、卖出相同个股，违法获利27.7万元，情节严重。其行为侵害了基金公司其他投资者的利益，完全符合利用未公开信息交易罪的客观方面。所以，韩某理应构成利用未公开信息交易罪。

（二）利用未公开信息交易罪与操纵证券、期货市场罪的界分

利用未公开信息交易罪与以非法利用信息为手段的操纵证券、期货市场罪之间的界限较为模糊。若仅从行为主体、职务便利、信息内容差异、犯罪目的等静态比较层面论证两罪界限，其实对实务部门区分两罪并无直接参考价值，所形成的理论性结论无法归纳成司法认定规则。因为利用未公开信息交易、利用信息操纵证券、期货市场是一个动态的行为过程，信息、交易、市场反应、金融品种价格变化互为影响。这决定了两罪之间的界限也是动态性的。所以，必须在辨析不同类型的利用信息操纵证券期货犯罪与利用未公开信息交易罪本质区别的基础上廓清两者的界限。

1. 利用未公开信息交易与利用信息优势连续买卖证券期货的界限

利用信息优势连续买卖操纵证券、期货交易价格、交易量属于典型的信息型操纵证券、期货市场行为。信息优势应当是指，相对于证券、期货市场上的正常投资者而言，行为人对涉及特定证券、期货合约的重要信息的攫取，具有时间上的提前性、手段上的便宜性、内容上的精确性、覆盖上的全面性等领先能力。证券期货犯罪刑法理论权威观点认为，此处的“信息”包括任何与证券期货交易有关的信息。[1] 故利用信息优势显然能够涵盖利用未公开信息。实践中，如果金融机构从业人员利用未公开信息连续买入相关证券，在证券交易价格大幅波

---

〔1〕 参见刘宪权、卢勤忠：《金融犯罪理论专题研究》，复旦大学出版社2002年版，第492页。

动过程中，陆续卖出相关证券谋取巨额利益，应当认定为利用未公开信息交易罪还是操纵证券市场罪？

笔者认为，区分利用未公开信息交易行为与利用信息优势操纵证券、期货市场行为的关键在于判断行为人对于若干核心要素是否具有“控制性”。(1)控制信息。利用未公开信息交易是凭借未公开信息对证券、期货市场投资决策所产生的实际影响谋取利益，行为人对于未公开信息的把握强度没有达成控制的程度；而利用信息优势连续买卖证券、期货合约的行为人对于重要信息达到了尽在掌握的控制程度。(2)控制能力。利用未公开信息交易罪中的交易活动无法与未公开信息之间形成互动，从而无法在交互过程中共同发挥对证券、期货市场的控制作用；而利用信息优势操纵证券、期货市场是一种联合买卖、连续买卖行为，其交易活动能够反作用于信息，使市场加速加量地对处于未公开状态的重要信息进行反应。可见，由于交易结构处于不同层次，利用未公开信息交易与利用信息优势连续买卖对于市场的控制能力明显处于不同水平。(3)控制结果。利用未公开信息交易行为不排除引起证券期货交易异常的结果；而利用信息优势连续买卖的结果是操纵证券期货交易价格与交易量，这意味着相关证券期货交易明显异常，或者导致价格水平、交易量水平受到控制，或者导致证券期货交易价格明显偏离可比指数。

因此，基金管理公司经理利用职务便利大规模使用基金资金拉升相关证券交易价格，提前利用本人控制的账户联合他人资金大规模建仓，在相关证券交易价格、交易量处于明显异常的过程中陆续卖空套现的，由于未公开信息、交易活动、证券的价与量等要素受其全方位控制，该行为已经超越了利用未公开信息交易罪的法律评价范围，应当认定为操纵证券市场罪。

2. 利用未公开信息交易与利用投资咨询信息操纵证券、期货市场的界限

利用投资咨询信息操纵证券、期货市场，又称“抢帽子”交易操纵，是指证券期货公司、证券期货投资咨询公司等金融中介机构从业人员在对相关证券期货交易品种作出评价、策略分析等投资咨询建议之前买卖或持有相关证券、期货合约，在投资咨询信息公开之后实施相关证券期货交易从中谋利的行为。从事证券期货投资咨询业务的金融机构出具的行业研究报告、证券期货交易策略报告等咨询信息对于证券、期货市场投资决策具有重要影响，相关咨询信息、研究报告在公开之前属于未公开信息。故利用未公开咨询信息买卖证券、期货合约

是利用未公开信息交易的一种行为模式，同时也属于操纵证券、期货市场罪中的“其他方法”。

这两种违规交易行为很难区分。例如，引起市场广泛关注的汪建中案。刑法理论中有观点认为，汪建中作为证券咨询机构北京首放投资顾问公司的法定代表人，利用先期购买证券，其后向社会公众公布建议买入对应证券的咨询意见，最后提前卖出相关证券，利用其实际控制的账户先后进行55次违规交易，涉及38只股票，获取利益1.25亿余元，应认定为操纵证券市场罪。[1] 但是，排除刑法修正案溯及力因素，由于以汪建中为核心的证券投资咨询公司向社会公众发布的投资信息对于证券、期货市场金融交易决策具有重大影响，汪建中在咨询信息尚未公开前抢先建仓交易牟利，也存在是否符合利用未公开信息交易罪行为特征的争议。[2]

笔者认为，区分利用未公开信息交易与“抢帽子”交易操纵，应当先审查行为人与未公开投资咨询信息的关系。行为人仅仅是基于职务便利能够接触性地知悉未公开投资咨询信息，显然属于利用未公开信息交易行为。利用未公开信息交易具有顺势而为的特征，未公开投资咨询信息便是其中的“势”。而“抢帽子”交易操纵具有全盘布局的特征，未公开投资决策信息只是“局”中的一枚棋子。如果行为人全程参与未公开投资信息的制作、谋划、公布工作，则必须进一步考察行为人实施的交易活动对于相关证券期货交易价格与交易量的影响。只有达到操纵的量化标准，才能认定为操纵证券、期货市场罪。

3. 利用未公开信息交易与利用不确定信息操纵证券、期货市场的界限

在利用信息型操纵证券期货犯罪行为中，还存在一种蛊惑交易操纵的行为模式，即行为人编造、传播或者散布真实性、准确性、完整性等都处于极度不确定状态的重要信息，诱惑证券、期货市场中的投资者从事相关证券期货交易，从而通过其预期的证券期货交易价格与交易量波动，谋取经济利益。

根据证券、期货市场操作经验法则，引起证券期货交易价格波动的信息未必确定且真实，虚假的、不确定的“内部信息”同样是对投资者金融交易决策形

---

[1] 参见侯亚辉、李莹：《新型证券期货犯罪若干问题》，载《国家检察官学院学报》2010年第1期。

[2] 参见何靖：《“股市黑嘴”汪建中出庭受审》，载《人民法院报》2010年10月29日，第3版；张学光：《汪建中：法律罪犯 or 道德囚徒？》，载《华夏时报》2010年12月27日，第A5版。

成重要影响的因素。虽然利用未公开信息交易罪中的信息在价格敏感性层面具有确定性,但并不要求该信息本身得以实际或者全面执行。如何区分利用未公开信息交易行为与利用不确定信息操纵证券、期货市场行为?

笔者认为,区分两者的关键在于是否存在编造、传播、散布不确定重大信息,诱使投资者实施相关证券期货交易的事实。利用未公开信息交易的行为人属于"静观其变",即期待未公开信息所指向的事实或者评价得以执行,使相关证券期货交易价格实现符合自己预期的变动;蛊惑交易操纵的行为人属于"兴风作浪",即通过积极行为编造、传播没有实际依据却能够引起证券期货交易价格波动的信息,诱使投资者在不明真相的情况下作出投资决定并形成自己期待的市场性效应,从中谋取违规交易利益。

第九讲

利用未公开信息交易犯罪量刑规则

利用未公开信息交易犯罪量刑情节与法定刑的认定与适用问题是当前司法实践中极为突出的争议与难点。充分运用文义解释、体系解释、实质解释等刑法解释原理，层进式地对利用未公开信息交易罪量刑情节配置问题进行分析，可以确认本罪应全部按照内幕交易、泄露内幕信息罪的法定刑条款进行处罚，即具有“情节严重”“情节特别严重”两档量刑情节及其对应法定刑配置。由于司法解释未规定利用未公开信息交易罪“情节特别严重”的量化标准，那么由于量刑情节认定依据真空而引发的裁判规则不确定性与法律风险，不应由被告人承担。有必要通过科学的实证调查与规范分析，研究制定利用未公开信息交易罪的司法解释，合理建构违法与犯罪、“情节严重”与“情节特别严重”的量化界限。

一、利用未公开信息交易罪量刑情节解释争议

我国《刑法》第180条规定了内幕交易、泄露内幕信息罪和利用未公开信息交易罪，对伴随着证券、期货市场迅猛发展而滋生的内幕交易、利用未公开信息交易犯罪行为进行了卓有成效的刑法规制。尤其是《刑法修正案（七）》增设的、被实践中称为“老鼠仓”的利用未公开信息交易犯罪，近年来明显成为证券、期货市场监管与犯罪惩治的焦点。证监会2013年立案22件，仅2014年上半年就立案25件，共39人被移送司法机关追究刑事责任；[1]2014年年底更是对“老鼠仓”违法犯罪开展专项治理行动。[2] 与此同时，利用未公开信息交易犯罪案件的理论解释与实践适用争议问题越发突出——最高人民检察院就我国“最大老鼠仓”马乐利用未公开信息交易案的终审裁定，以“法律适用错误，导致

---

〔1〕 参见许志峰：《证监会怎样“捉老鼠”》，载《人民日报》2015年2月8日，第2版。

〔2〕 参见中国证券监督管理委员会：《证监会对部分涉利用未公开信息交易案件基金公司依法采取行政监管措施》，载 http://www.csrc.gov.cn/pub/newsite/zjhxwfb/xwdd/201501/t20150130_267378.html，访问日期：2015年2月17日。

量刑明显不当”为由，按照审判监督程序向最高人民法院提出抗诉，[1]引发证券、期货市场、法学理论与实务界的高度关注。本案的争议焦点在于利用未公开信息交易量刑情节的理解与适用，即本罪是否存在以及如何认定“情节特别严重”。

马乐利用未公开信息交易抗诉案的意义显然并不局限于利用未公开信息交易个案的法律适用与刑罚裁量。通过我国最高司法机关针对证券期货犯罪案件中的重大问题做出标杆性判例，不仅能够明确利用未公开信息交易犯罪司法实践中的类型化疑难问题与典型性复杂问题，而且能够深度考察刑法解释原理与司法解释规则在证券期货犯罪实践中的应用。

我国证券、期货市场在规模持续壮大、层次越发完善的同时，客观上催生了利用未公开信息交易等违法犯罪的数额节节攀升、不断刷新纪录，实践中涌现出大量交易量10亿元以上、违法所得千万元级别的“老鼠仓”犯罪案件。目前刑罚最重的是李旭利利用未公开信息交易犯罪案，其累计“老鼠仓”成交额5226万余元、股票交易共计获利899万余元、分得股票红利172万余元，被判处有期徒刑四年，并处罚金1800万元，违法所得1071万余元予以追缴。[2] 相当数量的“老鼠仓”犯罪的行为人被判处缓刑，且至今无一例是认定为“情节特别严重”。社会公众普遍认为“老鼠仓”频发的主因是惩处力度不够。[3] 因此，有必要结合当前备受关注的最高人民检察院抗诉“老鼠仓”案，对利用未公开信息交易罪量刑情节问题进行审慎的刑法解释，对《刑法》第180条规定的内幕交易、利用未公开信息交易的犯罪实质与经济机理进行本质追问与纵深探索，为

---

〔1〕 马乐在担任证券投资基金经理期间，利用其掌控的未公开信息从事证券交易，累计成交金额10.5亿余元，从中非法获利1883万余元。2014年3月，深圳市中级人民法院认为马乐利用未公开信息交易“情节严重”，一审判决其有期徒刑3年、缓刑5年，并处罚金1884万元、没收违法所得。同年4月深圳市人民检察院提出抗诉；8月，广东省检察院支持抗诉，认为马乐应认定为“情节特别严重”。10月，广东省高级法院经审理认为，《刑法》第180条第4款只规定了利用未公开信息交易罪“情节严重”量刑情节，并未规定本罪有“情节特别严重”情形，终审裁定驳回抗诉，维持原判。广东省检察院认为该终审裁定确有错误并于11月提请最高检抗诉。2014年12月，最高人民检察院决定按审判监督程序向最高人民法院提出抗诉。参见郑赫南：《“最大老鼠仓”案为何被三级检察机关抗诉》，载《检察日报》2015年2月15日，第2版。

〔2〕 参见严晓蝶、李燕：《李旭利案终审：维持一审原判》，载《东方早报》2013年10月30日，第A32版。

〔3〕 参见张炜：《打击证券犯罪须“执法必严”》，载《中国经济时报》2014年4月1日，第3版。

公正惩治证券期货犯罪、有效破解实践难题、完善司法解释提供理论支持。

二、利用未公开信息交易罪量刑情节文义解释

对于利用未公开信息交易，情节严重的，依照《刑法》第 180 条第 1 款内幕交易、泄露内幕信息罪的规定处罚，如何进行符合罪刑法定的解释，实践中存在两种截然不同的意见。

“部分依照”论认为，《刑法》第 180 条第 4 款利用未公开信息交易罪的条文明确且仅仅规定了“情节严重”唯一的一档量刑标准，即“情节严重”应依照内幕交易、泄露内幕信息罪“情节严重”量刑档次处罚，并没有明示性地规定利用未公开信息交易“情节特别严重”相应地适用内幕交易、泄露内幕信息罪“情节特别严重”的加重量刑情节。[1]

“全部依照”论认为，刑法条文中的“依照前款处罚”是对前款所规定全部内容的表述。具体到《刑法》第 180 条第 4 款规定的“依照第一款的规定处罚”，则包含《刑法》第 180 条第 1 款的全部规定，而不是其中的某一部分。因此，利用未公开信息交易罪具有“情节特别严重”这一量刑情节。[2]《刑法》同一法条的不同款项在处罚上具有协调性，这种处罚的参照不可能只是部分参照，应该是全部参照。《刑法》第 180 条第 1 款规定的内幕交易、泄露内幕信息罪，存在“情节严重”和“情节特别严重”的不同情形和两个不同量刑档次，对利用未公开信息交易罪的处罚也存在两个不同情形和量刑档次。[3]

两种观点在文义解释上的巨大差异与认识分歧，主要是源于《刑法》第 180 条第 4 款在文字内涵上具有两种微妙的、截然不同的语意侧重。如果将《刑法》第 180 条第 4 款的文字重心置于“情节严重的”，该款显然说明利用未公开信息交易行为只有在“情节严重”的情况下才能按照该条第 1 款的规定“处五年以下有期徒刑或者拘役，并处或者单处违法所得 1 倍以上 5 倍以下罚金”，主要原因为：其一，“情节严重”是入罪条件，不符合情节严重标准的利用未公开信息交易行为不是犯罪；其二，“情节严重”是唯一量刑情节，利用未公开信息交易罪不存

〔1〕 参见广东省高级人民法院刑事裁定书（2014）粤高法刑二终字第 137 号。

〔2〕 参见邹坚贞：《市、省和最高检为何层层抗诉“马乐案”最高检意欲推动老鼠仓判决立新规?》，载《中国经济周刊》2014 年第 49 期。

〔3〕 参见广东省高级人民法院刑事裁定书（2014）粤高法刑二终字第 137 号。

在“情节特别严重”这一加重法定刑档次。如果将《刑法》第 180 条第 4 款的文字重心置于谓语“依照……处罚”,那么该款的内涵就非常明确地指向一个简单的结论——利用未公开信息交易罪的刑事处罚标准等同于内幕交易、泄露内幕信息罪。

准确地辨识刑法规范文字内容的重心显然需要遵循刑法条文结构的基本逻辑。刑法条文是一种语言,所以对刑法规范结构的解释首先要符合语法结构的原理。同时,刑法条文是一种法律语言,并且具有刑法这一区别于其他部门法的特有规范结构,因此刑法解释还需要符合罪状解释原理。

以中文语法结构的视角进行解析,“全部依照”论相对而言更具说服力。尽管《刑法》第 180 条第 4 款条文的内容很长,但在语法上还是非常典型的“主 + 谓 + 宾”结构。“证券交易所、期货交易所、证券公司、期货经纪公司、基金管理公司、商业银行、保险公司等金融机构的从业人员以及有关监管部门或者行业协会的工作人员,利用因职务便利获取的内幕信息以外的其他未公开的信息,违反规定,从事与该信息相关的证券、期货交易活动,或者明示、暗示他人从事相关交易活动,情节严重的”整体构成主语,意指利用未公开信息交易犯罪;“依照……处罚”构成谓语;“第一款的规定”构成宾语,意指内幕交易、泄露内幕信息犯罪。语句的重心通常都落位于谓语,不能强行割裂稳定的主谓宾结构而特别强调作为主语中的部分内容的“情节严重的”。按照主谓宾的语法结构进行解释,《刑法》第 180 条第 4 款的含义就是利用未公开信息交易罪的刑罚依照内幕交易、泄露内幕信息罪的规定进行处罚,故利用未公开信息交易罪相应地就必定包括“情节严重”“情节特别严重”两档法定刑。

以刑法条文结构的视角进行解析,“全部依照”论同样更符合分则个罪条文“罪 + 刑”结构。刑法分则中的所有规范在法条结构上都可以分割为犯罪构成(“罪”)与刑事处罚(“刑”)两大部分。具体到《刑法》第 180 条第 4 款的分析,“证券交易所……情节严重的”整个属于犯罪构成部分,“依照第一款的规定处罚”则属于刑事处罚部分。基于“罪 + 刑”的罪状结构与条文逻辑进行解释,《刑法》第 180 条第 4 款的含义同样是指符合利用未公开信息交易犯罪构成的行为应当按照内幕交易、泄露内幕信息罪的相关规定进行处罚。所以,利用未公开信息交易罪具有“情节严重”“情节特别严重”两种量刑情节、两档法定刑配置,是站在罪状结构的整体视角对《刑法》第 180 条第 4 款的内在含义所做出的解释。

分析视角完全聚焦于《刑法》第 180 条文义内涵，很大程度上已经能够有效地解释利用未公开信息交易罪量刑情节的配置，即利用未公开信息交易罪的法定刑全部依照内幕交易、泄露内幕信息罪的处罚规定，情节严重的，处 5 年以下有期徒刑或者拘役，并处或者单处违法所得 1 倍以上 5 倍以下罚金；情节特别严重的，处 5 年以上 10 年以下有期徒刑，并处违法所得 1 倍以上 5 倍以下罚金。但是，如果需要更为切实地证明“全部依照”论能够符合罪刑法定原则，依然有必要在刑法解释上提供更为充分的证据或者使用递进一层的解释规则予以补强。

三、利用未公开信息交易罪量刑情节体系解释

刑法规范的体系解释不仅能够强化论证利用未公开信息交易罪具有“情节严重”“情节特别严重”两档量刑情节，而且还能从刑法规范文本在司法适用的具体差异中探究“情节特别严重”能否以及如何实际适用于利用未公开信息交易罪。

由于刑法分则条文众多且部分规范设计采用相同的结构，根据刑法规范的体系性解释规则，如果特定法条的构成要件或者刑罚配置不明确，可以基于其他内容明确、结构相同、关系密切的法条对其内涵展开解释。在我国《刑法》分则条文中，与《刑法》第 180 条第 1 款内幕交易、泄露内幕信息罪与第 4 款利用未公开信息交易罪法条关系、条文结构、量刑情节配置问题完全相同的，只有《刑法》第 285 条第 2 款非法获取计算机信息系统数据、非法控制计算机信息系统罪〔1〕与第 3 款提供侵入、非法控制计算机信息系统程序、工具罪。〔2〕非法获取计算机信息系统数据、非法控制计算机信息系统罪规定了“情节严重”“情节

〔1〕《刑法》第 285 条第 2 款非法获取计算机信息系统数据、非法控制计算机信息系统罪规定：“违反国家规定，侵入前款规定以外的计算机信息系统或者采用其他技术手段，获取该计算机信息系统中存储、处理或者传输的数据，或者对该计算机信息系统实施非法控制，情节严重的，处三年以下有期徒刑或者拘役，并处或者单处罚金；情节特别严重的，处三年以上七年以下有期徒刑，并处罚金。”

〔2〕《刑法》第 285 条第 3 款提供侵入、非法控制计算机信息系统程序、工具罪规定：提供专门用于侵入、非法控制计算机信息系统的程序、工具，或者明知他人实施侵入、非法控制计算机信息系统的违法犯罪行为而为其提供程序、工具，情节严重的，依照前款的规定处罚。

特别严重”两种量刑情节，位于同一法条后一款的提供侵入、非法控制计算机信息系统程序、工具罪的刑法条文也使用了“情节严重的，依照前款的规定处罚”的规范设计结构。

内幕交易、泄露内幕信息罪与利用未公开信息交易罪，非法获取计算机信息系统数据、非法控制计算机信息系统罪与提供侵入、非法控制计算机信息系统程序、工具罪，这两组犯罪都是《刑法修正案（七）》修改与增设的证券期货犯罪与信息网络犯罪，《刑法修正案（七）》的立法权威解读对利用未公开信息交易罪与提供侵入、非法控制计算机信息系统程序、工具罪的“情节严重”的分析，也都是强调“情节严重的才构成犯罪”，即“情节严重”是两罪的客观处罚条件，[1]并没有任何法律条文上的依据显示利用未公开信息交易罪与提供侵入、非法控制计算机信息系统程序、工具罪只有“情节严重”这一种法定刑配置。

对于《刑法》第285条第3款提供侵入、非法控制计算机信息系统程序、工具罪的法定刑配置应当部分还是全部依照《刑法》第285条第2款非法获取计算机信息系统数据、非法控制计算机信息系统罪的规定处罚，尽管刑法理论并未将之作为问题予以深究，[2]但司法实践中均无争议地对提供侵入、非法控制计算机信息系统程序、工具罪适用“情节严重”与“情节特别严重”两个档次的法定刑。

在司法解释中，2011年最高人民法院、最高人民检察院《关于办理危害计算机信息系统安全刑事案件应用法律若干问题的解释》（以下简称《计算机犯罪解释》）对提供侵入、非法控制计算机信息系统程序、工具罪不仅明确规定了“情节

---

[1] 利用未公开信息交易，情节严重的，才构成犯罪。情节严重主要指多次建立老鼠仓、非法获利数额巨大、对客户资产造成严重损失等情形。提供侵入、非法控制计算机信息系统程序、工具，情节严重的，才构成犯罪。情节严重主要是指大量提供、出售数额较大、提供的程序工具等被大量使用造成严重危害等情况。参见黄太云：《〈刑法修正案（七）〉解读》，载《人民检察》2009年第6期。

[2] 同属于《刑法修正案（七）》修改与增设的犯罪类型，刑法理论并未像研究内幕交易、泄露内幕信息罪、利用未公开信息交易罪那样深入分析非法获取计算机信息系统数据、非法控制计算机信息系统罪、提供侵入、非法控制计算机信息系统程序、工具罪的法定刑配置与适用问题，可能的原因在于：（1）证券期货犯罪的关注度相对于网络犯罪而言明显更高；（2）网络犯罪条款技术性非常强，相对于刑法理论研究领域而言显得比较生僻；（3）网络犯罪案件控辩对抗激烈程度相对比较低，司法实践中即使出现提供侵入、非法控制计算机信息系统程序、工具罪被认定为“情节特别严重”并适用第二档法定刑，在辩方没有激烈法律意见对抗的情况下，刑法理论很难关注到此类非常具体却涉及法律适用准确与否的重要问题。

严重”的入罪标准,而且规定了“情节特别严重”加重法定刑的量化标准。[1] 这说明最高人民法院与最高人民检察院就此类问题达成过共识——同一刑法条文中的前款罪名规定了“情节严重”“情节特别严重”两档法定刑,后款罪名按照前款规定处罚,则后款罪名应适用“情节严重”“情节特别严重”两种量刑情节。

在判例实践中,行为人提供侵入、非法控制计算机信息系统程序、工具被认定为“情节特别严重”的,审判机关以加重法定刑“三年以上七年以下有期徒刑,并处罚金”为基准结合其他量刑情节做出判决的案例,实际上并不少见。例如,被告人冯某将其制作的钓鱼网站和木马病毒程序提供给诈骗犯罪被告人王忠某、王鹏某等众多人使用,至少 136 次,从中获利 22000 元,构成提供侵入、非法控制计算机信息系统程序、工具罪,属情节特别严重,被判处有期徒刑 3 年 6 个月,并处罚金 3 万元。[2] 又如,被告人阙某某、陈某某违反国家规定,提供专门用于非法控制计算机信息系统的程序、工具,其中阙某某参与犯罪的违法所得共计 94595.31 元,陈某某参与犯罪的违法所得共计 28980.18 元,均属情节特别严重,构成提供非法控制计算机信息系统程序、工具罪,且系共同犯罪。在提供非法控制计算机信息系统程序、工具共同犯罪中,阙某某起主要作用,是主犯;陈某某起次要、辅助作用,系从犯,依法应当从轻、减轻处罚。阙某某、陈某某能如实供述自己罪行,并能主动退缴违法所得,依法从轻处罚。结合考虑犯罪情节及悔罪表现,对被告人阙某某从轻处罚,对陈某某减轻处罚并适用缓刑。阙某某犯提供非法控制计算机信息系统程序、工具罪,被判处有期徒刑 4 年,并处

---

〔1〕《计算机犯罪解释》第 3 条规定:“提供侵入、非法控制计算机信息系统的程序、工具,具有下列情形之一的,应当认定为刑法第二百八十五条第三款规定的‘情节严重’:(一)提供能够用于非法获取支付结算、证券交易、期货交易等网络金融服务身份认证信息的专门性程序、工具五人次以上的;(二)提供第(一)项以外的专门用于侵入、非法控制计算机信息系统的程序、工具二十人次以上的;(三)明知他人实施非法获取支付结算、证券交易、期货交易等网络金融服务身份认证信息的违法犯罪行为而为其提供程序、工具五人次以上的;(四)明知他人实施第(三)项以外的侵入、非法控制计算机信息系统的违法犯罪行为而为其提供程序、工具二十人次以上的;(五)违法所得五千元以上或者造成经济损失一万元以上的;(六)其他情节严重的情形。实施前款规定行为,具有下列情形之一的,应当认定为提供侵入、非法控制计算机信息系统的程序、工具‘情节特别严重’:(一)数量或者数额达到前款第(一)项至第(五)项规定标准五倍以上的;(二)其他情节特别严重的情形。”

〔2〕浙江省宁波市鄞州区人民法院(2012)甬鄞刑再字第 2 号。

罚金人民币 5 万元;陈某某犯提供非法控制计算机信息系统程序、工具罪,被判处有期徒刑 2 年,缓刑 3 年,并处罚金人民币 1 万元。[1] 再如,被告人陆某某向 1145 名用户销售具有侵入、非法控制计算机信息系统功能的木马程序,情节特别严重,其行为构成提供、侵入非法控制计算机信息系统程序、工具罪,被判处有期徒刑 3 年 10 个月,并处罚金 3 万元。[2]

从立法权威解读、最高司法机关共识、判例实践等分析中可以看到,《刑法》第 285 条第 2 款非法获取计算机信息系统数据、非法控制计算机信息系统罪和第 3 款提供侵入、非法控制计算机信息系统程序、工具罪,与内幕交易、泄露内幕信息罪和利用未公开信息交易罪具有完全相同的规范结构,提供侵入、非法控制计算机信息系统程序、工具罪毫无争议地具备"情节特别严重"的量刑档次,意味着至少在形式的、规范的刑法解释框架下,利用未公开信息交易罪理应具备"情节特别严重"的量刑情节与法定刑配置。然而,有必要强调的是,司法解释是否明确规定"情节特别严重"的具体判断标准,是加重法定刑能够在实践中予以适用最为重要的客观条件。与《计算机犯罪解释》明确规定非法获取计算机信息系统数据、非法控制计算机信息系统罪、提供侵入、非法控制计算机信息系统程序、工具罪"情节严重""情节特别严重"的量化认定标准不同,司法解释规定内幕交易、泄露内幕信息罪"情节严重""情节特别严重"的量化判断标准,[3] 利用

---

[1] 福建省厦门市思明区人民法院刑事判决书(2014)思刑初字第 950 号。

[2] 江西省万载县人民法院刑事判决书(2014)万刑初字第 86 号。

[3] 2012 年最高人民法院、最高人民检察院《关于办理内幕交易、泄露内幕信息刑事案件具体应用法律若干问题的解释》(以下简称《内幕交易解释》)第 6 条规定:"在内幕信息敏感期内从事或者明示、暗示他人从事或者泄露内幕信息导致他人从事与该内幕信息有关的证券、期货交易,具有下列情形之一的,应当认定为刑法第一百八十条第一款规定的'情节严重':(一)证券交易成交额在五十万元以上的;(二)期货交易占用保证金数额在三十万元以上的;(三)获利或者避免损失数额在十五万元以上的;(四)三次以上的;(五)具有其他严重情节的。"第 7 条规定:"在内幕信息敏感期内从事或者明示、暗示他人从事或者泄露内幕信息导致他人从事与该内幕信息有关的证券、期货交易,具有下列情形之一的,应当认定为刑法第一百八十条第一款规定的'情节特别严重':(一)证券交易成交额在二百五十万元以上的;(二)期货交易占用保证金数额在一百五十万元以上的;(三)获利或者避免损失数额在七十五万元以上的;(四)具有其他特别严重情节的。"2010 年最高人民检察院、公安部《关于公安机关管辖的刑事案件立案追诉标准的规定(二)》(以下简称《追诉标准二》)第 35 条规定:"[内幕交易、泄露内幕信息案(刑法第一百八十条第一款)]证券、期货交易内幕信息的知情人员、单位或者非法获取证券、期货交易内幕信息的人员、单位,在涉及证券的发行,证券、期

未公开信息交易罪却只有“情节严重”的入罪标准[1]而没有司法解释对其“情节特别严重”的判断尺度做出规定。这就成为马乐案之前利用未公开信息交易罪尚无一例生效判决认定为“情节特别严重”的刑法实践与司法规则根源。

四、利用未公开信息交易罪量刑情节实质解释

文义解释初步建立了利用未公开信息交易罪具有“情节特别严重”量刑情节与罪刑法定原则之间的吻合关系；体系解释补强了这种规范解释的合法性与合理性。但是，我们仍然不能止步于条文形式的分析与阐释，应当深入内幕交易、泄露内幕信息罪、利用未公开信息交易罪的实质并由此明确利用未公开信息交易罪量刑情节配置问题。同时，量刑情节与法定刑在立法上完成“出厂设置”之后，实际上并非能够适用于司法实践，在没有“使用指南”（立法说明或者立法解释）的情况下，必须通过合法且合理的刑法解释将刑法文本落于实处。

利用未公开信息交易罪不具备“情节特别严重”量刑情节这一观点在实质解释层面能够成立，其唯一的可能性在于证明利用未公开信息交易罪的社会危害性没有达到与内幕交易、泄露内幕信息罪相同的水平——如果利用未公开信息交易的犯罪实质危害相对内幕交易犯罪而言更轻，并且这种社会危害性程度上的实质差异足以产生法定刑配置上的区别，则情节特别严重的内幕交易犯罪

货交易或者其他对证券、期货交易价格有重大影响的信息尚未公开前，买入或者卖出该证券，或者从事与该内幕信息有关的期货交易，或者泄露该信息，或者明示、暗示他人从事上述交易活动，涉嫌下列情形之一的，应予立案追诉：（一）证券交易成交额累计在五十万元以上的；（二）期货交易占用保证金数额累计在三十万元以上的；（三）获利或者避免损失数额累计在十五万元以上的；（四）多次进行内幕交易、泄露内幕信息的；（五）其他情节严重的情形。”

〔1〕《追诉标准二》第36条规定：“[利用未公开信息交易案（刑法第一百八十条第四款）]证券交易所、期货交易所、证券公司、期货公司、基金管理公司、商业银行、保险公司等金融机构的从业人员以及有关监管部门或者行业协会的工作人员，利用因职务便利获取的内幕信息以外的其他未公开的信息，违反规定，从事与该信息相关的证券、期货交易活动，或者明示、暗示他人从事相关交易活动，涉嫌下列情形之一的，应予立案追诉：（一）证券交易成交额累计在五十万元以上的；（二）期货交易占用保证金数额累计在三十万元以上的；（三）获利或者避免损失数额累计在十五万元以上的；（四）多次利用内幕信息以外的其他未公开信息进行交易活动的；（五）其他情节严重的情形。”

行为应当适用“五年以上十年以下有期徒刑，并处违法所得一倍以上五倍以下罚金”的基本幅度，而情节特别严重的利用未公开信息交易犯罪行为由于没有产生相同程度的实质危害，适用《刑法》第180条第1款规定的加重法定刑处罚会出现罪刑失衡，只能配置并适用该款规定的第一档次的法定刑。然而，内幕交易犯罪与利用未公开信息交易犯罪事实上具有性质相同且程度相当的实质危害，所以在刑罚配置上不应当出现前者具备“情节特别严重”量刑档次而后者没有的情况。

从比较刑法的角度分析，内幕交易、利用未公开信息交易、市场操纵等都属于全球证券、期货市场刑事法律规范规定的核心犯罪行为，通常统一归属于证券欺诈犯罪或者在证券期货犯罪项下适用完全相同的法定刑，彼此之间不存在相对更重或者更轻的差异。例如，美国《证券交易法》禁止任何人直接或者间接地通过州际商务、邮电通信、证券交易等设施，使用操纵、欺诈或违反证券监管部门基于保护市场和投资者利益所制定的法规的方式，从事注册证券、非注册证券、以证券为基础的掉期合约等交易，内幕交易、利用未公开信息交易、虚假陈述、市场操纵等都属于证券欺诈；[1] 构成犯罪的，适用统一的法定刑——个人单处20年以下监禁，或单处500万美元以下罚金，或两者并处；单位处2500万美元以下罚金。[2] 再如，欧盟于2014年最新发布的《市场滥用刑事制裁指令》将内部人交易与市场操纵等统一称为证券期货犯罪，要求欧盟成员国将刑罚上限的最低标准规定为4年监禁；[3] 根据2014年欧盟《市场滥用监管规章》的规定，内部信息（inside information）包括金融商品及其发行人内幕信息与客户交易、资金配置信息，内部人交易犯罪包括内幕交易与利用未公开信息交易。[4] 可见，美国、欧盟等全球成熟证券、期货市场刑事法律制度都将内幕交易、利用未公开信息交易以证券欺诈或者证券期货犯罪的一种具体行为类型进行定罪处罚，并没有对两者做出实质危害性的区分。

---

〔1〕 15 U. S. C. § 78j(b).

〔2〕 15 U. S. C. § 78ff(a).

〔3〕 Directive 2014/57/EU of The European Parliament and of The Council of 16 April 2014 on criminal sanctions for market abuse (market abuse directive), Article 2, 3, 5, 7.

〔4〕 Regulation (EU) No 596/2014 of The European Parliament and of The Council of 16 April 2014 on market abuse (market abuse regulation), Article 7,8.

我国《刑法》中的证券期货犯罪采用了相对精细化的构成要件设计，将内幕交易、利用未公开信息交易、散布虚假信息（《刑法》第181条第1款编造并传播虚假证券、期货交易信息罪）、欺诈客户（《刑法》第181条第2款诱骗投资者买卖证券、期货合约罪）、市场操纵（《刑法》第182条操纵证券、期货市场罪）等行为区分为不同的犯罪类型。内幕交易犯罪与利用未公开信息交易犯罪尽管同属一个条文，但两者之间存在明确的规范界限：(1)信息内容差异。内幕信息主要是围绕上市公司本身的信息，如公司的重组计划、公司高管人员的变动、公司的重大合同、公司的盈利情况等对该公司证券、期货的市场价格有重大影响、按照有关规定应及时向社会公开但尚未公开的信息；而"重大未公开信息"主要是指所在资产管理机构准备将客户资金投资购买哪只证券、期货的投资交易信息，一般属于单位内部的商业秘密，法律并未要求此类信息应当公开，故此类信息不属于内幕信息的范围。(2)利益侵害差异。内幕交易更多的是损害不特定的社会公众投资者和股民的合法权益，而利用未公开信息交易更多的是损害资产管理机构的客户的利益。[1] 然而，上述《刑法修正案（七）》权威解读所揭示的是内幕交易与利用未公开信息交易在犯罪构成上的重要边界，而非两者在犯罪实质危害性层面的本质差异。更值得注意的是，权威解读在分析内幕交易与利用未公开信息交易构成区别与规范边界的过程中，非常准确地指出了评价内幕交易与利用未公开信息交易实质危害的核心方面，即市场信息效率与市场参与者权益。内幕交易与利用未公开信息交易在核心层面的实质危害上具有明确的共性。

内幕交易与利用未公开信息交易的实质危害均聚焦于行为人触犯证券、期货市场竞争规则而制造不公平的信息优势，即违反证券、期货市场法律规范利用尚未公开的信息的经济价值从事相关金融交易、损害其他市场参与者合法权益。证券、期货市场中的重大未公开信息的经济价值表现为其能够有效地揭示金融商品市场价格与实际价值之间的价差。法律并不一般性地禁止利用私有信息从事金融交易，也不禁止基于对市场公开信息获取能力差异形成竞争优势而获取金融交易利润，而是禁止滥用信息优势与证券、期货市场信息的经济价值并从价差发现与相关金融交易中获取利益的行为。有效的信息传递与公

---

〔1〕 参见黄太云：《〈刑法修正案（七）〉解读》，载《人民检察》2009年第6期。

平的信息竞争是证券、期货市场参与者投入资本参与金融商品价格发现的市场基础。内幕交易是滥用了应及时向市场所有参与者披露的信息的经济价值,利用未公开信息交易滥用了应排他性地基于客户利益而使用的信息的经济价值,两者都是基于谋取个人交易利益的目的而实施的破坏证券、期货市场信息竞争机制与损害其他市场参与者利益的严重侵害行为,具有相同的危害实质。

因此,内幕交易与利用未公开信息交易都是滥用信息价值、干扰信息效率、损害其他投资者信息利益的证券、期货市场侵害行为,可以在立法上进行犯罪构成上的区分,但两者在实质的社会危害性层面具有相当性,并不存在相对重罪与轻罪的差别。分析至此可以确认,利用未公开信息交易罪具有"情节严重""情节特别严重"两档量刑情节,两罪具有完全相同的法定刑配置。

进一步的问题在于,如何具体适用利用未公开信息交易罪"情节特别严重"的量刑情节。实践中主要有两种意见:一种观点认为,司法解释并未对利用未公开信息交易罪"情节特别严重"的加重法定刑适用标准做出规定,目前不能在个案中直接适用。但对照《追诉标准二》规定的利用未公开信息交易"情节严重"与《内幕交易解释》规定的内幕交易、泄露内幕信息"情节严重",两者数值标准相当,据此推算,应当在制定利用未公开信息交易司法解释时按照《内幕交易解释》设计的标准,将利用未公开交易罪的"情节特别严重"标准设定为证券交易成交额 250 万元以上、期货交易占用保证金数额 150 万元以上、获利或者避免损失数额 75 万元以上。另一种观点认为,内幕交易犯罪与利用未公开信息交易犯罪具有相同的实质危害与量刑情节配置,既然《内幕交易解释》已经明确规定了内幕交易、泄露内幕信息罪"情节严重""情节特别严重"的量化标准,那么利用未公开信息交易罪便可以参照适用,诸如马乐案等非法获利数额在千万元级别的利用未公开信息交易犯罪行为完全可以被认定为"情节特别严重"。

然而,由于法官、检察官对个案进行刑法解释的权限缺失,证券期货犯罪司法实践很中必须依靠司法解释进行指导,尤其是"情节严重""情节特别严重"此类裁量空间大的综合性量化标准更是如此。在利用未公开信息交易罪"情节特别严重"本身并没有司法解释的情况下,直接参照《内幕交易解释》,法律依据并不充分。[1] 更为关键的是,犯罪实质危害的相当性决定了内幕交易与利用未公开信息交易犯罪量刑情节与法定刑配置相同,但并不绝对意味着两罪在“情节严重”“情节特别严重”的判断标准上应然地适用完全相同的量化尺度。相反,由于内幕交易与利用未公开信息交易在具体的犯罪机理上具有截然不同的运作机制,司法解释在制定“情节严重”“情节特别严重”量化判断标准时需要进行有针对性的布局与调整。《追诉标准二》对内幕交易、泄露内幕信息罪与利用未公开信息交易罪的“情节严重”设置完全相同的数额标准,其本身的合理性就值得探讨,更不能以此主张未来制定利用未公开信息交易罪情节标准时完全按照内幕交易犯罪的标准进行等量化处理。

内幕交易与利用未公开信息交易的犯罪机理是指特定交易者滥用重大信息的经济价值、实现个人经济利润或者风险转移以及损害其他市场参与者利益的运作方式及其经济本质。证券期货犯罪的实质是对其社会危害性的本质界定,而证券期货犯罪的机理则是对其经济危害性的量化规定。

其一,从信息价值的角度分析,内幕信息是与金融商品或其发行主体有关的、对金融商品内在价值具有影响并外化为市场价格波动的内生性信息(例如,资产重组、重大合同等与上市公司经营与财务密切关联的信息),其经济价值在于发现基础资产内在价值与金融商品市场价格之间的价差。《刑法》第 180 条第 4 款规定的内幕信息之外的其他重大未公开信息,是与金融商品内在价值无直接关联的、由特定市场资金流动变化而影响金融商品市场价格的外发性信息(例如,基金公司管理的客户资金、保险公司管理的年金账户等买入、卖出股票的信息),其经济价值在于发现特定金融商品短期供求关系变动影响下的预期市场价格与当前供求关系影响下的市场价格之间的价差。由于内幕信息公开造成的是金融商品内在价值的客观波动,内幕信息之外的其他重大未公开信息引发的是金融商品供求关系的短期波动,通常而言内幕信息对市场价格变动的

[1] 从现阶段已经做出的生效判决的具体情况分析,所有非法获利 1000 万元以上的利用未公开信息交易犯罪案件都只被审判机关认定为“情节严重”。例如,李旭利累计成交额 5226 万余元、共计获利 899 万余元,郑拓累计成交额 5 亿余元、获利 1400 万余元,苏竞累计成交额 7.33 亿余元、获利 3652 万余元,等等,均没有被法院认定为“利用未公开信息交易情节特别严重”。参见郝洪:《李旭利案终审宣判 “股仓硕鼠”为何频现》,载《人民日报》2013 年 10 月 30 日,第 9 版;严晓蝶:《苏竞“老鼠仓”获刑 2 年 6 个月》,载《东方早报》2014 年 10 月 22 日,第 A22 版。这也从一个非常重要的侧面证明司法解释对于情节标准量化界定的极大影响。

影响幅度更大。在违法所得相同的条件下，利用未公开信息交易需要动用的交易量规模更大。[1]

其二，从利益侵害与违法所得的角度分析，内幕交易是利用应当向证券、期货市场披露并由所有市场参与者（包括潜在投资者）共享的重大信息谋取交易利润，行为人违法所得的代价是市场所有参与者的经济利益与市场整体信息效率的损害。而利用未公开信息是基于资产管理中应当由权益人独享的重大信息谋取交易利润，行为人违法所得的代价是损害其所供职的机构或者客户的经济利益与违反市场特定信息利益冲突。在违法所得相同的条件下，利用未公开信息交易所侵害的市场参与者范围更特定、经济利益更容易量化且数额相对较小。

所以，同属“情节严重”或者“情节特别严重”的量刑情节并适用相应的法定刑幅度，内幕交易与利用未公开信息交易所需要达到的量化标准并不相同，作为评价两种犯罪行为类型最为重要的指标，交易量、违法所得的数额尺度应当合理做出差异化处理。要达到相当的违法所得、市场侵害，利用未公开信息交易的成交量需要更多；要达到相当的投资者权益侵害，利用未公开信息交易的违法所得应当更高。利用未公开信息交易罪“情节严重”“情节特别严重”所对应的证券交易成交额、期货交易占用保证金数额、获利或者避免损失数额等标准应当高于内幕交易、泄露内幕信息罪。在利用未公开信息交易犯罪司法解释设计具体数值时，可以通过对已有的利用未公开信息交易行政处罚与刑事犯罪案件展开数量分析，计算证券交易成交额、期货交易占用保证金额、获利或者避免损失额等关键数据的中位数，取整数后作为“情节严重”的具体数额指标，并按照一定的倍数（《内幕交易解释》为5倍）制定“情节特别严重”的量化标准。基于目前利用未公开信息交易行政处罚与刑事犯罪案件公开数据资料开

---

〔1〕 司法实践中利用未公开信息交易犯罪案件中成交数额普遍巨大也验证了这一判断。市场公开材料显示，进入刑事诉讼程序的利用未公开信息交易案，最高成交数额超过10亿元，最低成交数额也达到了300万元以上。参见中国证券监督管理委员会：《证监会通报对利用未公开信息交易的执法工作情况》，载 http://www.csrc.gov.cn/pub/newsite/zjhxwfb/xwdd/201412/t20141226_265701.html，最后访问日期：2015年2月17日。利用未公开信息交易的成交额基本上全部超过《内幕交易解释》“情节特别严重”证券成交额250万元以上的数额标准，如果利用未公开信息交易罪参照《内幕交易解释》，实际上虚置了“情节严重”标准。

展不完全统计与初步测算，[1]该中位数(取整)约为成交额1亿元、违法所得1000万元，该数值可供司法解释参考。

在制定利用未公开信息交易犯罪司法解释时，如果按照上述统计数值调整“情节严重”“情节特别严重”定罪量刑标准，相对目前数额水平而言，显然入罪与处罚标准明显提高。可能的质疑是，提高定罪量刑标准会向公众传递出对证券期货犯罪的打击力度趋于减弱的信息。这种担心规制弱化的隐忧也是长期以来将证券期货犯罪刑事追诉数额标准设定在一个较低水平的重要原因。但是，过低的追诉标准势必导致“法不责众”、加重法定刑情节难以落实，从而造成真正经济危害极大、犯罪数额极大的利用未公开信息交易犯罪案件适用“情节特别严重”变得异常困难与复杂——截至2014年年底，在已查办的案件中涉案利用未公开信息交易金额累计10亿元以上的有7件，非法获利金额在1000万元以上的有13件，无一例被认定为“情节特别严重”。[2] 因此，根据证券、期货市场违法犯罪案件的实际情况，适当调整利用未公开信息交易罪“情节严重”“情节特别严重”的数额标准，不仅有利于廓清违法与犯罪的界限、落实与优化两档法定刑的处罚强度配置，而且有助于发挥行政处罚对于证券期货犯罪主体经济利益、职业资格剥夺的监管效果，以及民事诉讼的损害赔偿机制作用。落到实处的刑罚措施以及通过刑事、行政、民事全方位制度安排震慑利用未公开信息交易犯罪人，才能真正强化证券期货犯罪的震慑效率与刑法规范的执行力。

五、利用未公开信息交易罪量刑情节的司法适用

充分运用文义解释、体系解释、实质解释等刑法解释原理层进式地对利用未公开信息交易罪量刑情节配置问题进行分析，可以确认本罪应当全部按照内幕交易、泄露内幕信息罪的法定刑条款进行处罚，即具有“情节严重”“情节特别严重”两种量刑情节及其对应的法定刑配置。但是，目前只有《追诉标准二》对

---

[1] 样本范围：黄林、刘海、唐建、涂强、王黎明、张野等利用未公开信息交易行政处罚案件以及许春茂、韩刚、李旭利、季敏波、夏侯文浩、马乐、杨丙卿、杨弈、郑拓、曾宏、厉建超、欧宝林、钱均、苏竞、王劲松、张治民等利用未公开信息交易刑事犯罪案件。

[2] 参见中国证券监督管理委员会：《证监会通报对利用未公开信息交易的执法工作情况》，载http://www.csrc.gov.cn/pub/newsite/zjhxwfb/xwdd/201412/t20141226_265701.html，最后访问日期：2015年2月17日。

利用未公开信息交易行为“情节严重”的入罪标准做出了规定，司法解释没有对利用未公开信息“情节特别严重”建构量化标准并指导司法实践。内幕交易与利用未公开信息交易在犯罪机理上的实质性差异，利用未公开信息交易执法、司法实践中成交额、违法所得等核心数额指标异常巨大的实际情况，加上司法解释对量刑情节量化把握的权威性以及实务部门对此的依赖性，共同决定了利用未公开信息交易“情节严重”“情节特别严重”的认定不能参照《内幕交易解释》相应的量化指标。所以，目前在个案中认定老鼠仓“情节特别严重”缺乏权威与可确信的规则依据。

具体到当前马乐利用未公开信息交易抗诉案，最高人民检察院的抗诉理由实际上已经排除了事实不清的问题，故本案在适用法律上涉及量刑情节认定与刑罚裁量两个核心问题。

其一，关于量刑情节的认定。马乐成交额超过10亿元、非法所得超过1800万元，即使对照上述实证调查的建议数值，也已经远超“成交额1亿元、违法所得1000万元”的“情节特别严重”标准，从犯罪危害与刑罚裁量幅度之间实质上的均衡性的角度分析，认定其为“情节特别严重”并不会导致事实上的严重失衡或者失当。但是，由于司法解释没有对利用未公开信息交易罪“情节特别严重”的量化标准进行明确规定，这种由量刑情节认定标准的依据真空而引发的裁判规则的不确定性与法律风险，不应当由被告人承担。所以，生效判决不予认定马乐“情节特别严重”的量刑情节，结论是正确的。但是，问题在于生效判决明确指出“《中华人民共和国刑法》第一百八十条第四款规定，证券交易所、期货交易所等金融机构从业人员以及有关监管部门或者行业协会的工作人员，利用未公开信息交易，‘情节严重的，依照第一款的规定处罚’，该条款并未对利用未公开信息交易罪规定有‘情节特别严重’情形”〔1〕——这一论证理由与法律解释是错误的，应当予以纠正。

其二，关于量刑适当或者不当的判断。由于本案目前只能认定为“情节严重”并在“五年以下有期徒刑或者拘役，并处或者单处违法所得一倍以上五倍以下罚金”的幅度内进行刑罚裁量，加上自首的从轻处罚情节，判处三年有期徒刑不能认为量刑不当，但能否适用缓刑确实值得探讨。根据《刑法》第72条缓刑

---

〔1〕 广东省高级人民法院刑事裁定书(2014)粤高法刑二终字第137号。

适用条件的规定，同时符合犯罪情节较轻、有悔罪表现、没有再犯罪的危险、宣告缓刑对所居住社区没有重大不良影响四个条件的，可以宣告缓刑。初审法院判定、二审法院确认本案适用缓刑的理由在于“认罪态度良好，其违法所得能从扣押冻结的财产中全额返还，判处的罚金亦能全额缴纳，确有悔罪表现，符合适用缓刑的条件”。〔1〕 这些理由均与适用缓刑的人身危险性判断标准（有悔罪表现、没有再犯罪的危险、宣告缓刑对所居住社区没有重大不良影响等）相吻合，但都是与客观发生的犯罪行为及其所对应的已然社会危害无关的要素。对于作为适用缓刑的犯罪危害性判断标准的“犯罪情节较轻”并未予以精确说明，评估缓刑适用的法律要素并不周延。“非法交易股票 76 只，累计成交金额人民币 10.5 亿余元，从中获利人民币 1883 万余元”〔2〕尽管不能认定为“情节特别严重”，但与“犯罪情节较轻”似乎也无法匹配，甚至构成激烈的矛盾与冲撞。《刑法》第 72 条明确将犯罪情节作为判断是否适用缓刑的法定条件、第 180 条第 4 款将利用未公开信息交易罪规定为情节犯，所以，成交额、非法获利等犯罪情节在定罪（判断是否构成犯罪）与刑罚裁量（是否适用缓刑）两个环节进行考量，并不违反禁止重复评价原则。

根据审判监督程序抗诉的有关规定，〔3〕适用法律错误或者量刑不当，应当撤销判决、依法改判。就量刑情节的适用法律而言，马乐利用未公开信息交易

〔1〕 广东省高级人民法院刑事裁定书（2014）粤高法刑二终字第 137 号。

〔2〕 广东省高级人民法院刑事裁定书（2014）粤高法刑二终字第 137 号。

〔3〕 2012 年最高人民法院《关于适用〈中华人民共和国刑事诉讼法〉的解释》第 389 条规定：“再审案件经过重新审理后，应当按照下列情形分别处理：（一）原判决、裁定认定事实和适用法律正确、量刑适当的，应当裁定驳回申诉或者抗诉，维持原判决、裁定；（二）原判决、裁定定罪准确、量刑适当，但在认定事实、适用法律等方面有瑕疵的，应当裁定纠正并维持原判决、裁定；（三）原判决、裁定认定事实没有错误，但适用法律错误，或者量刑不当的，应当撤销原判决、裁定，依法改判；（四）依照第二审程序审理的案件，原判决、裁定事实不清或者证据不足的，可以在查清事实后改判，也可以裁定撤销原判，发回原审人民法院重新审判。原判决、裁定事实不清或者证据不足，经审理事实已经查清的，应当根据查清的事实依法裁判；事实仍无法查清，证据不足，不能认定被告人有罪的，应当撤销原判决、裁定，判决宣告被告人无罪。”2012 年最高人民检察院《人民检察院刑事诉讼规则》第 584 条规定：“人民检察院认为同级人民法院第一审判决、裁定有下列情形之一的，应当提出抗诉：（一）认定事实不清、证据不足的；（二）有确实、充分证据证明有罪而判无罪，或者无罪判有罪的；（三）重罪轻判，轻罪重判，适用刑罚明显不当的；（四）认定罪名不正确，一罪判数罪、数罪判一罪，影响量刑或者造成严重社会影响的；（五）免除刑事处罚或者适用缓刑、禁止令、限制减刑错误的；（六）人民法院在审理过程中严重违反法律规定的诉讼程序的。”

案的生效判决不予认定"情节特别严重",尽管说理错误,但结论正确,属于适用法律方面有瑕疵,应当裁定纠正。就缓刑的适用而言,本案检察官认为对其判处3~5年的有期徒刑是合理的,但判处有期徒刑3年并适用缓刑则明显存在犯罪与刑罚之间的不相适应。[1] 应当看到,情节犯中"情节严重"与缓刑条件中"犯罪情节较轻"如何协调适用确实存在争议与疑难,有待审判监督程序结论出台后进一步深入研究。然而,本案在是否正确适用缓刑、量刑是否不当等方面存在很大争议,其症结归根结底在于"情节特别严重"司法解释量化标准的缺位以及由此带来的裁判不确定性。有必要重申司法解释科学地制定利用未公开信息交易"情节严重""情节特别严重"认定标准的重要性,一旦"情节特别严重"的量刑标准明确,符合成交额、非法所得数额标准的案件,在没有减轻处罚条件的情况下,直接在"处五年以上十年以下有期徒刑,并处违法所得一倍以上五倍以下罚金"的法定刑幅度内处罚,即可排除利用未公开信息交易数额特别巨大却适用缓刑的可能性,从而实现与社会大众的常识判断、司法专业的理性预期相互吻合与协调。没有达到"情节特别严重"标准的,则在"五年以下有期徒刑或者拘役,并处或者单处违法所得一倍以上五倍以下罚金"法定性幅度内按照缓刑适用条件做出刑罚裁量。一方面,将合法且合理的刑罚裁量权限交由司法机关自主行使,另一方面,严格审查缓刑判决的合法性。

对于未来利用未公开信息交易罪量刑情节适用标准的预期,实践中有观点认为,最高人民检察院向最高人民法院抗诉利用未公开信息交易案,有可能促成最高司法机关报请全国人大常委会对现行《刑法》利用未公开信息交易罪量刑情节问题予以解释。[2] 然而,立法解释不仅属于制发概率低、实施成本高的法律解释渊源,而且与目前亟须解决的利用未公开信息交易罪量刑情节标准问

---

[1] 参见郑赫南:《十大法律监督案例解读:"最大老鼠仓"案为何被检方抗诉》,载《检察日报》2015年2月15日,第2版。

[2] 参见邹坚贞:《市、省和最高检为何层层抗诉"马乐案"最高检意欲推动老鼠仓判决立新规?》,载《中国经济周刊》2014年第49期。

题并不匹配。[1] 我国《刑法》分则中有大量犯罪设置了“情节严重”“情节特别严重”的量刑档次，实践中鲜见由立法解释对其量化标准进行填充。立法解释介入利用未公开信息交易罪量刑情节问题的唯一可能性，在于最高人民法院在马乐利用未公开信息交易抗诉案中明确裁定本罪不具备“情节特别严重”这一量刑情节与对应的法定刑配置，与最高人民检察院的意见出现实质性差异，即最高人民法院和最高人民检察院在个案中的法律解释存在原则性的分歧。[2] 不过根据前文刑法解释原理的运用与分析，以及“两高”在《计算机犯罪解释》中达成的共识，形成利用未公开信息交易罪只有“情节严重”一个量刑情节而无“情节特别严重”裁定结论的概率极低。因此，最高司法机关运用科学的实证调查与规范分析，共同研究制定利用未公开信息交易罪的司法解释，合理建构违法与犯罪、“情节严重”与“情节特别严重”的量化界限，是今后指导司法实践准确适用本罪量刑情节的预期路径。在量化标准具体设定上，建议“情节严重”的核心判断指标为成交额 2000 万元以上或者违法所得 200 万元以上，“情节特别严重”为成交额 1 亿元以上或者违法所得 1000 万元以上。

---

〔1〕 1981 年《全国人民代表大会常务委员会关于加强法律解释工作的决议》（以下简称《法律解释工作决议》）第 1 条规定：“凡关于法律、法令条文本身需要进一步明确界限或作补充规定的，由全国人民代表大会常务委员会进行解释或用法令加以规定。”《刑法》第 180 条内幕交易、泄露内幕信息罪、利用未公开信息交易罪的法律条文本身并没有亟须立法解释明确界限与补充规定的必要。

〔2〕 《法律解释工作决议》第 2 条规定：“凡属于法院审判工作中具体应用法律、法令的问题，由最高人民法院进行解释。凡属于检察院检察工作中具体应用法律、法令的问题，由最高人民检察院进行解释。最高人民法院和最高人民检察院的解释如果有原则性的分歧，报请全国人民代表大会常务委员会解释或决定。”

第十讲

市场操纵犯罪法律与经济分析

市场操纵犯罪是证券期货犯罪中行为结构最为复杂、理论解释与实践认定最为疑难的犯罪类型之一。市场操纵等证券期货犯罪不仅是促生与催化证券、期货市场欺诈与非理性繁荣、危机与阶段性崩溃的主要诱因,而且是金融市场固有风险与市场参与者认知偏见的必然产物。市场操纵犯罪的危害实质集中体现在其对证券、期货市场价格机制的干扰。深度评估市场操纵犯罪刑法规制的运作效率,有助于在全球金融一体化加速发展、互联网金融加速“去中心化”的背景下,为中国证券、期货市场参与国际金融市场竞争提供法治制度层面的理论支撑与实践建议。

包括中国刑法在内的世界各国刑法普遍通过立法禁止市场操纵犯罪行为。但是,理论上仍然有观点深刻质疑法律禁止市场操纵行为的合理性,主张法律让位于市场,取消对市场操纵的监管,作为最为严厉的法律规制手段,刑法更不应当介入操纵证券、期货市场的监管,因此仍然有必要从法律与经济分析的角度对市场操纵犯罪刑法规制的正当性问题进行分析。

一、市场操纵犯罪刑法介入批判性分析

美国著名学者费什和罗斯发表于《哈佛法律评论》的批判性理论最具代表价值,其核心观点就是对操纵证券市场行为进行法律规制成本大于收益。[1] 这种批判性理论的具体理由如下。

其一,实施证券市场操纵并实际获取利益具有相当的难度,所以,通过法律加以禁止的实际需求并不是一种紧迫的应对方式。从经济学的角度分析,任何形式的证券交易行为都会导致证券交易价格的波动,这是基于供求关系价值规则的一般判断。但是,如果进行更为深入的分析可以发现,证券交易价格实际上受到多种市场因素影响,证券交易行为与证券价格变动之间存在更为复杂的关系。例如,证券市场操纵者意图拉抬相关证券的交易价格,必须通过交易行为先行买入股票,但这种行为本身会对市场发布一种信号,导致相当数量的股

〔1〕 See Daniel R. Fischel, David J. Ross, “Should the Law Prohibit ‘Manipulation’ in Financial Markets?”, *Harvard Law Review* 105, 1991, p. 503.

票持有者产生惜售心理，这实际上导致证券价格进一步的提高，从而影响市场操纵者拉抬证券交易价格的成本。同时，证券市场操纵者意图通过高价抛售股票牟利时，其卖出行为同样会对市场发出信号，从而引发证券、期货市场部分投资者卖出股票，影响其实际获利规模。可见，操纵证券市场实际上具有相当大的难度，操纵的成本与难度决定了市场能够自主地控制相当部分的操纵行为，法律没有必要通过规范控制的方式进行监管。

其二，法律禁止证券市场操纵行为的执法、司法成本过高。市场操纵与市场投机在现实中较难甄别。例如，通过连续交易买卖证券，完全可以是一种合法的投机行为，即使其交易量占据同期市场总交易量的绝大多数份额，在没有证据证明行为人存在操纵故意的情况下，难以认定其构成连续交易型市场操纵违法犯罪。所以，操纵行为的客观行为与市场投机行为在表面上并不存在本质性的差异，执法、司法人员难以判断操纵者的主观故意，所以，操纵证券市场行为的稽查成本较高。同时，操纵行为的难以辨识性决定了司法误差概率较高，可能将投机行为误认为市场操纵违法犯罪行为，这对于整个证券、期货市场将会产生更为严重的恫吓效应，即市场中的投机者担心法律规制从而减少交易，导致证券、期货市场流动性的缺失，最终从根本上影响证券、期货市场的自主发展。

应当承认的是，在证券市场上，证券价格的意义举足轻重，而由供需关系自然形成的证券交易价格的涨落是极其正常之事。特别是由于证券作为金融商品进入市场实际上是虚拟资本，其价格取决于发行公司的盈利状况、市场利率的变化、特定现货商品的供求关系等因素，客观上具有很大的不确定性。正是由于这种价格的不确定性，又必然导致证券交易价格的上下波动。证券交易价格的波动是证券市场存在和发展的内在需要，证券市场中的投机行为在承担价格风险的基础上意图谋取利润，也是证券市场之所以具有如此吸引力的根本原因之一。

二、市场操纵犯罪刑法介入合理性证明

在证券市场上，证券交易价格的波动实际上还是有其一定的规律性的，这就是价格一般均是围绕着价值的变化而产生波动。而操纵证券交易价格的行为则完全置这一波动的客观规律于不顾，利用资金、信息、持股等资源优势或使

用其他非法手段人为地变动或控制证券交易价格，以获取不法利益。显然操纵证券市场行为的社会危害性是严重的，不能简单地以尚未经过验证的法律监管成本大于收益为理由质疑刑法禁止证券市场操纵行为的正当性基础。

第一，操纵证券市场行为因人为地扭曲了证券市场上证券的正常价格，必然违反证券市场的“三公”原则，损害众多投资者的合法投资利益，需要通过刑法禁止市场操纵行为实现投资者权益保护的目的。

在证券市场上，利益是每个投资者所始终追求的目标。投资者从事投资活动的目的，都是尽可能争取取得最大的利润。正常的投资行为是指投资者在法律规定的范围内，通过理性的抉择，期待收益的一种行为。但是，操纵证券市场行为则是利用资源优势或使用其他非法手段人为地变动或控制证券交易真实的供求关系，造成交投踊跃火爆的假象，并将这种假象传递给其他投资者，以影响投资者的正常判断，使投资者产生误解并且作出违背原意的投资举动。当这种误解和投资达到一定程度后，操纵者就会通过各种各样的交易行为达到自己营利的目的。在这种情况下，就会使证券正常价格产生扭曲，并按照投机者预定的方向涨跌，能够从中得益的只能是操纵证券市场者，而广大投资者的利益必然受到侵害。一个成熟的证券市场，必然表现为公正、公平和公开，这是证券市场健康发展必须遵循的三大原则。但是，操纵证券市场行为的存在就必然会破坏这三大原则的贯彻执行。

第二，操纵证券市场行为改变了价格围绕价值波动的一般市场规律，必然扰乱证券市场的正常秩序，甚至导致社会的动荡，必须通过刑法维护证券、期货市场的稳定与安全。

市场经济是法制经济，证券市场也理应是法制市场。这就是说，在市场经济体制下，任何市场的发展均离不开一定的规律和正常的秩序，而市场规律以及正常秩序的存在则离不开法制。操纵证券市场者通过操纵行为人为地改变证券市场上证券交易价格的一般波动规律，使投资机会和风险背离，使交易价格与价值脱离，从而扰乱了证券市场的正常秩序，并在“乱”中取得巨额非法利益。这种情况理所当然地会引起广大投资者的普遍不满。

第三，操纵证券市场行为改变市场的根本属性，必然导致市场垄断的出现，破坏证券市场的正常功能，需要刑法震慑证券、期货市场中的垄断力量。

竞争是市场的根本属性，离开这一属性，市场机制就无法完善，市场经济也就没有了生命。在市场经济条件下,竞争机制一方面强调平等主体在竞争中的优胜劣汰,另一方面也强调各种市场主体的自由选择,如果失去了这种自由选择,也就无所谓有竞争存在。竞争的天敌就是垄断,市场垄断则主要具体表现为经济活动参加者在市场运行过程中排他性的控制和操纵。在证券市场上操纵证券交易价格的行为就是一种严重的市场垄断。因为,操纵证券交易价格行为最直接的结果之一,就是扭曲证券市场的价格。而这种扭曲不仅表现为扭曲个别证券的价格(如使一些公司经营业绩良好的证券的价格不断走低,而使一些公司经营业绩很差的证券的价格不断创高),甚至表现为扭曲整个证券大盘的走势,从而给国民经济的健康发展造成负面影响。另外,操纵证券市场行为实质上是一种价格垄断行为。操纵者将自己的意志体现到某种证券价格的行情变化中,通过对证券市场运行过程中排他性的控制和操纵行为,根据自己的需要具体控制证券交易价格的走向,并进而垄断证券市场。

第四,操纵证券市场行为虚构了市场的供求关系,必然误导投资资金的实际流向,严重影响资本这一重要市场资源的优化配置,需要法律通过禁止操纵行为对市场进行理性引导。

众所周知,证券市场上证券价格与供求关系直接相关,当某种证券供大于求时,证券的价格就会下跌;相反,如果供不应求时,则证券的价格就会上涨。另外,在通常的情况下,证券供求关系的变化又往往受到发行证券的上市公司的经营管理状况的影响。也即当发行证券公司经营成功,生产经营利润增长时,公司发行上市的证券就会吸引广大投资者竞相购买,从而直接导致证券市场上对该种证券、期货需求量的增长,而交易价格也必然随着相关需求量的增长而上涨。证券市场的功能在于筹集资金和优化资源配置,健康发展的证券市场必然会吸引资金流向前景看好、经营状况良好的产业,使资源配置得以优化,真正把钱用在“刀刃”上。但是操纵证券市场者却利用自身的各种优势,吸引证券市场上的资金流向自己操纵的证券。由于操纵者的目的主要是取得非法利益,因而在大多数情况下,操纵行为总是与市场筹集资金和优化资源配置的要求相悖。操纵证券市场行为就是利用证券市场上证券供求关系对交易价格的影响的原理,通过各种各样的操纵行为,虚构市场的供求关系,有意哄抬证券价格,人为地控制市场上的资金流向,从而达到操纵相关证券交易价格并从中获取利益的目的。这种情况必然会使证券价格与公司经营状况严重脱离,并使证券市场上的投资资金不是流向最需要资金的经营状况良好的公司或部门，而是流向操纵证券市场者控制着的地方。法律必须通过禁止市场操纵违法犯罪行为，引导市场资金不受操纵力量控制，自由且理性地配置到特定的经济实体中。

综上所述，对于严重的操纵证券市场的行为是否应以犯罪论处，对当事人是否应追究刑事责任，这固然由每个国家和地区的实际情况来决定的，其中也肯定受到本国和本地区刑事理论上犯罪观的影响。但是，将严重的操纵证券市场认定为犯罪行为，在理论上和实践中是完全有必要的。因为，在当今证券市场上，操纵证券市场行为无疑是最严重也是最为常见的违法犯罪行为之一，这种行为不仅严重地违反了公平、公正和公开三大原则，而且严重侵害了公众投资者的合法权益，其结果必将造成资源配置低效，甚至导致证券市场的崩溃。对于危害如此严重的行为如果不能认定为犯罪，不能追究当事人的刑事责任，显然与刑事责任原理相悖。就中国以及各国发生的实际案例分析，也能充分证明这一点，即操纵案件一旦发生其涉及的面往往很大，对社会造成影响也极其恶劣。而是否要将某种行为规定为犯罪，主要应该根据本国本地的实际情况，重点考察该行为的社会危害性来加以决定的。就此而言，对于严重的操纵证券市场的行为以犯罪论处，具有充分的正当性基础。

第十一讲

市场操纵犯罪构成要件

对于证券、期货市场而言，金融商品的交易价格与交易量举足轻重，它们直接反映着金融商品的市场供求关系。通常情况下，正常的投资者在证券、期货市场的命运主要是由自己投资对象的市场表现和众多的投资者的认可度决定的，即投资者虽然可以进行心理期待，但却没有左右局势的能力，他们既不能影响股价走向，更不能控制股价走向。证券、期货市场的风险与不确定性，意味着这种价格波动风险的变幻莫测。也正是这种风险与不确定性，才使证券、期货市场具有吸引力，才真正体现了证券市场的风险中立与机制公平。而操纵证券、期货市场行为通过各种资源优势，阻碍或者排斥市场力量调节证券交易价格或交易量，人为地影响金融商品市场的供求关系，使证券价格与其价值严重脱离内在联系，而操纵者在金融商品价格的变化之中损害他人的利益，以谋求私利，这就必然会对证券、期货市场的正常管理秩序造成损害。但是，由于市场操纵犯罪行为的策略建构与实施方式具有高度的复杂性，一定程度上加深了刑法理论对于市场操纵犯罪的解释难度。因此，有必要在把握市场操纵犯罪基本法律规格的基础上，深入市场操纵犯罪的核心——行为——从行为实质与运作机理的角度，深刻阐释操纵行为如何对证券市场产生作用，从而达到阻碍或者排斥市场机制发挥作用的非法结果。只有在对市场操纵犯罪的静态构成与动态机理进行双重把握的前提下，刑法理论与司法实务才有可能对市场操纵犯罪进行准确的解释、分析与判断。对于市场操纵犯罪刑法规制实践而言，只有在刑法理论层面对操纵证券、期货市场罪的构成特征进行准确地把握，才能够正确认定操纵证券、期货市场罪，明确市场投机、市场操纵违法以及市场操纵犯罪之间的基本界限。

一、市场操纵犯罪的行为对象

市场操纵犯罪的行为对象显然是证券、期货市场，但是，刑法规定的市场类型决定了证券、期货市场的具体范围。根据我国《刑法》第 182 条操纵证券、期货市场罪的规定，市场操纵犯罪的犯罪对象显然就是证券、(以证券作为基础资产的)期货市场。操纵行为所直接针对的特定证券、期货交易品种，并非市场操纵犯罪的对象，而是操纵行为具体实施的作用物。在市场操纵犯罪对象的研究中,需要再次强调的问题是,操纵衍生品市场的行为应否纳入市场操纵犯罪的刑法规范框架之中进行法律规制。

金融衍生品是指其价值依赖于标的资产价值变动的标准化合约或者经与交易对手协商订立条款的合约,包括期权(option)、互换(swap)、零息债券(zero coupon bond)等金融衍生产品。[1] 衍生品市场就是创制并从事金融衍生产品交易的金融市场。虽然衍生品交易的过度投机催生了2008年全球金融危机的爆发,但衍生品市场的合理创新与稳健发展仍旧是全球金融实践的必然走向与发展脉络。然而,由于我国衍生品交易市场的发展滞后,客观上造成立法机关在技术上难以评价衍生品市场中操纵行为的表现形式以及社会危害性,从而无法评估期货及衍生品交易环节操纵行为犯罪化的必要性。衍生品交易实践经验的匮乏也决定了金融犯罪刑法理论对衍生品市场中操纵行为违法性与入罪必要性分析的研究处于空白状态。

但是,中国的衍生品交易不可能永远处于停滞状态,当我国金融市场通过努力,建立起一定规模的场外与场内衍生品交易市场之时,不能没有反衍生品市场操纵犯罪的刑法条款。从国外的实践经验来看,大型投资银行、基金公司、私募等机构投资者中的核心业务管理人员存在利用信息优势控制衍生品交易谋取巨额利润的嫌疑;衍生品市场高杠杆性交易的放大效应与信息披露规范力度的差强人意,导致市场操纵行为对金融市场合理配置资本功能造成的破坏更大,也更难以被监管部门发现。同时,衍生品市场与其基础资产市场关联密切,行为人完全可以通过证券市场与衍生品市场的关联度实施跨市场的操纵犯罪行为。所以,我国反操纵法律实践应当对衍生品市场中的违规行为形成灵活的反应机制。在今后证券市场操纵违法犯罪的规范修正与增补过程中,将市场操纵犯罪对象范围拓展至以证券为基础的衍生品市场,明确操纵衍生品市场行为的违法性与犯罪性,及时将衍生品交易中的操纵行为纳入监管范围,为衍生品市场的公平交易提供充分的法律保障,顺应证券及其相关衍生品市场操纵行为的系统性规制的趋势。

证券、期货市场是各种有价证券以及以证券为基础的衍生性金融商品供求关系的总和。从这一表象性定义出发,证券、期货市场就是金融商品的交易价

[1] See R. L. McDonald, "Derivatives markets", Boston: Addison - Wesley, 2006, p. 1.

格与交易量，操纵市场就是操纵价量。但是，如果从功能性内涵的角度解析证券市场，就会发现上述理解仅认识到了证券、期货市场中的商品要素，忽略了另一核心要素——资本。根据法律经济学理论的经典分析，市场是提供"双赢"交易机会的场所，通过资源优化配置实现社会福利最大化。[1] 证券、期货市场实际上就是通过金融商品交易价格与交易量的变动引导资本流动，从而实现资本合理配置的平台。探究证券市场功能性内涵的价值在于发现金融商品要素（证券、期货等交易价格与交易量）之外的资本要素（资本的流动与配置）。

资本对金融商品的定价与配置是资本持有者的决策与行为，即投资者判断市场情况后对资本进行处分。市场中资本要素的运作体现的是投资者的行为状态。在证券、期货市场中，金融商品要素与资本要素相互影响——金融商品交易价格与交易量的变动方向及其量度，释放市场信号，投资者通过资本投入与撤离进行资源配置；投资者决策与行动下的资本流动反作用于市场，影响金融商品的定价与交易量。代表金融商品要素的金融商品交易价格与交易量是证券、期货市场的显性内容，由于其依托于有形的金融商品标的，可以从外部接观察到。代表资本要素的投资者行为是支撑或者推动金融商品交易价格与交易量的基础力量，是证券、期货市场的隐性部分。

虽然金融理论已经对投资者行为对证券、期货、衍生品等金融商品交易价格的影响及其与证券、期货市场之间的关系进行了深度分析，[2] 但由于法律理论缺少量化评价工具，在难以统一观察与评价投资者行为的情况下，往往忽略证券、期货市场中的资本要素。所以，从动态的角度考察，价量操纵是市场操纵的一种行为类型，其通过直接控制证券、期货等金融商品交易价格或交易量的方式，使真实市场信号发生扭曲，形成人为制造的信号，其直接的结果可以是金融商品交易价格或者交易量受到人为控制，其还可以产生间接的结果，即通过受到控制的价格或者交易量信号诱使投资者从事相应的资本运作，从而达到市

[1] Anthony T. Kronman, Richard A. Posner, "The Economics of Contract Law", Little, Brown, Company, 1979, p. 2.

[2] Andre Molière, *Investor Behavior: Patterns and Pitfalls*, Nova Science Pub Inc., 2011; Richard Lehman, *Far from Random: Using Investor Behavior and Trend Analysis to Forecast Market Movement*, John Wiley, Sons, 2010; Hendrik S. Houthakker, Peter J. Williamson, *The Economics of Financial Markets*, Oxford University Press, 1996, pp. 141–320.

场操纵的效果。同时,不能忽视的是资本操纵亦属一种独立的市场操纵类型,其通过控制、误导投资者的资本决策与行为,阻碍市场资本自由发现价格或投资规模,同样能够达到市场操纵的效果。只是我国现行证券法(包括期货交易管理条例)以及刑法将价量操纵明确规定为操纵证券、期货市场违法犯罪类型,而未对“殊途同归”的资本操纵进行明示的法律禁止。

市场操纵与价量操纵的等同化理解还存在对于操纵证券、期货市场罪犯罪构成逻辑结构的认识偏差问题。我国《刑法》第182条规定的操纵证券、期货市场罪实际上是一个非常精致且逻辑清晰的罪状建构体系,即操纵证券、期货市场罪的犯罪构成并非平面的主客观要件的堆砌,而是内含着一个“行为类型—行为性质—处罚条件”的层进式证明结构。(作为行为类型的)价量操纵之所以不能等同而只能推定(作为行为性质的)市场操纵,根本原因在于证券、期货市场中存在许可的市场操作的概念。

所谓许可的市场操作,是指证券发行人、证券发行人控股股东或其他市场参与者在法律法规规定或监管机构许可条件下所进行的证券回购、履行法定或约定义务、稳定价格等交易行为。国内外证券监管规范均对许可的市场操作及其非市场操纵的法律性质进行了规定。例如,根据我国证监会2005年《上市公司回购社会公众股份管理办法(试行)》、2008年《关于上市公司以集中竞价交易方式回购股份的补充规定》的规定,上市公司按照证监会规定的程序、信息披露规则、交易方式等进行股份回购,不构成操纵证券市场。欧盟《市场滥用指令》《股份回购与金融工具稳定规章》明确规定,根据欧盟相关规则的程序要求实施证券回购、稳定金融工具交易价格等不构成市场操纵。[1] 许可的市场操作主要是证券发行人或其控股股东等基于履行可转债义务、雇员股权参与计划、向市场提供积极信号等法律规定或监管机构认可的目的,交易自己证券的行为,即使相关主体控制了相关证券的交易价格或者占据了当时市场的主要交易量,表面上符合价量操纵特征,但由于相关主体严格按照信息披露制度执行交

---

[1] Directive 2003/6/EC of The European Parliament and of The Council of 28 January 2003 on insider dealing and market manipulation (market abuse), Article 8; Commission Regulation (EC) No 2273/2003 of 22 December 2003 implementing Directive 2003/6/EC of the European Parliament and of the Council as regards exemptions for buy - back programmes and stabilisation of financial instruments.

易，则不属于市场操纵。我国传统证券期货犯罪刑法理论对市场操纵与价量操纵进行等同化解释，不仅在规范形式上剔除了许可的市场操作在操纵证券市场罪犯罪构成中的体系性位置，而且在实质上剥夺了行为人抗辩其事实上的价量操纵不构成法律上的市场操纵的权利。

所以，价量操纵是法律推定市场操纵的基础，市场操纵并不等同于、局限于价量操纵，资本操纵也是市场操纵的行为内容。基于此，笔者认为，市场操纵犯罪的行为实质是价量操纵与资本操纵的独立进行或者联合展开，即行为主体可以通过价量操纵或资本操纵中的任何一种路径对证券市场及其价格形成机制进行操纵，也可以通过叠加使用价量操纵与资本操纵强化对证券市场的操纵力度。在规范上进行细化理解——我国《刑法》第 182 条明示的三种操纵证券、期货市场的行为类型，本质上是一种价量操纵行为，代表了市场操纵犯罪行为体系中非常重要的一部分实质内容。除此之外，通过向证券、期货市场传递信息的手段控制市场资本配置，即资本操纵，是市场操纵的另一部分实质内容。

二、市场操纵犯罪的客观行为

在明确了市场操纵犯罪的行为模式是价量操纵与资本操纵的独立进行或者联合展开，即对证券、期货市场及其价格形成机制的非法干扰的基础上，我们便能进一步对市场操纵犯罪的客观行为进行深度的阐释。

（一）价量操纵

分析连续交易、相对委托、洗售等价量操纵的行为类型，可以看到其本质上都是通过扭曲市场真实供求关系的交易行为，人为地控制证券交易价格或交易量。具体而言，联合交易是 2 个以上行为人合谋在某一时段内一起买入或卖出某种证券、期货合约；连续交易是行为人单独或 2 个以上行为人合谋在某一时段内连续买卖某种证券、期货合约；相对委托交易是行为人与他人串通，以事先约定的时间、价格和方式相互进行证券、期货交易；洗售交易是在自己实际控制的账户之间进行证券、期货交易。[1]

从价量操纵行为类型的特点分析，联合交易与连续交易是集中资金、信息等资源优势的交易行为，控制证券、期货交易价格或者人为制造证券、期货交易

〔1〕 参见刘宪权：《操纵证券、期货交易价格罪行为方式之解读》，载《法商研究》2005 年第 1 期。

量；相对委托交易与洗售交易属于没有实际经济效果或者不转移证券以及资金产权的虚假交易，人为制造不反映证券、期货正常供求关系的虚假价格或者虚假交易量。在价量操纵中，行为人的证券交易（行为手段）与相关证券产品交易价格或交易量（行为结果）之间存在因果关系；交易行为占同期交易量的比例可以被准确统计；在交易行为的资金与证券产品动向被相关证据准确固定的基础上，交易行为与交易价格的关联度完全可以通过数量金融工具予以计算与认定。交易行为与交易价格（量）之间的因果关系奠定了联合（连续）交易、相对委托交易、洗售交易等行为的责任基础。

由此可见，在证券、期货市场中，价量操纵的机理表现为本人及其一致行动人实施的证券、期货等交易，作用于特定金融产品，控制交易价格或交易量。

（二）资本操纵

资本操纵则是一种完全不同的行为机理：通过向市场传递信息，作用于市场投资者，控制其参与特定证券交易。资本操纵包括以下要素：(1)目的。行为人意图通过操纵策略获取金融商品交易利益。例如，买入后诱导市场资本拉升金融工具价格后出货（做多型操纵）或卖空金融工具后诱导市场资本打压其价格后平仓（做空型操纵）。(2)手段。制作并向市场传递信息，主导或控制市场资本配置动向。(3)效果。受信息影响的证券、期货市场投资者从事与该信息相关的证券、期货、衍生品等交易。(4)因果关系。如果没有行为人发布的信息，相关市场参与者不会从事与该信息有关的证券交易。(5)利益。行为人执行事先制定的交易策略从相关金融商品交易中获取利益。手段、效果、利益、因果关系等均为客观要素，是实现经济利益主观目的的内在逻辑。

尽管价量操纵与资本操纵在目的、手段、效果、因果关系、利益实现等各个机理要素方面均存在明显的不同，但是，两者之间最为重大且最为复杂的机理要素差异，集中体现在因果关系层面。[1] 价量操纵中的交易行为直接与金融商品交易价格或者交易量发生操纵与被操纵的因果关系，而资本操纵中虽然存在交易行为（通过特定时间段的交易行为买卖证券获取利益），但资本操纵中的相关交易行为本身并不直接作用于特定金融商品的交易价格或交易量，从而使交易行为与证券市场之间发生操纵与被操纵的因果关系。

---

〔1〕 相关分析都建立在行为人单纯实施价量操纵或者资本操纵的逻辑前提基础之上。

资本操纵中的交易行为是操纵行为实施之前的建仓准备行为以及操纵现实效果发生之后的平仓获利行为。资本操纵中的交易行为，其交易量通常不会占到相关金融商品交易同期总成交量的较大比例，排除流动性极低或者基本无流动性的证券，资本操纵的买卖行为对证券交易价格变动的关联度亦不显著。同时，资本操纵中发布虚假、误导、利益冲突等信息的行为并非意图（实际上也不可能）直接作用于证券交易价格与交易量，而是通过非法信息的传递直接影响证券、期货市场投资者的交易行为，进而间接地使相关证券交易价格或交易量达到行为人控制的水平。

（三）价量操纵与资本操纵的动态界限

分析至此我们可以清晰地看到，价量操纵中的核心行为要素是从事交易，资本操纵中的核心行为要素是发布信息。因此，价量操纵就是交易型操纵，资本操纵就是信息操纵，在这两组概念之中，每一对概念实际上都是市场操纵犯罪最基本的类型化单元，只是每一对概念中的前者是从行为实质的角度进行定义，而后者是从行为形式的角度进行界定。

在价量操纵中，交易行为直接影响金融商品交易价格或者交易量，因此，交易行为与市场波动之间关系的判断结论直接影响市场操纵犯罪是否能够成立。资本操纵中的核心要素是非法信息传递行为，这不是证券、期货市场波动的直接或者第一层次的作用力量，而是影响金融商品交易价格或交易量变动的客观条件。根据刑法因果关系中的条件因果理论，两者之间固然存在客观上的因果关系，但这种理论上的因果关系并无实证依据与证据依托。因为在条件因果理论下，资本操纵与价量变动之间存在两层条件关系——非法的信息制造与信息传递是直接影响证券、期货市场中的投资者从事交易的条件，受影响投资者的交易行为（资本配置）是金融商品价量变动的条件。正常情况下的证券、期货市场是一个流动性高度分散的交易平台，受到操纵者信息发布支配而从事相关金融商品交易的投资者的数量、交易量、资金流向、交易价格分布等事实情况在实践中根本无法统计，这意味着资本操纵中的操纵行为与所谓受到支配与控制的投资者之间的资本配置行为之间的因果关系难以直接证明。

同时，由于不能排除同时期相关金融交易品种的部分市场参与者没有受到操纵者对于资本投资方向与对象的影响，而是按照正常的供求关系认识配置资本，这就进一步割裂了资本操纵行为对于市场部分投资者的影响。从这个层面分析，即使是资本操纵核心行为——非法信息传递——与投资者资本配置结果之间的因果关系（第一层次条件因果）实际上也是推定的。实践中较难证明资本操纵行为是否影响证券、期货、衍生品市场投资者买入或者卖出相关金融商品的运作，相关金融商品交易价格或交易量受到影响的论断更无从证明，故资本操纵行为与证券价格或交易量受到影响之间的因果关系（第二层条件因果）同样也是推定的。因此，资本操纵行为与相关证券交易价格或者交易量受到控制之间的因果关系在司法实践中实际上是难以甚至无法被证明的，即使我们强行将其视为一种证明，至多也是经过二次条件因果推定之后形成的推论。

刑事证明理论认为，就刑事司法推定规则而言，推定以一次为限，因为推定的基础事实必须是牢固的，二次推定的基础是推定的结论，导致最后的结论无法在刑事上被认为真实可靠。[1] 同时，推定本身是一种对事实的盖然性判断，本不应在刑事程序中采纳，只有在基础事实与推断事实之间存在充分且合理联系的极少数情况下，才允许适用刑事推定。[2] 而在盖然性基础上再次推定，后次推定结论的盖然性成分将会呈现乘数效应，超越刑事证明标准对盖然性的容忍限度。因此，从条件因果的角度进行分析，资本操纵通过影响证券、期货市场投资者的交易行为进而影响证券交易价格或者交易量的论断，充其量只是二次推定下的条件因果，不能成为刑事证明程序下的法律判断，故资本操纵与价量操纵基于行为方式、行为对象以及行为程度的差别，决定了操纵行为与证券市场受到控制之间的因果关系表现为完全不同的两种形态。

所以，掌握市场操纵犯罪行为机理的差异，具有极为重要的实践价值：考察价量操纵的违法性，重点在于分析非法交易行为与证券交易价格或交易量之间的关系，而审查资本操纵的违法性，重点在于判断信息传递行为与证券市场投资者决策（资本流向）之间的关系。

（四）操纵行为的市场属性

根据我国《刑法》第 182 条的规定，操纵证券、期货市场罪的客观行为有以

---

〔1〕 参见邓子滨：《刑事法中的推定》，中国人民公安大学出版社 2003 年版，第 116 页。

〔2〕 See Michael H. Graham, "Burden of Proof and Presumptions in Criminal Cases", *Criminal Law Bulletin*44, 2009, p. 1.

下四种方式:(1)单独或者合谋,集中资金优势、持股或者持仓优势或者利用信息优势联合或者连续买卖,操纵证券、期货交易价格或者证券、期货交易量;(2)与他人串通,以事先约定的时间、价格和方式相互进行证券、期货交易,影响证券、期货交易价格或者证券、期货交易量;(3)在自己实际控制的账户之间进行证券交易,或者以自己为交易对象,自买自卖期货合约,影响证券、期货交易价格或者证券、期货交易量;(4)以其他方法操纵证券市场。由于犯罪的核心是行为,故市场操纵犯罪的核心是市场操纵行为,加之刑法理论上对于上述操纵证券市场罪的客观行为的理解存在很多不同的看法,实践中也存在许多疑难问题,因此下文会着重就刑法所规定的市场操纵犯罪行为进行细致分析,此处便不再赘述。

但是,应当深度挖掘与清醒认识的是,在总体把握市场操纵犯罪构成中的客观行为要件时,应当注意,由于市场操纵犯罪行为直接作用的对象是市场,故纳入市场操纵犯罪刑法条文评价的行为应当是一种市场行为,因此不具有任何市场因素的行为,不是市场操纵犯罪刑法规制的范畴。传统证券期货犯罪刑法理论与司法实务往往没有对市场操纵犯罪行为的“市场性”要素予以重点关注,从而对于影响证券市场交易价格或者交易量的行为都倾向于认定为市场操纵犯罪行为。笔者认为,应当突破传统证券期货犯罪刑法原理的局限,从市场的角度解构以市场操纵为核心的证券期货犯罪相关刑法规范,建构全新的证券、期货市场刑事法律规范理论体系。在市场操纵犯罪的个罪语境下准确诠释证券期货犯罪行为的本质,关键在于确认市场操纵犯罪行为的市场属性。

(五)互联网金融创新与技术发展背景下的市场操纵行为

交易价格与交易量是证券、期货市场中金融交易的核心指标,是指导证券、期货市场投资者参与金融交易的两大重要指标。其中,金融商品价格的变动更是直接影响着投资者的收益或损失。随着我国经济和科学技术的发展,网络技术在社会生活的各个领域已经被广泛使用,一些不法分子利用计算机以及网络技术进行的各种犯罪活动日趋增多。尤其是在证券、期货、衍生品交易等金融领域,由于金融活动直接以产生经济效率以为核心,通过网络犯罪侵害证券、期货市场中的金融交易秩序,可以从中谋取巨额利益,不少具有信息网络技术背景的犯罪分子,逐渐倾向于利用网络犯罪实现在证券交易上谋取巨额利润的目的。由于这种类型的犯罪案件具有网络犯罪与证券犯罪互为交织的特点，造成司法实践中较难认定通过网络犯罪影响证券交易价格的行为。

典型案例表现为：被告人赵喆受过电子专业的高等教育，具有多年从事证券交易的经验，谙熟证券交易的电脑操作程序。1999年3月31日下午，被告人赵喆在三亚中亚信托投资公司上海新闸路证券交易营业部（以下简称“三亚营业部”）营业厅，通过小厅内电脑终端非法侵入三亚营业部计算机信息系统，当发现该系统的委托报盘数据库未设置密码后，即萌生修改计算机中委托报盘的数据的念头，以便拉高“兴业房产”的股票价格，使自己所持有的7800股“兴业房业”股票得以抛售获利。同时，被告人赵喆又决意采用相同手法提高“莲花味精”的股票价格，并示意股民高春修购进“莲花味精”股票，以达到炫耀自己的目的。4月15日，被告人赵喆在三亚营业部再次侵入该计算机信息系统，复制了委托报盘数据库进行了修改试验，获得成功。4月16日中午股市午间休市时，被告人赵喆在上述地点将三亚营业部尚未向证券交易所发送的周某等五位股民委托买卖其他股票的报盘数据内容全部修改成委托买入“兴业房产”股票和“莲花味精”股票共计497.93万股。两种股票的价格也分别改成以前日收盘价格各上升10%的涨停价位，即10.93元和12.98元。当日下午股市开盘时，当上述被修改的委托数据被发送到证券交易所后，引起了“兴业房产”和“莲花味精”两种股票的交易量和交易价格出现非正常波动，造成三亚营业部须支付6000余万元资金，以涨停价或接近涨停价的价格如数买入了该两种股票，致使三亚营业部因一时无法支付巨额资金而被迫平仓，经济损失达295万余元。被告人赵喆却趁机以涨停价抛售了其在天津市国际投资公司上海证券业务部账户上的7800股“兴业房产”股票，获利7277.01元。股民高春修及其代理人王琦华也将受被告人示意买入的8.9万股“莲花味精”股票抛出，获利共计8.4万余元。检察院以操纵证券交易价格罪提起公诉，法院也以此罪对行为人定罪量刑。法院认为，赵喆身为证券行业从业人员，理当自觉执行证券管理制度、维护证券交易秩序，但其为了使自己和朋友所持的股票得以高价抛售，从中获取非法利益，竟利用修改计算机信息系统存储数据的方法，人为地操纵股票价格，扰乱股市交易秩序，给三亚营业部造成巨大经济损失，情节严重。赵喆的行为构成操纵证券交易价格罪，最终被判处有期徒刑3年，并处罚金1万元；赵喆赔偿三亚营业部经济损失约250万元;追缴赵喆的违法所得7000余元,予以没收。[1]

对于如何认定赵喆非法侵入证券公司计算机信息系统,修改数据信息以此影响证券交易价格并从中谋取利益的行为,刑法理论与司法实务中存在较大的认识分歧。

第一种意见认为,赵喆的行为不构成犯罪。根据《刑法》第182条操纵证券市场罪的规定,市场操纵犯罪行为是指连续交易、自我交易、相对委托等操纵行为,刑法条文规定的"其他方法"操纵证券市场,应当与这三种操纵行为相类似。而赵喆利用其掌握的计算机知识,非法侵入证券公司的电脑报价系统,对系统中存储的股票委托买卖信息等数据进行修改,致使该系统将虚假、错误的信息传送至上海证券交易所,造成有关股票的价格异常波动,显然与刑法条文明确规定的操纵证券市场行为存在明显差异,故不能认定为操纵证券市场罪。同时,根据《刑法》第287条的规定,利用计算机实施金融诈骗、盗窃、贪污、挪用公款、窃取国家秘密或者其他犯罪的,依照本法有关规定定罪处罚。因此,赵喆虽然实施了破坏计算机信息系统的行为,但由于刑法条文明确规定这种行为的性质应当根据其意图实施的金融犯罪等其他犯罪的法律规定进行评价,故赵喆不构成任何形式的犯罪。

第二种意见认为,赵喆的行为构成操纵证券市场罪。因为,立法机关在制定操纵证券市场罪时,虽然已明文规定了三种市场操纵犯罪的客观行为,但基于社会和经济的发展,犯罪的手法千变万化,立法时不可能予以穷尽,故在列举了三种具体操纵行为后又规定了"以其他方法"操纵证券市场的刑法"兜底条款",在司法实践中根据案件的具体情况予以适用。利用网络技术修改证券公司计算机信息系统中存储的报盘数据,抬高股票价格以获利的行为,完全可以认定为"以其他方法"操纵证券市场。这实际上就是信息网络时代市场操纵犯罪行为的最新发展趋势。本案中,被告人赵喆以非法获取证券交易营利为目的,采用侵入证券公司计算机信息系统,修改数据的方法操纵证券交易价格,并引起证券交易价格的异动,侵害证券市场正常的交易机制与管理秩序,应当构成操纵证券市场罪。

---

〔1〕 上海市静安区人民法院刑事判决书(1999)静刑初字第211号。

第三种意见认为,赵喆的行为构成破坏计算机信息系统罪。赵喆实施了侵入证券公司计算机信息系统的行为,并通过修改证券公司信息系统数据影响证券交易价格,客观上扰乱了证券市场的交易秩序,但由于刑法条文没有明确将这种行为类型化为市场操纵犯罪,故不能以《刑法》第 182 条进行法律评价。但是,赵喆非法侵入计算机信息系统并修改数据信息的行为,不仅非法谋取了经济利益,而且造成证券公司巨额经济损失,危害后果严重,按照《刑法》第 286 条第 2 款以及最新危害计算机信息系统安全犯罪司法解释的规定,应当以破坏计算机信息系统罪追究行为人的刑事责任。

应当看到,上述案例是利用计算机信息技术非法侵入证券公司并严重影响证券交易价格的网络犯罪与证券期货犯罪结合的一种典型表现。笔者主张应当以破坏计算机信息系统罪认定行为人非法侵入证券报价系统并影响交易价格行为的犯罪性质。通过对本案的细致分析,不仅有利于明确如何根据网络犯罪与证券犯罪的罪质特征辨识利用计算机实施相关犯罪的法律性质,更为重要的是,本案的刑法解释能够在在理论上明确市场操纵犯罪行为的"市场性"要素。

对于上述案件的定性问题,实践中有观点认为,利用修改计算机信息系统存储数据的方法,人为地操纵股票价格,情节严重的行为,应当认定为操纵证券市场罪的"兜底"行为模式,即以其他方式操纵证券市场的行为。对此,笔者认为,这一观点不仅没有以正确的方法解释刑法"兜底"条款,而且错误地理解了证券期货犯罪与网络犯罪的本质界限。证券期货犯罪属于典型的法定犯,与自然犯具有显著且本质的差异。刑法理论一般认为,法定犯是指违反行政法规中的禁止性规范,并由行政法规中的刑事罚则所规定的犯罪。[1] 法定犯的本质特征在于其不受道德价值与普适观念的桎梏,基于法律规范对相关行为进行评价。而自然犯是指一般人根据道德观念进行判断,就可知其为犯罪应予惩罚,而无须根据刑法规范进行评价的犯罪行为。

作为证券期货犯罪的一种重要类型,操纵证券市场罪法定犯的类型性特征决定了其犯罪行为的内容与结构必须受到罪质特征的严格制约。操纵证券市场罪的罪质特征表现为通过法律所禁止的证券、期货市场行为严重影响证券交

---

〔1〕 参见苏惠渔:《刑法学》,中国政法大学出版社 1997 年版,第 79 页。

易价格或交易量。因此，市场操纵犯罪行为必须是一种证券、期货市场的操作行为，其可以表现为交易行为，也可以是在证券、期货市场上发表与证券有关的评论、意见或者发布消息。无论其具体形式如何表征，都应当具有市场行为的根本属性，完全不具有市场行为特征的行为，是不能以操纵证券、期货市场的法律规范进行评价的。在某些特定情形下，证券、期货市场中的操作行为之所以被法律规定为市场操纵等违规、违法或者犯罪，并不在于使用资金购买证券或者使用证券进行抛售的行为本身，而在于这种市场行为的时间、方式、对象、数量等要素中的一部或全部对证券市场制造了不允许的风险，因而为法律所禁止。

分析上述案例中被告人赵喆的行为，我们可以清楚地看到，非法侵入证券公司信息系统并修改证券交易申报数据的行为，完全不具有证券、期货市场操作行为的性质，而是一种破坏行为，即在未经证券公司同意的情况下，更改委托交易指令。侵入证券公司信息系统并修改数据，客观上虽然具有影响特定证券交易量与交易价格的效果，但由于其行为本身并不具有市场行为的性质，即不具备“市场性”要素，故不能评价为对证券市场的操纵。所以，本案中的被告人赵喆的行为不符合“以其他方法操纵证券市场”的特征，不构成操纵证券市场罪。

我国《刑法》第 287 条规定：利用计算机实施金融诈骗、盗窃、贪污、挪用公款、窃取国家秘密或者其他犯罪的，依照本法有关规定定罪处罚。基于此，实践中有观点认为，行为人非法使用信息网络技术，通过危害计算机信息系统的行为，实施金融犯罪行为的，应当直接根据金融犯罪的相关罪名确定涉案行为的犯罪性质。按照这种观点，本案中被告人赵喆的行为实际上就是利用计算机实施影响证券交易价格与交易量的行为，应当根据《刑法》第 287 条的明确规定，以相关金融犯罪的罪名，即操纵证券市场罪确定犯罪性质。

笔者并不同意这种看法，因为其误解了《刑法》第 287 条的应有之义。适用该条刑法规范的前提应当建立在以下基础之上——行为人利用网络技术实施的犯罪行为本身符合相关证券期货犯罪的构成要件而不符合非法侵入计算机信息系统罪、破坏计算机信息系统罪等网络犯罪的构成要件。按照前文所述，非法侵入证券公司计算机信息系统，通过修改证券交易数据影响证券交易价格的方式谋取非法交易利润，并不符合操纵证券市场罪的行为特征。所以，本案中被告人赵喆的行为不具有适用《刑法》第 287 条的法律前提。

根据《刑法》第 286 条第 2 款的规定，违反国家规定，对计算机信息系统中存储、处理或者传输的数据和应用程序进行删除、修改、增加的操作，后果严重的，依照前款的规定处罚。本案中，被告人赵喆违法侵入金融机构的计算机信息系统，对金融机构从事证券交易的委托交易指令进行修改，不仅造成证券公司巨额亏损，而且使得其本人以及他人非法获利。但是，由于司法实践中在相当长的一段时间内没有破坏计算机信息系统罪"后果严重"的认定标准，造成司法机关很难量化评估破坏计算机信息系统罪的危害结果，其实践结果便是鲜有犯罪行为以破坏计算机信息系统罪定罪处罚。2011 年最高人民法院、最高人民检察院联合发布的《关于办理危害计算机信息系统安全刑事案件应用法律若干问题的解释》（以下简称《危害信息系统安全犯罪解释》）对上述问题进行了细化规定，不仅从计算机信息系统受到破坏的程度量化评估网络犯罪行为的社会危害性，而且从非法经济利益、危害金融信息系统的角度设置了犯罪后果的量化评价标准，有效地解决了网络犯罪司法实践中的棘手问题。根据《危害信息系统安全犯罪解释》第 4 条第 1 款的规定，破坏计算机信息系统功能、数据或者应用程序，违法所得 5000 元以上或者造成经济损失 1 万元以上的，或者造成其他严重后果的，应当认定为"后果严重"；根据《危害信息系统安全犯罪解释》第 4 条第 2 款的规定，破坏国家机关或者金融、电信、交通、教育、医疗、能源等领域提供公共服务的计算机信息系统的功能、数据或者应用程序，致使生产、生活受到严重影响或者造成恶劣社会影响的，应当认定为"后果特别严重"。

上述案例中，被告人赵喆非法进入证券公司报价系统并影响证券交易价格的行为，由于其行为内容根本不属于证券、期货市场中的操作行为（既没有从事具有操纵性质的证券交易行为，也没有通过散布证券市场虚假信息扰乱证券市场），不能以反市场操纵犯罪条款予以评价。虽然没有造成证券公司计算机信息系统的主要软件或者硬件不能正常运行，也没有造成大量的计算机信息系统数据被非法修改，但是，其不仅非法获取了经济利益，而且造成金融机构的经营活动受到严重影响，进而造成 295 万余元的经济损失，应当被评价为"后果特别严重"。所以，本案应当以破坏计算机信息系统罪定性更为合理。可见，在信息网络技术对证券、期货市场以及证券期货犯罪的影响不断加深的背景下分析上述案件，可以清晰地看到，把握市场操纵犯罪行为的市场属性对于准确定性证券期货犯罪与网络犯罪交织或者界限模糊的案件具有极为重要的意义与价值。

(六)市场操纵犯罪行为的入罪范围

市场操纵犯罪刑法解释是依托于证券、期货市场刑事法律规范的理论阐释,其显然应当对我国《刑法》第182条规定的操纵证券、期货市场罪所明示列举的三种操纵模式,即联合(连续)交易、洗售交易、相对委托交易等操纵市场犯罪类型进行深度解析。但是,市场操纵犯罪行为的表现形式具有多样性,这意味着操纵犯罪并不局限于这些刑法所明示列举的行为模式。同时,随着近年来证券、期货市场的迅猛发展,实践中连续出现了一批完全区别于连续交易、洗售交易、相对委托交易等传统操纵证券、期货市场违法犯罪行为,无法为刑法明示的犯罪类型所覆盖。这些刑法条文所没有明确规定的市场操纵违法犯罪行为类型在特定的时间段内甚至构成了市场操纵犯罪案件的主要组成部分,[1]亟须在理论上对刑法没有明示的操纵行为类型进行分析与解释。[2]

正是由于刑法在制定操纵证券市场违法犯罪规制条文的过程中考虑到了证券、期货市场的发展性与操纵违法犯罪模式的更迭性,《刑法》第182条以“兜底条款”的形式将“以其他方法”操纵证券、期货市场的犯罪行为纳入本罪的处罚范围。但是,对于究竟哪些行为属于《刑法》第182条规定的“以其他方法操纵证券、期货市场”,刑法解释理论与司法实践对此问题存在很大的争议。这一问题显然是市场操纵犯罪刑法解释的重要内容。

刑法解释理论上有观点认为,“以其他方法操纵证券、期货市场”主要包括:(1)散布谣言,传播虚假信息;(2)采用声东击西的方式,操纵某类型证券、期货合约中的一种,以达到操纵同类型其他证券、期货合约的目的;(3)以暴力、胁迫的方法迫使他人或以某种利益引诱他人买卖证券、期货合约;(4)利用职务的便利人为地抬高或压低证券、期货交易价格;(5)扎空(指证券市场上的某一操纵

[1] 这种刑法没有明示规定的犯罪行为类型占据相关案件主要数量构成的现象在经济犯罪、金融犯罪中是比较普遍的。例如,在近几年,证券投资咨询机构抢先建仓,通过发布利益冲突的信息人为影响投资者买卖相关证券并从中进行投机交易盈利的案件占据了市场操纵违法犯罪案件的相当比例。这就意味着无论是行政处罚还是刑事司法,在认定相关行为时,很大程度上需要援引“以其他方法”操纵证券市场的“兜底条款”。

[2] 后文将对连续交易、洗售、相对委托等刑法明示的操纵证券市场的犯罪行为类型进行集中论述与阐释。本部分重点针对“以其他方法”市场操纵犯罪行为进行解释。

集团,将证券市场流通股票吸纳集中,致使证券交易市场上的卖空者,除此集团之外,已无其他来源补回股票,只好与操纵者了结,扎空集团借机随意决定证券价格);(6)卖空;(7)技术陷阱。即通过对证券、期货市场价格的波动形式,证券、期货合约约定俗成的成交数量和证券、期货的投资心理等市场因素的分析,帮助投资者选择适当的投资机会和投资方式,对实际的证券、期货投资活动具有重要指导意义,有的操纵者便利用制造虚假的图示的方法,达到引诱投资者买卖证券、期货合约的目的;(8)躲在幕后提供资金供人炒作证券、期货合约操纵市场;(9)封盘炒作。[1]

也有观点认为,"其他方法"的具体表现形式包括:(1)蛊惑交易,即行为人故意编造、传播、散布虚假信息,误导投资者的投资决策,使市场出现预期中的变动而自己获利。(2)抢先交易,即行为人对相关证券或其发行人、上市公司公开做出评价、预测或者投资建议,自己或建议他人抢先买卖相关证券,以便从预期的市场变动中直接或者间接获取利益的行为。(3)虚假申报,即行为人持有或者买卖证券时,进行不以成交为目的的频繁申报和撤销申报,制造虚假买卖信息,误导其他投资者,以便从期待的交易中直接或间接获取利益的行为。(4)特定价格交易,即行为人通过拉抬、打压或者锁定手段,致使相关证券的价格达到一定水平的行为。(5)特定时段交易,即行为人在证券交易中特别容易引起波动的时间段内进行操纵交易,从而影响价格走势的情形。[2]

还有观点认为,"以其他方法操纵证券、期货市场"应当包括以下行为方式:(1)轧空,即证券市场上操纵者将证券市场流通股票吸纳集中,致使证券交易市场上的卖空者,除此集团之外,已无其他来源得到该种股票,扎空集团借机操纵证券价格的方式。(2)拉抬,即利用资金优势不停地抬高某一股票的报价,以拉升其价格。(3)做尾盘,即以影响某种股票的收盘价为目的,在接近收盘前买卖某种股票。(4)挤榨,即在某种证券短缺时,故意控制其需求,并利用市场的拥挤制造虚假价格。该手法经常出现在利用其他手法操纵证券价格的过程之中,配合其他操纵手法而使用。(5)违反诚信的安定操作,即行为人单独或与他人

---

〔1〕 参见杜发全、万兰茹:《操纵证券交易价格行为浅析》,载赵秉志主编,《新千年刑法热点问题研究与适用》(下),中国检察出版社2001年版,第906页。

〔2〕 参见鞠曦明:《试论操纵证券市场罪中的"其他方法"》,载《犯罪研究》2010年第3期。

合谋,违反有关规定,以固定、稳定,或者安定有价证券的行情为目的,在有价证券市场上实施一连串的买卖交易行为,且通常在发行证券时实施,如承销商为维持证券价格而回购证券,以制止证券价格的跌势。[1]

更有观点针对证券与期货市场操纵行为的不同区别性地归纳“以其他方法操纵证券、期货市场”的行为类型,认为其他证券市场操纵行为应当包括以下内容:(1)散布谣言、传播虚假信息(非自己编造)。(2)扎空,即操纵者将流通股票全部吸纳集中,致使卖空者除从该操纵者处补回股票外别无他法。(3)封盘炒作,即先通过涨停封盘,造成多方攻势凌厉的假象,吸引更多的买盘跟进,然后自己多翻空,撤回买盘资金。(4)上市公司买卖或者与他人串通买卖本公司的股票。(5)采取声东击西的方式进行操纵,即利用板块炒作进行操纵等。其他方式操纵期货市场主要是囤积商品,包括期货商品(期货合约所指商品)和其他替代商品。因为期货交易价格不仅与期货合约的供求关系紧密相关,还与现货市场的期货商品供求关系有关。囤积现货市场的期货商品,必然导致现货市场上该商品价格的涨跌,进而影响期货交易价格的涨跌。[2]

笔者认为,对于操纵证券、期货市场罪中“其他方法”的解释不能进行随意或者任意的扩张解释。尽管“以其他方法”操纵证券、期货市场是“兜底条款”或者概括性规定,以防止挂一漏万的情况出现,但是,在罪刑法定原则确立的今天,如果一味强调“概括”,则完全可能出现新的“口袋罪”。因此,在刑法理论上阐释或者在司法实践中认定“以其他方法”操纵证券、期货市场行为,必须进行符合罪刑法定原则的严密法理论证。

刑法“兜底条款”一般是指基于堵截犯罪行为脱逸刑事法网的现实需要而对法条无法穷尽的情形进行概括规定的法律条文。立法机关之所以在刑法中建构“兜底条款”,是为了弥补法条与现实之间的脱节,将实质上符合犯罪构成但刑法条文没有明示却已经内含的行为类型纳入刑事规制范畴。刑法“兜底条款”的模糊性与罪刑法定原则所要求的明确性存在一定程度的矛盾。但是,刑法“兜底条款”客观上能够克服因立法者知识有限而造成的立法缺陷及重大遗

---

〔1〕 参见金泽刚:《操纵证券市场行为的认定及其刑事责任》,载游伟主编:《华东刑事司法评论》(第2卷),法律出版社2002年版,第113~115页。

〔2〕 参见周骏如、张雅芳:《证券期货犯罪法律适用疑难问题研究》,载《法治论丛》2009年第2期。

漏。尤其是在经济犯罪领域,经济刑法规制的犯罪行为生成于发展迅猛的经济生活之中,“兜底条款”通过有效提升刑法规范张力的方式强化了法益保护。因此,在各国刑法广泛使用“兜底条款”并严格以罪刑法定原则为基石对之进行限制性解释的共识下,根本性地否定、排斥刑法“兜底条款”并不理性与现实。应当通过合法的形式对刑法“兜底条款”进行合理解释,还原犯罪构成完整的实质内涵,实现罪刑法定与法益保障的相对平衡。

刑法“兜底条款”的适用应严守刑法谦抑精神,启动“兜底条款”评价相关行为必须秉持谨慎原则,其核心就是对“兜底条款”坚守限制解释的立场。贯彻上述刑法理念的关键是确立“兜底条款”同质性解释原理,即纳入“兜底条款”进行刑法评价的对象应当与该刑法条文业已明确规定的法律类型或者具体犯罪的实质内涵具有相同的性质与特征。对于个罪中的“兜底条款”而言,同质性解释原理更为明确的表述应当是:纳入该罪“兜底条款”进行归责的犯罪行为应当与该罪明示的行为类型或该罪的实质具有相同的特征。

同质性解释原理是理解所有刑法“兜底条款”都必须适用的普遍性理念。在采用“兜底条款”立法技术的刑法分则条文中,个罪的同质性信息理应从该罪的犯罪实质中予以探析。但是,由于“兜底条款”其本身往往就是该罪实质的抽象,两者在字面表述上基本一致,难以直接获取有价值的信息。刑法理论通常从该刑法条文明确规定的行为类型中归纳该罪的同质性特征。[1] 背信损害上市公司利益罪“兜底条款”就属于这种典型情形:背信损害上市公司利益罪以“采用其他方式损害上市公司利益”作为“兜底条款”的规范表述,直接导出了本罪的实质,即“损害上市公司利益”。但由于这一实质比较抽象,需要从具体的行为类型中搜索更为具体、实用的同质性信息。我国《刑法》第169条背信损害上市公司利益罪在规定了本罪主体、职务便利、结果等要素之后,明确列举了向其他单位无偿提供资产、明显不公平交易、向明显不具有清偿能力的单位提供资产或担保、无正当理由放弃债权或承担债务五种具体的行为类型。上述五种刑法明示的情形虽然表现形式各异,归根结底都是通过明显不正当、不公平的资产运作损害上市公司利益的行为。这为本罪“兜底条款”的理解提供了直

---

〔1〕 参见阴建峰、万育:《略论非法经营罪堵截条款之界限》,载《中国检察官》2011年第2期;张艳丹、马渊杰:《“经济刑法”中的兜底规定初探》,载《法学杂志》2010年第9期。

观的同质性信息。我们可以确定地将"采用其他方式损害上市公司利益"的具体内容限定为通过明显不正当、不公平的资产运作损害上市公司利益的犯罪行为。

应当看到,上述同质性解释方法的合理性,是完全建立在特定犯罪的实质与该罪明示的行为类型同质性特征完全等同的基础之上的。但是,个别犯罪的实质特征及其规范抽象("兜底条款")可能并不完全等同于该罪条文明示行为类型的共同特征,这就意味着不能基于同质性解释的惯常思维诠释所有刑法"兜底条款"。否则,就会陷入两种误区:基于刑法未明示的行为方式与明示的行为类型不具共同特征的结论,直接排斥"兜底条款"的适用;牵强解释刑法并未明示的行为方式,与刑法条文明示的行为类型具有共同特征,不当纳入"兜底条款"予以归责。

操纵证券、期货市场罪就是这种情况,即操纵证券、期货市场罪的全部实质特征与刑法条文所明示列举的各种操纵行为之间不是完全等同的关系,是前者包容后者的关系。正如前文所述,市场操纵犯罪的行为实质是价量操纵与资本操纵的独立运行或联合展开。因此,对"以其他方法"市场操纵犯罪的内容进行解释性填充,不能仅仅从价量操纵的角度进行分析,而且需要从资本操纵的角度进行理解。只有这样才能对某种新型的、疑似具有操纵性质的行为进行更为全面、深度与准确的考察。

同时,笔者认为,尽管操纵证券、期货市场罪中"以其他方法"操纵证券、期货市场这一"兜底条款"是一种概括性规定,但在对其进行解释时不能进行概括或扩张。尽管同质性解释原理的适用已经起到了"兜底条款"限制解释的一般功能,但仍有必要附加限制启动"兜底条款"同质性解释的"事前"机制与巩固"兜底条款"同质性解释限制入罪功能的"事后"机制。

"事前"机制的具体内容是:在运用我国刑法条文评价之前,先以国际标准的视角考察特定违规行为在全球主要刑法规范体系中是否普遍性地以某种罪名予以规制,以及各国法律如何具体规定此种特定行为。因为刑法"兜底条款"是基于防止"挂一漏万"的实用性考量而制定的法条,其文字表述具有极强的包容性,在司法实务中运用"兜底条款"分析相关行为,容易陷入"越看越像"的评价误区。刑法理论必须对"兜底条款"先天性单一入罪方向解释惯性保持警觉,在"兜底条款"运行之初即予以限制,使其保持一定的评价惰性。而判断本国刑法“兜底条款”是否有必要对一种法律没有明示的行为启动评价机制，相对有效的策略是全面考察其他国家刑法如何规制此类行为。这种方法对于新类型证券、期货市场违法犯罪行为的刑法评价而言更富有价值。当今证券、期货市场呈现出全球化、复杂化、多样化以及整合化的发展格局，各国不仅在证券、期货、衍生品发行与交易的技术性规则上日益趋同，而且在金融法律监管方面不断统一认识与加强国际协作。如果一种新型或者尚未被我国市场全面认知的证券、期货市场违规行为，在国际证券期货犯罪刑法规范体系中普遍被评价为操纵犯罪，那么启动我国刑法操纵证券、期货市场罪“兜底条款”进行评价的必要性相对较强；反之，则相对较弱。

“事后”机制的具体内容是：特定行为经过刑法解释后被认为符合“兜底条款”构成相关犯罪，应当通过司法解释等正式法律解释形式将该特定行为的犯罪性质予以明确；在构成要素以及处罚条件上，相对于刑法明示的行为类型，也应当在合法且合理的原则下进行更为严格的把握。刑法理论中有观点认为，“兜底条款”是立法者为了防止刑法不能完全涵盖社会生活中需要以刑法规制的所有类型的犯罪行为而特意制定的条文，根据“兜底条款”，行为人实施的行为符合相关犯罪构成的，便可依相应的犯罪论处。〔1〕这意味着刑法能够在没有明示刑事违法性的前提下直接通过隐含在法律内部的逻辑将某种行为认定为犯罪，并且在构成要素与处罚条件的定量标准把握层面，不对刑法明示行为类型与以“兜底条款”归责的行为进行个别化的分析与判断。

然而，笔者认为，刑法“兜底条款”的适用应当在形式层面进行一定限制，即必须通过司法解释以正式的规范形式对“兜底条款”的具体内容进行填充。同时，对于根据“兜底条款”认定为犯罪的非法律明示类型，在其内部构成要素的理解上，应尽量细化归纳不同社会危害程度的具体类型，在罪质判断环节予以分流处理，充分考虑非犯罪化处理的可能；在相关犯罪处罚条件的设置上，应当更严格地判断刑事处罚的必要性，更全面地考量行政处罚的可替代性。因为“兜底条款”与明示条款毕竟存在显著差别，只有附加“事后”限制机制，才能更为全面地抵销刑法“兜底条款”立法模糊性与不确定性对被告人权利可能产生

〔1〕参见丁华宇：《刑法中的兜底性条款探析》，载《黑龙江省政法管理干部学院学报》2009年第4期。

的侵害风险。

综上所述，市场操纵犯罪的全球考察旨在总结证券、期货市场刑事法律规范保护的国际标准；操纵证券、期货市场罪“兜底条款”的同质性解释旨在明确个罪规范的实质内涵；严格规范“兜底条款”刑法解释的形式要求与实体内容旨在限制刑法介入证券期货监管的程度。附加“事前”与“事后”双重限制的同质性解释规则，不仅提升了对疑似操纵行为刑法属性法律论证的说服力，而且为实务部门深度把握操纵证券、期货市场罪的实质提供了理论铺垫。

三、市场操纵犯罪的行为主体

我国《刑法》第 182 条操纵证券、期货市场罪没有对市场操纵犯罪的犯罪主体进行任何形式的限制，故操纵证券、期货市场罪的犯罪主体显然是一般主体，即任何自然人或单位实施操纵证券市场的行为，均可认定为市场操纵犯罪的主体。也正因如此，传统证券期货犯罪刑法理论通常极少对市场操纵的犯罪主体展开进一步的分析。

但是，我们应当看到，由于实施操纵证券、期货或者衍生品市场行为建立在拥有资金以及证券、期货交易账户的条件下，因此，司法实践中认定市场操纵犯罪的行为主体应当从资金与账户的角度注意以下两个要点。

其一，基金、信托、保险等大额资金的管理人或受托人可以成为市场操纵犯罪的主体。也就是说，资金管理人或者受托人等行为主体，以投资基金、社保基金、保险品种、企业年金、信托计划、投资理财计划等资金实施操纵行为的，应当认定管理人或受托人等为市场操纵犯罪的主体。

其二，利用他人账户通过非法交易行为操纵证券市场的，实际利用账户者应当认定为市场操纵犯罪的主体。实践中，下列实际控制账户行为人应当认定为本罪的犯罪主体：(1)行为人直接或者间接提供证券供他人卖出，或者提供资金供他人购买证券、期货合约，并且相关证券交易的利益或者损失，全部或者部分归属于该行为人；(2)行为人对他人持有的证券具有管理、使用和处分的权利。

由于实施市场操纵犯罪通常需要具备相当强度的资金、信息等资源优势，而证券、信托、保险、基金等公司作为主要从事证券业务的金融单位，相对自然人而言一般更有条件具备资金、信息等资源优势，所以，单位实施操纵证券市场违法犯罪案件在国外证券期货犯罪司法实践中占据了相当比例。尽管我国反市场操纵犯罪司法实践中目前为止仅有“中科创业”、汪建中市场操纵案件中的极少数的单位构成操纵证券、期货市场犯罪,但随着我国反市场操纵犯罪立法与司法的不断深入,完全可以预期会有更多的单位市场操纵犯罪案件的出现。因此,在刑法理论上对单位市场操纵犯罪进行论证具有重要的理论与实践价值。

根据我国《刑法》第182条操纵证券、期货市场罪第2款的规定,单位犯前款罪的,对单位判处罚金,并对其直接负责的主管人员和其他直接责任人员,依照前款的规定处罚。根据《刑法》第30条单位犯罪的法律规定以及1999年最高人民法院《关于审理单位犯罪案件具体应用法律有关问题的解释》的规定,认定单位市场操纵犯罪应当把握以下两个基本规则:其一,单位市场操纵犯罪的认定规则。以单位名义操纵证券、期货市场,违法所得归单位所有的,应认定单位为市场操纵犯罪的主体。个人利用其设立的公司、企业、事业单位操纵证券市场的,或者公司、企业、事业单位设立后以操纵证券、期货市场作为主要活动的,应认定设立公司、企业、事业单位的个人为市场操纵犯罪的主体。盗用单位名义操纵证券市场的,应认定个人为市场操纵犯罪的主体。其二,单位市场操纵犯罪自然人责任主体的认定规则。直接负责的主管人员应当是在单位操纵证券市场中起决定、批准、授意、纵容、指挥等作用的人员,一般是单位的主管负责人,包括法定代表人。其他直接责任人员应当是在单位操纵证券市场中具体实施操纵市场行为并起较大作用的人员,既可以是单位的经营管理人员,也可以是单位的职工,包括聘任、雇用的人员。

单位市场操纵犯罪案件中较为疑难的一个问题是,同一证券公司或者金融机构内部的自然人与自然人共同实施市场操纵犯罪是按照单位犯罪处理还是按照自然人共同犯罪处理。对此,笔者认为,关键要看这些内部人员实施的市场操纵犯罪行为是否在一个统一单位的意志支配之下。单位内部的自然人之间共谋实施与单位无关的市场操纵犯罪,如他们既不是以单位名义进行,违法所得也不归单位所有,这种情况已经完全不存在有所谓单位犯罪问题了,相关内部人员当然可以构成共同操纵证券、期货市场罪。相反,如果这些内部人员实施的市场操纵犯罪行为是在单位的统一意志支配下共同进行,且操纵市场违法所得利润也归单位所有的,就属于单位犯罪,不能构成共同市场操纵犯罪。

在司法实践中，应当注意避免在承认单位犯罪的前提下肯定单位内部人员可以构成共同犯罪。因为，单位内部的主管人员和其他直接责任人员都是在单位统一意志支配下而实施市场操纵犯罪的，他们的行为都只是单位整体行为中的一个组成部分。这种犯罪的主体只有一个即是单位。虽然《刑法》第 182 条第 2 款规定了两罚制，单位内部的主管人员和其他直接责任人员也须承担刑事责任，但他们作为自然人本身并非是犯罪主体。也即在成立单位市场操纵犯罪的情况下，单位中内部人员只能作为单位犯罪的组成部分并非是操纵证券市场罪的独立犯罪主体，他们之间不应该存在共同犯罪问题。

实践中更为疑难的问题是如何认定单位与其成员共同实施市场操纵犯罪行为。通常而言，在单位与自然人共同实施市场操纵犯罪中，一般是指一个或者数个单位与该单位以外的一个或者数个自然人相勾结而实行的共同犯罪。但是，我们应该看到，在当前操纵证券市场违法犯罪中，单位与其内部成员互相勾结实施犯罪的情况是比较普遍的。例如，某证券公司自营业务部分的从业人员为获取不正当利益，与本公司领导商定利用公司和自己的资金优势，实施联合或者连续买卖的行为，操纵某一股票的交易价格，获利后由单位和单位中的业务人员双方根据事先的约定按比例分成。对于此案中单位以及单位中的业务人员应如何处理？刑法理论和实践中有不同意见。

刑法理论上有一种观点认为，单位成员一方面作为单位犯罪的直接责任人员，其行为具有单位犯罪的特征，同时，其具有为自己牟利的目的，其主观方面及其行为均超出了单位犯罪的要素，具有相对独立性，对此可按单位犯罪的共犯处理。[1] 不同意认为，上述看法一方面认为其行为属于单位犯罪的性质，另一方面又认为由于其具有为自己牟利的目的，具有独立性，可按共犯处理，那么究竟如何处理为好？而且依该观点，为单位牟利的部分属于单位犯罪，为自己牟利的部分则属于自然人的犯罪，这便人为地割裂了单位犯罪直接负责人员行为的整体性。另外，司法实践中，单位主管人员和其他直接责任人员实施单位犯罪的同时，为自己谋取利益的情况是广泛存在的。这也是单位犯罪中的一种常见现象，如果将这种情况都认定为自然人与单位之间的共同犯罪，是不切实

---

〔1〕 参见喻伟、聂立泽：《单位犯罪若干问题研究》，载《浙江社会科学》2000 年第 4 期。

际的。这种处理方式违背了刑法上“禁止重复评价”的原则。[1]

应当认识到，在刑法意义上，所谓单位内部成员是指单位中直接负责的主管人员和其他直接责任人员。正如上文所述，在单位市场操纵犯罪中，直接负责的主管人员是在单位实施的市场操纵犯罪中起决定、批准、授意、纵容、指挥等作用的人员，一般是单位的主管负责人，包括法定代表人。其他直接责任人员是在单位市场犯罪中具体实施犯罪并起较大作用的人员，既可以是单位的经营管理人员也可是单位的职工，包括聘任、雇用的人员。但是，由于市场操纵犯罪是一种组织结构非常复杂的犯罪类型，尤其是在单位犯罪的语境下，市场操纵犯罪涉及单位中的人员也较广，因此在确定相关刑事责任时，我们一定要注意控制一定的范围，把单位内部成员严格控制在单位中直接负责的主管人员和其他直接责任人员，否则就有可能扩大打击面。在单位市场操纵犯罪案件中，对于受单位指派或奉命而参与实施了一定犯罪行为的人员，例如，受单位领导指派实施了一部分证券交易，一般不宜作为直接责任人员追究刑事责任。

立足于上述基本法理铺垫，笔者认为，单位与其内部成员也可能构成共同市场操纵犯罪。理由是：在一般情况下，单位内部成员尤其是对单位犯罪负直接责任的主管人员不会与本单位构成共犯，因为单位成员与单位是系统要素与系统整体的关系，单位成员为单位利益所实施的犯罪行为理应理解为是单位整体犯罪行为的组成部分，也即在单位犯罪情况下，单位与其内部成员之间的关系是整体与部分的关系，而不是共同犯罪的关系。尽管如此，我们也应该看到，并非单位内部的成员在所有情况下均不能与本单位构成共犯。单位内部成员的行为虽然有从属于单位整体意志和行为的一面，但也有独立于单位意志和行为的一面，即他们的身份具有双重性：他们既是单位中的成员，服从于单位的整体意志和利益，在此情况下他们是单位的代表者，单位的决策者，他们的思想、意志、行为属于单位；同时他们也是社会生活中独立于单位的个体，具有自己独立的意志和行为，在此情况下，他们的思想、意志、行为仅是自己的。这种身份的双重性直接决定了他们行为本身可能存在的双重性特征——既可能是单位

〔1〕 参见阴建峰、周如海主编：《共同犯罪适用中疑难问题研究》，吉林人民出版社 2001 年版，第 97 页。

行为的组成部分，又可能是个人的行为。

在市场操纵犯罪中，有时单位内部的自然人不仅仅是以其单位内部成员的身份而可能是以独立的个人身份与单位共同实施市场操纵犯罪行为，此时，单位内部人员的身份和行为的性质往往具有双重性，他既代表单位实施市场操纵犯罪，属于单位行为的一部分，又代表个人实施市场操纵犯罪行为，且与单位一起分取获得的利益，当然属于个人行为。笔者认为，这种情况就理应属于单位和其内部人员构成的共同市场操纵犯罪。正是由于单位内部人员这种双重身份的特性，足以表明对单位和其内部人员以共同市场操纵犯罪处理并没有违背"禁止重复评价"的原则。对其代表单位实施的犯罪行为，按单位犯罪追究其刑事责任，而对其代表个人实施的犯罪行为，则当然应该按自然人犯罪追究其刑事责任。上述认为这样处理方式违背了刑法上"禁止重复评价"原则的观点，实际上是站在对人评价的角度讨论这一问题的，从而得出了这种情况是对一个人作两次评价的结论。但是，事实上刑法中的评价对象主要针对人的行为而并非针对人，正是由于单位中的内部成员所实施的行为中既存在有单位行为也存在有个人行为，因此对同一人的不同行为分别进行评价不仅不是重复评价，相反是完全符合罪责刑相适应的原则。由此可见，单位与其内部成员构成共同市场操纵犯罪不仅是完全可能的，而且也不违背刑法原则。

四、市场操纵犯罪的主观罪过

刑法理论上一般认为，操纵证券市场罪行为人的主观方面表现为故意。认定某一行为是否属于操纵证券市场行为，除了要看行为人是否具体实施了有关法律所规定的操纵行为，还必须查明行为人主观上是否具有操纵证券市场的故意。在早前的刑法理论与司法实务中，对于本罪只能由故意构成一般没有争议，但是对于本罪的构成是否包括间接故意则有不同看法。

有的学者认为，本罪的主观方面只能是故意，而且只能是直接故意。故意的内容是：行为人明知自己的行为会发生制造虚假证券、期货交易价格的结果，但为了获取不正当利益或者转嫁风险，希望这一结果发生。本罪的主观目的具有两个层次，第一层次的目的是制造虚假证券、期货交易价格；第二层次的目的是获取不正当利益或者转嫁风险。第一层次的目的是为第二层次的目的服务的，即通过制造虚假证券、期货交易价格，达到获取不正当利益或者转嫁风险之目的。[1]

有的学者认为,本罪可以由间接故意构成,即通过消极的放任行为(主要指欺骗性沉默)操纵证券交易价格。从司法实践中已发生的案例不难看出,本罪的主观方面是直接的犯罪故意和间接的犯罪故意兼而有之,但过失不构成本罪。至于银行及金融机构非法拆借资金给自然人(主要是证券交易大户)和非法炒买炒卖的个人或者单位(包括国家机关、国有公司、企业、事业单位)以及其他所有制性质不同的经营法人实体,上述的这些个人或单位虽然没有直接实施操纵证券市场交易价格的犯罪,但为上述犯罪行为非法提供了巨资,对犯罪行为人或单位的操纵行为及获取非法利益的目的是明知,且采取了一种放任的态度,实质上放任的行为结果是对操纵证券市场交易价格犯罪的帮助,即为该罪的帮助犯。鉴于此,我国对证券市场交易价格犯罪的行为犯、实施犯进行惩罚,但不能人为地排除对帮助犯的刑罚处罚。只有这样才能在刑罚上充分地体现主观客观相一致原则。[2]

2006年《刑法修正案(六)》修改操纵证券市场罪之前,原《刑法》第182条中设置了"获取不正当利益或者转嫁风险"要件。由于当时刑法理论上对于该要件究竟属于主观目的要件还是客观结果要件存在很大分歧,直接导致当时的操纵证券、期货交易价格罪难以确定主观内容只有直接故意还是可以包括间接故意。当时,有观点认为,从字面上分析,这是指操纵证券、期货交易价格行为必须产生的结果,即操纵证券、期货交易价格必须产生"获取不正当利益或者转嫁风险"的结果,否则,就不构成本罪。也就是说,操纵证券、期货交易价格失败,获利不成或转嫁风险失败的,就不能构成操纵证券市场罪了。据此,某些行为人虽然有"对敲""自卖自买"等行为,操纵的金额也达到了十多亿元,但因这些公司处于一亏再亏的状态,或者操作行为一而再再而三地失败,亏损累累,就不能构成操纵证券、期货交易价格罪。[3] 还有观点指出,从刑法条文对本罪罪状的表述来看,是先规定了行为,紧接着规定了行为的结果,以此逻辑顺序来看,它应是构成本罪客观方面的要件。此外,该条文也没有"为了获取不正当利

[1] 参见胡启忠等:《金融犯罪论》,西南财经大学出版社2001年版,第288页。

[2] 参见周平:《证券市场犯罪的刑法规范简介》,载《中央政法管理干部学院学报》1998年第1期。

[3] 参见顾肖荣、张国炎:《证券期货犯罪比较研究》,法律出版社2003年版,第207~208页。

益或转嫁风险的目的”或者“为了获取不正当利益或转嫁风险”以及“意图获取不正当利益或转嫁风险”的表述。即从条文的文字表述来看,得不出它是本罪主观目的的结论。如果说上述规定是指主观目的,那么没有产生上述结果,即没有达到目的,同样构成本罪,然而这显然是不符合立法意图的。[1] 但是,不同意见认为,从操纵证券、期货交易价格罪的本质看,“获取不正当利益或者转嫁风险”是指行为人的行为目的,而不是指行为的结果。因此,只要行为人以此为目的,实施了刑法所列举的行为,即使操纵证券、期货交易价格行为失败,获利不成或转嫁风险失败,情节严重的,也可构成操纵证券、期货交易价格罪。[2]

笔者认为,对于《刑法修正案(六)》之前的操纵证券、期货交易价格罪而言,“获取不正当利益或者转嫁风险”理应属于该罪的主观要件。具体理由是:首先,刑法规定操纵证券、期货交易价格罪的目的是从根本上禁止对证券市场上的垄断,从而最大限度地体现证券市场上的公平、公正、公开原则,为市场竞争创造一个良好的环境。操纵证券、期货交易价格者客观上是否实际获取了不正当利益或者转嫁了风险,在许多情况下并不会直接影响其操纵行为对证券市场的实际危害,因为无论如何操纵行为是否获取了利益或者是否转嫁了风险最多也只是行为社会危害性的表现之一,但绝不是全部或主要表现。操纵行为的社会危害性主要应该体现在操纵行为本身对证券、期货价格的操纵程度以及对证券市场正常管理秩序所造成的实际破坏。其次,操纵者是否实际“获取不正当利益或者转嫁风险”与其操纵行为对证券市场的危害并非一定具有必然、对等的联系,也即在证券市场上经常会存在这种情况,行为人的操纵行为对证券市场破坏相当严重,但是,操纵者实际上并没有获取不正当利益或者转嫁风险,有些甚至以失败告终。如果将“获取不正当利益或者转嫁风险”作为操纵证券、期货交易价格罪的客观要件对待,对于这种行为就无法以操纵证券、期货交易价格罪加以惩治。最后,世界各国和地区的有关立法中,对于操纵证券、期货交易价格犯罪行为一般均没有将“获取不正当利益或者转嫁风险”作为客观要件,而较多地规定“以引诱他人参加证券市场交易为目的”是构成操纵犯罪的主观

---

〔1〕 参见王作富、马民革:《论操纵证券交易价格罪》,载单长宗等主编:《新刑法研究与适用》,人民法院出版社2000年版,第376页。

〔2〕 参见顾肖荣、张国炎:《证券期货犯罪比较研究》,法律出版社2003年版,第207~208页。

要件。这意味着构成市场操纵犯罪,行为人主观上必须具有制造某一种或数种证券积极交易假象之目的,或具有制造证券市场虚假或误导性表面现象之目的。如果主观上缺乏这种目的,就不能构成本罪。这从一个侧面也说明了将“获取不正当利益或者转嫁风险”作为当时的操纵证券、期货交易价格罪的客观要件并不合理。所以,对于《刑法修正案(六)》之前仍然以“获取不正当利益或者转嫁风险”为主观目的要件的操纵证券、期货交易价格罪而言,由于其属于目的犯,故该罪的主观故意内容显然应当限定于直接故意。

但是,《刑法修正案(六)》明确取消了原《刑法》第182条规定的“获取不正当利益或者转嫁风险”要件,并经过一系列其他修改,将本罪重新建构为操纵证券、期货市场罪,所以,操纵证券、期货市场罪的主观方面由故意构成,在理论上没有必要进一步辨析本罪的主观故意是否限定于直接故意。

对于市场操纵犯罪的司法实践更有价值的问题在于,如何准确认定行为人的操纵故意,这实际上是极为困难的实务问题。在证券、期货市场金融交易的实际活动中,虽然符合操纵证券、期货、衍生品等交易价格的客观行为很多,但真正作为犯罪处理的却很少,其中非常重要的原因就在于操纵故意难以界定。

对于如何认定行为人的操纵故意的问题,一些国家的实践中采用交易者提供反证的方法,即如果交易者不能提出没有操纵故意的反证,就可以认定交易者有操纵证券市场行为的故意。至于操纵行为所造成的证券价格的上涨或下跌,则可以从证券交易记录中加以确认。当然在一般情况下,散布上涨消息者而自己将手中证券等卖出的,或散布下跌消息而自己却买入某种证券的,基本上可以视为具有谋取行情变动的目的,虚买虚卖或自买自卖等行为本身属于不正常行为,根据这种行为一般就能推定出行为人具有操纵的故意。

笔者认为,这种实践操作方案具有较强的合理性。在认定我国证券市场上市场操纵犯罪行为时,确定行为人的操纵故意是最为重要的。行为人的操纵故意一般可以通过其行为的不正常性分析予以认定的,也即行为人只要实施了刑法中所列举的有关行为,结合行为人实施行为时的各种情况分析,就可以对其主观故意加以认定。而在某种情况下,我们也可以通过要求行为人提出反证的方法加以确定,如果行为人在实施了有关的不正常行为而又无法证明自己具有合法目的时,我们就可以确定其具有操纵故意。

第十二讲

市场操纵犯罪司法判断规则

市场操纵犯罪法律规制实践存在一定的障碍，主要症结在于现有的刑事法律规范文本及其实践解释，与金融市场运行机制、金融实务操作经验、金融市场基本原理的脱节。附着于市场操纵犯罪监管理论与实践的法律与金融之间的纠缠与混沌，源自市场操纵犯罪行为模式的技术性阐释不足。具体而言，就是现有的证券期货犯罪法律理论与实践探索，尚未能够充分地以金融市场与金融原理为核心解释与说明市场操纵犯罪行为的类型与模式。法律实践意欲超越市场操纵犯罪法律规范文本的桎梏，针对证券、期货市场的现实形势做出能动的解释与反应，但又受困于罪刑法定的严格要求与刑事立法完善的频率与成本限制，而无法实现规范介入与市场机制自由运作的有机结合、协调运行。解决这种反市场操纵犯罪实践困境的关键是聚焦于作为市场行为与经济行为的市场操纵犯罪行为本身，以现有的法律规范文本为基础，以市场操纵犯罪行为为核心，沿着市场操纵犯罪实质、手段、类型、模式这一缜密的逻辑线条，对市场操纵犯罪法律规制实践疑难问题做出符合罪刑法定的细致梳理、合法解释，以及符合逻辑、经验与证券、期货市场实际的规范拓展，系统化地建构合理的市场操纵犯罪法律适用规则与标准。“新国九条”中的第 9 条“营造证券、期货市场良好发展环境”亦明确指出应当“健全操纵市场等犯罪认定标准”。所以，本章在既有的市场操纵犯罪实质、行为机理、法律实践技术性难题发现及其基本应对政策的宏观阐释与深度论证的基础之上，以虚假交易操纵、实质交易操纵等行为模式为基本框架，进一步纵深性地论证洗售、相对委托、连续交易等市场操纵犯罪行为的实践判断规则。

一、洗售操纵犯罪司法判断规则

虽然洗售操纵犯罪是一种比较传统的市场操纵犯罪行为，各国证券、期货市场法治实践对洗售操纵犯罪行为已经形成了比较成熟的监管规则，但由于证券、期货市场交易技术与机制的不断创新，加之金融实务中投资者对其实际控制的账户操作存在各种不同的可能性，一部分实际控制账户之间的金融商品交易完全可以是出于合法的目的，因而需要就洗售操纵犯罪的操作方式、正当性目的抗辩、全新信用交易机制下实际控制账户之间的倒仓行为等进行深入解析。

（一）洗售操纵犯罪操作方式的认定

法律规范没有就洗售操纵犯罪的交易时间、价格、数量、方向等要素做出明确规定，洗售操纵行为人在其实际控制的账户之间从事的金融商品交易，在时间、价格、数量等方面究竟是否具有操作方式的法律条件限制，法律理论与实务中存在较大的认识分歧。有观点认为，冲洗买卖是同行为主体实施的相反买卖，数量、价格、时间自然应完全相符。[1] 支持上述意见的学者进一步认为，洗售操纵应当是行为人在同时期以相同价格进行相反方向的委托买进与委托卖出或者申报买进与申报卖出，不仅不能有时间上的间隔，并且在交易记录上应当实际成交，即时间、价格、数量必须完全相同。因此，从罪刑法定主义的观点出发，应当对洗售操纵的行为方式采取严格解释，不能任意过度扩张意涵。[2] 然而，也有意见认为，由于现代证券交易是在集中交易市场进行的，采用集中竞价撮合成交的交易模式，加上涨跌停板等制度的限制，即使同一个人在同一时间、就同一数量、以同一价格、就同一种证券进行委托买卖，也难免产生偏差，不一定能够按照行为人委托的内容撮合成交。[3] 持类似观点的学者认为，在对冲洗买卖进行规范适用时，应允许存在时间和价格要素上的差距，但在交易数量上仍然应当坚持完全相同原则——这样才符合冲洗买卖的目的仅仅是为了制造“记录交易”这一本质。如果同一行为主体所实施的相反交易数量不一致，则仅在相同数量范围内成立冲洗买卖。[4]

笔者认为，尽管我国《刑法》第 182 条第 1 款第 3 项并未明示性地对洗售操纵犯罪行为的操作方式进行规定，但构成洗售操纵行为应当在方向、价格等核心要素上予以一定限制。同时，证券、期货市场中金融交易以及竞价规则决定了洗售操纵行为的实行在数量、时间等要素上并不需要具有完全或者实质的相同性。

其一，交易方向的相对性或者相反性。洗售操纵犯罪的行为人在自己实际

---

〔1〕 参见吴光明：《证券交易法论》，三民书局 2006 年版，第 242 页。

〔2〕 参见王志诚：《洗售操纵之认定基准》，载《法令月刊》2008 年第 3 期。

〔3〕 参见李开远：《从证券交易法之修正论删除第一五五条第一项第二款有关处罚股价操纵行为——“冲洗买卖”刑事责任之探讨》，载《铭传大学法学论丛》2003 年 11 月。

〔4〕 参见于莹：《论以虚伪交易方式操纵证券市场》，载《国家检察官学院学报》2003 年第 5 期。

控制的账户之间从事金融商品交易，无论使用多少账户，不论占用多少资金或者仓位，金融交易的方向都必须是相对或者相反的，即特定的交易账户买入，相对的账户卖出。如果实际控制的交易账户之间不存在相关金融商品一进一出的对应关系，则该交易行为在性质上就不属于洗售。

其二，交易价格的相同性。我国证券、期货市场中的证券交易采取集合竞价与连续竞价相结合的竞价交易机制。集合竞价的成交价格是以委托买入与委托卖出价格平衡时成交；连续竞价的成交价格是已经受理的委托和新受理的委托价格一致时交易成立。洗售操纵犯罪的行为主体在实际控制的账户之间从事证券交易，交易的完成必须建立在买卖指令撮合配对的基础上，而集合竞价与连续竞价中的成交前提就是价格平衡或者价格一致。因此，洗售操纵中方向相反的证券交易应当在价格上相同。

其三，交易数量的相对接近。洗售操纵者控制特定金融商品的交易价格或者交易量，买入与卖出对应金融商品交易账户之间的交易数量应当是相对接近的。之所以无法完全相同，主要是因为在开放的金融商品集中电子化交易平台上，市场中的众多投资者，完全可能在相同的时间与操纵者提出相同的买入或者卖出价格申报，从而成为撮合成交中的一部分。即使买入或者卖出申报数量完全相同，洗售操纵者实际控制的金融商品交易账户之间的交易申报也不会在所有情况下全部撮合成功，而是会因为外部投资者的介入而在成交数量上与申报数量有所偏差。[1]

其四，交易时间可以有先后。根据我国证券交易所的交易规则，在提出申报且无撤单的情况下，委托当日有效。不能成交的申报将等待机会成交；部分成交的申报，剩余部分将处于等待成交状态。投资者的委托如未能全部成交，证券公司在委托有效期内可继续执行，直到有效期满。开盘集合竞价期间未成交的买卖申报，自动进入连续竞价。连续竞价期间未成交的买卖申报，自动进

〔1〕 尽管在洗售交易框架下的实际控制账户金融商品交易数量是相当的，但是，实务部门在分析洗售操纵犯罪实际控制账户交易量的过程中，还需要注意，从事洗售操纵的相关金融商品交易账户中的部分金融商品与资金是用来影响交易价格或者交易量的，仍然可能有部分金融商品与资金是逢高抛售谋利或者实现卖空事后逢低买入平仓获利的。从这个意义上分析，并非所有参与洗售操纵犯罪的实际控制账户中有关特定金融商品的交易数量都是匹配或者相近的。

入收盘集合竞价。因此,在洗售操纵犯罪行为的操作中,洗售操纵者实际控制的账户之间的买入申报与卖出申报并不一定在完全相同或者紧密连续的时间进行,只要在申报有效期间内撮合配对即可。

通过对证券、期货市场交易规则与洗售操纵实际手法的考察可知,洗售操纵者实际控制账户之间的金融交易在时间、数量等要素上并不一定要坚持整体上的绝对相同或者相近。只要在交易价格上具有一致性并实际成交,就能够达到影响证券、期货以及相关衍生品交易价格、交易量的操纵性结果。当然,如果稽查机构或者司法机关在洗售操纵者实际控制账户的交易记录中发现委托申报的时间、数量、价格完全相吻合或者相对接近,这显然能够成为锁定洗售操纵犯罪行为重要的客观证据。但是,即使不存在严格一致或者大体相近的证据,也并不妨碍对于洗售操纵犯罪行为机制的把握。

(二)洗售交易正当目的抗辩的判断

实践中,由于所有证券、期货交易记录都由证券(期货)交易所、证券(期货)登记结算机构等进行备份,即使是场外衍生品交易,也需要在交易当事人的信息系统中进行数据备份。金融监管机构在锁定实际控制账户的情况下,[1]完全能够向司法机关出具实际控制账户之间的交易数据并且计算出洗售操纵犯罪的行为细节。

但棘手的问题在于,证券、期货市场中各种投资者交易目的迥异,涉嫌洗售操纵犯罪的行为人通常会提出与正当交易目的有关的各种抗辩,如实际控制账户之间的金融商品交易是关联企业之间在证券二级市场中的关联交易,并没有影响市场中特定证券交易价格、交易量的非法目的;本人从事的交易在绝对数量上并不大,但特定证券交易品种处于无量盘整等流动性极低的状态之下,客观上造成本人交易量在该证券交易总量中占据较大比例,但本人主观上并没有对证券市场价格产生重要影响的目的。

---

〔1〕 当然,这一前提与基础的建构在实践中也是相当困难的。在现有的金融违法稽查技术条件下,金融监管机构全面掌握操纵者实际控制的账户仍然存在实质性的执法能力障碍。故中国证监会、公安部证券犯罪侦查局以及检察机关证券期货犯罪专门化办案机构(今后专业化办案发展的方向)应当进行行政稽查、刑事执法、刑事检察的实践平台整合,通过侦查技术的提升锁定实际控制账户、资金来源、操盘网络技术、证券中介机构支持等不同环节的违法犯罪事实,从而为洗售操纵犯罪案件提供坚实的证据基础。

笔者认为,在洗售操纵犯罪案件中,即使相关证券、期货、衍生品交易在行为人实际控制的账户之间现实发生,也应当允许控辩双方就疑似操纵行为是否具有正当目的进行充分辩论,但在具体操作时,应当注意原则上推定操纵目的、具体分析个案目的合理性的基本定位。

其一,洗售交易行为客观存在的事实已足以推定市场操纵的违法犯罪目的。

证券、期货市场中投资者(投机者)从事证券、期货、衍生品交易,无论数量大小,也无论做多还是卖空,正常的市场投资与投机行为都表现为"看多买入与看空卖出",通常情况下不会出现在实际控制账户中将金融商品进行不正常的、空耗交易成本的左右互倒、自我交易。因为这种在同一资金与金融商品控制主体之间的金融商品交易不仅不会产生价差利润,反而会产生税费等大量交易成本,明显违背经济规律与证券、期货市场常识。这意味着控方推定洗售交易具有操纵市场的目的具有充分的事实与经验基础,而犯罪嫌疑人或被告人提出正当目的抗辩,如果要达到推翻推定操纵市场犯罪目的的程度,就应当具有坚实的事实与合理性基础,并且最低证明程度应当达到优势证据标准。

其二,对于洗售交易正当目的的分析与判断,应当根据犯罪嫌疑人或者被告人提出的具体抗辩要点进行个案分析,具体规则是正当目的所对应的基础事实具有真实性与合理性。

(1)有关合理避税抗辩。如果犯罪行为人主张洗售交易是为了合理规避资本利得税,[1]则辩方必须对洗售交易具有合理控制税收的意义与原理进行证明。如果实际控制账户之间的金融商品交易根本没有合理规避税收可能,反而会产生增加交易税费成本的,显然应当否定正当目的抗辩的合理性。

(2)有关证券、期货市场行情判断抗辩。如果犯罪嫌疑人或被告人主张实

---

[1] 资本利得税(capital gains tax)是指国家对资本利得(低买高卖资产所获收益)征税。最为常见的资本利得税就是对买卖股票、债券、房地产等所获得的收益进行征税。由于资本利得税对于证券市场中的中小投资者等附加了实质性的交易成本,同时也不利于降低公司之间的股权交易成本,故并不是所有国家都征收资本利得税。See Jean Eaglesham, John Willman, "Final showdown on CGT reforms", Financial Times, Jan. 23, 2008. 国家税务总局于2007年11月发布《关于修改年所得12万元以上个人自行纳税申报表的通知》,股票转让所得开始被置于个人所得税纳税申报表。随后,国家税务总局从2010年起对个人转让上市公司限售股所得征收个人所得税。这意味着我国对部分股票交易已经开征了资本利得税。

际控制的多个账户执行买入交易时是基于看多行情、卖出交易时是基于看空行情,则辩方必须对每次交易的依据进行合理说明。因为行为人在相对特定的时间范围内,对同一证券、期货、衍生品交易的行情判断发生看多与看空之间截然相反的转换与反复,显然是不符合常理的。同时,从频繁的申报与成交次数、占总交易量的比例以及同期特定证券基本面等综合因素中完全可以准确梳理出实际控制账户中每笔证券、期货、衍生品交易是否具有合理依据。

(3)有关流动性过低抗辩。如果犯罪嫌疑人或被告人主张实际控制账户之间从事特定证券、期货、衍生品买卖的交易量占特定期间内总成交量比例明显较高(例如,超过20%)并非单方面由其交易行为绝对数量较高导致,而是由该金融商品流动性本身过低所引发的,则应当在证明规则层面直接排除这种正当目的的抗辩及其附带证据的相关性。事实上,通过洗售交易操作流动性极低的证券并控制其交易量或者交易价格本身就是这种操纵犯罪的典型手段。控制流动性低的金融商品交易的操作成本低,并且所有被操纵行为介入后的虚假价格信号驱使跟进的投资者实际上都是洗售操纵犯罪后续交易的对手方,在因果关系上具有犯罪与被害的准确对应性。所以,以流动性过低作为抗辩理由,非但不具有合理性、相关性与可采性,在司法实践中甚至可以作为强化洗售操纵犯罪目的推定效果的基础事实。

(三)信用交易机制下洗售操纵犯罪与投资(投机)的界限

在中国证券、期货市场尚未建构信用交易机制时,金融商品交易账户的类型极为单一,其功能只能是局限于存入资金并通过本人资金购买证券或者现有证券在市场上卖出。但是,随着我国证券、期货市场融资融券业务的不断发展,信用交易已经成为一种非常重要的市场交易类型。尽管相对于国外证券、期货市场而言我国的融资融券业务规模并不算大,但排名前十的个股融资融券交易量在2011年度就已经分别达到80亿~170亿元、10亿~23亿元。(具体数据参见表1与表2。[1])

---

〔1〕 相关统计数据参见上海证券交易所:《2012年市场资料》,第30页。

表1 2011年融资交易前10种股票

序号	股票代码	股票简称	融资买入额（万元）	卖券还款额（万元）	合计（万元）
1	601318	中国平安	1086763.17	621101.70	1707864.87
2	601166	兴业银行	1016138.59	553754.42	1569893.01
3	600030	中信证券	913680.66	485190.90	1398871.56
4	600016	民生银行	654532.23	358231.13	1012763.36
5	600089	特变电工	618237.13	321769.74	940006.87
6	601088	中国神华	607763.18	330265.58	938028.76
7	600000	浦发银行	562876.51	305134.02	868010.53
8	600362	江西铜业	594055.51	263359.97	857415.48
9	600519	贵州茅台	503364.15	311537.54	814901.69
10	601168	西部矿业	590035.90	215063.98	805099.88

表2 2011年融券交易前10种股票

序号	股票代码	股票简称	融券卖出额（万元）	买卖还券额（万元）	合计（万元）
1	600030	中信证券	116987.25	113478.33	230465.58
2	601318	中国平安	93221.96	85906.75	179128.71
3	600048	保利地产	74473.98	71818.37	146292.35
4	601088	中国神华	74647.29	71013.55	145660.84
5	600036	招商银行	69525.91	64518.52	134044.43
6	600519	贵州茅台	62171.58	59105.36	121276.94
7	600362	江西铜业	61718.97	57180.41	118899.38
8	601699	潞安环能	56395.31	49632.16	106027.47
9	600104	上海汽车	52447.27	48780.66	101227.93
10	601601	中国太保	51062.40	46904.81	97967.21

在中国证券、期货市场已经建立了融资融券等信用交易机制的背景下，行为人控制的证券账户类型具有了多样性，既可以是传统的证券账户，也可以是证券信用账户，不同类型的证券账户之间可以进行方向相反且数量相同的证券交易。在这种情况下，能否认定为行为人在实际控制的账户之间从事证券交

易,从而构成洗售操纵?

实践中,实际控制普通账户和信用账户并在两者之间从事证券交易的典型情形就是当日冲销交易。所谓当日冲销交易,通常是指证券市场参与者在同一个交易日中对特定金融工具进行买卖操作,并在该交易日收盘前平仓的交易。[1] 进行当日冲销的目的在于通过特定交易日行情的把握,谋取投机利益,并且规避隔日交易可能存在的非交易时间发生的不能管理的市场风险。[2] 尽管"T+0"交易机制的适用在《证券法》上完全不存在法律障碍,并且市场主流呼声支持立即启动"T+0",但目前我国股票交易市场仍然执行"T+1"交易机制,[3] 在现金账户中无法进行当日冲销交易。由于融资融券信用交易逐渐试点并全面推行,证券交易中也存在进行当日冲销的现实性。

根据2006年中国证监会《证券公司融资融券业务试点管理办法》以及上海证券交易所《上海证券交易所融资融券交易实施细则》等有关融资融券交易的规定,客户信用交易担保证券账户用于记录客户委托证券公司持有、担保证券公司因向客户融资融券所生债权的证券;信用交易证券交收账户用于客户融资融券交易的证券结算;信用交易资金交收账户用于客户融资融券交易的资金结算。客户融资买入证券的,应当以卖券还款或者直接还款的方式偿还向证券公司融入的资金;客户融券卖出的,应当以买券还券或者直接还券的方式偿还向证券公司融入的证券。因此,在融资融券的证券信用交易机制下,当日冲销交易表现为:市场参与者当日通过证券账户买入特定证券之后,在同一个交易日内于信用交易证券交收账户以融券方式放空该证券,然后通过前述买入的证券,偿还从证券公司处融通的证券,从而赚取当日买入证券与卖空证券之间的价差。

当日冲销等信用交易机制下的全新证券交易策略是活跃证券市场的交易模式创新,不仅能够为市场提供更多的流动性,为投资者提供更为丰富的风险对冲方法,而且能够在很大程度上为投资者规避"T+1"隔日交易风险提供交易

---

[1] See Toni Turner, "A Beginner's Guide to Day Trading Online", Adams Media, 2000, p. 2.

[2] See Robert Sale, "Trading Strategies for Direct Access Trading: Making the Most Out of Your Capital", McGraw-Hill, 2001, p. 16.

[3] 参见贾壮:《央行:A股市场实施T+0需审慎对待》,载《证券时报》2014年4月30日,第A2版。

空间,不应当认定为洗售操纵犯罪行为。利用普通证券账户与信用交易账户之间方向相反且数量相近的证券交易套取买入与放空证券之间的价差,本质上是一种短线投机交易行为,是符合市场运行机制的合法价格竞争行为。这种信用交易机制下的全新交易策略,在形式上确实符合"在自己实际控制的账户之间从事证券、期货交易"。但是,洗售操纵犯罪中的交易行为本质上不具有任何经济意义,即实际控制人对资金与证券形式化流动的操纵,人为制造了完全没有反映特定证券供求关系的交易价格或者交易量。而信用交易下的当日冲销等实际控制账户之间的证券交易具有真实性,相对于洗售交易的虚假性而言,两者之间存在明确的界限。

除了当日冲销之外,信用交易机制下还有其他表面上具有洗售交易特征但实际上是合法投资(投机)的行为。例如,根据《上海证券交易所融资融券交易实施细则》第 17 条的规定,会员与客户约定的融资融券期限自客户实际使用资金或使用证券之日起计算,融资融券期限最长不得超过 6 个月。可见,融资融券等信用交易存在一定的信用期限。

实践中确实存在基于信用期限的限制而实施具有洗售交易表面形式的行为:市场参与者以融资的方式买入特定证券,该证券交易行情一路看高,但由于融资期限接近 6 个月,行为人在没有额外资金的情况下,只能通过卖出证券归还融资。但该投资者继续看好这一证券交易价格可能继续攀升,便在信用账户卖出该证券归还融资的同时,通过其实际控制的其他信用账户融资完成一笔对应的自我交易,从而继续买入与持有该证券。

对于这种情形下的信用交易而言,由于市场参与者是基于正当的融资需要进行投机交易,尽管在操作过程中具有较大的风险,但在实际控制的账户之间从事的证券交易并不指向影响证券交易价格、交易量的经济需求与目的,而是在信用交易机制、市场行情判断、风险承担等要素的支撑下,通过一系列具有资金杠杆效能的操作策略等谋取利润,不能认定为洗售操纵犯罪。

二、相对委托操纵犯罪司法判断规则

实践中,以事先约定时间、价格等要素的方式相互从事证券、期货以及衍生品交易的相对委托行为确实存在排除价量操纵性质的其他可能(尽管操纵之外的相对委托行为也会涉及违规、违法或者犯罪),加之法律理论对于相对委托特殊操作机制、共同犯罪结构以及排除市场操纵犯罪性质的合法抗辩事由等问题未能进行充分探讨,造成相对委托操纵犯罪在司法认定中存在诸多难点与困惑,有必要结合证券、期货市场的实际情况,针对相对委托操纵犯罪实践疑难问题集中分析司法判断规则。

(一)大宗交易平台相对委托行为的认定

大宗交易通常是指交易量、资本金额等远超公开竞价市场平均交易水平的证券交易。[1] 交易双方直接在金融商品场内交易当日价格波幅范围内或者收盘价(日内无成交)商定成交价,经交易所确认后完成交易。大宗交易的成交量计入特定金融商品总成交量,但成交价格不计入收盘价以及指数。大宗交易价格不影响场内交易价格、大盘指数等。对照《刑法》第182条相对委托操纵的规定与上述证券大宗交易的基本规则可以看出,大宗交易实际上就是持有大量证券以及资金的证券市场投资者在证券交易所的监管下,以约定的时间、价格、方式相互进行证券交易。单纯从行为上分析,大宗交易具有相对委托的特征。但由于大宗交易不计入指数统计,只是将相关交易量向市场公布,不会直接影响证券市场中的交易价格,法律上并不认为大宗交易构成相对委托操纵违法犯罪。

尽管证券大宗交易平台的相关证券交易具有明确的相互性且一般排除市场操纵属性,但在法律与金融理论上应当进一步辨析是否存在例外情况——不能断言在大宗证券交易平台上实施的这种事先约定的证券交易一律应当排除其市场操纵犯罪性质。

其一,大宗交易价格对于证券市场的影响具有现实性。尽管大宗交易价格并不计入收盘价格,但证券市场中所有的交易实际上都代表着一定的价格信息或者证券供求关系信号而受到证券市场的广泛关注。由于单笔大宗交易在数量上远远超过集中竞价市场中的单笔交易水平,建立在这种大规模交易量上的

---

〔1〕 以《上海证券交易所大宗交易实施细则》为例,证券单笔买卖达到如下最低限额,可以采用大宗交易方式:A股交易数量在50万股(含)以上,或交易金额在300万元(含)人民币以上;B股交易数量在50万股(含)以上,或交易金额在30万美元(含)以上;基金交易数量在300万份(含)以上,或交易金额在300万元(含)人民币以上;债券交易数量在2万手(含)以上,或交易金额在2000万元(含)人民币以上;债券回购交易数量在5万手(含)以上,或交易金额在5000万元(含)人民币以上。

证券交易价格对于市场是具有现实影响的。[1] 证券市场参与者往往会将大宗证券交易平台上相关证券交易价格作为基准或者参考因素，通过一定的折价或者溢价比例分析集中竞价市场中的证券交易价格。[2]

其二，市场操纵者利用大宗交易平台实质上具有的相对委托机制，相互从事证券交易，确实是一种现实的违法犯罪风险。一般情况下，在大宗交易平台的证券交易是基于减持、收购甚至税收优惠等财务或者商业目的而进行的，不存在违规、违法、犯罪等情形，不过大宗交易往往也会涉及各种类型的疑似市场操纵。实际操作中，大宗交易证券转让价格具有灵活多变的特点，之前交易日收盘价、当日收盘价以及约定的协议价都有可能成为减持价格，只要最终的价格落在当天的涨跌停板范围内，[3]都符合证券交易所规则。大宗证券交易平台上约定的证券交易价格一般只接受形式审查，监管机构很少对背后的实质意义进行审查。大宗交易通常折扣率较大且手续费成本低，在实践中容易成为市场操纵者的"吸筹"平台。同时，市场操纵者在集中竞价市场拉升或者打压证券交易价格之后，随即便可在大宗交易市场高位抛售或者低位买入。[4] 大宗交易平台上的市场参与者通过事先约定从事的相对证券交易具有一定的市场操纵违法犯罪风险，大宗平台交易价格对于证券、期货市场具有价格引导作用。所以，行为人通过互相串通的方式，以大宗证券交易规则的正当性规定为掩护，以事先约定的时间、价格、方式等相互从事证券交易，如果有证据证明对二级市场证

---

〔1〕 参见秦洪：《大宗交易折价率提升 A 股估值面临压力》，载《证券时报》2012 年 3 月 27 日，第 C2 版。

〔2〕 通常情况下，由于大宗证券交易数量极大，卖方会根据二级市场的交易价格进行一定的折让将证券转卖给买方，但是，在特殊情况下，如果证券市场中出现与特定证券有关的利好信息，证券需求方无法在一个交易日吸收到足够的证券，也会在大宗证券交易平台上进行溢价收购。

〔3〕 当然，大宗证券交易机制存在变革的可能。上海证券交易所发布的《关于征求优化大宗交易机制有关措施意见的函》，拟在现有的大宗交易基础上，在每个交易日的 16 时至 20 时，增加一个独立的大宗交易时段。与此同时，上证所还拟大幅放宽大宗交易的门槛从 50 万股降至 10 万股，涨跌幅限制也从 10% 放宽至 50%，并相应增加锁定期。大宗交易的锁定期拟分为两档：涨跌幅限制范围为前一交易日收盘价的 70% 至 130% 的（涨跌幅在 30% 以内），锁定期限至少为 6 个月；涨跌幅限制范围为前一交易日收盘价格的 50%～150%，锁定期限至少为 1 年。参见胡学文：《大宗交易新政或遭遇两难尴尬——摁住短期行为 浮起避税空间》，载《证券时报》2012 年 3 月 21 日，第 A6 版。

〔4〕 参见李保华：《新规剑指股价操纵大宗交易利益格局或受冲击》，载《经济观察报》2012 年 3 月 19 日，第 15 版。

券交易价格、交易量产生重大影响的,应当认定为相对委托操纵犯罪。

(二)相对委托操纵共犯结构的认定

实践中,操纵证券、期货、衍生品市场的行为越来越难以单独犯罪的形式实施。在体量庞大的证券、期货市场上,市场操纵行为主体必须有相当规模的资金、信息、持仓等实力与资源。依靠某一个自然人、某一单位的力量要真正操纵证券、期货市场实际上很难做到。同时,单一主体实施操纵证券期货犯罪,由于资源有限,通常只能使用多个实际控制账户。由于当前中国金融市场稽查监管技术已经有了实质性的提升,完全可以发现特定账号证券交易的异常情况。单独操纵证券、期货市场所依赖的有限流动的资金与交易账号相对容易被检测。所以,当前的市场操纵行为往往是由违法犯罪分子联手实施,并通过分散资金与交易的方式进行操盘。相对委托操纵犯罪正是充分体现了市场操纵犯罪的共犯结构性特征。从构成要件的角度分析,构成相对委托操纵犯罪的前提在于行为主体之间的"串通"与事先约定。这就要求法律实务部门在处理相对委托操纵犯罪案件时,特别要注意对共同犯罪的认定和处罚。准确认定相对委托操纵共同犯罪,必须对共犯结构进行精准把握,其前提在于确定合法且合理的共同操纵故意与共同操纵行为的司法认定规则。

1. 相对委托的共同操纵故意

共同操纵故意本质上是共同市场操纵犯罪行为主体认识到他们的共同操纵犯罪行为和由此行为会引发的影响证券、期货市场的危害结果,并希望或者放任这种危害结果发生的心理态度。[1] 对于相对委托共同操纵故意的认定,还必须进一步深入到"串通""事先约定"等双向性意思联络。然而,共同操纵故意的类型并不一定局限于双向性犯罪意思联络。在市场操纵犯罪法律实践中,存在证券公司等明知对方是市场操纵者并知悉对方从事市场操纵行为而仍向其提供交易账号,从而收取巨额委托交易费用的情况。对于这种市场操纵者(实行犯)与资金、账号、交易条件提供者之间形成的关系,在双方具有合意的情况下,与一般共犯没有区别。但是,在资金、账号、交易条件提供者明知相对委托操纵实行犯,而该实行犯并不明知前者操纵事实的情况下,是否成立市场操

---

[1] 参见刘宪权、谢杰:《证券期货犯罪刑法理论与实务》,上海人民出版社 2012 年版,第 407 ~ 408 页。

纵共犯,在实践中存在一定疑问。

《刑法》第182条操纵证券、期货市场罪的法律条文中明确使用“串通”“事先约定”等双向性合意要求十分明确的表述对相对委托操纵犯罪进行规定,但这只是相对委托等操纵犯罪实行犯的共同犯罪故意内容要求。相对委托市场操纵犯罪类型是必要的共同犯罪,犯罪行为成立的前提就是行为主体必须达到两人以上,否则也就不能称为相对委托。但实施实行行为的犯罪者之间必须具备的双向性合意,并不排斥为他们提供资金、账号、交易条件等帮助的证券公司、“人头账户”提供者等,必须与实行行为主体形成双向性的市场操纵合意。片面帮助者完全可以在相对委托实行犯不知情的情况下,单纯基于获取手续费、交易回扣、“返点”、劳务费等利益而单方面向市场操纵实行犯提供帮助。

所以,笔者建议,在今后制定市场操纵犯罪司法解释时,有必要在共同市场操纵故意认定部分做出如下规定:证券公司等金融机构或者其他单位或个人,明知行为人操纵证券、期货市场,向其提供资金、账户、交易技术等协助的,以操纵证券、期货市场罪共犯论处。实践中,对于没有与相对委托交易实际操作者进行“串通”“事先约定”的资金、技术、服务提供者,在明知相关人员从事相对委托操纵犯罪的情况下,可以根据片面共犯原理追究市场操纵犯罪的刑事责任。

2. 相对委托的共同操纵行为

共同的市场操纵犯罪行为是指各共同金融犯罪人在共同的故意支配之下,所实施的具有内在联系的同一性质的市场操纵犯罪行为。[1] 对于相对委托操纵犯罪行为而言,这种共同操纵犯罪行为的结构性关系更为紧密,行为主体必须通过周密的安排在基本相同的时间内,以约定的价格、数量以及方式相互进行金融商品交易。

具体而言,相对委托市场操纵犯罪行为可以是共同的实行行为,即每个共同犯罪成员都是实行犯(例如,数个私募基金或者自然人投资者共同集中资金与证券优势,同时在相关账户中以约定的数量、价格从事方向相对的证券交易,拉抬股价引起市场参与者跟进后集中出货牟利);也可以有不同的分工,有的实施实行行为,有的实施帮助行为,而有的则可能是实施组织行为(例如,相对委

---

〔1〕 参见谢杰:《操纵证券期货犯罪刑法规制研究》,上海人民出版社2013年版,第176页。

托操纵市场的组织者联系信息渠道、资金支持、"人头账户"、交易操盘人员等，交易执行者在各自控制的证券账户之间以一定价格和数量相互从事对敲交易)。

相对委托操纵犯罪行为内容中最为关键的部分显然是相互进行的金融商品交易行为。尽管处于市场操纵共同犯罪行为体系中的核心位置，但相对于其他不受金融监管机构技术性监管的共犯行为而言，相互进行的金融商品交易行为还是能够受到交易所实时监控的。然而，当前金融监管程序主要属于被动性执法，只能在形成市场操纵相关线索的情况下启动调查程序，通过事后追究的方式惩罚市场操纵违法犯罪主体。基于取证难以及执法效率低的现实，被动性监管措施无法应对市场操纵犯罪的挑战。因此，有必要完善市场操纵违法犯罪一线监管制度，确立市场操纵实时监控主动性执法与市场操纵责任追究被动性执法并重的监管格局。为了完善市场操纵犯罪一线监管与实时监控，必须赋予证券交易所对市场操纵更为广泛、直接、主动的监控权与调查权。在交易所配备了远远优于证监会的实时监控技术设备后，便能够主动发现异常交易行为，时时锁定异常交易数据，快速跟踪异常交易资金动向。市场操纵行为经过事后分析往往可以得出交易异常的客观数据性结论。事先高度关注异常交易数据往往能够发现并跟踪市场操纵的实际控制力量。有必要细化数据标准，制定异常交易中的价格波动偏离值、换手率等指标，并公告异常交易时段所有会员营业部的名称及交易数额。[1] 相对委托操纵犯罪在技术上的本质特征就是通过分散化的相互性金融交易制造虚假的证券、期货市场交易信息，而市场操纵监管技术的提升对于刑事司法实践认定相对委托操纵犯罪行为提供了重要的制度支撑。

(三)相对委托真实交易抗辩的认定

事先约定相互进行证券、期货、衍生品交易并影响金融商品交易价格或交易量的行为，之所以构成相对委托操纵犯罪，是因为该行为非法性的实质基础在于金融商品交易具有虚假性。如果行为人能够提供证据证明相互进行的金

---

〔1〕 关于交易所对证券、期货市场违法犯罪的法律监管权限拓展问题更为详细的论述，参见谢杰:《论证券、期货市场内幕交易法律监管的完善路径》，载《上海商学院学报》2011 年第 2 期;参见谢杰:《惩防内幕交易应扩大交易所监控权》，载《证券时报》2010 年 7 月 30 日，第 3 版。

融商品交易是基于商业目的等合理基础而进行的真实交易，即使影响金融商品交易价格、交易量，也不应当认定为相对委托操纵犯罪。

但是，传统证券期货犯罪刑法理论中有一种比较典型的观点认为，实际转让证券所有权或者控制权的真实证券交易也可以构成相对委托操纵犯罪。例如，有学者主张，投资者与他人串通，以约定的时间、数量、价格等相互进行证券交易，随后以相反方向再进行证券交易，由于证券所有权或者实际控制权没有变化，显然属于纯粹虚假的相对委托。然而，即使串通相互进行证券交易的双方在第一次证券交易之后没有进行反向交易，证券与资金之间发生现实转移的，尽管具有真实交易的性质，但由于其交易行为在串通、约定时间、数量、价格等要素、相互进行等层面完全符合相对委托操纵构成要件，对证券交易价格、交易量等产生重大影响，属于具有真实性的相对委托，同样应当构成相对委托操纵犯罪。[1]

根据本文前述市场操纵犯罪机理理论，相对委托的机理在于通过虚假的金融商品交易完成对市场价格的不正当控制。交易行为的虚假性是构成相对委托的前提。具有真实金融交易基础的约定交易仍然可以构成相对委托交易操纵犯罪的意见，不仅彻底否定了真实交易抗辩否定相对委托市场操纵属性的实体辩护空间，而且显然违反相对委托操纵犯罪的基本机理，更是在市场操纵犯罪法律与金融解释上陷入了两大误区。

其一，真实金融交易的判断标准误区。

证券、期货市场不同投资者之间相互进行证券、期货、衍生品交易，如果金融商品实际控制权在对应的两者之间进行转移，一般可以认为金融交易具有真实性。投资者双方约定之后进行方向相对、数量相同的证券、期货交易，并且一方获取证券或期货合约、另一方获取资金，就可以认定证券、期货交易是真实存在的。但是，司法实践中并不排除这种实际发生金融商品与资金互换的交易可以构成虚假金融交易的可能。

我国台湾地区证券、期货市场中发生的、法律适用争议非常大的厚生公司

---

〔1〕 参见李开远：《证券交易法第一百五十五条第一项第三款处罚股价操纵行为——“相对委托”刑事责任之探讨》，载《铭传大学法学论丛》2006 年第 6 期；邵庆平：《论相对委托之规范与强化——从证券操纵禁止之理论基础出发》，载《月旦民商法杂志》2008 年第 19 期。

股票操纵案，就是一起相对委托交易真实性判断及其如何影响市场操纵属性确认的典型判例。被告人雷伯龙是在台湾地区证券交易所上市的厚生公司（首次公开发行价 58 元）的总经理。首次公开发行之后，厚生公司股票价格持续下挫，并且跌破发行价。上市公司大股东进行增持，尽管耗费了相当的资金成本，但公司股价仍然没有上涨，甚至没有股价企稳的迹象。为了确保随后的上市公司股票增发计划得以顺利实施，雷伯龙决定拉升厚生公司股票市场价格。随后，雷伯龙与掌握一定资金与持股资源的市场炒作者被告人徐正新取得联系，商定相互进行股票买卖。根据约定，徐正新在二级公开市场通过其控制的交易账户以 72 元的价格卖出 2000 张（1 张为 1000 股）厚生公司股票；雷伯龙则在公开市场通过其实际控制的账户以 72 元的价格买入 1500 张，随后当日又以涨停价再购进 1000 张厚生公司股票。同一交易日，徐正新在非公开交易市场以 62 元的价格卖出 2000 张厚生公司股票；四个交易日之后，徐正新又以 70 元的价格，非公开转让 4000 张，支付股票转让款的支票等书证表明，购买人依然是雷伯龙。检方指控，被告人雷伯龙、徐正新以拉升股票价格的目的与共谋，以承诺的时间、价格、方式、数量等通过二级公开市场与非公开交易市场实施约定交易，构成相对委托操纵犯罪。被告人雷伯龙及其辩护人主张，相对委托是两人以上共谋的虚假交易，人为制造市场繁荣从而误导其他市场参与者，其中的相对性交易应当表现为交易双方各自进行互为对应的买入与卖出，最终必然完全或者大致恢复到相对委托行为实施之前的持股与资金状态。而雷伯龙与徐正新则是单方面的买入与卖出的关系，各自持有的证券数量已经完全发生变化，资金交付也已经有效完成，应当属于真实交易而非虚假交易，不应当构成相对委托操纵。我国台湾地区“高等法院”一审采纳控方观点，认可真实的金融交易同样可以构成相对委托操纵。我国台湾地区“最高法院”二审认为，该案证据与事实并不符合相对委托操纵犯罪的构成要件，判决撤销原判、发回重审。我国台湾地区“高等法院”重审后判决，雷伯龙与徐正新根据约定进行交易的这节事实不构成相抵委托操纵犯罪。[1]

---

〔1〕 参见我国台湾地区“高等法院”刑事判决 89 年度重上更（三）字第 84 号、我国台湾地区“最高法院”刑事判决 94 年度台上字第 786 号、我国台湾地区“最高法院”刑事判决 95 年度台上字第 6551 号。

传统证券期货犯罪刑法理论与实务以真实交易亦可构成相对委托为由主张上述雷伯龙与徐正新之间的约定交易应当认定为相对委托操纵,在理论上可以基于既然不是虚假交易则显然不构成相对委托的理由而直接否定其观点的合理性。判例实践也证明实务部门不可能认可真实交易与相对委托交易之间存在联系的意见。笔者认为,合理的解释路径在于树立正确的真实金融交易判断标准。结合厚生公司股票操纵案分析,从金融交易的结果来看,雷伯龙与徐正新之间确实发生了证券转让以及对应资金的支付与收取,并且没有按照相反的方向重新恢复或者基本恢复原有的持股与资金控制状态,但这并不意味着行为双方控制下的金融交易没有背离证券、期货市场中厚生公司股票这一特定金融商品的真实供求关系或者基础资产价值。在上市公司股票业已形成明显下跌趋势的情况下,上市公司大股东基于保证增发等融资利益最大化的目的,未经信息披露程序,私下作价且客观上通过约定的时间、数量、价格完成交易,证券价格的形成机制并不是真实的市场价格竞争的结果,证券价格是共谋者人为制造的、脱离上市公司基本面与真实市场供求关系的虚假成交价格、成交量,所以,应当以背离市场价格形成机制的本质判定私下作价并成交的行为构成虚假交易而非真实交易。

在跨市场交易、衍生工具交易、信用交易市场规模日益壮大的当代金融市场,如果明显扰乱证券、期货市场正常供求关系的约定交易与作价行为,因符合真实交易的判断标准而不能构成相对委托操纵,那么反市场操纵犯罪法律制度将会出现非常严重的监管缺位。例如,共谋者约定在证券现货市场以跌停价格完成交易从而打压特定上市公司的股票。在开盘之后预先安排好的时间节点,行为人以跌停价格砸盘,放出巨量卖盘,约定的对手方在相同的时间,以相同的价格、数量挂出买盘,两者的申报顺利成交,在该时间点上将该上市公司股票压制在跌停价格。在巨量成交以及跌停价格的影响下,市场上的其他投资者产生恐慌,纷纷以跌停价甩出抛盘,导致股票当日封死在跌停价格上。行为人不仅可以通过之前抢先建仓的巨额融券卖空,在跌停价格上将市场上的抛盘全部低价吸入回补,利用信用交易的杠杆机制谋取巨额卖空利润,还可以利用场外衍生交易工具事先建构各种证券期货、证券期权、证券掉期等空头仓位。衍生工具的杠杆倍数越大,将上市公司证券压制在跌停的价差利益就越大。在这种情况下,约定交易者或者私下作价者之间从事的证券交易只有单向的卖出与买入,外观上完成了现实或者真实的金融商品交易,证券与资金的所有权进行了完全的转移与变动。但是,因为私下作价或者约定交易所形成的成交价格及其影响下的市场价格是脱离真实供求关系的虚假价格,所以不能认为这种交易行为具备真实性。

其二,相对委托交易操纵犯罪实质的认识误区。

相对委托操纵的实质在于行为主体之间经过通谋或者串通完成相互之间的金融交易,从而影响证券、期货、衍生品交易价格、交易量。其中,行为主体的约定交易行为与价量影响之间的因果关系是推定的。这就决定了立法者在建构反市场操纵犯罪的法律规范之时,确认了相对委托交易行为本身及其影响下形成的市场价格的虚假性或者违法性。如果行为人提出有效的证据证明其基于商业目的从事双方约定的金融交易,则可以阻却相对委托交易行为具有市场操纵性质的推定。实践中不能无视相对委托操纵犯罪的虚假交易实质,而将具有真实商业基础行为主体之间的相对金融交易全部认定为市场操纵。

实践中,哪些相对委托交易可以认定为具有真实的商业基础,从而可以提出真实交易抗辩阻却市场操纵犯罪的属性确认,则应根据具体案件中的情况予以具体分析。

在美国司法实践中曾经出现过不少以真实交易为抗辩事由的相对委托操纵案件,典型判例是美国哥伦比亚特区联邦巡回上诉法院判决的 2005 年落基基金诉 SEC 案。罗纳德 · 布特扎德、约翰 · 鲍威尔以及斯蒂文 · 卡兰德拉均系资产管理公司落基基金的董事,上述自然人与洛基基金均持有纳斯达克上市公司“超级概念”股份公司股份。后布特扎德意图减持“超级概念”公司股份,律师建议通过证券经纪商在公开市场进行减持交易。此时鲍威尔、卡兰德拉等均有收购布特扎德股份的意愿。最后,鲍威尔、卡兰德拉等选择通过实际控制的多个证券账户,与布特扎德在约定的时间内以约定的价格、数量进行证券交易。但是,在布特扎德与鲍威尔、卡兰德拉实际控制的账户之间进行约定交易的过程中,其中有三个月的相关证券账户之间交易数据显示,并非是布特扎德单方面向鲍威尔、卡兰德拉实际控制的账户转让证券,而是相关账户之间重复且以相对的方向反复进行证券交易。SEC 根据罗纳德 · 布特扎德、约翰 · 鲍威尔以及斯蒂文 · 卡兰德拉以事先约定的时间、价格、数量等反复且相互进行证券交易的事实,起诉上述人员,主张其构成相对委托市场操纵。但是,布特扎德等被告提出真实交易抗辩，主张相关证券账户中的证券相互买卖行为，虽然没有金融市场交易意义上的实质经济价值，但主要是为了实现融资，即通过证券交易商提供的信用交易融通短期资金，并在资金使用之后卖出证券予以归还，没有通过相对委托操纵证券市场的目的，也没有从市场价格波动中谋取交易利润。一审法院认定被告的行为构成相对委托操纵，但二审法院认为，该案中的相对委托交易实际上是具有客观商业目的的真实证券交易，辩方提出的真实交易抗辩具有合理性，能够说明其相对委托交易是基于短期融资的需要，不具有通过相对委托影响证券价格或者交易量的虚假交易型操纵的行为性质。[1]

尽管上述案件发生在美国，但判例所内涵的问题，对于中国证券、期货市场刑事司法实践分析相对委托操纵犯罪真实交易抗辩，具有非常有益的借鉴与参考价值。

当前中国证券、期货市场已经全面运用了融资融券这一信用交易机制，金融交易实践中也会出现与上述案件中相类似的基于融资需求而执行的相对委托交易。根据融资融券交易相关监管规定与交易所规则，融资交易最显著的特征在于保证金交易，即证券公司向投资者融资前，事先向投资者收取一定比例的保证金。保证金可以是现金，也可以通过证券资产充抵。同时，投资者提交的保证金以及投资者融资买入的全部证券和融券卖出所得的全部价款，整体作为投资者对证券公司融资融券所生债务的担保物。[2] 在融资时间上，融资交易期限为6个月。在这样的融资信用交易规范框架下，行为人通过提供一定保证金的方式向证券公司融资进行交易，其买入证券的行为属于直接与交易对手方以事先约定的时间、价格、数量的方式进行金融交易，但实质价值在于通过交易对手方套出短期融资，在融资到期之前反向卖出证券向券商归还融资。这个交易过程在形式上显然属于相对委托，但由于操作者本质上并非意图影响证券市

---

〔1〕 Rockies Fund, Inc. v. SEC, 428 F.3d 1088 (D. C. Cir. 2005).

〔2〕 具体而言，以《上海证券交易所融资融券交易实施细则》为例，投资者融资买入证券时，融资保证金比例不得低于50%。证券公司在不超过上述交易所规定比例的基础上，自行确定相关融资保证金比例。投资者以现金作为保证金时，可以全额计入保证金金额；以证券充抵保证金时，应当以证券市值或净值按交易所规定的下列折算率进行折算：上证180指数成份股股票的折算率最高不超过70%，非上证180指数成份股股票的折算率最高不超过65%；交易所交易型开放式指数基金折算率最高不超过90%；国债折算率最高不超过95%；其他上市证券投资基金和债券折算率最高不超过80%。

场交易价格，而是为了谋取从证券公司获取短期融资。[1] 对于这种以融资为实质目的的证券交易，能否根据《证券法》《刑法》的相关规定将其认定为相对委托操纵违法犯罪，确实存在很大的争议。

单纯从《刑法》第 182 条第 1 款第 2 项相对委托操纵规范解释的角度分析，行为主体之间通过共谋的方式，以约定的时间、价格、数量等条件相互进行证券交易，如果有证据证明相关证券在行为人交易期间发生交易价格、交易量的异常波动，则符合价量操纵的构成要件。然而，从实质解释的角度分析，行为人提出融资目的的真实交易抗辩对抗市场操纵犯罪指控，也具有相当的说服力。因为相对委托交易操纵的本质在于通过虚假的金融交易制造虚假的金融商品供求关系信号，而信用交易机制下基于融资目的实施的相对委托交易，尽管背离了融资证券交易的初衷，但交易行为具有真实性，并且通过这种真实的交易能够为相关人员获取融资利益而非操纵性经济利益。在落基基金诉 SEC 案中，美国哥伦比亚特区联邦巡回上诉法院显然是采纳了实质解释的意见。

当然，直接以实质解释优先于构成要件规范解释从而排除基于融资目的的相对委托交易的市场操纵属性，在论证理由上会显得并不十分充分。笔者认为，理解构成要件规范解释与市场操纵犯罪实质解释的差异化结论的关键在于准确梳理相对委托操纵犯罪的证明机制与违法性实质。相对委托交易操纵犯罪的形式要素是行为主体之间的约定交易；实质要素是价格等与金融商品紧密关联的市场要素受到特定意志与市场力量控制下的、相互进行的金融交易行为的影响。在市场操纵犯罪案件的刑事证明体系中，从相对委托到价量操纵是一个直接证明过程，而从价量操纵到市场操纵是一个间接推定过程。所以，应当允许辩方提出合理的、排除市场操纵犯罪性质的事由。以通过相对委托交易融通短期资金抗辩为例，如果行为人能够提供证据表明其融资交易资金走向——证券公司向融资信用交易账户提供资金供其买入证券，相对委托对手方卖出证券获取资金后转移至融资者实际控制账户供其短期使用，使用后将资金返还，再通过相对委托交易回购证券，融资者根据约定在相同的时间卖出证券向证券公司归还融资。在符合上述证据链条所还原事实的基础上，辩方反驳相对委托

---

〔1〕 当然，这种融资交易行为是否构成融资或者贷款欺诈，对于融资融券信用交易体系会构成怎样的风险，则是另外需要深度分析的法律与金融问题。

交易构成市场操纵犯罪的推定,是充分且合理的。如果没有进一步的证据证明行为人从相对委托引起的市场波动中从事相关证券交易谋取利润,就可以排除具有真实交易基础、具有相对委托外观的交易行为构成市场操纵犯罪。至于相对委托交易行为过程以及其中的特定环节是否构成非法融资,则属于其他层面的法律问题,不应当基于融资行为的非法性、证券、期货市场事实上的波动性或者其他可适用刑法条款的缺位等因素,而将之强行认定为市场操纵犯罪。

三、连续交易操纵犯罪司法判断规则

连续交易操纵犯罪在行为主体上可以单独操作也可以联合实施,在行为内容上又与正常的连续交易投资或者投机行为具有形式等同性,在行为结果上具有区别于相对委托、洗售操纵不同的危害程度,亟须在法律理论层面对连续交易操纵犯罪构成要件疑难问题进行清晰且有效的规范解释。

(一)联合操纵的主体结构与责任分配

《刑法》第 182 条第 1 款第 1 项连续交易操纵犯罪的法律条文并未对这种类型的市场操纵犯罪主体设置任何形式的条件限制,证券、期货市场中的自然人或者法人投资者以及证券公司等专业投资机构,均可构成连续交易操纵犯罪的行为主体。连续交易操纵犯罪可以单独实施,也可以是联合操作。联合性的连续交易操纵犯罪行为主体是一种复杂的共犯结构形式,有必要予以深入分析。

构成联合性连续交易操纵的两个或者两个以上的行为主体显然必须具有在某一时段内一起买入或卖出特定金融商品的联合意图。形式上的联合意图与实质上的一致性行为都可以作为认定联合买卖主观意图的依据。形式上的联合意图是指行为主体之间具有约定或者通过谈判、协商等方式形成决定或协议。实质上的一致行动是指行为主体之间没有具体的决定或协议,但行为主体之间在资金、股权、身份等方面具有关联、控制等一致行动关系。实践中,联合性连续交易操纵犯罪是一种常态,资金提供者或者融资者、账户提供者、金融商品交易操盘者以及交易操纵计划制定与谋划者构成了联合主体结构中的组成部分。

在连续交易操纵犯罪联合主体结构中,承担不同犯罪分工的行为人在责任认定上应当对应着不同的司法规则。

其一,在连续交易操纵犯罪行为中专门负责形成或者促成"资金优势""持股优势"的行为主体,即融资或者金融商品现货提供者,其作用主要在于配合操纵犯罪实行行为人完成一定的资金持有、金融商品持仓量,提供连续交易操纵资金、金融商品等方面的经济支持。只有在其主观上明知他人具有操纵市场故意,且客观上仍然给予资金或者金融商品供操纵实行者进行交易,才构成连续交易操纵犯罪的帮助犯。

其二,在连续交易操纵犯罪中提供证券、期货、衍生品等交易账户从而确保相关金融交易可以分散进行从而规避监管与市场关注的行为主体,有的表现为提供本人证券、期货、衍生品等交易账户,有的表现为联系、整合、集中大量"人头账户",不能仅仅根据行为人在主观上是否明知而判断其是否构成连续交易操纵犯罪。明知他人连续交易操纵市场的现实需要而提供本人账户供其使用,尽管主观上存在故意且客观上提供了帮助行为,但由于连续交易操纵犯罪实际上是真实的金融商品交易行为,且单个交易账户在操纵账户体系中分担交易数量较少且具有明显的可替代性,并不会直接影响或者人为制造金融市场中的供求关系。因此,从社会危害性的角度分析,偶发性地向连续交易操纵者提供本人交易账户,可以认定为情节显著轻微、危害不大,而不作为连续交易操纵犯罪进行定罪处罚。但是,明知他人从事连续交易操纵犯罪而提供大量证券、期货、衍生品等交易账户,甚至是证券公司等金融机构利用机构掌握的大量账户或者账户管理权力等帮助市场操纵者分散交易仓位,进而降低交易与价格"解码"效应的,其在连续交易操纵犯罪结构中起到了关键性的帮助作用,应当作为联合操纵主体予以认定。

其三,对于根据操纵计划制定者或者谋划者指令具体操盘的行为人,应当根据在联合操纵主体结构中的角色定位判断其是否应当作为责任主体承担市场操纵的刑事责任。对于自然人连续交易操纵主体结构而言,操盘者不存在社会劳动分配意义上或者形式上的工作,而是单纯根据指令发布者的安排进行操盘,则应当根据主观上是否知道或者应当知道本人实施的是连续交易操纵犯罪中的金融交易操盘行为,分析操盘者是否构成共犯结构中的一环。对于机构实施的连续交易操纵犯罪共犯而言,操盘者实际上是公司、企业员工,形式上具有正当的工作人员身份,实质上也从事部分正当且合法的工作任务,不能仅从主观明知与客观参与的角度直接认定相关员工构成市场操纵犯罪。更为合理的判断规则是，对操盘者的责任范围进行一定限制，只有全盘知悉连续交易操纵违法犯罪计划并全程参与连续交易操纵的操盘者，才有必要作为联合性操纵犯罪主体中的责任人员承担市场操纵犯罪的刑事责任。

（二）操纵交易价格与交易量

证券期货犯罪刑法理论对连续交易操纵犯罪行为构成中的利用资源优势、连续交易行为等核心要素已经进行了全面且深入的分析。[1] 但是，作为客观构成要件的操纵交易价格、交易量，在司法实践中仍然存在一些难点问题，非常值得关注。

构成连续交易操纵犯罪需要满足“操纵”证券、期货交易价格或者交易量的法定条件。仔细对比《刑法》第182条操纵证券、期货市场罪明示规定的三种市场操纵犯罪行为模式可知，连续交易操纵、相对委托操纵、洗售操纵之间重要的区别在于，连续交易操纵在行为结果层面必须达到“操纵”证券交易价格或者交易量的程度，而相对委托操纵、洗售操纵只要达到“影响”证券交易价格或者交易量的程度。“操纵”与“影响”在因果关系强度以及刑事证明程度上的要求显然存在显著的差异，“操纵”的因果强度与证明力度必须超过“影响”。

《追诉标准二》在行为程度上设置了一定的量化指标，纯粹从成交量的角度量化“操纵”与“影响”之间的量度差异，并且将这种强度差控制在10%（证券）或者20%（期货）的标准。[2] 这种客观量度上的差异无法通过技术分析辨别优劣，实际上只是一种基于“常识”判断而形成的政策定位，在证券、期货市场法律理论层面没有必要进行过度的肯定或者批判。但是，“操纵”与“影响”之间的区别，除了从成交量的角度进行理解之外，显然还应当着眼于委托申报量、价格波动等要素设定量化指标。同时，除了客观要素上的标准之外，还可以尝试从主观故意程度上区分操纵性故意与影响性故意，从而丰富“操纵”证券、期货交易价格或者交易量与“影响”证券、期货交易价格或者交易量之间的不同衡量与

---

〔1〕 参见刘宪权、谢杰：《证券期货犯罪刑法理论与实务》，上海人民出版社2012年版，第366～375页。

〔2〕《追诉标准二》第39条第1～4项。

分析标准。[1]

（三）连续交易操纵故意

连续交易操纵犯罪主观上应当由故意构成，即明知单独或者联合实施的连续证券、期货、衍生品交易行为会产生操纵金融商品交易价格、交易量的危害结果，希望或者放任这种危害结果的发生。

连续交易操纵犯罪行为与相对委托、洗售等操纵犯罪行为具有显著的区别。从行为内容的角度分析，相对委托、洗售等行为本身就是法律所禁止的行为，而连续交易显然是金融商品交易操作中的一种合法且必要的技术、策略，法律不应当予以禁止。所以，从法律与金融的双重角度进行分析，连续交易操纵的主观操纵故意不仅是判断能否构成犯罪的核心要素，而且应当在法律条文没有对操纵性连续交易行为与正当性连续交易市场行为进行实质区分的情况下，从故意内容着手进行合理的限制性解释。

尽管《刑法》第182条第1款第1项并没有对连续交易操纵犯罪的主观目的进行任何明示性的限定，但为了准确区分正常的连续交易投资或者投机行为与连续交易操纵行为，应当对连续交易操纵犯罪的目的进行一定程度的限定与解释，即连续交易操纵者主观上应当具有诱导他人实施相关金融商品交易或者其他人为制造金融商品交易价格、交易量的犯罪目的。

其一，疑似市场操纵者承认，或者执法、司法机构通过技术分析从金融商品交易数据记录中认定，疑似操纵者人为制造金融商品供求关系信号之后，吸引了证券、期货市场投资者跟进接盘，操纵者从交易对手中获取了金融交易利润的，可以认为疑似操纵者具有诱导他人从事相关金融商品交易的目的。

其二，连续交易操纵犯罪通常以诱导他人从事相关金融交易为目的，但实践中显然还包括其他人为控制金融市场的犯罪目的。例如，在上市公司股票质押的情况下，对于出质股票者存在一种质权人行使权利的风险，即质押股票在出现价值减少时，质权人提前处分股票，以所得价款提前清偿所担保的主

---

〔1〕 下文论及的连续交易操纵犯罪主观目的限制性解释就是从主观构成的侧面丰富“操纵”与“影响”在整个市场操纵犯罪构成要件体系中的差异化内容。

债权。[1] 这种保全处分实际上是由证券交易价格具有极大的市场风险所决定的。对于通过股票质押获取贷款的行为人而言，该股票在证券市场中的交易价格与股票权利的完整性、可控性等具有密切的关系。实践中，有的股票质押人会通过连续交易操纵行为稳定上市公司股票，从而控制贷款人提前处分股票的风险。因此，对基于其他人为控制证券、期货等金融商品交易价格或者交易量的目的而实施连续交易的行为，也应当认定其具有市场操纵犯罪故意。

其三，从客观性的连续交易行为以及相关事实中判断行为人是否具有连续操纵犯罪故意，是一个主观构成要件客观化的分析过程或者规则概括。行为人能够提出相关客观事实证明其不具有连续交易操纵犯罪故意以及相关市场操纵目的的，应当排除连续交易行为的市场操纵违法犯罪性质。排除操纵故意的类型化客观事实主要包括：(1)基于证券、期货市场供求关系或者其他优先买入或卖出证券、期货合约的需要，以低于当时市场平均申报价格的水平，甚至以涨停或跌停价格进行申报，从而买入或卖出证券、期货合约；(2)基于上市公司业绩、本人现金实际需要等因素，连续买入或者卖出证券，意图获取交易利润或者套现获取流动资金；(3)基于收购上市公司或者参与公司决策等原因进行提前准备，连续买入上市公司证券；(4)上市公司大股东、实际控制人等在外部力量打压或者做空上市公司证券交易价格时，基于维护上市公司股东利益、稳定证券价格等实际需要对上市公司股票进行增持等。

四、连续交易操纵犯罪司法判断规则

连续交易操纵犯罪在司法实践中具有不同表现形式，既可以是极短交易时间内的急速拉升或者打压金融商品交易价格，也可以是通过连续买入使证券、期货合约、衍生品交易价格长期稳定在一定的水平。同时，部分涉嫌连续交易操纵犯罪的行为人会提出上市公司收购、控制上市公司股权等抗辩事由。由于

---

[1] 根据我国《担保法》第70条的规定，股权价值有明显减少的可能，股权价值的减少足以危害到所担保债权的实现，质权人应当通知出质人，并可以要求其提供进一步的担保。如果出质人拒绝提供担保的，质权人可以行使保全权，质权人行使“股票”保全，应当告知证券登记机构，在证券交易所按股票转让的方式进行出售；如果行使“出资”保全，应当通知公司，并由公司通知其他股东，其他股东可以有优先购买权，如果其他股东不行使优先购买权，质权人有权变卖或拍卖出质的股权。处分出质股权所得的价金，用来提前清偿所担保的债权，也可以向第三人提存。

司法解释以及实践经验中并未明确归纳连续交易操纵犯罪司法认定规则，造成连续交易操纵犯罪在认定上存在诸多疑难问题，有必要予以深入探讨。

（一）短线交易操纵行为属性的认定

在短线操纵模式下，操纵者一般利用资金优势在较短时间内影响特定证券市场价格，在交易方式上具有周转迅速的特点，没有传统坐庄的较长建仓吸筹周期。由于长线连续交易操纵犯罪行为在资金、信息、持仓等资源优势集中上需要投入较大的成本，操作周期长，并且实践中出现操纵亏损的案件也不在少数，故当前证券、期货市场中的连续交易操纵犯罪行为有相当数量的案件表现为短线交易操纵。例如，中国证监会公开披露的陈国生市场操纵案件，就是利用短线交易手法操纵市场的典型案例，陈国生通过短时间内大量堆积委托申报并立即撤单的方式快速拉升股价至涨停板，从而利用短期内剧烈波动的证券交易价差谋取交易利润。[1]

证券、期货市场中的短线交易操纵行为是一直存在的，尤其是在开市、尾市等形成开盘价格或者收盘价格的集合竞价环节，通过短时间内大量且连续申报或者撤销操纵价格的行为屡禁不止。稽查力度相对较弱固然是短线交易操纵广泛存在的原因，但随着证监会执法力量的不断充实与稽查技术水平的迅速提高，[2]反市场操纵违法犯罪认定标准缺乏明确性实际上成为难以有效惩治短线交易操纵的根本性障碍。在过去的市场操纵案件中，通过多账户、广布局等方式坐庄、拉抬股价进行操纵是比较常见的行为模式，行为人的持股量超过30%，比较容易认定。而在当前证券、期货市场操作中，短线交易操纵逐渐成为主流行为手段。行为人在一两天或者一两周内即实施操纵策略、完成操纵行为，资金量相对较小，持股很少超过30%，获利后迅速撤退。[3] 但是，无论是《证券法》还是《刑法》的市场操纵违法犯罪条款都没有明确规定短线交易操纵的属性定位问题——短线交易操纵究竟属于连续交易、相对委托、洗售操纵等明示规定的行为模式，还是应当根据“其他方法”操纵证券、期货市场进行规制。

---

〔1〕 中国证监会行政处罚决定书(2011)10号；强燕：《揭露陈国生短线操纵股价手法》，载《新快报》2011年4月16日，第A3版。

〔2〕 参见吴敏：《肖钢：将新增600证券稽查执法人员》，载《新京报》2013年8月20日，第B6版。

〔3〕 参见证监会：《短线操纵成为目前市场操纵主流手法》，载《厦门商报》2012年7月3日，第B5版。

对于短线交易操纵问题，行政处罚实践与刑法司法解释之间存在明显的认识分歧。在行政处罚实践中（例如，陈国生市场操纵案），短线交易操纵是根据《证券法》第77条第1款第4项即“其他方法”操纵证券市场的“兜底条款”认定其行为违法性的。[1] 但是，刑法司法解释规定，短线交易操纵属于《刑法》第182条第1款第1项规定的连续交易操纵的行为模式。[2] 可见，正是由于对短线交易操纵行为属性理解上的不一致，导致法律实践中尚未认定一起短线交易操纵犯罪。相对于长期策划实施、最后巨额亏损但仍然作为市场操纵犯罪处理的洗售、相对委托等传统操纵行为而言，以陈国生市场操纵案件为典型代表的短线交易操纵，能够在非常短暂的时间内能够获取数百万元的操纵利润，却无法根据《刑法》第182条操纵证券、期货市场罪进行规范震慑，反映出市场操纵犯罪法律规范的解释以及司法实践运作在配置刑罚措施过程中存在一定的结构性失衡。

笔者认为，短线交易操纵在属性上具有连续交易操纵犯罪的性质，在符合操纵证券、期货交易价格或者交易量的量化标准的基础上，应当根据《刑法》第182条第1款第1项的规定将其认定为连续交易操纵犯罪。

理论上，短线交易操纵就是日内连续交易行为，包含了连续申报或者撤销、部分成交等金融交易行为，在执行相关交易的时间上，可以发生在交易时间的所有时间节点之内。从便利实务认定与证券、期货市场交易操作特点的角度进行分析，短线交易操纵可以区分为开盘短线交易操纵、收盘短线交易操纵、特定时间短线交易操纵三种类型。从这三种短线交易操纵行为机理的角度分析，均完全符合连续交易操纵犯罪的规范要素。

一是开盘短线交易操纵。开盘短线交易操纵是指行为人在即将开盘时，通过在集合竞价交易系统进行连续巨量申报或者撤销，或者拉抬、打压或锁定等手段控制集合竞价交易过程中的成交价格，操纵市场的行为。由于开盘价格对

---

〔1〕 在陈国生短线交易操纵案件中，证监会行政处罚文书明确指出，“陈国生采取多次拉抬股价、虚假申报、尾盘巨量堆单方式，影响了股票交易价格和交易量，扰乱了正常的市场交易秩序，违反了《证券法》第七十七条第四项的规定”。参见中国证监会行政处罚决定书（2011）10号。

〔2〕 根据《追诉标准二》第39条的规定，单独或者合谋，当日连续申报买入或者卖出同一证券、期货合约并在成交前撤回申报，撤回申报量占当日该种证券总申报量或者该种期货合约总申报量百分之五十以上的，构成市场操纵犯罪。

整个交易日及未来交易行情具有相当重要的信息指导价值,行为人通过巨量申报或者撤销等方式控制开盘价格,能够引起证券、期货市场中投资者的高度关注,诱导其从事相关金融交易,操纵者则可以在高位抛盘或者低位买入,获取操纵利润。

二是收盘短线交易操纵。收盘短线交易操纵的具体表现为:在即将收市时,连续巨量申报或撤销申报,或者实施拉抬、打压或锁定等交易,操纵收盘价格。收盘短线交易操纵的目的在于通过收市或者临近收市时的大额交易,操纵收盘价格的涨跌方向与幅度。在陈国生市场操纵案件中,行为人在尾盘阶段强势拉抬"力合股份"市场交易价格,封住涨停,并于随后的交易日高位抛盘牟利,就是典型的收盘短线交易操纵。需要特别强调的是,除了陈国生短线操纵案中持有多头仓位者通过收盘短线操纵拉高收市价格增加多头价值之外,操纵收盘价还能够为行为人提供各种市场优势或者利益——持有空头仓位者可以通过打压收市价格降低空头价格负担;对于采用保证金交易的融资融券交易而言,收盘短线交易操纵能够为行为人获取稳定控制保证金数量等利益;对于其他以特定金融商品收盘价格作为结算依据的场外金融衍生品交易而言,操纵收盘价格能够使得行为人通过杠杆交易机制放大场外市场中的交易利润。

三是特定时间短线交易操纵。特定时间短线交易操纵一般是指在计算相关金融商品的参考价格或者结算价格的特定时间,通过巨量申报或者撤销,或者拉抬、打压或锁定等手段,操纵相关金融商品的参考价格或者结算价格的行为。所谓的特定时间,即计算金融商品及其衍生工具的交易价格、结算价格、参考价值的特定期间,包括计算修正可转换债券转股价、证券增发价、证券单位净值、衍生工具结算价格的特定时间等。特定时间短线交易操纵的经济动因在于,特定时间点的金融商品交易价格影响行为人在相关交易中的经济利益,通过连续交易控制特定时间的金融商品交易价格,维持、扩大这种场内或场外衍生品交易的利润。

可见,短线交易操纵在行为上均表现为通过连续性金融商品交易的方式,人为控制证券、期货市场特定交易品种的价格。尽管其中掺杂着虚假的巨量申报或者撤单行为,但控制金融商品价格变动的结果都是直接由真实的连续性交易行为造成的。巨量申报或撤单是其诱导投资者跟进的行为手段,也充分体现了连续交易操纵犯罪的常规性犯罪目的。因此,短线交易操纵行为应当属于

《刑法》明示规定的连续交易操纵犯罪模式，符合追诉标准的，应当追究其刑事责任。当然，从《追诉标准二》的具体规定来看，仅仅从日内撤回申报量超过总申报量50%的一个分析指标框定刑事处罚的边界，使短线交易操纵的量化标准过于单一。笔者建议，司法解释有必要丰富短线交易操纵犯罪的量化判断标准，并列使用金融商品交易申报与撤销申报比例、交易申报整体规模、非法获利数额等量化指标，将高度控制市场或者通过控制市场获取巨额利润的短线交易操纵纳入刑事处罚的范围。

（二）稳定股价行为的认定

证券、期货市场中经常出现券商、上市公司大股东、关联关系人以及其他投资者通过连续交易稳定上市公司股价的证券交易行为，这种稳定股价行为习惯上被称为安定操作（stabilization）或者护盘。但是，这两个概念实际上存在一定区别。

安定操作通常是为了使有价证券的市场交易价格、交易量维持在一定水平，在法律规定许可的情况下，在证券市场连续买卖相关证券，或委托或受托买卖有价证券，稳定证券交易价格的行为。护盘一般是指在股价下跌后会产生较大损失或者其他不利局面的情况下，为了减小下跌的幅度，证券市场参与者会在股票价格下跌时，使用部分资金维持股价。实践中护盘的主要手段是在卖盘强大时适当买入股票，将股票价格控制在一定水平，以避免价格跌幅过大而形成更大损失。稳定股价行为集中表现为证券一级市场向二级市场过渡阶段的安定操作以及二级市场股价运行阶段的护盘操作。由于安定操作在证券法律法规中具有一定的法律依据，而护盘行为非常复杂，游走于投资、投机、过度投机、违规、违法、犯罪等多个模糊的界限之中且缺少有针对性的法律规制依据，理论上对于安定操作与连续交易操纵违法犯罪之间界限问题的探讨较多，对护盘行为的分析较少。

我国《证券法》第33条规定：证券公司在代销、包销期内，对所代销、包销的证券应当保证先行出售给认购人，证券公司不得为本公司预留所代销的证券和预先购入并留存所包销的证券。基于此，刑法理论上有观点据此推论，我国证券法律制度禁止实施安定操作等稳定股价的行为。[1] 但是，《证券法》第33条

---

〔1〕 鞠曦明：《试论操纵证券市场罪中的"其他方法"》，载《犯罪研究》2010年第3期。

实际上并未明确且直接禁止任何形式的安定操作等稳定股价行为，只是从证券承销商的角度禁止单方面预留代理销售的证券。2013年证监会《证券发行与承销管理办法》第14条规定，首次公开发行股票数量在4亿股以上的，发行人及其主承销商可以在发行方案中采用超额配售选择权。可见，证券监管法律规范体系允许在监管机构许可的情况下进行超额配售等具有维护股价稳定效果的操作。超额配售权（over – allotment option）又称绿鞋期权（green shoe option），实际上就是证券发行人提供给证券主承销商的期权，期权主体有权按照承销证券总额的一定比例超额向市场发售证券。[1] 所以，我国证券市场并未完全或者直接明确安定操作等稳定股价行为的合法性或非法性问题，而是要求在符合证券行政法律规定的情况下进行稳定股价等市场操作。

然而，正是因为超额配售权等稳定股价行为或者相关机制对于证券市场中的价格形成施加了人为控制影响，并且在形式上表现为通过连续买卖证券的方式控制证券交易价格、交易量，理论上对于此类稳定股价行为与操纵证券市场违法犯罪的关系以及前者引发后者的风险问题，存在较大的认识分歧。

笔者认为，无论是具有规范基础的安定操作，还是在现有规范框架下没有具体操作依据的护盘行为，本质上都是通过连续性交易将相关金融商品人为控制在一定的价格、交易量水平。主观上，安定操作与护盘的行为主体都具有影响金融商品交易价格、交易量并从中获取利益的目的；客观上，市场价格发现机制与充分竞争秩序被人为干扰。人为造成金融商品交易价格波动与人为控制证券交易水平或维持价格稳定，是连续交易操纵行为的两种不同表现形式，都具有市场操纵的行为特征。

当然，在认定安定操作与护盘等稳定股价行为是否具有连续交易操纵违法犯罪性质时，应当进一步从正反两方面予以具体分析。

其一，人为控制股价的行为应当构成连续交易操纵违法犯罪。《刑法》第182条第1款第1项连续交易操纵犯罪的法律规定，旨在震慑与规范通过资源优势人为控制证券交易价格、交易量的行为，对于在证券、期货市场中发行与交易的证券，均不能直接或间接地受控于特定市场参与者的证券交易行为。意图

---

[1] Stefano Lombardo, “The Stabilisation of the Share Price of IPOs in the United States and the European Union”, *European Business Organization Law Review* 8, 2007, p. 521.

以人为力量控制证券交易价格、交易量,不仅具有诱导他人从事相关证券交易的风险,而且本质上使证券交易机制脱离了市场竞争,扰乱了正常供求关系。一旦证券交易失去人为的价格支撑,会出现剧烈震荡进而损害证券市场中的投资者利益。

其二,安定操作、护盘等稳定股价行为本身也是证券市场交易行为的重要组成部分,在进行充分且及时的信息披露的情况下,通过自由竞争实现稳定股价目的,是正常利用资金、证券、信息优势的竞争性证券交易行为,不应当作为连续交易操纵违法犯罪处理。连续交易操纵犯罪的违法性实质在于通过滥用资源优势人为控制证券市场,扰乱正常价格发现机制与资本竞争秩序。但是,在信息披露充分且及时的情况下,连续交易者等于是向市场公开了其对于证券交易价格的阶段性评估与认识,排除了具有诱导投资者从事相关证券交易并从中获取欺诈利益的违法犯罪目的。实践中,大股东增持是一种常见的护盘行为,上市公司大股东按照规定进行信息披露之后的连续交易行为,意味着大股东对上市公司股票价值的认同,这对于证券交易机制不但没有破坏作用,反而具有价格指导意义。[1] 证券市场投资者认可相关连续交易者定价结论的,可以采取与交易方向相同的策略,证券市场投资者不认可其定价意见的,可以通过证券交易与其竞争。在市场充分竞争的基础上,即使连续交易者人为控制了证券交易价格,将价格稳定在一定的水平,也只能将之评价为市场竞争的结果,而非市场操纵的损害结果。[2] 所以,连续交易主体披露稳定股价措施具体内容、安排、稳定股价措施条件、最终状态(例如,持股比例,增持计划时间区间、价格区间和投入金额区间等)的,是通过连续性证券交易参与竞争而非排除竞争的单纯人为控制,不应认定为连续交易操纵。

---

〔1〕 参见杨磊:《大股东增持稳定股价 重仓基金跟着沾光》,载《证券时报》2012 年 1 月 9 日,第 B5 版。

〔2〕 应当看到,不仅《刑法》第 182 条第 1 款第 1 项规定的连续交易操纵犯罪条款以及相关司法解释并没有从实质违法性层面纵向规定不具有市场操纵性质的安定操作、护盘等稳定股价行为类型,而且《证券法》在这方面的规定也是相当粗陋。尽管证监会从部委规章层面规定了安定操作的信息披露要点,但法律层级过低;有关护盘行为的信息披露规定甚至主要是由证券交易所规则予以监督与管理。因此,有必要全面梳理与稳定股价行为有关的信息披露规则与排除市场操纵性质判断规则("安全港"规则),以便于行政执法与刑事司法准确适用反操纵条款。

(三)连续交易正当目的抗辩的认定

我国证券、期货市场中的市场操纵犯罪案件往往涉及行为人实际控制大部分或者绝大部分上市公司股票流通市值,[1]而通过连续交易大量收购、控制并持有上市公司流通股份本身并不是一种操纵市场行为。司法实践中,行为人通常提出其证券交易以及持有巨量股票具有正当性目的(例如,连续买入股票后准备并实际持有;意图通过较大规模的持股从而通过委派董事等参与上市公司经营管理;准备实施上市公司私有化等)的抗辩,而目前的法律实务中并没有明确总结出具有针对性的司法认定规则,从而难以依据一套具有可操作性的实务规则,判断上述正当目的抗辩是否具有合法性与合理性。

基于正常的投资或者商业目的的连续证券交易行为应当排除在市场操纵违法犯罪之外。因为市场参与者基于获取上市公司控制权或者经营权的目的,通过在公开市场中连续交易买入上市公司证券,不具有操纵证券市场的目的与现实影响。但是,这种连续交易操纵犯罪案件中的正当目的抗辩应当建立在行为人在连续交易证券中履行了信息披露的法定义务基础上,如果违反信息披露规定并通过连续交易控制上市公司股票,除非提供反证说明不存在操纵证券市场的行为与目的,否则,应当认定为连续交易操纵犯罪。

连续证券交易控制上市公司股份应当进行充分且及时的信息披露。[2] 正当的收购上市公司、获取控制权等商业或投资目的以及与其相关的连续性证券

---

[1] 例如,在农凯集团、周正毅等操纵股票交易价格案中,1999年6月24日,周正毅旗下的农凯集团首次买入徐工科技股票66万股,涉及资金758万元。11月26日,上述账户持有徐工科技3034万股,持股比例首次超过了流通股股本(下同)50%;2000年5月16日,持股4298万股,持股比例为70.90%;2001年7月16日,持股1.42亿股,首次超过90%;11月21日,最多时持股1.85亿股,持股比例高达95.93%。此后,农凯集团开始减持徐工科技股票,抛售的价格是高于持仓成本10元左右。至事发的2003年5月27日,持股超过1.79亿股,比例仍高达92.26%。参见伊奋元、田雨:《周正毅一审被判有期徒刑3年》,载《检察风云》2004年第12期;上海市第一中级人民法院刑事判决书(2004)沪一中刑初字第77号。

[2] 根据《证券法》有关上市公司收购的规定,通过证券交易所的证券交易,投资者持有一个上市公司已发行的股份的5%时,应当在该事实发生之日起3日内,向国务院证券监督管理机构、证券交易所作出书面报告,通知该上市公司,并予以公告;投资者持有一个上市公司已发行的股份的5%后,通过证券交易所的证券交易,其所持该上市公司已发行的股份比例每增加或者减少5%,应当进行报告和公告。通过证券交易所的证券交易,投资者持有一个上市公司已发行的股份的30%时,继续进行收购的,应当依法向该上市公司所有股东发出收购要约。但经国务院证券监督管理机构免除发出要约的除外。

交易行为，必须按照信息披露实体规范与程序操作进行，根本不会涉及市场操纵违法犯罪的问题。如果行为人规避信息披露法定义务，通过分散证券账户交易的方式陆续控制上市公司大量流通股，则在整个行为过程中剥夺了证券市场投资者在公开、公平、公正的条件下进行投资决策的权利，具有操纵证券市场的高度风险。在相关连续交易行为符合《刑法》以及司法解释有关连续交易操纵犯罪标准的基础上，应当推定这种行为具有操纵证券市场的性质，除非行为人提供反证合理反驳推定。

以沸点公司、张荣坤、韩方河等操纵股票价格案为例，张荣坤以及华安基金控制下的账户通过连续高价买入上市公司股份，取得上市公司绝大部分流通盘的实际控制权，[1]沸点公司、张荣坤等提出获取上市公司控制权抗辩，但这一辩护意见并不能推翻连续交易操纵犯罪的性质判定。除了连续交易操纵行为完全符合《刑法》以及司法解释的规定及量化标准之外，在行为手段上，沸点公司、张荣坤等通过实际控制的证券账户分散控制上市公司流通盘，逃避《证券法》规定的持股信息披露义务；在行为结果上，在其连续交易操作期间，由于实际控制的绝大多数上市公司股份，证券交易价格的上涨与连续交易行为直接相关；在行为目的上，张荣坤等通过分散操作、规避监管等方式从事连续性证券交易，可以推定具有诱导投资者接盘并伺机出货牟利的目的，并且沸点公司、张荣坤等亦没有提供证据证明通过隐蔽持仓的方式获取公司控制权的正当商业目的。尽管沸点公司、张荣坤等在相对长的期间内持有上市公司证券，但根本原因并非是行为人不具有操纵故意，而是由于同期证券市场整体行情较差，操纵者被高位“套牢”。

因此，在违反信息披露法定义务的情况下，行为人连续买入证券后，即使长期持有，甚至取得上市公司董事席位等管理权限，此类正当目的抗辩并不能直接阻却市场操纵犯罪性质。操纵证券市场与取得经营权、对上市公司股份进行

---

〔1〕在2000年12月8日至2006年7月21日，韩方河利用担任华安基金管理有限公司总经理的职务便利，为张荣坤在二级市场操纵海欣股份股票交易价格提供帮助，在股价被拉升至近30元、涨幅近90%时，证券市场行情突变，经历了长期的熊市，海欣股份股价持续下挫，张荣坤无法抛售。案发时张荣坤控制的海欣股份持股总量超过3400万股；华安基金、张荣坤实际控制账户最高时期持有海欣股份流通盘超过91%。参见罗昌平、陈中小路、赵何娟：《还原张荣坤》，载《财经》2008年第1期；陈中小路等：《张荣坤案终局》，载《财经》2008年第14期；上海市第一中级人民法院刑事判决书（2007）沪一中刑初字第221号。

实质控制等目的可以同时存在。行为人只有在进一步举证其逃避信息披露义务的行为不具有市场操纵犯罪目的、长期持有上市公司证券并非基于高位“套牢”等理由,才能推翻市场操纵犯罪的合理推定。

第十三讲

新型市场操纵犯罪司法认定疑难问题

在信息型操纵犯罪中,利益冲突市场操纵犯罪的违法性实质并不在于信息本身所具有的虚假性或者欺骗性,而是金融市场中的信息发布者与接受者之间存在利益冲突。正是这种利益冲突决定了特定市场参与者只能在信息发布行为和与该信息有关的金融交易行为之中选择其一。如果特定市场参与者在发布信息的同时实施与该信息有关的金融交易行为,就会基于非法控制信息接受者的资本配置行为而触发市场操纵违法犯罪的法律责任,即构成"抢帽子"交易操纵。中国证券、期货市场的反市场操纵法律实践之所以对"抢帽子"交易是否构成市场操纵犯罪存在争议,表面原因是我国法律规范并没有十分明确地对抢帽子交易的法律性质进行界定,但根本原因是对于抢帽子交易利益冲突的法律与金融层面的双重实质缺乏深刻的把握。因此有必要在利益冲突违法性实质的指引下,对"抢帽子"交易操纵犯罪法律实践判断中的疑难问题进行深入的审视与洞悉。此外,对于不存在信息披露义务或者利益冲突问题的行为主体而言,其向市场发布信息从而可能触及反市场操纵犯罪条款的前提与基础,应当限定为相关信息具有虚假性、误导性或者欺诈性。这种市场操纵犯罪行为模式在理论上归属于虚假交易操纵,实践中称为蛊惑交易操纵犯罪。法律理论与实践对于虚假交易操纵犯罪并没有进行准确的定位,这在很大程度上造成了实务部门惩治与防控蛊惑交易操纵犯罪时存在一定的规范不明确性或者不确定性。抢帽子交易与蛊惑交易都是新型市场操纵犯罪,亟须通过虚假交易操纵犯罪的法律与金融分析研究蛊惑交易操纵犯罪的细化监管规则。

一、"抢帽子"交易操纵犯罪的认定

"抢帽子"交易操纵犯罪的行为机理决定了在技术层面难以量化性地确认证券、期货投资咨询机构、资产管理公司、财经媒体等行为主体发布的证券、期货信息对于证券、期货市场投资者(投机者)决策行为的影响。因此,在认定"抢帽子"交易操纵犯罪的过程中,应当坚持相对严格地把控,从而控制"抢帽子"交易操纵犯罪法律监管的合理边界。

(一)媒体从业人员发布利益冲突信息谋取交易利益行为的认定

"抢帽子"交易操纵犯罪意图实现谋取证券、期货、衍生品市场中的交易利润,需要控制特定证券、期货等金融商品所对应的相当数量的资本流动。由于电视、电台、报刊、网络等财经新闻媒体对于证券、期货市场投资者的决策具有重大影响,相当数量的“抢帽子”交易操纵犯罪中的信息发布需要依靠媒体从业人员的协助实施以便实现证券、期货投资信息的大规模推广与传播。在此过程中,确实有一部分媒体从业人员利用发布利益冲突信息谋取证券、期货交易利益。甚至也有部分媒体从业人员在事先持有相关证券、期货仓位的情况下,独立发布或者联合其他媒体共同发布有关上市公司及其发行证券利好或者利空的报道,随后通过实施相关金融商品交易谋取利益。

财经新闻媒体从业人员的这种行为是否能够认定为市场操纵犯罪,法律实务中存在较大的疑难与困惑。尽管财经新闻媒体及其从业人员在我国现有的反市场操纵法律以及司法解释的规范框架下,不能单独构成“抢帽子”交易操纵犯罪的行为主体,[1]但在部分成熟证券、期货市场的法律监管框架下,媒体从业人员可以独立构成抢帽子交易操纵违法犯罪的主体。例如,英国《金融服务与市场法》第118A条规定,对于新闻从业人员实施的传播信息行为,应当充分考量其职业准则,一般不作为市场滥用处理,除非其直接或者间接从传播信息中获取任何好处或者利益。[2] 同时,财经新闻媒体从业人员在与证券、期货投资咨询机构通谋的情况下完全可以构成“抢帽子”交易操纵。所以,分析新闻媒体从业人员利用利益冲突信息从事相关证券交易谋利行为是否能够构成“抢帽子”交易操纵犯罪,具有重大的实践意义。

笔者认为,在判断财经新闻媒体从业人员是否构成“抢帽子”交易操纵违法犯罪问题时,应当采取相对严格的司法认定理念与法律判断标准以及具有纵深性的司法判断规则。在司法实务中审慎判断相关新闻媒体从业人员的交易行为是否构成抢帽子交易操纵,应当严格按照明知利益冲突、排除一般违规、附加

---

〔1〕 根据《追诉标准二》第39条第7项的规定,证券公司、证券投资咨询机构、专业中介机构或者从业人员,违背有关从业禁止的规定,买卖或者持有相关证券,通过对证券或者其发行人、上市公司公开作出评价、预测或者投资建议,在该证券的交易中谋取利益,情节严重的,应当以操纵证券、期货市场罪立案追诉。所以,根据我国的法律规定,“抢帽子”交易的犯罪主体只能是“证券公司、证券投资咨询机构、专业中介机构或者从业人员”,媒体及其从业人员不能构成“抢帽子”交易操纵犯罪的主体。

〔2〕 Financial Services and Markets Act 2000 § 118A Supplementary Provision about Certain Behaviour.

处罚条件、严格审查信息内容四个层次的纵深性规则，限制此类行为的入罪范围。

第一，在金融投资咨询机构、资产管理公司等编制具有利益冲突的金融投资信息，经媒体从业人员审核后在媒体平台发布的情况下，只有新闻媒体机构及其从业人员明知相关金融投资咨询机构在发布信息之前或者同时已经持有与信息所涉及的证券、期货交易仓位的，才具有将媒体机构及其从业人员认定为“抢帽子”交易操纵犯罪共犯的归责基础。

在媒体机构及其从业人员对金融投资咨询机构拟在媒体平台发布的信息进行必要的审查之后，根本无从知悉证券、期货投资咨询机构在发布信息之前已经持有相关证券、期货仓位的，不能根据操纵证券市场违法犯罪追究法律责任。因为新闻记者、编辑、评论员等媒体从业人员，客观上没有必要的条件判断与审查金融投资咨询机构是否持有其推荐、评价的股票或者债券。媒体只需完成形式审查义务，法律显然不应当强求媒体从业人员对研究报告、金融分析背后的证券、期货投资咨询机构及其从业人员的金融交易情况进行实质审查。因此，认定媒体从业人员构成“抢帽子”交易操纵犯罪的共犯，应当在主观故意上就上述明知内容进行充分且确实的证明。

第二，媒体机构及其从业人员的行为符合“抢帽子”交易基本要件的——在事先持有或者建立相关证券、期货、衍生品仓位的情况下，发布与金融商品及其发行人有关的利好或者利空信息，随后进行相对应的卖出或者买入的证券、期货、衍生品交易操作，并且获取巨额利益的——仍然不能直接认定为“抢帽子”交易操纵犯罪。

证券、期货市场实务操作或者司法实践中，确实存在财经记者、评论员等对投资者具有较大影响力的财经界“意见领袖”，提前买入或者做空相关证券，利用新闻媒体从业的职务便利，针对证券及其发行人的情况发布利好或者利空信息，在随后的证券交易价格上升时抛售股票，在随后的证券交易价格下降时买入，谋取巨额交易利润。传统证券期货犯罪刑法理论上有一种具有代表性的观点认为，这种通过发布信息影响市场并从中赚取价差的行为，应当认定为具有市场操纵的故意与行为。[1]

---

〔1〕　参见刘连煜：《新证券交易法案例研习》，元照出版有限公司2007年版，第453页。

然而,在新闻媒体机构及其从业人员根据对市场公开资料的分析发布相关意见或者评论时,只要没有对基本的事实进行虚构或者编造,没有对评论意见进行夸大与扭曲,那么这种证券、期货市场中的信息传递行为便不属于失实的新闻报道与评论。同时,新闻媒体机构及其从业人员向证券、期货市场投资者发布信息,本身就是要通过这种信息传播的方式进行言论阐释,对于证券、期货市场或者相关投资者的资本配置行为产生影响,显然也是言论自由权利行使的当然结果,不能直接认定具有市场操纵的违法犯罪故意。新闻媒体机构及其从业人员针对其评论、报道的证券从事相关金融交易,就交易行为本身而言,实际上就是财经媒体人员根据专业知识进行市场投资或者投机,并不具有市场操纵违法犯罪的行为属性。当然,新闻机构及其从业人员没有向市场披露其评论、报道的金融商品相关的交易信息,在法律上属于对利益冲突信息的隐瞒,应当根据相关财经新闻媒体证券交易禁止性规定以及新闻职业道德规范,认定其利用利益冲突信息谋取证券交易利益的行为构成违规、违法,但不能直接认定其构成抢帽子交易操纵犯罪。

第三,媒体机构及其从业人员撰写、报道、发表、评论、传播严重背离事实、未经查证、编造的虚假金融投资信息,在事先或者信息发布同时建立相关仓位的情况下,通过发布虚假信息引发证券、期货市场波动,随后从事相关金融商品交易谋取巨额利益的,应当认定为"抢帽子"交易操纵。

"抢帽子"交易操纵犯罪的实质在于信息发布者与信息接受者之间的利益冲突,故通常情况下构成"抢帽子"交易操纵犯罪不需要就信息是否具有虚假性问题进行考察。但是,为了针对新闻媒体这一特殊行业的言论自由与新闻自由施加一定的制度保护,有必要在信息内容要素层面设置一定的附加条件,建构专属于新闻媒体从业人员"抢帽子"交易操纵犯罪的独立要件。在符合"抢帽子"交易操纵犯罪基本构成要件的基础上,新闻媒体从业人员构成"抢帽子"交易操纵的前提是其传递的信息具有虚假性。在认定相关行为是否符合发布、评论虚假金融市场信息时,应当根据案件中的客观情况进行严格的、限定性的解释与分析。因为证券、期货市场中的信息具有极强的专业性,新闻媒体从业人员基于专业知识、经验、判断能力、调查水平等综合情况的限制与差异,不能要求其对失实报道承担市场操纵违法犯罪的责任。即使传播的信息属于虚假证券、期货信息,但如果媒体机构及其从业人员能够提出失实报道的合理来源与依据,例如,对相关报道或者评论进行采访、对上市公司财务情况进行了调查等,则不能认定为编造并传播虚假证券、期货信息。目前以《追诉标准二》为代表的证券期货犯罪司法解释并没有将新闻媒体机构及其从业人员利用利益冲突信息从事证券、期货交易牟利的行为作为市场操纵犯罪处理,主要也是基于保护新闻媒体言论自由的宪法价值考量而在刑法适用层面采取的司法克制定位。所以,在法律实践中,只有对特别严重的虚假证券、期货信息传播媒体机构及其从业人员实施的非法利益特别巨大的证券、期货交易行为,才能以市场操纵犯罪追究其法律责任。

第四,判断新闻媒体从业人员发布金融市场投资信息是否具有虚假性,应当适用独立的标准。

如何确立新闻媒体从业人员发布证券期货投资报道等市场信息的虚假性判断标准是反市场操纵犯罪司法实践中的疑难问题。我国台湾地区证券、期货市场中发生的劲永公司股票操纵案就是一起典型案例:张锡宽是台湾证券交易所上市部的中级专员,负责公司股票上市审查、上市公司财务报告出现异常的项目查核等业务。2004 年 11 月,张锡宽根据证交所主管指示,协助其同事陈旭怡对在台湾证交所上市的劲永公司进行实地查核,在履行职务过程中知悉证交所准备对劲永公司疑似财务造假事件展开调查。张锡宽意图提前卖空劲永公司,利用利空信息造成劲永公司股价下跌,并从股票价差中谋取卖空利润。张锡宽通过林一宏、林明达的信息传递,在没有证据材料依据的情况下,将劲永公司财务造假将被证交所调查的信息转达至“联合报”记者高年亿。基于这一信息渠道,高年亿与其同事张宏业撰写了《劲永财报疑不实两成“灌水”》的财经报道,并发表于“联合报”2005 年 1 月 25 日 A5 版。利空信息经报纸向市场传递之后,劲永公司股价从立即下跌 1 元/股。直至 2005 年 3 月中旬,记者高年亿使用类似方法,通过撰写并发表新闻报道的方式向市场散布与劲永公司有关的、没有证据材料依据的利空、利好信息,提前买入劲永公司股票,利用利好信息拉升股价之后,高位卖出获利,或者提前卖空劲永公司股票,利用利空信息压制股价之后,低价买入回补,反复操作共计获利 2000 余万元新台币。相关报道使用“疑似财务造假”(利空信息)“目前股价水平属于低估,未来股价下探空间不大,有机会挑战 12 元关口”(利好信息)等措辞;报道中对上市公司的评估、质疑都不符合实际情况。检察官以违反“证券交易法”起诉该记者操纵有价证券,但一审、二审法院均判决被告人无罪。本案的争议焦点在于如何确定记者报道证券信息虚假性的判断标准。主张有罪的核心理由是，记者在没有证据材料的情况下发布与上市公司业绩有关的利空或者利好报道，经查证与事实不符的，应当认定其新闻报道为虚假信息；主张无罪的主要论据是，要求记者一定要在掌握确切证据材料的基础上才能够报道相关财经新闻，否则就认为该信息是虚假信息，显然是严格限制了媒体与记者的言论自由与新闻自由，这种信息虚假性判断标准不应当适用于新闻媒体从业人员“抢帽子”交易操纵案件。[1]

笔者认为，金融市场新闻报道信息的虚假性认定应当适用独立的司法判断规则。普通市场信息与实际情况相背离、对特定事件的信息化反映不真实，可以认定为虚假信息。但是，维护新闻自由与保障金融市场参与者产权之间价值平衡的现实需要决定了金融市场中的虚假新闻报道应当从信息内容、行为主体主观认知等角度进行区别于一般虚假信息认定标准的甄别。其一，在信息内容上，媒体从业人员基于现有的资料对上市公司的财务状况进行猜测、对上市公司基本面进行推论、对上市公司股价发展趋势进行评估，以“看好”“看空”“估值较高”“估值较低”“疑似”等估计、推断、揣测等意见发表信息，均属于常规的新闻报道模式。即使事后将信息内容与事态发展进行比对能够确认报道的信息是错误的，亦不能将该报道认定为虚假信息。因为新闻记者对信息进行发布、对新闻事件进行推测或者评价，本来就不可能形成统一口径或者精准符合事件客观情况。如果要求新闻报道的结论、评价、意见均符合事件的性质与过程，那么新闻自由也就丧失了存在的基础与价值。但是，如果媒体从业人员在新闻报道中编造证据、材料支撑其错误的评价与猜测的，该信息则超越了失实报道在界限而具备了虚假信息的客观特征。其二，在媒体从业人员对其进行的新闻报道在主观认识上，即使其不能证明报道、言论所内含的信息是真实的，但只要根据自己拥有的资料和自主判断能够合理相信信息是真实的，就不能认定其散布虚假信息与利益冲突信息进而构成“抢帽子”交易操纵。媒体从业人员对与特定金融商品市场表现有关的事件进行报道，除了收集、整理、表述相关事

〔1〕 我国台湾地区台北“地方法院检察署”94 年度侦字第 6609 号起诉书、我国台湾地区台北“地方法院”刑事判决 94 年度矚诉字第 1 号、我国台湾地区“高等法院”刑事判决 97 年度上诉字第 3852 号。

实与材料之外，不可避免地会融入报道主体对事件的认识、评价以及对未来发展趋势的预测。这种新闻报道中的主观判断与趋势预测是媒体从业人员基于当前有限的材料做出的分析与推论，只要没有严重违反新闻报道的专业标准、写作规范，不仅不应受到现行法律规范的禁止，而且没有义务保证报道内容与客观事实及其发展完全吻合。媒体从业人员合理相信新闻报道是真实的，无须达到向市场传递的信息具有客观真实性的证明标准。没有确实与充分的证据证明新闻报道者明知其撰写与发表的信息是虚假的，就不能认定信息具有虚假性。结合上述新闻报道虚假性的判断标准，就劲永公司股票操纵案中的新闻报道虚假性判断问题而言，该记者发表的新闻报道具有一定的新闻价值与信息来源渠道，报道所使用的措辞相对保守与克制，没有证据证明其明知信息失实，不应当认定该篇新闻报道构成虚假信息。

（二）"抢帽子"交易操纵实害结果的认定

"抢帽子"交易操纵的实际损害结果可以是受到利益冲突信息诱导的投资者在证券交易过程中产生的损失，也可以是证券市场中特定证券的交易价格、交易量发生的重大异常波动。《追诉标准二》只规定了金融投资咨询机构或其从业人员实施"抢帽子"交易，在"情节严重"的情况下，应以操纵证券市场罪予以立案追诉，[1]实际上并没有准确界定何种实际损害结果对于"抢帽子"交易操纵犯罪的构成具有决定性影响，也没有对谋取利益的数额进行量化规定。我国《刑法》第 182 条操纵证券、期货市场罪的刑法条文已经设置了"情节严重"这一规范明确性十分有限的规定，司法解释继续在"抢帽子"交易操纵行为的具体要件中再次规定"情节严重"，会导致实务部门难以准确且有效适用法律与司法解释。

笔者认为，"抢帽子"交易操纵犯罪的实际损害结果应当以非法获利数额为核心进行评估。同时，"抢帽子"交易操纵犯罪的起刑点数额标准不仅应当在非法获利金额上明显高于"抢帽子"交易操纵违法行为，而且应当明显高于其他证券期货犯罪（例如，内幕交易罪、利用未公开信息交易罪）的非法获利入罪标准。所以，笔者建议，"抢帽子"交易操纵犯罪入罪标准的非法获利数额可以界定在一个相对较高的数量层级，例如 3000 万元。此外，还有必要增设其他条件，进

---

〔1〕《追诉标准二》第 39 条第 7 项。

一步对情节严重予以量化,例如,“抢帽子”交易操纵行为引起5000人以上的代表人诉讼或者金融集团诉讼。这种量化性的实际获利、实际衍生损害标准,不仅具有限制证券、期货市场刑事法律规范介入程度的效果,而且可以为司法实务部门提供简便且确定的技术性判断尺度。

二、蛊惑交易操纵犯罪的认定

蛊惑交易操纵犯罪表现为向证券、期货市场及投资者编造、传播、提供、发布不真实、不准确、不完整或不确定的重大信息,诱导投资者在不了解真实且全面信息的情况下从事相关证券、期货、衍生品交易,从而通过预期的证券、期货市场价格波动谋取金融交易利润。可见,蛊惑交易操纵犯罪在行为机理上是比较复杂的,在实践中通常会涉及多方面的判断难题,亟须厘清虚假信息重大性、信息欺诈行为、上市公司信息操纵行为等问题的司法认定规则。

(一)虚假信息重大性的认定

在蛊惑交易操纵犯罪中,作为行为对象的虚假信息应当具备重大性,即行为人编造、传播、散布不真实、不完整、不确定的欺诈性、虚假性信息,必须可能对证券、期货市场中的投资者造成重大影响,或者可能对特定金融商品市场价格产生重大影响。虚假重大信息是能够对具有一般证券、期货市场知识的普通投资者(投机者)的资本配置决策产生重大影响的事实或事件内容的信息化反应,只是这种反应是证券、期货市场中人为编造、虚幻失实的干扰性价格信号。在认定蛊惑交易操纵犯罪虚假信息重大性的过程中,应当注重从其他证券期货犯罪与重大信息有关的个罪中,对信息重大性的基本规范标准进行定位。内幕交易、泄露内幕信息罪、利用未公开信息交易罪中涉及内幕信息与内幕信息之外的其他未公开信息。《证券法》《刑法》中内幕信息与未公开信息所覆盖的证券、期货法律规范,已经内含了相对全面的信息重大性判断规则,完全可以在蛊惑交易操纵犯罪信息重大性的分析中予以适用。[1]

---

〔1〕 详细的信息重大性判断规则参见谢杰:《操纵证券期货犯罪刑法规制研究》,上海人民出版社2013年版,第259~270页;谢杰:《利用未公开信息交易罪的规范解释与实践应用》,载彭东主编,《刑事司法指南》(总第51集),法律出版社2012年版,第99~102页;谢杰:《内幕信息形成时间判断规则研究》,载《证券市场导报》2013年第8期。

蛊惑交易操纵犯罪案件中的虚假信息在内容上通常与上市公司资产、财务、经营、管理等重大事项有关，信息重大性判断一般不存在很大的争议。

例如，2012 年“散布网络信息攻击上市公司伊利股份案”是近期在我国证券、期货市场中引发高度关注的编造并传播证券交易虚假信息罪判决案。张三林（在逃）、李希晓、张海军、周讯、姜林等人炮制了名为《内幕惨不忍睹：伊利被这样掏空》的文章并在互联网上广泛传播。虚假信息公开后不到 1 小时就导致市场出现恐慌性抛盘，伊利股份旋即跌停。[1] 信息内容涉及上市公司资产被掏空这样的敏感且重大问题，决定了该案中的虚假信息具备重大性。

再如，1997 年《刑法》实施后我国首例编造并传播虚假证券交易信息罪案件中，被告人李定兴连续向深圳证券交易所、上市公司江苏三山实业股份有限公司（以下简称“三山实业”，现更名为四环生物，股票代码：000518）、《深圳特区报》《特区证券报》等单位电话告知、邮寄、传真虚假信息，谎称“广西北海正大置业有限公司”共收购三山实业股票 250.33 万股，占三山实业流通股的 5.006%，要求予以信息披露。后《特区证券报》原文刊登了被告人李定兴提供的虚假收购信息。经查证，工商登记系统中并不存在“广西北海正大置业有限公司”的信息，证券交易所交易记录中亦不存在被告人李定兴编造的收购信息与交易数据。[2] 信息内容涉及上市公司收购意味着该案中的虚假信息显然具备重大性。

蛊惑交易操纵犯罪司法实践中相对困难的法律适用问题是：行为人所编造并传播的信息内容虚假性颇为明显、信息所内含的事件发生概率非常低、信息实际上很难令人相信，但是，相当数量的市场参与者受到信息影响改变资本配置决策，相关金融商品市场价格基于虚假信息所指向的方向进行大幅调整时，

---

〔1〕 法院认为，被告人李希晓等 4 人故意编造并传播影响证券交易的虚假信息，扰乱证券交易市场，造成严重后果，其行为均构成编造并传播证券交易虚假信息罪，分别判处 4 人 8 个月至 1 年零 6 个月不等的有期徒刑，并处以 1 万到 3 万元罚金。参见李静：《“网络攻击”伊利案 4 人一审获刑》，载《新京报》2012 年 1 月 18 日，第 B4 版。

〔2〕 法院审理查明，被告人李定兴编造并传播的虚假信息由报纸披露之后，三山实业股票价格随即上涨每股 3.2 元，当日收盘上涨每股 3.1 元，当日成交量约 2000 万股，超过总流通股 42%，总成交额超 2 亿元。被告人李定兴先后抛售其持有的三山实业股票，共完成交易额近 150 万元。法院判决，被告人李定兴编造并传播虚假证券交易信息，造成三山实业股票价格异常波动，其行为构成编造并传播证券交易虚假信息罪，判处有期徒刑 2 年零 6 个月，并处罚金 1 万元。参见湖南省株洲县人民法院刑事判决书（1997）株法刑初字第 230 号。

应当如何判断虚假信息的重大性?

日本金融市场中发生的“占星术操纵股价事件”就是一起非常典型的、由显而易见的虚假信息引发的市场操纵案件:日本的一本博彩类杂志《赌博秘籍》主要发表与赌博、彩票、证券市场投机交易等有关的文章与信息。一位“星座学”(占星术)研究者连续三期在《赌博秘籍》发表文章,以星座分析方法向读者推荐熊沢制油等三家上市公司股票。经查证,文章中阐述的内容纯属作者虚构。但文章登载之后,熊沢制油等上市公司股票迅速上涨,该星座研究者卖出相关股票获利。东京简裁法院以传播虚假证券信息判决文章作者罚金 50 万日元。[1] 质疑该案判决合理性的观点认为,不能以虚假信息披露之后的股票价格剧烈波动直接认定信息具备重大性,基于星座等毫无根据的分析所形成的证券市场信息,明显是虚假的或者不可信的,投资者应当自担风险,信息发布者不应当承担蛊惑交易操纵犯罪的责任。[2]

笔者认为,信息的重大性确实是受到信息内容虚假性程度制约的。虚假信息之所以会对证券、期货市场参与者产生影响进而引发金融商品市场价格波动,本质上是因为信息本身存在不确定性。如果信息内容具有显而易见的荒谬性或者非理性,信息的属性基本确定为虚假,理论上也就不应该对证券、期货市场参与者以及金融商品市场价格产生影响。相应地,虚假信息也就丧失了具备重大性的客观基础。所以,如果基于常识即可认为普通投资者(投机者)接触到相关虚假信息时不会予以关注,也不会基于该信息对金融商品配置决策予以调整的,则该信息不能认定为重大信息。但是,如果蛊惑交易者针对并利用市场参与者的非理性、易受操控性、交易行为的混沌性等金融行为心理,传播显而易见的虚假信息却引发市场参与者高度关注、金融资产价格剧烈波动并具有制造系统性风险危机的,则应当认定相关虚假信息具有重大性。

(二)信息欺诈行为的认定

蛊惑交易操纵犯罪在控制市场行为的实施过程中,客观上至少应当存在编

---

〔1〕(判决)平成 9.1.30(東京簡裁)罰金 50 万円(略式命令);金融庁証券取引等監視委員会『証券取引等監視委員会の活動状況〈平成 15 年〉』国立印刷局、2003 年、154 頁。

〔2〕神山敏雄『日本の経済犯罪—その実情と法的対応』日本評論社、2001 年、37 頁;张天一:《论证券交易法上散布流言或不实数据操纵价格罪》,载《中原财经法学》2008 年第 20 期。

造、传播的行为，其本质就是证券、期货市场信息欺诈。当然，操纵者可以不直接编造证券、期货市场信息，而是明知并预见到虚假证券、期货、衍生工具交易信息对市场的影响，通过向市场传播并利用投资者可能出现的市场反应谋取市场波动之后的利润。

对于如何理解传播证券虚假信息行为，传统证券期货犯罪刑法理论一般认为，传递虚假的证券信息，范围应具有公众性、扩散性与拓展性，信息传播对象必须是不特定多数人。[1] 传播虚假证券市场信息的违法性本质根植于妨碍证券市场信息管理秩序，行为人传递虚假信息的范围如果限定于特定人，难以达到扰乱证券市场信息管理秩序的严重程度。[2] 我国台湾地区有关市场操纵犯罪的刑法理论中也有类似观点认为，传播通常是指将信息散布于众，是对多数人进行信息传递的行为。蛊惑交易操纵中的信息传播行为应当限定于向证券市场中的多数人进行虚假信息传递。[3] 如果仅仅对特定投资者进行虚假陈述、信息诱导，尚不足以影响证券市场交易价格，所以，向特定证券市场投资者的传播虚假信息行为，可以按照普通证券欺诈犯罪处理，[4]而不是按照具有市场整体影响力的市场操纵犯罪处理。

上述意见具有一定的合理性。因为传播信息的行为就是向社会公众扩散，蛊惑交易操纵犯罪中的传播虚假证券信息行为显然应当包括向证券、期货市场中的多数公众或者不特定投资者（投机者）传递虚假信息。

蛊惑交易操纵犯罪的实质在于通过虚假证券、期货信息的传播诱导投资者的行为，从而通过期待的证券、期货市场波动谋取利润。只要能够产生证券、期货市场波动的效果，受到虚假信息欺诈的投资者是否具有公众性、多数性实际上并不是绝对的法律限制条件。这是证券、期货市场信息传播行为区别于普通信息传播行为的重要特点。证券、期货市场信息传播的关键在于实质上的市场价格效果，普通信息传播则侧重于形式上受众的不特定性与多数性。在证券、

---

〔1〕 参见李宇先、贺小电：《证券犯罪的定罪与量刑》，人民法院出版社2000年版，第101页。

〔2〕 参见王晨：《证券期货犯罪的认定与处罚》，知识产权出版社2008年版，第253页。

〔3〕 参见庄永丞：《论证券价格操纵行为之规范理论基础——从行为人散布流言或不实资料之操纵行为开展》，载《东吴法律学报》2008年第1期。

〔4〕 参见林国全：《以散布流言或不实数据方法操纵价格——台湾“高等法院”九十二年度金上重诉字第九号判决评析》，载《月旦民商法杂志》2005年第7期。

期货市场中，并非只有公众性、多数性的投资者才能影响金融商品交易价格或者交易量，个别投资者由于持有巨量证券、期货仓位或者掌握巨额资金，完全可以凭借一己之力，引起证券、期货市场金融商品的价格波动。传统证券期货犯罪刑法理论中的部分观点认为，通过信息诱导个别投资者无法引起市场波动，在现代金融市场中就显得比较片面与绝对，与金融实践中的真实情况也不尽相符。

例如，投资银行经纪部门向特定客户发送内部邮件，传递虚假证券交易信息，相关持有巨额资金的客户根据邮件中发布的虚假信息从事相关交易，由于资金量巨大而引发市场波动，投资银行自营业务部门事先建立仓位，从这种预期的市场效果中谋取巨额交易利润。从这个角度分析，蛊惑交易操纵犯罪中传播行为的实质内涵完全可以区别于刑法其他个罪(传播淫秽物品牟利罪等)中的传播行为，即可以不完全等同于向公众、不特定或者多数主体发布虚假信息，而可以是向特定、个别、少数证券市场投资者进行虚假信息引导。

实际上，《刑法》第 181 条第 2 款诱骗投资者买卖证券、期货合约罪中的一种客观行为，即提供虚假信息，尽管在大多数情况只能产生欺诈特定客户的效果，但是，如果特定客户资金量或者金融商品持仓量特别巨大，对特定客户的欺诈行为完全可能引发证券、期货市场中相关金融商品交易的整体价格或者交易量。作为欺诈特定证券、期货市场投资者的诱骗投资者买卖证券、期货合约罪，完全可能形成对证券、期货市场中特定交易品种的非法控制。所以，根据我国《刑法》第 181 条第 2 款构成诱骗投资者买卖证券、期货合约罪，但具有影响证券、期货市场交易量或者交易价格实质风险或者实害结果，且行为人实施的金融交易从价格波动中的获取利润的，本质上应当认定为蛊惑交易操纵犯罪。

(三)上市公司内部人信息操纵行为的认定

蛊惑交易操纵犯罪的核心在于对与金融市场投资者决策具有重要影响的信息形成非法控制。这种非法控制表现为对虚假信息从无到有的内容控制(编造)，以及从暗到明的范围控制(传播)。上市公司内部人对于上市公司的信息具有绝对的控制优势，所以，实施蛊惑交易操纵犯罪在操作上更为简捷，在实践中也比较常见。司法解释对上市公司内部人信息操纵犯罪或者蛊惑交易操纵犯罪的认定规则进行了说明，但规定的内容并不十分明确[1]——究竟什么是利用信息优势操纵证券交易价格、证券交易量？司法解释并没有进行准确的指引。信息优势是否包括内幕信息的知情优势？如何区分内幕交易行为与蛊惑交易操纵行为？这一系列问题都有必要在上市公司内部人信息操纵行为认定过程中进行阐释。

市场操纵犯罪中的信息优势完全可以包括内幕信息知情优势。蛊惑交易操纵者编造、传播的信息可以是具有欺诈性、虚假性的内幕信息。所以，上市公司内部人通过编造虚假内幕信息实施信息操纵行为，或者利用内幕信息知情优势从事相关证券交易牟利，可能涉及内幕交易犯罪与蛊惑交易操纵犯罪的行为属性辨识问题。区分两者的关键在于是否存在编造、传播、散布虚假重大信息，诱使投资者实施相关金融商品交易的事实。内幕交易属于“静观其变”，即期待内幕信息所指向的事实或者评价得以执行，使相关证券交易价格实现符合自己预期的变动。蛊惑交易操纵属于“兴风作浪”，即通过积极行为编造、传播没有实际依据却能够引起证券交易价格波动的信息，诱使投资者在不明真相的情况下作出投资决定并形成期待的市场性效应，从中谋取违规交易利益。当然，内幕交易犯罪与蛊惑交易操纵犯罪完全可能同时进行，在这种特殊情况下应当根据刑法原理准确认定行为性质。

其一，上市公司董事、经理、大股东、实际控制人等内部人利用信息优势操纵证券交易价格、交易量，其中的“信息优势”可以解释为明知与上市公司重大事件有关的信息系不真实的信息而仍然予以发布或者传播，并通过子虚乌有的“内幕信息”在市场上发散之后对投资者形成的干扰而影响本公司证券的交易价格、交易量，上市公司内部人利用对真实情况的把握而在虚假内幕信息披露前，买入或者卖出证券。在这种情况下，上市公司内部人即使利用了对真实内幕信息的知情优势，但信息操纵行为是影响证券市场投资者决策并进而引发市场波动的决定性因素，应当认定为蛊惑交易操纵犯罪。

其二，上市公司董事、经理、大股东、实际控制人等内部人利用信息优势操

[1] 根据《追诉标准二》第39条的规定，上市公司及其董事、监事、高级管理人员、实际控制人、控股股东或者其他关联人单独或者合谋，利用信息优势，操纵该公司证券交易价格或者证券交易量的，应当以操纵证券市场罪追究刑事责任。

纵证券交易价格、交易量,其中的“信息优势”也可以解释为在市场对于与上市公司有关的重大信息发布后没有引起任何有效反应,而通过新闻媒体进行夸大性宣传,在引起投资者关注与反应之后,通过市场的波动谋取交易利润。这种信息操纵最典型的表现形式就是内幕交易失败之后实施蛊惑交易操纵。实践中,并非所有上市公司重大事件在公开之后都会引发市场的高度关注从而引发证券交易价格、交易量的剧烈变化。此时,上市公司内幕信息知情人员在内幕信息公开前建立的仓位根本无法通过预期的市场波动谋取非法利益。并且,由于在内幕信息公开之前实施的证券交易可能已经支出了较大的融资、融券或者操作成本,如果内幕信息公开之后市场效果产生的证券价格变动利润不足以弥补行为人实施内幕交易的成本,内幕交易者也无法获取非法利润。在这种情况下,有的内幕交易者会通过新闻、网络等各种信息传播平台对与上市公司有关重大事件的效果进行夸大,刺激证券市场投资者对信息进行反应,导致证券交易价格、交易量上出现强势波动。例如,做空股票者通过媒体夸大上市公司利空事件的效果,引起投资者恐慌后大量抛售股票急速打压股价,之后低位回补获利;做多股票者通过媒体夸大上市公司利好事件的效果,引起投资者跟进买入之后高位抛售获利。对于这种内幕交易获利机制失败之后通过发布不真实的信息夸大重大信息实际效果的,在信息操纵过程中实际上存在内幕交易与蛊惑交易操纵两个性质不同、时间先后的行为,交易量、违法所得等情节标准符合追诉条件的,应当分别认定为内幕交易罪与操纵证券市场罪。

其三,上市公司董事、经理、大股东、实际控制人等内部人利用信息优势操纵证券交易价格、交易量,其中的“信息优势”还可以解释为明知与上市公司重大事件有关的信息系不完整、不确定的信息而仍然予以发布或者传播,并通过证券市场投资者对于信息全貌并不完全知悉的信息劣势影响投资者行为,而上市公司内部人或者其他相关知悉内幕信息的人从期待的市场波动中受益。在这种情况下,内幕交易与蛊惑交易操纵的界限就很模糊。

例如,2011 年末上市公司重庆啤酒“疫苗门”疑似信息操纵事件引起证券、期货市场与社会各界的高度关注,[1]但对于其行为性质究竟属于蛊惑交易操纵还是内幕交易,各方观点并不统一。从重庆啤酒重大信息披露以及停牌的时间节点来看,2011 年 11 月 27 日(周日)揭盲工作会议是对乙肝疫苗研发情况的分析和讨论,而上市公司重大研发项目信息的具体内容实际上已经客观形成。在没有使用停牌机制对于潜在的内幕交易行为进行限制的情况下,11 月 24 日至 25 日两个交易日出现巨幅上涨,难免引发市场对于乙肝疫苗研发信息可能泄露并引发内幕交易的怀疑。同时,上市公司在 11 月 23 日晚间公布疫苗研发数据揭盲工作会议将于 12 月 5 日召开,实际上是将一个高度不确定、不完整且极易引发市场猜想的信息留给市场,加之根据之前的市场惯性,在相关研发数据公开之后均会有一个股价的上升性波动,这种模糊、不确定、不完整的信息披露对证券市场中的投资者将会产生重大影响,事实上也确实在两天内连续推高了证券交易量和交易价格。这种利用不完整、不确定信息影响投资者决策的行为同样符合蛊惑交易操纵的行为特征。在知悉内幕信息与不完整信息发布并存的信息优势情况下,相关交易行为在形式上可能出现内幕交易与蛊惑交易操纵的交织。因此,上市公司内部人或者其他明知揭盲数据的行为人,于 11 月 24 日至 25 日两个交易日进行减持重庆啤酒的证券交易,存在内幕交易的问题;由于在减持证券的过程中,行为人通过对信息的绝对控制优势,利用市场投资者信息认知上的不完整性、不确定性,在持续暴涨的市场环境下使其在一个快速拉升的高位进行减持,整个行为过程在客观上又存在蛊惑交易操纵的性质。在根据相关证据以及信息披露规则能够确认上市公司发布不确定、不完整信息以及上市公司内部人利用市场波动效果高位减持的情况下,应当认定其行为同时符

[1] 市场公开信息显示,2011 年 11 月 23 日晚(周三),重庆啤酒公告称,公司控股的重庆佳辰生物工程公司研发将近 13 年的治疗用(合成肽)乙型肝炎疫苗将于 2011 年 11 月 27 日(周日)召开揭盲工作会议,公司股票将于 11 月 28 日(周一)至 12 月 2 日(周五)停牌,在 12 月 5 日公告揭盲工作会相关信息后复牌。受此消息刺激,重庆啤酒股价 11 月 24 日涨停,11 月 25 日上涨 7.28%,两日累计涨幅达 18%,卖单基本出自于机构席位。12 月 7 日晚,重庆啤酒发布揭盲信息:安慰剂组有效反应率为 28.2%;治疗用(合成肽)乙型肝炎疫苗 600μg 组有效反应率为 30.0%;治疗用(合成肽)乙型肝炎疫苗 900μg 有效反应率 29.1%。这组数据意味着疫苗研发几乎等于失败。12 月 8 日重庆啤酒复牌后连续 11 个交易日跌停,市值蒸发逾 260 亿元,包括证券投资基金在内的部分机构者以及个人投资者均造成重大损失。参见谢杰:《动态判断内幕信息的形成》,载《财经》2012 年 3 月 19 日版;张珈:《重庆啤酒流通股东质疑信息操纵》,载《证券时报》2011 年 12 月 15 日,B1 版。

合内幕交易犯罪与蛊惑交易操纵犯罪,内幕交易与蛊惑交易操纵互为手段与目的的牵连,应当根据牵连犯原理从一重罪论处。比较内幕交易罪与操纵证券市场罪的法定刑,操纵证券市场罪的罚金刑是无限额罚金,重于内幕交易罪以违法所得为基础的倍比罚金,故操纵证券市场罪应当是重罪。同时,由于市场操纵犯罪中"利用信息优势"整体覆盖了利用内幕信息从事相关交易,应当以构成要件覆盖面更广的操纵证券市场罪认定这种蛊惑交易操纵与内幕交易同时实施的、在结构上相对复杂的上市公司内部人信息操纵犯罪行为。[1]

对上市公司内部人员实施的信息操纵行为的判断还存在一个疑难问题,即上市公司董事、经理等高级管理人员在没有完整、全面、准确的财务依据的情况下,向市场公布重大盈利预期,意图从市场价格波动中谋取金融交易利润的,能否认定为蛊惑交易操纵。

我国台湾地区证券、期货市场中发生的"台肥股价操纵案"即属典型案例。酉某某是台湾肥料股份有限公司(以下简称"台肥公司")董事长。酉某某认为,台肥公司股票价格过低,因而组织公司定期通过媒体向投资者、社会公众汇报公司经营状况,吸引公众投资,意图提振股价。酉某某本人更是在台肥公司第27届第2次临时董监事会议上发表讲话,当年营业额为80亿元新台币,下一年的营业额目标为220亿元新台币,预期营收增长超过2倍。酉某某讲话稿经台肥公司投资者关系与宣传部门完善后形成新闻稿并送交其审核,审核通过后随即发往各大媒体。信息发布后,市场立即将其解读为重大利好,信息公开后的10个交易日内,台肥公司股票从53元上涨至68元。同期,酉某某指示下属以旗下的台埔公司、台胜公司、台庄公司、联生公司四家子公司名义连续购买台肥公司股票,共计35,469张、19亿余元新台币。信息公开之后的第12天,酉某某指示下属在不影响股价的情形下将买入的股票分批全部卖出,但由于第二天媒体就披露台肥公司下属子公司私下购买母公司股票等信息,台肥公司股价当即跌停导致之后没有能够继续卖出股票。[2]

---

[1] 上述信息操纵行为的法律理论分析都是建构在当前市场公开资料基础之上的理论推断,与该疑似信息操纵事件有关的相关行为的法律性质判定,并非本部分的讨论对象与目的,应当根据相关部门的调查结果予以确定。

[2] 参见我国台湾地区台北"地方法院"刑事判决91年度诉字第1171号、我国台湾地区"高等法院"刑事判决92年度上重诉字第1308号。

"台肥股价操纵案"在法律适用上的争议比较大:一审判决认为,在没有精确财务数据的情况下向市场传递无法合理验证的巨额营收预期,造成证券市场价格剧烈波动,且同期实施证券交易意图从价格波动中获取利益,应当构成蛊惑交易操纵犯罪。二审判决则认为,预估营业额超过当年营业额数倍确实具有一定的夸张成分,上市公司董事长等高级管理人员仅仅基于下属部门提供的经营计划就向市场公开提出非常激进的盈利方案和预期,同样非常草率,但并没有证据证明上市公司内部人员的财务预期是虚假的,所以,不能认定这种行为构成蛊惑交易操纵。

笔者认为,上市公司内部人员实施的信息操纵行为,在行为内容上主要表现为不正当地控制与上市公司财务有关的信息在市场上公开的方式、时间、表述等。由于上市公司内部人信息操纵属于一个相对广义的行为概念,在判断行为属性时,应当严格区分非法信息披露与蛊惑交易操纵的界限。上市公司内部人员向市场传递夸张的财务预期与虚假的财务报告,都属于对上市公司重大信息的操纵,并且都具有引发证券交易价格剧烈波动的重要影响力,但两者的核心差异在于——财务信息披露不实是对上市公司重大信息进行造假的行为,客观上能够根据财务报告、实际经营数据与会计材料等予以证明。上市公司内部人员通过财务造假并向市场传递虚假财务信息,意图从虚假财务数据引发的市场价格波动中谋取金融交易利润的,应当构成蛊惑交易操纵。而传递夸张的财务预期只是对上市公司未来盈利能力、现金流水平的估计,尽管信息操纵者不能提供有效的证据证明其向市场传递的信息具有真实性、准确性、全面性,但指控其构成蛊惑交易操纵的控方实际上也没有能力排除合理怀疑地证明这种预期就是虚假的。在信息真实性与虚假性均无法被彻底或者有效证明的前提下,承担证明责任的控方显然应当承担不利的诉讼结果,即不能认定上市公司内部人员向市场公布夸张的财务预期构成蛊惑交易操纵。[1]

三、信息操纵犯罪的认定

2017 年 1 月 23 日,青岛市中级人民法院对广受市场关注的被告人徐翔、王巍、竺勇操纵证券市场案进行一审宣判,被告人徐翔、王巍、竺勇犯操纵证券市

[1] 当然,证券监管机构可以根据信息披露制度追究其虚假陈述的法律责任。

场罪，分别被判处有期徒刑5年6个月、有期徒刑3年、有期徒刑2年缓刑3年，同时并处罚金。具体而言，司法机关明确徐翔所触犯的是《刑法》第182条第1项，与他人合谋，利用信息优势连续买卖，操纵证券市场价格和交易量，情节特别严重。本罪的成立需要同时符合“利用信息优势+连续买卖”这两个要件，实践中一般将其概称为“利用信息优势连续交易型”操纵证券市场犯罪，即信息操纵，同时本条款第1项还列举了“利用资金优势连续交易型”“利用持股或持仓优势连续交易型”这两种犯罪类型。

（一）“利用信息优势连续交易型”操纵证券市场犯罪的理解与适用

徐翔案所凸显的法律问题，即为“利用信息优势连续交易型”操纵证券市场犯罪的理解与适用，核心为是否应当设定“交易量”标准，并据此划定行政处罚和刑事制裁的界限。不过，徐翔案中导致涉案股票交易价格和交易量异常的真正原因，在于徐翔利用了自身所具有的“商誉优势”，即名人效应，使得徐翔的“粉丝们”大量跟风交易推动了股价和交易量的不正常波动，而现行法律对此并无禁止性规定。

1.“利用信息优势”的理解与适用

在徐翔案中，据司法机关所查明的事实，涉案上市公司董事长或实际控制人具有信息优势，徐翔因为与其合谋而具有了信息优势，且徐翔所具有、利用的信息优势主要在于，其控制了上市公司发布“高送转”消息的节奏、内容，因而比一般投资者提前知悉“高送转”信息。

不过，“高送转”信息本身的可操纵性特征不明显，所谓“高送转”信息的可操纵性，是指人为控制高送转利好消息的发布节奏和内容等的可能性，这种人为控制的可能性越高，则其可操纵性特征越强、越明显。

（1）“高送转”信息是中性的，本质上并不属于利好消息

从信息的属性来看，人们对信息的理解和利用是主观的，但信息作为一种存在本身是客观的。在股票交易中，会出现上市公司发布利好消息后其股价并未上涨甚至下跌的情形。投资者对于高送转信息是否属于利好消息的判断，会综合考虑很多因素，这种个体判断是主观的，但不影响高送转信息本身的客观性。股票价格会受到诸多复杂因素影响，其中有些因素会抵消高送转信息的利好性。

从“高送转”的具体实施来看，必然需要公司具备相应的实际能力，比如盈利情况、股本总量等，这些信息是完全对外公开的，一般投资者均可知悉，高送转信息的可信度直接受制于公司的客观能力，这并不会因为主观的操纵意图而改变。

（2）“高送转”信息的可操纵性特征不明显

从公司治理角度看，高送转信息的产生、决议、发布全过程，首先是上市公司内部依据相应程序和规则来进行，比如董事会的决议、股东大会的批准，上市公司董事长或实际控制人不能操纵董事会、股东大会。

其次，从信息披露规则角度看，高送转信息需按照证券法及交易所的规定进行披露，且披露的时间、内容等均有既定规则约束，上市公司发布高送转预公告和公告、季报、半年报等均是履行法定信息披露义务的行为，而非董事长或实际控制人可以随意控制并随时发布的。

因此，当“高送转”信息本身不必然属于利好消息，进而不能必然影响投资者决策时，加之“高送转”信息的发布受到公司治理规则和信息披露制度的约束，因此利用“高送转”信息来操纵证券市场在客观上亦不可能，或者可操纵性很低。

（3）“信息优势”具有时间性，并非一直持续不断

徐翔案中，司法机关将徐翔等人的“合谋”作为起始点，并将其后所有的行为视为一个整体来评价，将建议高送转、实施“高送转”、大宗交易减持等环节均作为实现“合谋”之犯罪意图的具体步骤。值得注意的是，所谓徐翔具有的“信息优势”并非一以贯之地存在，而是会在某个时间节点丧失。根据《刑法》第182条的规定，成立本罪必须同时具备“利用信息优势”和“连续交易”这两个要件。

根据《中国证券监督管理委员会证券市场操纵行为认定指引（试行）》（以下简称《认定指引》）第19条可知，信息优势是指“行为人相对于市场上一般投资者对标的证券及其相关事项的重大信息具有获取或者了解更易、更早、更准确、更完整的优势”。徐翔所具有的主要信息优势可概括为：相较于其他一般投资者，更早、更容易地知道了上市公司会发布高送转的利好消息。至于上市公司何时实施“高送转”、内容是什么等具体信息，徐翔同一般投资者一样不知情。在高送转“预公告日”这一时间节点，一般投资者即可与徐翔同等知晓此“信息优势”的内容，他们对此信息的掌握具有平等性。易言之，预公告日徐翔即丧失

信息优势。

2.“连续交易”的理解与适用

《认定指引》第21条虽然给出了“连续交易”的概念,规定了“连续买卖,是指行为人在某一时段内连续买卖某种证券;在1个交易日内交易某一证券2次以上,或在2个交易日内交易某一证券3次以上的,即构成连续买卖”,但这仅是从“交易次数”方面作出限定,并未明确是否有具体“交易量”的要求。“连续交易”的行为模式在法律规定层面存在模糊之处,这使徐翔案所涉及的“利用信息优势连续交易型”操纵证券市场犯罪的成立,是否需要有“交易量”的要求成为关键理论争议点。

(1)《刑法》和《立案标准(二)》《认定指引》的规定存在模糊之处

《刑法》第182条第1款第1项规定了三种形式的“连续交易”构成操纵证券市场罪,从文义解释角度看,只要利用“资金优势、持股或持仓优势、信息优势”三种优势之一进行连续交易,情节严重的,即可构成操纵证券市场罪,对于“连续交易”并无“交易量”要求。不过,此条款并未明确“情节严重”的具体含义。

《立案标准(二)》第39条第1款规定,“单独或者合谋,持有或者实际控制证券的流通股份数达到该证券的实际流通股份总量百分之三十以上,且在该证券连续二十个交易日内联合或者连续买卖股份数累计达到该证券同期总成交量百分之三十以上的”应予立案追诉。此条款从刑事立案标准的角度,明确了“利用持股优势连续交易型”操纵证券市场犯罪的“交易量”标准。

《刑法》第182条第1款第1项将“利用资金优势、持股或持仓优势、信息优势”三种类型的操纵证券市场犯罪并列置于同一条款之中,而《立案标准(二)》第39条第1款规定了“利用持股优势连续交易型”操纵证券市场犯罪的“交易量”标准,同时也未见规定明确“利用资金优势、信息优势连续交易型”操纵证券市场犯罪不得适用此“交易量”标准,由此从体系解释角度看,此条款规定的“交易量”标准对于前述二者同样适用,这样才能实现刑法条文本身的逻辑自洽,以及《刑法》和《立案标准(二)》之间的逻辑统一。

不过,《立案标准(二)》第39条第1款第6项规定,“上市公司及其董事、监事、高级管理人员、实际控制人、控股股东或者其他关联人单独或者合谋,利用信息优势,操纵该公司证券交易价格或者证券交易量的”应予立案追诉。从字面上看，似乎正好与前述体系解释得出的结论相反，此条款规定只要有行为即可立案追诉，无须达到前述“交易量”标准。《立案标准(二)》第39条不同款项的规定之间，及其与《刑法》第182条的规定之间似乎出现了矛盾之处。

另外，值得注意的是，若适用《立案标准(二)》第39条第1款第6项的规定来追诉，司法机关必须证明行为人主体身份符合相关规定。在徐翔案中，因徐翔不属于涉案上市公司及其董事、监事、高级管理人员、实际控制人、控股股东，故需证明其属于“其他关联人”。

(2)刑法意义上“连续交易”的实质必然包含着“交易量”的要求

从反证的角度来理解《认定指引》第21条的规定，可以追问：是否任何买卖股票的行为符合该条规定，即可构成操纵证券市场犯罪中的“连续交易”？比如，行为人在1个交易日内连续2次以上交易1股股票，是否仍可构成以连续交易方式操纵证券市场？从社会危害性来看，将前例中的“连续交易”1股股票的行为认定为操纵证券市场罪，仅依常理和情理便可知其不妥，何况刑法作为其他所有法律规范的保障，其应当具有谦抑性。证监会颁布的《认证指引》属于内部指导性文件，其所规定的“连续交易”至多属于行政认定标准，而非刑事认定标准，在刑事法律没有明确规定的情况下，不能将形式上符合《认定指引》的“连续交易”认定为操纵证券市场犯罪中的“连续交易”，二者不可等同。

《刑法》第182条将连续交易规定为操纵证券市场犯罪的手段进行打击，则其必须符合操纵证券市场罪的本质特征——影响股票价格和交易量，只有连续交易达到一定交易量才可能形成对正常交易秩序的破坏，才符合操纵证券市场罪中“连续交易”之实质含义。否则，对诸如前述举例中的“连续交易1股股票”的行为进行刑法评价和制裁，不仅有违此刑法条文本意，还有扩大刑罚打击范围的嫌疑，更是浪费有限的司法资源。

从刑法学体系解释的角度同样可以得出“连续交易”应当有具体“交易量”要求的结论。《立案标准》(二)第39条明确列举了7种构成操纵证券市场罪的异常交易行为，包括连续交易、对倒交易、自卖自卖、虚假申报等，该条款对于自买自卖、对倒交易等行为均明确了具体交易量要求，从条文逻辑自洽的角度可知，对“交易量”的要求同样适用于连续交易，以实现形式解释与实质解释的统一。

(3)“交易量”构成论证操纵证券市场犯罪因果关系成立的关键

从刑法因果关系的角度看，操纵证券市场犯罪的成立，应当证明是行为人的连续交易行为导致了股票交易价格和交易量异常波动的危害结果，而要证明此因果关系的成立，只有从"交易量"入手方才具有论证力和说服力。客观而言，徐翔案主要依据"参与交易日"和"偏离值"两项统计指标的异常来认定因果关系成立，缺乏数据支撑。从交易数据可以看出徐翔存在不少"只买不卖"或者"买进后隔几月后才卖出"的情形，且在徐翔并未买卖股票期间，股价依然大幅上涨，这也可以佐证股价上涨不是徐翔的连续交易行为所致。

"参与交易日、账户组（在交易日中）有成交的日期占比"等数据的统计，并不是对具体参与交易量的统计，仅能证明徐翔确实参与了股票交易，无法准确解释徐翔的交易行为如何导致了交易异常，缺乏两者之间的因果关系论证。"（参与某股票交易期间）股份累计涨幅、同期中小板综指累计涨幅、偏离值"等统计数据，也缺乏因果关系论证，"偏离值"是一种横向的整体比较，并不能证实是徐翔连续买卖某只股票的行为导致了该只股票价格或交易量的异常，只有纵向具体比较徐翔买卖该只股票的交易量与该股股票总交易量的比例关系，才能锁定因果关系。

客观而言，"中小板综指""创业板综指"等可比指数均是相关板块所有股票按照一定公式计算出的综合指数，证券市场上不可能有任何一只股票与这些可比指数的走势完全一致，均存在不同程度的偏离。换言之，选取市场上任何一只股票，均有可能高于徐翔案所涉股票的偏离值，而且在大盘暴涨或暴跌时，个股与可比指数的偏离情况会更加严重。现行刑法及相关证券法律规范中，对于偏离值达到多少才构成交易异常，从而构成对证券市场的操纵，并未明确标准。《认定指引》第13、第14条仅规定了，认定操纵行为要求"行为人的行为是证券交易价格异常或形成虚拟的价格水平，或者证券交易量异常或形成虚拟的交易量水平的重要原因"，对于"重要原因"的含义未作出准确解释。在徐翔案中，仅粗略地以偏离值来推导出是其行为导致了股票价格和交易量异常的危害结果，并没有具体交易量占比的分析比对，这样的统计和认定是不严谨的。

此外，有观点认为，从技术角度来证明操纵证券犯罪的行为与结果之间的因果关系难度很大，无论是数据统计还是逻辑论证，很多操纵证券市场的案件最终无法定罪的重要原因即在于此。诚然，在浩如烟海的证券交易中准确锁定本罪的因果关系确实困难，但这并非意味着定罪可以模糊处理因果关系证明问题。国家检察机关发起刑事诉讼所涉及的是人的基本权利和自由，必须完整证明本罪犯罪构成要件的成立,缺一不可。至于证明因果关系成立的标准限度则有待刑事立法和司法的进一步明确。

(二)"利用信息优势连续交易型"操纵证券市场行为的罪与罚

1. 信息本身的真假之别

行为人利用"虚假信息"误导一般投资者,才是值得以本罪进行刑法评价的行为。从信息本身的性质来看,其有真实与虚假之分,若利用信息优势构成操纵证券市场罪,那么利用真实信息进行的操纵与利用虚假信息进行的操纵,二者在入罪的标准方面是否应当有所区分?再进一步而言,二者在犯罪的主观恶性和社会危害性层面是否应当有所区分?综合操纵证券市场罪的立法本意和社会常理来理解,二者在入罪标准上应当有所区分,这样才能符合刑法本身的逻辑自洽,符合行政执法权与刑事处罚权之间的合理衔接。徐翔案中,双方所利用的有些是真实的信息和信息优势。在考量主观恶性和行为的社会危害性方面,应当作出相较于利用虚假信息及优势来操纵证券市场而言,更加轻缓的认定和处罚。

同时,《立案标准(二)》第 39 条第 1 款第 1 ~7 项明确规定了 7 种应当以操纵证券市场、期货罪立案追诉的情形,包括连续交易、对倒交易(又称"对敲")、自买自卖、虚假申报、虚假推荐(又称"抢帽子"),且证券市场上还有"尾市拉抬"等操作方式,综合比较这些操纵行为的特征可知,操纵手段的"虚假性"是它们的共性,即利用"虚假信息"或"虚假交易"不正当地影响或者误导投资者、影响交易决策的行为,从而归类为犯罪意义上的操纵行为。

行为人利用(真实)信息优势进行股票交易达到一定"交易量"的标准,才值得以本罪进行刑法评价。对于利用信息优势操纵证券市场行为的行政处罚和刑事处罚,应当设定以"交易量"为区分标准的界限。据统计,徐翔利用真实信息优势进行交易的交易量远未达到前述规定标准,因此其利用信息优势的行为在性质上并不符合刑法的要求,即便存在违规利用信息优势的情况,也仅属于行政处罚的范围。

2. 行政处罚与刑事制裁的界限

在前述分析"连续交易"需要"交易量"标准要求的基础上,进一步从操纵证券市场罪的本质来理解其内涵。操纵证券市场罪的本质特征或者社会危害性主要表现为影响股票价格和交易量,那么,若行为人在1个交易日内连续2次以上交易1股股票,是否仍可构成连续交易并影响了股票价格和交易量?此连续交易行为是否已经无法为行政处罚所涵盖,因而必须动用刑法评价?再如,徐翔买入股票后,几个月之后才卖出股票,这种行为是否仍需越过行政处罚的边界而动用刑事制裁?

一言蔽之,对于认定以"连续交易"的方式成立操纵证券市场罪的情形,应当比照"自买自卖、对倒交易"等异常交易行为设立"交易量"的标准,达到此交易量标准的方才构成本罪,此交易量标准以下则属于行政处罚的范围。

客观而言,徐翔利用了信息优势进行连续交易,此行为即可进行行政处罚;但只有其利用信息优势连续交易达到了一定量的标准,才可进行刑法评价。纵观目前刑事法律和证券行业监管规则,仅有《立案标准(二)》第39条第1款第1项列明的"30%以上+连续20个工作日+30%以上"可作为参考标准来适用。"交易量"的大小区分构成对"连续交易"行为进行行政处罚和刑事制裁的界限。

此外,关于操纵证券市场罪究竟属于行为犯还是结果犯,存在很大争议。如果属于行为犯,即只要存在操纵行为,便构成犯罪,这样实际上等于是虚置了对本罪的行政处罚手段,也无须证券行业自律和行政监管,直接动用刑事制裁进行评价和打击,显然也不合理。因此,对于行政处罚而言,只要证实操纵行为成立即可,无须证实危害结果存在,因为其利用信息优势交易本身即侵犯了证券市场的公平、公正、公开原则,影响了证券市场的正常交易秩序,即近似于"行为犯"标准;但对于刑事制裁而言,必须要求证实危害结果存在,即采用"结果犯"标准。

3. 利用"商誉优势"是否值得刑法评价?

对于操纵证券市场罪的认定,立法不仅要求在质上是影响股票交易价格和交易量的行为,而且要求在量上必须具有影响证券市场正常秩序的具体危害结果。《立案标准(二)》的列举实则是对操纵证券市场行为本质的进一步重申,即滥用资金优势或信息优势等行为,只有在主观上出于操纵证券市场的意图,客观上具有操纵证券市场的可能性并造成了实际危害结果,才能充足操纵证券市场罪的法定构成要件而构成犯罪。

对于"利用信息优势型操纵证券市场罪"的构成要件的完整理解应当是:行

为人以利用“虚假”信息优势的不正当的手段，连续交易股票，误导了一般投资者的决策，从而影响了正常的股票价格和交易量，扰乱了正常交易秩序；或者，行为人利用“真实”信息优势，连续交易股票达到了具体量的标准（比如连续20工作日内连续交易量达到该股票同期总成交量的30%），误导了一般投资者的决策，从而影响了正常的股票价格和交易量，扰乱了正常交易秩序。

究其根本，造成徐翔案所涉上市公司股价和交易量出现异常的真正原因在于徐翔所具有的“名人效应”引发投资者大量跟进买卖股票。13家上市公司积极寻求与徐翔合作，也是意在利用徐翔所具有的名人效应。事实上在证券市场中，有相当数量的投资者长期跟踪徐翔买卖股票，甚至专门跟踪徐翔开设账户的证券营业部和交易席号的动向。不过，徐翔利用自身具有的“商业信誉”（或名人效应）并不违法，《刑法》也并未规定“利用商业信誉优势”操纵证券市场罪，其反倒是合乎证券市场属性，为证券市场所鼓励的行为。

可以设想，若《刑法》将利用“商誉优势”的行为，与“利用资金优势、持股优势、信息优势连续交易”三种行为模式一并列入操纵证券市场犯罪的打击范围，会得出逻辑上的谬论，即禁止具有证券市场“商誉优势”的人从事任何与股票交易有关的行为。

（三）反思

1. 警惕法律人智识上的傲慢

伴随市场经济的发展，证券行业本身也在不断发展，从证券行业的行政监管规则及证交所交易规则的不断细化即可窥知一二。相较于证券行业的迅速发展而言，法律本身固有的滞后性特征则会被放大，况且刑事法律更是法律部门中最为历史悠久和传统保守的分支。刑法作为其他所有法律部门的最后一道防线和堡垒，担负的责任不可谓不重。但是，法律人是否因此在无意间形成了一种的智识上的傲慢，怀抱着法律至上主义的观念，一方面认为法律制定社会运行的规则，无法律则必定无秩序；另一方面认为刑事法律尤其不可或缺，其承担着社会公平与正义的最终实现。法律人心中似乎唯有法律可资作为天地经纬，而忽略了事物本身的多面性和社会发展的复杂性，正如对于证券行业的发展，某种程度上不少人法律人仍旧存有计划经济时代的刑法思维，忽视了放下法律人的架子，心平气和地浸身于证券期货行业中认真学习研究，而不仅是所谓的站在法律疆域内看待证券行业发展，只有如此方可能弥合刑事法律同证券行业发展之间的鸿沟。

2. 市场经济规则的完善

对于证券期货行业的发展而言，整个社会应当允许存在一定的试错机制，这也是法律本身发展的必然代价，或者说这是市场经济存在和发展理所当然应承担的代价，我们不可能只享受证券行业发展所带来的利益，而不承担其同时带来的风险和错误。

完善行政处罚与刑事制裁之间的衔接，是这种试错机制中非常关键的一个方面。行政处罚相当于树立起来的一道防火墙，明确行政处罚足以囊括的违法行为范围和边界，而非使证券行业的违法操作行为动辄滑入犯罪之网，这不是证券市场长远发展应有的健康合理氛围。同时，这也反映着整个社会对于刑罚功能认识的转变，更多地突出“保护”而非“打击”。

3. 安全与自由的平衡

打击犯罪与保障权利，安全与自由，二者是刑法所要权衡的价值追求。权利并非固定不变，而是随着社会发展不断丰富权利的内容、调整权利的边界，这也使打击犯罪的力度和范围随之变动。刑法在因时因地随时进行着价值选择，正如同时钟的钟摆，在打击犯罪和保障权利这两端摆动，不断微调以适应社会发展的实际，而不能突破基本的共识和底线。

对于刑法暂时未全然理解的新事物，不可抱着“宁错罚不错放”的心态和思维，而是应当保留一定空间允许试错。在保持刑法的克制的情况下，所承担的一定程度上放纵犯罪的后果和享受的证券、期货市场发展活力的成果，二者之间是可以求得平衡的，只不过需要我们更多地转变思维，更好地尊重市场经济的客观规律。

刑法应当秉持克制，法律人应当坚持审慎。让市场的归市场，犯罪的归犯罪。各行其是，即便偶有含混不清，市场自身的发展也会累积相应的解决之法。这样才是刑罚功能实现的应有之义，毕竟不应当是为了惩罚而惩罚。节制是真正的美德，对于个人和国家而言皆如此，尤其是最为严峻的刑事制裁。唯如此，才是实现未来“徐翔案”的罪与罚之间平衡的合理之道。

第十四讲

证券期货犯罪的规制原则

证券期货犯罪的刑事立法与司法实践是控制证券、期货市场风险与保护投资者利益最为重要且技术难度最高的制度屏障之一。由于刑法控制手段具有剥夺证券、期货市场违规违法参与者自由以及处以严厉罚金的最高规范强制力，在前置性金融市场法律法规已经对市场操纵行为建构了仓位控制、异常交易实时监控、行政处罚等机制的前提下，证券、期货市场法律制度必须以前瞻性的视角深度思考如何通过进一步的规范优化，有效地对证券期货犯罪进行监管，从而实现对证券、期货市场进行更富有制度效率的保障。

证券、期货市场在技术与机制上的不断创新意味着证券期货犯罪行为同样处于发展与变化的动态过程之中。证券期货犯罪惩治与防控机制应随之相应调整。

一、谨慎克制原则

对于证券期货犯罪，社会各界（尤其是金融市场中的中小投资者）希望通过刑事立法、严厉刑罚进行高强度的震慑与处罚。以规范控制为导向的法律理论也认为，市场操纵等违法犯罪难以通过市场机制或者自律监管交易解决，如何通过法律以及刑罚控制的方式强化管制是一个必须规划的问题。[1] 放任证券、期货市场竞争机制自行处理证券期货犯罪，显然不明智也不可行。必须制定明确且具体的法律规范，尽可能针对明显具有违法意图的犯罪行为进行严厉惩罚。[2]

然而，以自由市场为导向的金融与法律理论认为，在充分竞争的市场环境下，金融市场自律性监管系统能够催生金融产品多样化发展，相对于法律监管而言，自律监管措施能够更为精确地反映市场需求，在良性循环中生成更为丰富、更具有效率的市场规则。[3] 相关实证研究亦发现，没有证据表明公权力介

---

〔1〕 See Steve Thel, “\$850,000 in Six Minutes – The Mechanics of Securities Manipulation”, *Cornell Law Review* 79, 1994, p. 219.

〔2〕 See Louis Kaplow, “Rules Versus Standards: An Economic Analysis”, *Duke Law Journal* 42, 1992, p. 557.

〔3〕 See R. Ellickson, *Order Without Law*, Harvard University Press, 1991, p. 36.

入下的证券、期货市场违法犯罪监管措施对于市场产生有利影响,却有非常有力的证据显示,以信息披露与民事诉讼为基础的证券、期货市场法律制度对市场产生了积极影响。[1]

笔者认为,刑法制度介入证券期货犯罪的法律监管,将刑罚的强制性手段纳入调控证券、期货市场的法律体系之中,显然是必要的。对于以具有资源优势的投资者为主形成的证券、期货市场而言,由于存在明显的利益冲突,单纯依靠市场竞争机制难以控制证券、期货市场中的市场操纵等侵害行为。[2] 同时,由于全球证券、期货市场竞争激烈,各种类型的金融交易机构或者投资者面对行政法律监管制度,完全可以采取转换市场的方式,选择其认为更富效率的交易平台。行政法律监管难以实现充分配置市场监督资源、改进信息不对称状态、降低潜在系统性风险与违法犯罪风险的监管目标。所以,证券、期货市场自发调整或者行政法律规范调整证券、期货市场操纵违法犯罪行为,由于存在利益冲突、执行乏力等固有劣势,无法惩治与防范市场操纵对整个市场带来的风险,最终只能依靠刑法规范对证券、期货市场进行最后的规范保障。

金融商品投资或者交易是风险较大的一种投资手段与对冲策略,如果缺乏规范完善的市场,投资风险不仅无法被控制,而且会随着监管效率的弱化而不断加强。风险加剧的结果必然导致大中小投资者的惨重损失,极少数机构和行为人获得暴利。所以,证券期货犯罪在严重侵害证券、期货市场秩序的同时,必然会损害证券、期货市场投资者的合法利益。行政法律对证券、期货市场的监管常常具有不稳定性与阶段性,各国证券行政法律法规都曾出现过过度重视市场发展而忽视投资者保护的情况。例如,因行政法律监管缺失与失控而引发的证券期货以及衍生品市场过度投机成为2008年全球金融危机的导火索。这次全球金融危机充分证明了行政法律对证券、期货市场监管与投资者保护的不稳定性。在行政法律监管权限方面,美国《2000年商品期货现代化法》明确禁止SEC与美国商品期货委员会(CFTC)监管证券期货衍生品市场,仅允许SEC根据审查证券互换交易中是否存在欺诈行为。然而,SEC无权要求证券互换交易

---

[1] See Rafael La Porta, "Florencio Lopez - de - Silanes, Andrei Shleifer, What Works in Securities Laws?", *Journal of Finance*61, 2006, p. 1.

[2] See Adam C. Pritchard, "Self - Regulation and Securities Markets", Regulation 26, 2003, pp. 32 - 36.

商登记与报告交易数据、披露交易信息等，在缺乏预防性监管措施的情况下，SEC 没有充分的监管能力去调查与阻止场外市场中的欺诈行为。[1] 由于《2000 年商品期货现代化法》对金融衍生品和证券期货混合工具规定了审查豁免，造成场外市场几乎不受行政法律监管，[2] 导致行政法律根本无法控制证券、期货市场的系统性风险。2010 年美国《金融改革法案》设置了系统且广泛的监管框架规制衍生品交易市场——SEC 监管证券互换交易并对所有与证券有关的互换交易执行反欺诈调查；CFTC 监管包括能源、农产品互换在内的所有互换交易以及衍生品结算中心、互换交易数据中心等机构；对于具有期货期权成分的证券互换，SEC 与 CFTC 进行共同监管，SEC 有权向 CFTC 调取与证券互换有关的交易信息与数据。[3] 在监管内容方面，标准化的衍生品应当在受监管的同业中心进行交易、通过中心结算系统执行交易；对交易对手之间自由设计的非典型性衍生品规定更高的资本金要求从而促使此类交易尽量向"类标准化"衍生品交易转型；对衍生品交易方、做市商、结算组织、互换托管方等进行全面的注册与合规管理。现阶段证券、期货市场法律监管强调最小化系统风险、降低信息不对称程度、控制机会主义行为等一系列市场监管改革措施。美国、欧盟等发达金融市场以及包括中国在内的新兴金融体系正在朝着证券、期货、衍生品市场全面化的行政法律监管模式迈进。虽然上述一系列措施体现了法律对于证券、期货市场监管与违法犯罪风险的有效应对，但是，从另一个层面深思，我们完全可以提出深层次的隐忧——行政法律监管始终具有阶段性应对市场风险问题的先在性缺陷，而市场操纵违法犯罪行为又是爆发系统性风险的先兆或者触发点。行政法律监管的不稳定性及其易受强力市场参与者影响性的特点决定了对于证券、期货市场投资者保护这一价值而言，行政监管措施确实较难进行持之以恒的贯彻与执行。

投资者及其持有的资本是证券、期货市场的基石。但是，投资者涉足证券、

---

[1] 参见谢杰：《美国金融改革法案对场外市场反操纵法律的完善及其启示》，载《甘肃警察职业学院学报》2011 年第 4 期。

[2] 参见熊玉莲：《美国场外金融衍生品规则演变及监管改革》，载《华东政法大学学报》2011 年第 2 期。

[3] 参见谢杰：《美国金融改革法案对场外市场反操纵法律的完善及其启示》，载《甘肃警察职业学院学报》2011 年第 4 期。

期货市场是以谋取某项权利和收益为前提的，如果证券、期货市场存在不受控制的非法剥夺投资者合法权益的证券期货犯罪行为，投资风险相应也就无法控制。相对于灵活性更强的行政法律而言，刑法规范与刑事司法机制对于证券、期货市场投资者保护的价值追求是最为稳固的一种制度安排。所以，不断优化的证券期货犯罪刑法规制实践，可以为从事金融商品交易、利用金融工具对冲风险的投资者，提供稳定且强大的规范与司法保障。

在肯定刑法制度应当介入反市场滥用法律监管的基础上，笔者进一步认为，刑法应当具有最后手段性、审慎性以及克制性。刑法介入证券、期货市场监管的时间上理应具有相对滞后性，介入范围也不宜过宽。刑事制裁措施应该适用于证券、期货市场中最为严重的那一部分操纵行为。刑法介入反市场滥用法律监管一旦丧失审慎性原则的限制，保障市场机制的刑法规范本身将成为金融商品交易的不必要成本、阻碍市场发展的负累。刑法规范应当将更为广泛的监管空间留给证券、期货市场竞争机制与行政法律。刑法应当具有最后手段性，只有在行政法律法规无法应对证券、期货市场中的严重侵害行为的情况下，才具有规范介入的正当性基础。〔1〕

行政法律对于金融市场违法行为具有处罚权，这种强制力在很大程度上能够保证其规范制定、执行、监督的顺利实现，以及调控证券、期货市场目标的完成。行政监管的机构、人员组成、运行规章具有高度的规范性与效率性，执法行为通过听证等程序保障，能够进一步强化规范指引的公众认同感。相对于行政法律法规对于市场操纵行为的信息掌控而言，刑法规制市场操纵行为实际上具有信息渠道不畅或者受限的问题。信息不仅决定了证券、期货、衍生品交易的效益，而且对法律监管提出了严格的掌控要求。在信息对称的情况下，法律监管能够根据证券、期货市场相关金融产品的供求关系进行有针对性的风险评估与规则分配。然而，刑法控制相对于行政法律法规的监管信息掌控力度明显较弱。由于司法机关的金融专业知识与金融市场实务能力并不强于执法机构，并

〔1〕 刑法介入的最后手段性、审慎性以及克制性并不意味着深入研究证券期货犯罪行为以及刑事控制规则相对证券、期货市场违法行为行政控制与市场操纵民事侵权诉讼规则研究而言显得相对不重要。相反，证券期货犯罪刑事控制是逻辑结构最为严密、制度设计最为规范、责任触发机制最为谨慎的规则设计，证券期货犯罪行为的认定与惩治规则在很大程度上能够直接指导市场操纵违法行政处罚与市场操纵侵权民事诉讼的机制建构与完善。

且刑事司法机构对于证券、期货市场中信息获取的成本与技术投入相对较低，信息传输的畅通性、真实性、灵敏性均不足以应对有效法律监管的要求。证券、期货以及衍生品市场技术的高速发展与环境的持续演变进一步放大了刑法以及刑事司法人员介入该领域进行规制的信息不对称劣势，从而导致其无法就相关决策或者规范制定开展最基本的效率评估。所以，证券、期货市场刑事法律规范制度只能集中精力与资源，针对特别严重且行政法律已经无法控制的市场操纵行为进行研究与分析，设计、完善具有针对性的刑法条文规制证券期货犯罪。

二、协调立法原则

刑法是证券、期货市场保护规范体系中极为重要且具有最后保障性的制度安排。刑法制度在介入反市场滥用法律监管领域时必须坚持谦抑性原则。但是，在刑事立法实践中，证券、期货市场保护与刑法谦抑理念并非一直处于理想化的平衡状态，往往会出现多种不平衡、不协调的情况：(1)刑事立法积极介入，通过制定刑法修正案的方式先于证券、期货行政法律增加全新的证券期货犯罪，或者对原有的证券期货犯罪构成要件进行“松弛化”处理，从而拓展证券期货犯罪的规制范围。这实际上是刑法偏向于追求证券、期货市场保护价值而忽略刑法谦抑理念的问题。(2)证券期货行政法律规定的、应当以犯罪追究刑事责任的行为类型，没有在刑法规定中予以体现。这表明证券期货犯罪刑事立法难以与前置性法律实现协调。(3)刑事执法司法实践能动地调整本应当由市场竞争机制自发解决的市场滥用问题，而在刑事措施应当积极配合行政监管措施的场合，刑事执法司法机制往往又处于缺位状态。上述证券、期货市场制度保护与刑法克制性理念之间的非均衡状态，应当引起高度关注。

笔者认为，证券期货犯罪惩防机制的建构，应当协调不同法律规范与实施机制的优势，充分体现证券、期货法律法规和刑法的内容以及各自运作体系的特点，对于市场操纵行为的犯罪化实践，应当坚持沿着以下现实路径进行探索。

其一，优化市场自发调整机制与证券期货犯罪刑法控制之间的动态关系。

2008 年全球金融危机之前早已有较多研究者提出了证券、期货以及衍生品市场全面化的法律监管意见与具体方案。[1] 但是,时至今日,证券、期货以及衍生品市场法律理论研究与监管实践仍然没有透彻地分析,以市场化风险控制手段为核心的自律监管与证券期货犯罪刑法规范控制的比较性优劣及其融合性可能。这就决定了忽视市场创新与风险控制优势,倾向性强化证券期货犯罪刑法规制,只能是陷入自由市场与公权介入之间钟摆式的历史轮回。对此,笔者认为,有必要放弃市场机制与刑法控制无法整合,甚至完全对立的证券、期货市场法律监管的思路桎梏。市场机制与犯罪化控制措施完全可能在互动过程中建设性地进行合作,在有机整合市场规则与刑法规范两种体系的基础上,形成有效率的证券、期货市场法律监管。[2]

金融危机在客观上证明了证券、期货市场及其自律监管经常在制定、执行、监督金融行业规范方面处于激励机制阙如状态的论断。[3] 面对市场失效时,市场机制与自律监管的激励缺失表现得更为突出。排他性地适用自律监管无助于合理控制证券、期货市场中的犯罪风险。证券、期货以及衍生品市场交易参与者的行为本质上都指向利益最大化,而证券、期货市场通过金融创新促进经济发展的社会福祉诉求与市场参与者利益追逐目标之间先在性地存在着对接困难。这就是任何单纯以杠杆性的激发竞争机制与自律监管激励为导向的反市场滥用政策所难以逾越的障碍。类似地,犯罪化实践试图提高控制证券期货犯罪行为的效率,也会面临着信息获取、专业技术、成本效率评估等刑事法律无法单方面逾越的一系列对应性障碍。

因此,整合证券、期货市场竞争机制与刑法控制优势,并且抵消各自控制证券期货证券期货犯罪行为模式的劣势,是克服证券、期货市场法律监管政策实践障碍的一种有益尝试。首先,刑法应当充分地“容忍”证券、期货市场中的风险因素,将证券、期货市场中发生的、符合市场规律的大规模投资损失事件,交给市场自行处理。其次,刑法应当全面地“肯定”证券、期货市场中的充分竞争

---

〔1〕 See R. Baldwin, M. Cave, *Understanding Regulation: Theory, Strategy and Practice*, Oxford University Press, 1999, p. 65; C. Jordan, P. Hughes, “Which Way for Market Institutions: The Fundamental Question of Self – Regulation”, *Berkeley Business Law Journal* 4, 2007, p. 205.

〔2〕 参见谢杰:《论融资犯罪金融风险的刑事控制》,载《新疆警官高等专科学校》2012 年第 2 期。

〔3〕 See I. Ayres, J. Braithwaite, *Responsive Regulation: Transcending the Deregulation Debate*, Oxford University Press, 1992, p. 106.

与优胜劣汰的价值，不能通过积极介入对证券、期货市场投机行为进行打击。最后，刑法应当坚定地“稳固”证券、期货市场的最后法律保护屏障，将严重危及证券、期货市场完整性与严重危害市场运行机制的市场操纵行为纳入规制范围。[1] 尽管刑法对证券、期货市场机制的风险“容忍”、价值“肯定”以及制度“稳固”是从刑事立法或者证券、期货市场操纵行为犯罪化的单一角度提出的，但其所蕴含着对市场自发性或者自律性保障功能必要性的强调与重视。而证券、期货市场民事诉讼机制实际上是一种应对证券、期货市场侵害行为最富效率且高度市场化的手段。尤其是对于市场资本操纵而言，操纵性信息行为与金融商品价格波动的间接关联性意味着反市场滥用违法犯罪执法与司法机构难以从信息与价格的点对点的中心化线路出发、以可控的执法与司法成本惩治市场资本操纵犯罪行为。在公共资源无法在法律实务层面完成信息操纵行为与所有投资者损失认定的情况下，以证券、期货市场参与者自行支付诉讼成本、证券、期货市场民事法律制度设定高额的市场操纵违法犯罪赔偿经济标准、高经济激励机制下的高水平维权律师为核心的民事诉讼机制，更有助于发挥制度震慑作用。

但是，中国证券期货犯罪刑法控制与证券、期货市场民事诉讼机制之间的关系并未形成刑法规范与市场化手段良性互动关系。一方面，刑事立法疲于应对证券期货犯罪，却具有明显的滞后性；另一方面，以市场操纵为代表的证券、期货市场侵害行为的民事诉讼机制长期处于极度不完整的状态，导致即使相关人员构成市场操纵等严重证券期货犯罪，也难以通过市场化的手段对犯罪行为造成的投资者损害进行有效弥补。例如，2011 年 12 月 15 日，北京市第二中级人民法院对中国首起操纵证券市场赔偿纠纷案——18 名投资者诉程文水、刘延泽二人操纵 * ST 钛白（原“中核钛白”，股票代码：002145）民事赔偿案——做出了一审驳回原告诉讼请求的判决。[2] 紧随其后，12 月 16 日，北京市第二中级人民法院以相同的理由，驳回股民王宝强诉北京首放投资公司、汪建中操纵证

[1] 参见谢杰：《论融资犯罪金融风险的刑事控制》，载《新疆警官高等专科学校学报》2012 年第 2 期。

[2] 参见李冰：《首例操纵证券市场案投资者维权遭拒　司法解释不健全或是主因》，载《证券日报》2011 年 12 月 19 日，第 C2 版。

券市场赔偿纠纷案中的损害赔偿请求。[1] 我国《证券法》仅就市场操纵民事诉讼机制做出了原则性规定，目前并没有与市场操纵民事赔偿有关的司法解释。在上述民事诉讼中，原告及代理律师均主张参照2003年最高人民法院《关于审理证券市场因虚假陈述引发的民事赔偿案件的若干规定》认定操纵证券市场的民事赔偿责任和损失的计算数额。从法理上分析，这显然是缺乏程序性法律依据的。因为虚假陈述明显区别于市场操纵，两者是截然不同的证券、期货市场侵害行为。同时，从侵权责任的实体法律层面进行分析，买卖股票系投资行为，投资本身即存在盈亏风险，股票的涨跌受该上市公司的财务、经营状况、所属行业景气程度以及综合指数等因素影响，投资股票产生的损失，能否认定是由相关操纵行为造成的，在证券法理论上与实践中均未形成共识。

由此可见，在我国市场操纵侵害行为的民事诉讼受理、胜诉在法律实践中存在很大的障碍，主要根源在于《证券法》实施之后的民事诉讼救济机制与细化司法裁判规则迟迟没有出台。这种刑事立法机制完整而民事诉讼制度极度欠缺的证券、期货市场违法犯罪控制政策，实际上是本末倒置或者关系错位的。更为顺畅的立法思路应当是：先在民事诉讼立法层面解决市场操纵违法犯罪行为的赔偿问题，在民事赔偿机制无法有效制裁侵害行为的情况下，才有必要评估制定刑事规范应对严重违法犯罪行为的价值。通过民事诉讼不断积累对抗证券、期货市场操纵行为的经验，对于证券期货犯罪的构成要件配置、证明标准要求等问题同样具有极强的指导意义。所以，只有充分利用市场竞争机制下的市场力量对抗，中国证券、期货市场才能实现对证券、期货市场中严重操纵违法犯罪行为的有效监管。[2]

其二，证券期货犯罪刑事法律制度应当与证券行政法律规范实现联动立法。

我国的证券、期货、衍生品市场金融创新能力相对不足。在后金融危机时代、世界各国和地区的金融中心强化证券、期货市场法律监管的背景下，如果过度强调证券期货犯罪刑事立法控制而缺乏相对更有效率的行政法律监管，中国

---

〔1〕 参见何靖：《股民诉“股市黑嘴”民事赔偿案被驳回》，载《人民法院报》2011年12月17日，第3版。

〔2〕 参见谢杰：《操纵证券市场民事诉讼机制：美国经验与中国选择》，载《财经·金融实务》2012年第2期。

证券、期货市场显然无法摆脱交易品种单一、流动性不足、国际竞争乏力的局面。融合行政法律监管有效性与证券期货犯罪刑事立法强制性的联动立法，理应成为中国证券、期货市场重点思考的法律控制模式。证券、期货、衍生品交易跨行业、跨国界、跨领域的特点，决定了证券、期货市场涉及银行、证券、保险、外汇等金融环节以及企业风险管理等多重监管环节，行政监管必然涉及多头监管与协调。[1] 刑事立法与行政法律体系建构必须进行联动性的思考，才能防止刑事立法与行政法律之间出现规范漏洞或者矛盾。

证券期货犯罪刑事立法尽管具有最高强度的"强制性"，但刑事立法本身内含着一定程度的公共管理目标以及对市场参与者的监督管理。证券期货犯罪刑事法律与前置性行政法律联动立法存在必然的逻辑联系。刑事立法与行政立法分别内化为强制性法律规范体系内的规范宏观引导与证券、期货市场监管领域具体执行这两个组成要素，有利于促进证券期货犯罪风险控制与行政监管效率之间的平衡。

对于证券、期货市场中的操纵行为，行政立法的反应显然更快，但在启动行政法律监管应对机制的同时，应当联动触发刑事立法对相同问题的评估。行政法律规范的建构重在针对证券、期货市场中具体类型的操纵行为进行快速应对，在尽量不损害市场效率的前提下解决市场秩序与公平性问题。而证券期货犯罪刑事立法重在通过强大的刑法规范震慑力，指引证券、期货市场参与者通过遵守行政立法层面制定的法律监管规则，实现有限市场资源的优化配置。[2] 与行政立法进行联动思考的证券期货犯罪刑事立法，能够摆脱单一化的刑法逻辑维度，从而更为关注刑法规范本身的最后保障性价值，更加强调在保证市场参与者正当利益的基础上实现证券、期货市场服务实体经济发展。证券期货犯罪的刑事立法应当定位成一种规范压力为主导的被动型法律，意在促使证券、期货市场通过自律监管、行政法律独有的灵活性与反应性处理不断变化中的市场信息与环境，设计更富有效率的监管规则。所以，证券期货犯罪刑事立法本身应当具有明确的法律监管竞争的核心内涵，允许监管效率更高的行政法律替

[1] 参见谢杰：《美国金融改革法案对场外市场反操纵法律的完善及其启示》，载《甘肃警察职业学院学报》2011 年第 4 期。

[2] 参见谢杰：《论融资犯罪金融风险的刑事控制》，载《新疆警官高等专科学校》2012 年第 2 期。

代存在扼杀金融创新风险的刑事立法。

实现证券期货犯罪刑事立法与行政立法联动的核心在于监管与立法信息流动，而实现信息流动的关键又在于培植证券期货犯罪刑事立法与行政立法之间的对话机制。从中国过去证券期货犯罪立法实践脉络中可以清晰地看到，刑事立法与行政立法之间极少存在信息流转与对话沟通，刑事立法与行政立法往往根据各自的价值导向与利益诉求解决证券、期货市场中侵害行为的法律应对问题。这种法律规范建构之前相对独立且不成系统的立法路径是造成证券、期货市场刑事法律规范与行政法律法规之间存在规范不一致、不协调的主要原因。如果能够重视证券、期货市场不同规制层次立法之间的信息沟通与对话，刑事立法就能够通过信息沟通平台充分理解证券、期货以及衍生品交易复杂的技术性内容与结构，从而设定更有针对性的刑法介入措施。同时，对话机制能够确保证券、期货市场市场参与者、行政监管机构正确评价刑事立法，发现并解决意见分歧、深化联动程度以及优化信息共享。这同样是证券期货犯罪刑事立法在制定之后能够被有效适用与进一步完善的重要基础。

其三，证券、期货市场违法犯罪案件行政处罚与刑事制裁机制应当实现联动运作。

传统证券期货犯罪法律理论提出刑法谦抑性之后，往往将惩治与防控证券期货犯罪的压力转移至行政监管与行政处罚措施。这不仅弱化了证券、期货市场通过竞争化机制调整市场操纵等证券、期货市场滥用行为的功能，而且忽略了行政监管与行政处罚措施的客观障碍——行政处罚机制得以有效实施的前提是行政监管措施的有效性与有力性，但目前中国证券、期货市场稽查机构的执法资源配置并不足以应对高效查处市场操纵案件的现实压力。[1] 所以，合理的证券、期货市场违法犯罪规制原则是建构行政处罚与刑事制裁联动机制，逐步导向行政刑事并行查处机制，通过刑事措施的力度提升行政处罚效率，通过行政监管机构的专业化水平提升刑事司法适用的准确性。

证券、期货市场刑事司法机制长期以来承担了与各种金融市场犯罪有关的调查、起诉、预防、审判等金融司法职能，并且在法律上配置了各种强有力的刑

---

〔1〕 参见魏书光：《肖钢：把监管重心转到加强稽查执法》，载《证券时报》2013 年 8 月 20 日，第 1 版。

事侦查与强制措施,其优势在于司法措施的强制力。证券、期货市场行政监管机构基于金融专业能力的优势,实际上更有利于打通证券、期货市场行业管理、证券、期货市场违法监管、证券期货犯罪惩治、违法犯罪预防等各个环节的职能,从而在整体上提升金融风险控制能力。在仍然坚持刑事司法与金融监管分别由司法机关与金融行政机构实质分立运作的架构下,金融司法的专业化水平长期无法提高。

尽管证券、期货市场刑事法律规范与前置性金融监管法律在实体边界上存在明晰的界限并且应当体现出刑法制度内化的抑制性,但程序运作层面的刑事司法措施与金融行政监管应当全面融合与并行运作。金融司法可以深入地介入行政监管与行政处罚程序,了解金融机构、金融监管、金融市场领域的具体情况,现实地掌握金融机构经营模式及实际运作情形,发现并提出影响金融机构健全经营的个别性或者系统性问题,并通过刑事司法手段支持行政机构查处市场操纵等证券、期货市场违法犯罪案件。证券、期货市场行政监管机构及其办案人员的专业化水平更高,对于当前金融风险防控与金融制度改革的反应更为敏捷。金融监管可以反向介入证券期货犯罪案件刑事司法程序,提供专业机构的咨询意见。

三、风险控制原则

证券期货犯罪刑法条文建构与适用的正当性基础应当随着社会经济的发展而进行调整。在金融市场竞争不断深化的时代背景下,权力控制的逐渐剥离与金融垄断的逐渐分化,促使证券期货犯罪刑法规范的建构与解释有必要从单纯的前置性规范维护转向以金融风险控制为核心制定与适用证券、期货市场刑事法律规范。证券期货犯罪刑法规范文本的存在价值在于为风险社会中日益深化的金融风险设置必要且具有最强控制力度的保障机制。但是,由于金融风险的“质”始终处于演进状态,“量”一直处于变动状态,证券期货犯罪刑法基础理论与司法实践、立法需求等出现一定程度的脱节,形成了较多争议问题或者生成了一系列批判性反思,与此同时还加深了个案罪与非罪、量刑强度等问题的判断难度。根源性问题就在于,金融风险控制法律思维与规则的缺失,造成证券期货犯罪刑事立法、司法实践无法回答与证券期货犯罪刑法规制正当性基础和实践理性有关的本质追问。[1]

以证券期货犯罪为例，金融风险或者金融市场中的价格剧烈波动本身就是风险社会中固有的类型化风险，行为人通过交易行为或者信息传递行为在制造何种程度的法律所禁止的金融风险时才应当被纳入刑事规范体系进行评价，怎样严重的价格风险才能够作为提升或者处以最高程度刑罚制裁的量化依据？金融商品价格风险或者金融市场中的系统性风险是由金融市场固有风险、过度投机风险、市场操纵违法犯罪风险等不同层次的风险因素叠加而成的，是否应当由金融市场中的操纵行为承担所有金融风险的法律责任，金融监管权力对于因金融商品价格风险或者金融市场系统性风险的制造、放大、爆发而生成的刑事法律责任是否必然（应然）属于完全不具有关联性的不可归责因素？[2]

受到社会各界、证券、期货市场广泛关注的、大规模市场操纵违法犯罪案件都具有明显的同质性特点——资金运作数量与流动范围大、交易时间跨度长、操纵行为对证券、期货市场影响深远、金融监管在案发前集体缺位。金融监管事先预防与事中监控功能实质性地退后至事后查处，这意味着以金融风险预防与控制为核心的行政监管、以金融风险评价与认定为核心的刑事司法承担了相同性质的职能。单纯从刑事责任定性与定量的角度分析，金融监管缺位显然不能作为阻却证券期货犯罪刑事违法性、降低证券期货犯罪刑事处罚强度的抗辩事由。因为制造法律禁止的金融风险的证券期货犯罪行为现实地违反了法律规定且市场行为人具有犯罪故意，应当承担相应的法律责任，金融监管机构及其工作人员的监管失职、过错、缺位等，与证券期货犯罪行为本身无关，并不能成为免除证券期货犯罪刑事责任的理由。然而，这显然是脱离证券、期货市场侵害行为、监管行为、市场因素与金融风险之间因果关系，在纯粹刑法规范内部框架下进行形式化理解的结论。如果能够超越形式化理解的桎梏，在重构证券期货犯罪刑法规范的过程中以金融风险分配为原则建构犯罪类型体系，完全没有理由在立法阶段将金融监管缺位排斥在弱化刑事责任追究的事由之外。[3]

---

[1] 参见谢杰：《论融资犯罪金融风险的刑事控制》，载《新疆警官高等专科学校》2012年第2期；谢杰：《融资犯罪反思性审视与规范优化建议》，载刘宪权主编：《刑法学研究》（第9卷），上海人民出版社2012年版，第81页。

[2] 参见谢杰：《论融资犯罪金融风险的刑事控制》，载《新疆警官高等专科学校》2012年第2期。

[3] 参见谢杰：《论融资犯罪金融风险的刑事控制》，载《新疆警官高等专科学校》2012年第2期。

笔者认为，随着证券、期货市场改革的不断深入，证券期货犯罪刑事立法与司法实践应以金融风险控制为核心，渐进地重构刑法规范与司法解释。在刑事立法环节，注重以系统性金融风险评估为导向设置证券期货犯罪；在刑事司法环节，强调以类型化金融风险判断为导向认定证券期货犯罪个案或者制定类案司法规则。[1]

证券、期货市场中由市场行为人制造的不允许的金融风险严重侵害法律所保护的金融安全与投资者权益，应当成为刑法设置证券期货犯罪保护制度性利益的正当性基础。只有在证券期货犯罪行为对金融安全与投资者权益足以造成侵害风险的情况下，才能于风险生成之后运用刑法规范进行法律评价。金融风险是对证券期货犯罪进行归责的前提条件。[2] 因为刑法规范不仅具有防止风险转化为实际损害的功能，还具有控制公众在风险社会中的心理恐慌功能。[3] 如果行为不存在法益侵害风险，即使客观上发生了投资者严重损失的结果，也不应对行为进行刑法规范评价。[4]

图 1 勾勒了证券期货犯罪归责的递进式规范评价模式。

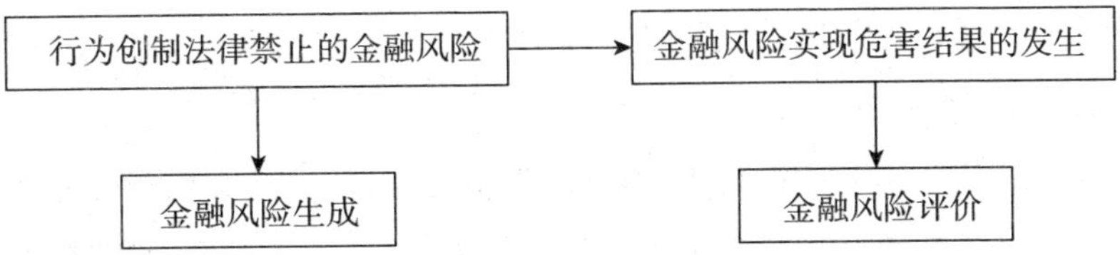

图 1 证券期货犯罪归责模式

由于法律对于证券期货犯罪行为类型的规定是形式化与明确化的，需要进行实质分析的是金融风险，而金融风险生成的判断并不是正向证明问题，而是反向排除过程——以证券期货犯罪行为对于法律保护的社会利益与价值具有本质风险为基础，从反面将不属于创制金融风险情形排除之后，可以认定行为创制法律不允许的风险。风险排除事由包括：(1)法律允许的金融风险（市场风险等）；(2)金融风险创制基于事件而非具有刑法意义的行为（技术风险、政治

[1] 参见谢杰：《论融资犯罪金融风险的刑事控制》，载《新疆警官高等专科学校》2012 年第 2 期。
[2] 参见谢杰：《论融资犯罪金融风险的刑事控制》，载《新疆警官高等专科学校》2012 年第 2 期。
[3] 谢杰：《"但书"是对抽象危险犯进行适用性限制的唯一根据》，载《法学》2011 年第 7 期。
[4] 谢杰：《论融资犯罪金融风险的刑事控制》，载《新疆警官高等专科学校》2012 年第 2 期。

风险等引发的金融市场指数暴跌);(3)无实质风险(投入大量资本连续拉升股价并持有绝大多数金融商品仓位,但没有引发市场关注从而没有投资者高位接盘等)。

金融风险评价的递进式判断模式表现为图2。

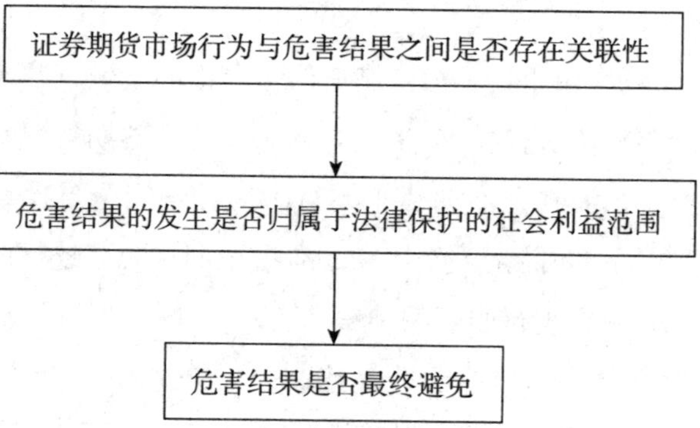

图2 金融风险评价模式

因此,证券、期货市场行为创制金融风险且该金融风险实现危害结果的,对于特定市场行为所产生的法益侵害事实才存在证券期货犯罪构成要件进行刑法评价的问题。[1]

现阶段特定的市场操纵行为(例如,连续买入证券,持有相当数量的仓位,并且不按照证券法律法规的规定进行持仓报告)被立法者视为对现有法律制度具有侵害危险,本质上是一种"社会治理的政策选择",[2]刑法介入是否具有合理性的问题并不纳入考察的范围。在作为一种可能性结果的金融利益危险实际发生损害之前,危险本身具有不可预知性;金融危险可能性转化为实际经济损失之后,操纵行为性质又有可能随着实际后果的扩大化而发生变化。但是,即使时间进度存在变数,证券、期货市场趋向于竞争、利益分化的趋势不容逆转,在这样的金融改革与制度转换背景下,证券期货犯罪刑事控制原理应当进行同步反思与转变。证券期货犯罪之所以应当纳入刑法规制的范畴,是因为此类行为对于金融市场安全与投资者权益造成了典型性风险,这种风险并非来源于政策选择或者经验判断,而是基于统计科学的数据基础与行为科学的技术支

---

〔1〕 参见谢杰:《论融资犯罪金融风险的刑事控制》,载《新疆警官高等专科学校》2012年第2期。

〔2〕 Eva Graul, Abstrakte Gefährdungsdelikte und Präsumtionen im Strafrecht, Berlin, 1991, S. 155.

撑。风险并非是与其具有因果关系的事件所引发的结果，而是源于盖然性归责而产生的一种结果，例如，通过精算方式对某种危害行为进行归责。风险本质上是一种混合性情境，是潜在的有害因素。无论是社会传承的认识，还是法律上的拟制，抑或是司法上的推定，风险都被规范预防性地予以禁止。[1] 在金融风险实际转化为现实损害之前，社会经验、科学技术或者法律规范应当对金融风险进行评估、控制或者禁止。证券、期货市场行政法律规范应当在保证各种类型、优势不同的投资者（投机者）充分信息披露的基础上，对金融风险进行评估与控制，对已经发生的金融风险进行处置与化解。证券、期货市场刑事法律规范只能定位于这种金融风险控制法律制度的保障力量。所以，证券期货犯罪行为的刑事违法性应当更大程度地建构于行为人不披露或者违规披露与交易行为相关信息的事实基础之上，以便控制证券、期货市场中信息披露严重违法行为所创制的金融风险。[2] 这意味着在证券期货犯罪刑法规范体系中，证券期货犯罪规范应当滞后于各种与信息披露有关的犯罪的刑法规范的适用。

证券期货犯罪刑事立法与刑事司法应当从不同的分析视角针对不同的金融风险类型建构刑法规范与司法规则：刑事立法应当以证券、期货市场的系统性金融风险为视角，重构证券期货犯罪刑事控制的原则与具体法律规范；刑事司法应当以证券、期货市场的类型化风险为核心，从实质解释的视角对证券期货犯罪定罪量刑标准进行阐释。其中，证券、期货市场的系统性金融风险是指直接或者间接融资行为总和对整个国家的宏观经济运行或者宏观调控效果所创制的负面的不确定影响；证券、期货市场的类型化风险是指个案或者类案中的融资行为对金融市场中的各个交易方所创制的直接或者间接的负面性不确定影响。[3]

证券、期货市场中的类型化金融风险具有多样性，证券期货犯罪刑事司法

---

〔1〕 See Jens Zinn, *Introduction: The Contribution of Sociology to the Discourse on Risk and Uncertainty*, *in Social Theories of Risk and Uncertainty - An Introduction*, Oxford University Press, 2008, p. 2.

〔2〕 参见谢杰：《论融资犯罪金融风险的刑事控制》，载《新疆警官高等专科学校》2012 年第 2 期。

〔3〕 参见谢杰：《论融资犯罪金融风险的刑事控制》，载《新疆警官高等专科学校》2012 年第 2 期。应当看到，证券、期货市场中的系统性金融风险与类型化金融风险是理论分析框架下的静态类型划分，在实践中是一种动态发展过程，个案或类案中类型化金融风险的积累可能会成为形成系统性金融风险的核心因素。

规则应当区分不同性质的金融风险，通过明确具体的解释意见保障引导证券、期货市场公正、公平、公开运作的行政法律规范得到切实执行，控制各种利用实质不平等的信息优势（并非基于交易技术、成本投入等正当竞争而形成的形式不平等）攫取市场资本的证券期货犯罪风险，以刑罚手段惩治严重损害证券、期货市场参与者信心的犯罪行为。证券、期货市场中的类型化风险主要包括：(1)契约风险。例如，融资者与投资者基于不完备的契约形式从事金融交易，对于契约的内容与执行产生分歧而产生违约、合同无效等各种不确定性。(2)流动性风险。例如，大量持有特定金融商品仓位的投资者或者投机者由于现金流不足而大量抛售金融商品套现，导致市场价格大幅下跌。(3)信用风险。例如，行为人基于经营损失、投资失败、严重失职等实体经济市场中的原因导致其丧失资金支付或者控制能力，从而波及整个实体经济与金融市场资金链条上的参与者。(4)道德风险。例如，由于缺乏有效监管，证券、期货市场参与者在信息严重不对称的情况下实施侵害行为，以证券、期货市场一般投资者损失为代价获取利益。〔1〕证券、期货市场刑事司法实践应当明确将契约风险与流动性风险排除在证券期货犯罪刑事责任追究系统之外，公平地评估证券、期货市场中道德风险并认定市场操纵等犯罪类型。对于综合涵盖民事纠纷、行政违法、刑事犯罪等多种可能性的信用风险，应当杜绝以实际经济损失为基础对行为人进行刑事归责，而应当仅将严重违反信息披露规则的信用风险情形纳入证券期货犯罪刑事处罚范畴。当然，证券、期货市场作为一种制度性建构，其存在本身就被视为“对个人法益得以具体实现的条件与保证”，〔2〕是融资与投资主体之间进行金融交易的平台。损害这种金融交易平台的效率就是损害群集法益，有必要通过适当提升刑罚力度的方式控制证券期货犯罪，使证券期货犯罪刑罚力度区别于一般经济活动中的犯罪。〔3〕

---

〔1〕 参见谢杰：《论融资犯罪金融风险的刑事控制》，载《新疆警官高等专科学校学报》2012 年第 2 期；谢杰：《融资犯罪刑法规制路径优化探索》，载《贵州警官职业学院学报》2012 年第 5 期。

〔2〕 Urs Kindhäuser, “Rationaler Rechtsgüterschutz durch Verletzungs - und Gefährdungsverbote, in Aufgeklärte Kriminalpolitik oder Kampf gegen das Böse?”, BD. I, 1998, p. 264.

〔3〕 参见谢杰：《论融资犯罪金融风险的刑事控制》，载《新疆警官高等专科学校》2012 年第 2 期。

第十五讲

证券期货犯罪立法司法完善趋势

证券期货犯罪既是金融资产泡沫与市场非理性繁荣的产物,又是市场泡沫催生与膨胀、金融市场虚假繁荣与市场参与者集体癫狂的成因。资产泡沫与证券期货犯罪之间的动态关联决定了,证券期货犯罪法律监管理念应当立足于宏观基点,注重控制资产泡沫与市场中的非理性因素,而非孤立地将市场剧烈波动、投资者重大损失的法律责任完全分配至证券期货犯罪行为人。在更为具体的立法与司法技术革新层面,中国证券期货犯罪刑事立法应当在优化规制范围与梳理规范层次的基础上,根据法律制度保护的金融市场创新驱动、发展迅猛、全球资本联动的特点,建构常规化的立法评估机制,保证立法评估措施能促使证券期货犯罪刑法修正;证券期货犯罪刑事司法解释则应当细分不同金融商品类型,重点根据期货市场交易的跨市场性特征建构具有针对性的证券期货犯罪司法规则。

一、合理抑制市场非理性

证券、期货市场泡沫对于大规模市场操纵策略具有极为重要的影响。行为金融理论明确将非理性心理、趋势追逐、专业交易者需要通过普通投资者承担市场风险从而完成套现等因素,与资产泡沫联系在一起——宏观经济、政治驱动、特定行业的积极市场信号等促使证券、期货市场中的金融资产价格上升。具有信息优势的市场参与者通过做多操作获取价格攀升过程中的交易利润,并且进一步放大市场价格上涨的趋势。普通市场参与者在配置资本资源时持续受到具有信息优势的市场参与者、对冲交易者的刺激,在价格非理性上涨的同时放大了价格风险。当市场过热发展到临界点时,包括市场操纵、内线交易在内的信息优势交易者出售资产套现,跟进的普通投资者承受了市场价格暴跌之后的损失。[1]

证券、期货市场系统性泡沫或者相关金融资产的特定性泡沫是证券期货犯罪最终实现利益的环境性要素。这与一般的经济与金融犯罪存在明显的区别。

---

〔1〕 See Andrei Shleifer, *Inefficient Markets: An Introduction to Behavioral Finance*, Oxford University Press, 2002, pp. 169 – 173.

普通经济与金融犯罪同样以行为人获取经济利益为导向，但在利益实现层面，对于市场环境的要求并不是很高。但是，在证券期货犯罪中，如果整个实体经济与金融市场环境中没有泡沫要素，绝大多数以交易为中心的市场操纵违法犯罪行为只能制造单纯的、形式上的交投繁荣、价格波动、流动性充足表象，而不能借助于资产泡沫的宏观背景与足够数量的市场资本，进行有效的金融资产高位转让，从而无法通过套现行为获取实质的经济利益。与此同时，证券期货犯罪在行为过程中现实地推进了金融资产价格的飙升，引发了其他市场参与者非理性地介入市场，提升了没有实际价值支撑的市场价格。因此，资产泡沫与证券期货犯罪之间存在复杂的双重反馈与动态联系：资产泡沫诱发了市场操纵行为；市场操纵进一步支撑泡沫市场；持续的金融资产泡沫掩护了市场行为人的抛售与套现行为；证券、期货市场泡沫的破裂导致尚未离场、实施终了的市场操纵违法犯罪案件逐渐曝光。

只有高度重视且深刻理解金融市场资产泡沫与市场操纵等资本犯罪之间的动态关系，才能够有效地指引金融市场违法犯罪立法、执法、司法、预防等监管实践工作，并且有利于对证券期货犯罪形成更为客观与符合金融市场现实的认识与把握。在宏观经济层面控制资产泡沫与整体金融市场防范系统性金融资产泡沫，不仅具有防止证券期货犯罪行为的效果，而且能够限制、降低现实发生的市场操纵行为从证券、期货市场交易中获取的非法利润。反市场滥用执法与司法机构在认定证券期货犯罪责任过程中，应当兼顾操纵行为实施时的宏观市场背景，尤其是在判断市场行为人非法收益环节，适度肯定金融资产泡沫、大众非理性市场环境，证券、期货市场风险性与利益追逐性对于形成畸高金融商品市场价格与非法市场操纵利益的客观影响，从而在市场操纵责任分配问题上进行更为全面的宏观考量。在金融市场发展进程中出现阶段性集中查处证券期货犯罪的情况，应当理性认识到反证券期货犯罪执法与司法实践的有限性与被动性。大规模的市场操纵违法犯罪案件查处，并非完全源于法律监管效率的提升与技术的强化。金融资产泡沫破裂更有可能是证券期货犯罪案件被频繁查处的主要原因。尤其在资产泡沫破裂的市场阶段，更应注重对风险爆发宏观原因的追踪，而非将投资者损失与市场崩溃的责任均推向证券期货犯罪行为人这一特定的市场参与群体。制度化地防范金融风险、压缩市场泡沫，相对于事后查处证券期货犯罪案件而言，更有利于解决金融市场系统性问题，并能够自然地产生控制局部性或者个案性证券期货犯罪行为的实际效果。

资产泡沫与大规模投资者决策错误的金融现象是由市场参与者本身的有限理性所决定的。证券、期货市场非理性繁荣、市场泡沫等只是阻碍证券、期货市场朝着理性方向运行的市场现象而已。市场参与者的过度投机与偏离理性、[1]群集错觉、[2]集体性癫狂[3]等是造成证券期货犯罪绵延不绝、金融危机反复轮回的更为根本的主体性动因与心理基础。以集体癫狂为典型代表的有限理性揭示了人类在从事一般社会行为过程中计算技术的有限性与记忆缺陷的严重性，以及在从事市场行为过程中信息接收与处理能力的有限性。[4] 正是这种人类认知上的局限，促使金融市场参与者将经济行为的成功希望诉诸经验上的捷径，最终导致决策失误，甚至是在资产泡沫最为严重的时期、金融风险一触即发为市场暴跌的前夕出现集体非理性。

证券期货犯罪的特殊性在于，行为人必须通过交易行为在特定的金融商品市场或者与金融商品市场价格高度关联的市场获取利益，而这种交易行为本身都会作为信息反作用于价格乃至市场整体，并且所有与交易行为有关的数据都是客观留存于公开市场、可供其他市场参与者分析或者"解码"的真实素材。因此，证券期货犯罪行为属于金融市场参与者能够切实掌握的信息，尤其是对于具有强大信息与数据分析能力的机构投资者而言，证券期货犯罪的隐蔽性并非如同传统法律与经济理论反复强调的那样真实与强大。[5] 证券期货犯罪没有

---

[1] See Charles P. Kindleberger, *Manias, Panics and Crashes: A History of Financial Crises* (4th edition), Wiley, Sons, 2000, p. 26.

[2] See Charles Mackay, *Extraordinary Popular Delusions*, Dover Publications, 2003.

[3] See Charles Mackay, *Memoirs of Extraordinary Popular Delusions and the Madness of Crowds*, Xlibris Corporation, 2000.

[4] Barbara Black, "Can Behavioral Economics Inform Our Understanding of Securities Arbitration?", *The Tennessee Journal of Business Law* 12, 2011, p. 107 – 113; Herbert A. Simon, *An Empirically – Based Microeconomics*, Cambridge University Press, 2009, p. 18; Anita Bernstein, "Whatever Happened to Law and Economics?", *Maryland Law Review* 64, 2005, p. 303 – 310; Christine Jolls、Cass R. Sunstein、Richard Thaler, "A Behavioral Approach to Law and Economics", *Stanford Law Review*50, 1998, pp. 1471 – 1477.

[5] 市场操纵违法犯罪具有隐蔽性基本上是所有传统法律与经济理论长期以来都予以揭示的一种行为特征。参见庞昀曦、孙长宇：《操纵证券市场行为法理性质的探讨》，载《净月学刊》2013年第1期；张屹山、方毅：《中国股市庄家交易操纵的模型与政策分析》，载《管理世界》2007年第5期；贾纬：《操纵市场行为的认定及其民事责任》，载《人民司法》2007年第17期；游士兵、吴圣涛：《中国证券违法犯罪的实证研究》，载《证券市场导报》2001年第6期。

被市场中的绝大多数专业投资者或者普通参与者知悉,根本原因并不是证券期货犯罪行为本身具有隐蔽性,而是市场参与者基于有限理性的制约并不追求和处理与最优决策有关的所有信息,依赖于具有现状偏见与预期偏见的经验法则,[1]即根据最近发生的市场繁荣事实以及眼前的利好现状——即使这些现象从长远来看非常不正常或者极其罕见——评估特定时间发生的概率或者市场风险的程度,并倾向于过度自信与看好市场。[2] 投资者(投机者)在相当一段时间内从证券、期货市场中获取了非常丰厚的投资回报,这种现实性的经历就成为一种全新的且压缩其他投资回报记忆(尤其是损失记忆)的心理体验,[3]促使投资者(投机者)高估远期持续高额收益的可能性。而支撑这种在整个金融市场泛滥的高额投资回报的经济力量,往往便是证券期货犯罪行为在建构操纵策略过程中所投入的前期和必要成本。市场操纵力量支撑的泡沫与制造的风险,在大多数情况下是显而易见的——尤其是在泡沫行将破裂之时,尤其对专业投资者而言。然而,交易、投资等经济决策制定者倾向于忽视,甚至无视其本人持有的信息及判断能力等对于实现决策优化具有重要价值的要素,进而选择效仿金融市场中其他参与者的行为,[4]追涨杀跌。此类典型的金融市场中的投资者羊群行为正是认知与心理交互作用下的表现。[5]

尽管市场操纵在经济结构与市场行为表现形式上具有高度的复杂性,但证券期货犯罪行为在金融市场中留下的痕迹与信息,并非难以探测或者无法识别——只是市场参与者的贪婪与人类认知的局限性模糊了显而易见的市场风险。作为市场现象组成部分的操纵行为与市场参与者固有特征的认知偏见,共

---

〔1〕 See Amos Tversky, "Daniel Kahneman, Judgment under Uncertainty: Heuristics and Biases", 185 *Science* 1124, 1126 (1974).

〔2〕 例如,1990 年代末网络股泡沫引发的股市泡沫时期,市场参与者预期这种市场资产快速增值的模式确定无疑地会持续下去。再如,2008 年美国次贷危机引发的全球金融危机发生之前,市场预期由美国住宅价格上涨为基础的衍生产品高额收益会一直持续下去。

〔3〕 See John C. Coffee Jr., "Gatekeeper Failure and Reform: The Challenge of Fashioning Relevant Reforms", *Boston University Law Review*84,2004,pp. 301 – 325.

〔4〕 See Christophe Chamley, *Rational Herds: Economic Models of Social Learning*, Cambridge University Press, 2004, pp. 47 – 49; Stephen M. Bainbridge, "Mandatory Disclosure: A Behavioral Analysis", *University of Cincinnati Law Review* 68,2000,pp. 1023 – 1038.

〔5〕 See Michelle Baddeley, "Herding, Social Influence and Economic Decision – making: Socio – psychological and Neuroscientific Analyses", *Philosophical Transactions of the Royal Society Biological Science*365,2010,pp. 281 – 282 (2010).

同创设并承担着金融市场风险——只是泡沫破裂之后的结果表现形式有所不同。部分市场行为人尚未能够从自我编织的风险环境中套现获利便以失败离场,部分市场行为人在市场虚假繁荣的掩护下与投资者(投机者)非理性的相对性交易中获取暴利。所以,作为宏观政策构成之一的反市场滥用等证券期货犯罪法律监管制度,不能仅仅将规范控制对象局限于证券期货犯罪行为,在泡沫滋生过程中抑制虚假繁荣、通过制度安排尽可能地调整市场参与者的有限理性与过度自信等,也应当成为市场监管的重要内容。

二、提升立法技术

无论是以德国《证券交易法》、[1]日本《金融商品交易法》[2]为代表的大陆法系的反证券期货犯罪立法,还是以美国《证券交易法》、[3]英国《金融服务与市场法》[4]为代表的英美法系立法实践,都是通过在金融法中设置市场操纵刑事罚则的方式,对证券、期货市场滥用行为进行犯罪化。纵观全球证券期货犯罪刑事立法,只有欧盟刑事立法试图通过建构专门的证券期货犯罪刑法规范体系惩治与防范证券期货犯罪行为。

2003 年欧盟《市场滥用指令》[5]将内幕交易与市场操纵整合为市场滥用的法律概念,在欧盟范围内建构了系统化的反市场滥用法律监管架构。欧盟《市场滥用指令》旨在有效禁止基于内幕信息而实施的关联性金融工具交易、通过传播虚假信息或者使金融工具交易价格处于非正常水平的交易等方式操纵市场等行为,从而提振投资者信心与强化金融市场诚信度。但是,欧盟委员会在评估各成员国实施 2003 年欧盟《市场滥用指令》状况时发现了大量会对金融市场完整性与投资者保护具有负面影响的问题,其中比较明显的就是当前欧盟各成员国对于证券期货犯罪的刑法规制缺乏应有的震慑力与影响力,从而导致

---

[1] Wertpapierhandelsgesetz - WpHG § 38 Strafvorschriften (2).

[2] 金融商品取引法(きんゆうしょうひんとりひきほう、昭和 23 年 4 月 13 日法律第 25 号)第百九十七条の二　次の各号のいずれかに該当する者は、五年以下の懲役若しくは五百万円以下の罰金に処し、又はこれを併科する。

[3] 18 United Sates Code § 1519.

[4] Financial Services and Markets Act 2000 § 118.

[5] Directive 2003/6/EC of The European Parliament and of The Council of 28 January 2003 on insider dealing and market manipulation (market abuse).

《市场滥用指令》执行效率不高。

基于此，欧盟委员会于 2012 年 7 月 25 日发布了《内幕交易与市场操纵刑事制裁指令提案》[1]（以下简称《市场滥用刑事制裁指令提案》），对欧盟金融市场中最为严重的证券期货犯罪行为规定了统一的犯罪构成实体标准以及最低程度要求的相应刑事制裁措施。欧洲议会于 2014 年 2 月 4 日签署通过了《市场滥用刑事制裁指令提案》。[2]

以欧盟《市场滥用刑事制裁指令提案》为核心的证券期货犯罪刑法规制法律文件实际上代表了一种特定类型金融犯罪的区域刑事实体法律的一体化进程。金融全球化意味着国际证券、期货市场操作规则的趋同化与金融工具交易价格的高度关联性，包括证券期货犯罪刑法规制在内的金融法律监管标准的正朝着高度接近、区域性一体化乃至全球一体化的方向发展。而刑法实体规范高度接近或者一体化在除了国际犯罪之外的其他类型犯罪领域实际上是很难实现的。欧盟市场滥用刑事制裁法律文本在立法技术层面已经发展到了相当高的水平，中国证券期货犯罪刑事立法有必要积极借鉴其优质内核，在技术上提升证券期货犯罪刑法规制能力，从而通过建构更为完善的证券、期货市场刑事法律规范保护机制，保障中国证券、期货市场充分参与国际竞争。

（一）强化金融工具发行与交易市场法律保护

欧盟《市场滥用刑事制裁指令提案》等一系列法律文本将证券期货犯罪刑法规制范围设定为金融市场，将证券期货犯罪行为的对象规定为金融工具，这种具有前瞻性的规范设计能够与金融创新高度繁荣的金融市场现实所契合。

证券期货犯罪刑法规范所保护的法益是金融市场机制的正常运行，而刑法规定的证券期货犯罪行为对象范围则直接框定了金融市场刑法保护的领域。正是由于较早地认识到了以商品、证券、期货等为基础资产的衍生品交易必将成为金融市场非常重要的组成部分，尤其是以证券、期货为基础标的建构的衍

[1] European Commission, Proposal for a Directive of the European Parliament and of the Council on Criminal Sanctions for Insider Dealing and Market Manipulation, COM (2012) 421 final, 2001/0295 (COD), Brussels, 25.7.2012.

[2] Statement by Vice - President Reding and Commissioner Barnier on European Parliament's vote to approve criminal sanctions for market abuse directive, European Commission - MEMO/14/77, Strasbourg, 4 February 2014.

生品,不仅在场外市场交易,而且日益发展为证券、期货交易所重要的交易产品类型,《市场滥用指令》《金融工具市场指引》(MiFID)、《市场滥用刑事制裁指令提案》等欧盟金融市场法律监管文件都将期权、互换、金融价差等衍生品与传统证券、期货产品统一规定为金融工具,整体纳入证券期货犯罪刑法规制的范围。

反观中国《刑法》规定的操纵证券、期货市场罪等证券期货犯罪,在犯罪类型上仍然限定为"证券期货"犯罪,在规范保障领域仍然限定于"证券、期货市场",在行为对象层面仍然针对"证券、期货合约"。同时,根据中国《证券法》第2条的规定,证券包括股票、公司债券、政府债券、证券投资基金、证券衍生品等;《期货交易管理条例》第2条将期货的范围明确规定为商品、金融期货、期权合约等。可见,中国《刑法》规定的证券期货犯罪在刑法保护的市场范围上具有很大的局限性:一是机械区分证券与期货,割裂了证券市场与期货市场的关联性;二是模糊衍生品市场的独立性特征,将金融衍生品简单归类为证券、期货衍生品;三是严格限定与概括规定衍生品类型,只是笼统提出了证券衍生品、金融期货、期权合约等衍生交易品种的概念,没有明确规定其内涵与外延。同时,金融互换已经成为当前国际金融市场交易最为活跃的交易品种。例如,截至2010年12月31日,仅美国金融市场中的互换、金融价差等场外衍生品交易量就达到了惊人的601万亿美元。[1] 中国法律并未明确将各种金融互换等交易品种规定为衍生品。

笔者认为,中国衍生品市场势必要与全球证券、期货市场接轨,在未来也完全有可能开发出符合中国金融现实需要且能够参与国际市场竞争的衍生品交易产品类型。我国《刑法》规定的证券期货犯罪有必要借鉴欧盟《市场滥用刑事制裁指令提案》等法律文件对金融工具进行规范定义的合理内核,通过规定具有前瞻性的证券、期货以及金融衍生品等概念,拓展证券期货犯罪刑法规制的范围。

(二)建构层次化证券、期货市场刑事法律规范规范

欧盟市场滥用法律规范在体系上的层次性彰显了欧盟证券期货犯罪刑事

---

[1] See Dan Awrey, "The Dynamics of OTC Derivatives Regulation: Bridging The Public - Private Divide", *European Business Organization Law Review* 11, 2010, p. 115.

立法水平与刑法规范建构能力，我国证券、期货市场刑事法律规范有必要高度重视不同位阶法律规范的文本衔接与功能定位。

欧盟采取拉姆法鲁西立法框架（Lamfalussy Framework）建构反市场滥用违法犯罪的四层次法律规范体系。[1]（1）第一层次为基础法律规定。欧盟通过正式的指令规制市场滥用违法犯罪行为，要求欧盟成员国在制定本国法的过程中遵循最低程度的欧盟立法标准。《市场滥用指令》以及《市场滥用刑事制裁指令提案》就是欧盟反市场滥用违法犯罪规范体系中的第一层次立法，主要解决市场操纵构成要件配置等原则性问题。前者侧重市场滥用违法犯罪的一般法律标准界定，后者集中规定犯罪化特殊标准。[2]（2）第二层次为指令实施意见。基于具体阐释与反市场滥用欧盟指令的需要，欧盟委员会连续制定《〈市场滥用指令〉有关内幕信息与市场操纵定义的实施意见》[3]《公平发布投资建议与利益冲突信息披露的实施意见》[4]《回购程序与金融工具安定的实施意见》[5]《允许的市场运作、与衍生品有关的内幕信息定义、管理层交易以及可以交易披露的实施意见》[6]等有关市场滥用违法犯罪的第二位阶立法，就市场操

---

〔1〕 关于拉姆法鲁西立法框架以及欧盟反市场滥用各层级指令更为详细的论述参见谢杰：《操纵证券期货犯罪刑法规制研究》，上海人民出版社 2012 年版，第 51 ~ 60 页。

〔2〕 以市场操纵构成要件配置为例，《市场滥用指令》第 1 条第 2 款规定市场滥用行为的构成要件应当具有灵活性与适应性，保证其能够将全新的行为类型纳入市场操纵范畴进行评价。而《市场滥用刑事制裁指令提案》采用行为模式严格限定的方式将证券期货犯罪明确规定为四种类型，不能通过开放性解释将证券、期货市场中的新型市场操纵行为直接评价为犯罪。因此，《市场滥用指令》与《市场滥用刑事制裁指令提案》在市场操纵、内幕交易行为界定上显然存在一般与特别的逻辑关系，这就意味着市场滥用违法与犯罪之间在行为类型上并不完全相同。

〔3〕 Commission Directive 2003/124/EC of 22 December 2003 implementing Directive 2003/6/EC of the European Parliament and of the Council as regards the definition and public disclosure of inside information and the definition of market manipulation.

〔4〕 Commission Directive 2003/125/EC of 22 December 2003 implementing Directive 2003/6/EC of the European Parliament and of the Council as regards the fair presentation of investment recommendations and the disclosure of conflicts of interest.

〔5〕 Commission Regulation (EC) No 2273/2003 of 22 December 2003implementing Directive 2003/6/EC of the European Parliament and of the Council as regards exemptions for buy - back programmes and stabilisation of financial instruments.

〔6〕 Commission Directive 2004/72/EC of 29 April 2004 implementing Directive 2003/6/EC of the European Parliament and of the Council as regards accepted market practices, the definition of inside information in relation to derivatives on commodities, the drawing up of lists of insiders, the notification of managers' transactions and the notification of suspicious transactions.

纵行为的具体界定、市场投资意见发布与利益冲突披露、股份回购与安定操作等不具有市场操纵行为性质的许可操作行为等问题进行了更为细致的规范阐释。(3)第三层次为监管纲要。欧洲证券监管机构委员会连续制定《市场滥用指令监管纲要及相关信息(一)》[1]《市场滥用指令监管纲要及相关信息(二)》[2]以及《市场滥用指令监管纲要及相关信息(三)》,[3]规定了与市场操纵等有关的异常交易报告、市场操纵构成要素、排除市场操纵性质的公认或允许的市场运作等具体问题。(4)第四层次为执行。主要是欧盟委员会为确保各成员国遵循欧盟法规而制定的执行监督规定。欧盟市场滥用金融监管四层次立法模式分别针对此类违法犯罪行为原则与具体问题设置法律规范与解释规则,不仅加速了欧盟反证券期货犯罪的立法进程,提高了欧盟各成员国的立法效率,而且以反市场滥用违法犯罪为基础从整体上推动了欧盟金融立法的发展。

中国反证券期货犯罪相关法律规范也存在纵深性的法律位阶排序,但同一位阶法律的关系以及不同位阶规范的设置导向,都不同程度地体现出不合理性。

其一,中国证券、期货市场刑事法律规范(《刑法》第 180 ~ 182 条)与《证券法》《证券投资基金法》等同属法律,对于市场操纵等违法与犯罪规定了完全相同的构成要件,只是以具体社会危害性上的情节量化差异区分市场操纵等违法与犯罪,模糊了两者在客观行为层面的实质区别。以市场操纵为例,《刑法》第 182 条操纵证券市场罪与《证券法》第 77 条操纵证券市场违法,在行为构成上采取了完全相同的立法表述,尤其是《刑法》"以其他方法操纵证券市场"采取了与《证券法》实质相同的"以其他手段操纵证券市场"的兜底性规范表述,在市场操纵行为实质尚未在刑法解释层面进行有效论证的情况下,极易(事实上也已经)引发操纵证券市场犯罪构成要件过于开放,从而导致司法实践将刑法没有明确规定为犯罪的市场操纵违法行为纳入刑事实体法领域进行规范评价。

其二,不同法律位阶的反市场滥用等证券、期货市场违法犯罪立法完全以

---

[1] Market Abuse Directive: Level 3 - first set of guidance and information on the common operation of the Directive.

[2] Market Abuse Directive: Level 3 - second set of CESR guidance and information on the common operation of the Directive.

[3] Market Abuse Directive: Level 3 - third set of CESR guidance and information on the common operation of the Directive.

权力分配为导向制定法律文本,没有重视以问题为导向从不同层次就证券期货犯罪法律适用难点进行有针对性的规定与阐释。作为下位规范的证券、期货市场法规、规章等,除了应当就国务院、证券期货监管部门执行法律的具体问题进行规定之外,更应当在法律授权的范围内就证券、期货市场刑事法律规范以及证券法等法律没有细化规定的证券期货犯罪中的概念解释、要件理解等具体问题进行深度解释。然而,中国证券、期货市场法律没有对应当授权解释的问题赋予下位阶规范进行细化规定,例如,《刑法》第 182 条、《证券法》第 77 条在规定了“其他”操纵证券市场行为的基础上,并没有对兜底性操纵行为类型的界定主体与规范形式进行授权。反倒是作为法规的《期货交易管理条例》在授权上更为细致与规范,明确规定“其他”操纵期货市场行为由期货监管部门规定。并且,《期货交易管理条例》《上市公司信息披露管理办法》《上市公司重大资产重组管理办法》等一系列法规、规章都没有能够在实体内容上对操纵具体类型等法律没有细致规定的问题进行合理阐释。

笔者建议,《刑法》《证券法》有必要从欧盟市场滥用刑事制裁文本建构实践中反思市场操纵等证券、期货市场违法与犯罪之间的实质界限,以具有适度开放性的《证券法》配置能够包容新型市场操纵等行为类型的违法构成要件,以严格坚守罪刑法定的《刑法》配置明确与精准的证券期货犯罪构成要件,后者在行为范围上应较前者具有明显的限缩印记。同时,对于证券期货犯罪中的开放性构成要件或者具有解释难点的问题,法律应当清晰且明确地授权法规、规章进行细化解释,从而保证原则性的证券期货犯罪法律规定在实践中得以适用。

(三)提升证券、期货市场刑事法律规范对金融实务发展的反应能力

《市场滥用指令》等均强制性要求欧盟委员会在法律生效后 4 年时对相关欧盟指令的适用情况提交立法评估报告,[1] 中国证券、期货市场刑事法律规范可以借鉴这种与金融市场发展紧密联动的常规性立法评估机制。

---

〔1〕 Directive 2003/6/EC of The European Parliament and of The Council of 28 January 2003 on insider dealing and market manipulation (market abuse) Article 17 (4); European Commission, Proposal for a Directive of the European Parliament and of the Council on Criminal Sanctions for Insider Dealing and Market Manipulation, COM (2011) 654, 20 Octorber 2010, Article 9.

欧盟市场滥用刑事制裁法律规定本质上是指导欧盟成员国制定本国证券期货犯罪刑法的规范文本，对于证券、期货市场刑事法律规范的科学性及其与金融市场现实的契合性具有极高的要求。而定期进行立法评估显然是一种实现法律及时对证券、期货市场实践脉动形成合理反应的有效机制。欧盟证券期货犯罪构成要件的基本标准与对应的刑事制裁措施将被成员国纳入本国法并在欧盟刑事司法领域内予以适用。相对于民事赔偿与行政处罚而言，证券期货犯罪刑法规范代表着一种最强力度的社会谴责与欧盟政策宣示。进入刑事诉讼程序的证券期货犯罪案件通常受到媒体的广泛报道，证券期货犯罪者的定罪量刑或者巨额和解赔偿等都能够向潜在的证券期货犯罪者宣示，刑法通过监禁、罚金、市场禁入等刑罚措施进行严格法律规制的立场。在反证券期货犯罪刑事程序运作过程中，以立法评估为根据及时完善证券期货犯罪实体规格，有助于各国司法机构高效、协同地惩治最为严重且具有跨国行为特征的证券期货犯罪。

中国1997年《刑法》规定了操纵证券交易价格罪等证券期货犯罪之后，经过1999年《刑法修正案》、2006年《刑法修正案（六）》、2009年《刑法修正案（七）》多次立法完善之后，形成了内幕交易、利用未公开信息交易、操纵证券、期货市场三种核心的证券期货犯罪类型，在一定程度上体现了中国证券、期货市场刑事法律规范与金融实践发展相契合的努力与成果。但是，这种刑事立法的频繁更迭更主要的原因在于证券、期货市场刑事立法前瞻性不强，导致刑法规范覆盖能力较弱，亟须通过频繁的立法修正修补证券、期货市场刑事法律规范保护漏洞。同时，中国证券、期货市场刑事法律规范修正并没有形成与金融发展现实相配套的常规性立法评估机制，大规模严重证券、期货市场违规事件驱动证券、期货市场刑事法律规范完善的痕迹比较明显。

笔者建议，中国证券期货犯罪刑法规范应当根据保护的金融市场创新驱动、发展迅猛、全球资本联动的特点，建构常规化、制度化的刑事立法评估机制，从而保证合理的立法评估措施能够促使证券期货犯罪的刑法修正。正处于高速发展阶段的中国金融市场对于反应灵敏的证券期货犯罪刑事立法具有极为强烈的制度性需求。由于全球主要证券、期货市场关联度极高，跨国金融交易极为普遍且重要。如果主要金融市场国家的反证券期货犯罪刑法规制措施存在严重不平衡，跨国证券期货犯罪便极有可能转向刑事规制范围不周延、刑事制裁措施不严厉的国家。处于全球金融一体化进程中的中国证券、期货市场，与美国、欧盟以及亚洲主要证券、期货市场的关联度较高，中国证券期货犯罪刑法规制不力将导致跨国证券期货犯罪行为以中国市场为基点进行。相对应地，与中国证券、期货市场关联度较高的市场（尤其是亚洲市场），如果这些国家对于证券期货犯罪刑法规制不力，金融犯罪者将会利用该国刑事监管空隙对中国证券、期货市场实施证券期货犯罪。所以，中国证券、期货市场刑事法律规范不仅需要通过立法评估机制深度思考本国与国际证券期货犯罪刑事规制标准之间的差异，更应当积极参与市场滥用区域性、国际性的刑法最低标准的制定进程，维护全球金融市场的完整性与竞争的公平性。

三、调整司法解释结构

根据我国《刑法》第 182 条操纵证券、期货市场罪的规定，证券期货犯罪刑法规制范围显然涵盖证券与期货两种不同的市场类型。从中国证券期货犯罪刑事立法轨迹分析，从 1997 年《刑法》只规定证券期货犯罪，到 1999 年《刑法修正案》将期货犯罪简单地加入原来的证券犯罪刑法条文，体现出基于当时刑事立法的技术与能力，期货犯罪构成的设计只能直接复制证券犯罪的刑法规范。

证券期货犯罪相关司法解释最大限度地延续了刑事立法模式，即采用证券与期货交易犯罪定罪量刑标准高度等同化处理，基本没有根据期货交易的特点以及金融创新过程中不断发展的全新期货市场操纵交易行为类型对证券与期货犯罪行为进行实质区分，而只是在相关司法解释条文中通过“证券、期货交易”“证券、期货合约”等与《刑法》第 182 条相同的规范表述对证券与期货犯罪司法规则进行相同的规范建构。[1]

---

〔1〕 当然，除了相关立案标准之外，由于目前我国证券期货犯罪刑事司法解释只有“两高”2012 年《内幕交易犯罪解释》，司法解释将证券、期货相关犯罪进行简单等同化处理在内幕交易犯罪中更为明显。综观《内幕交易犯罪解释》全文，证券内幕交易与期货内幕交易只有在犯罪情节认定层面存在“证券交易成交额”与“期货交易占用保证金”的衡量标准差异。这在很大程度上反映出证券期货犯罪司法解释只认识到了期货市场保证金交易的特点，对期货市场犯罪的核心要素是否与相应的证券市场犯罪存在实质性或者重大量化差异问题则没有进行任何考察。参见谢杰：《最新内幕交易犯罪司法解释的缺陷与规则优化》，载《法学》2012 年第 10 期。证券期货犯罪刑事司法解释的制定与出台是可以预期的，因此，在反证券期货犯罪规则设计时，有必要避免证券与期货市场规则差异化不足的弊端。

刑事立法与司法解释均将完全基于证券市场违法犯罪行为分析而形成的犯罪构成,不加修正地适用于侵犯期货市场机制犯罪,显然脱离了证券期货犯罪刑法规范所区分性保护的市场本身的逻辑与现实。加之期货、期权以及衍生品交易环节的市场操纵等犯罪行为相对于证券环节的同质行为而言更难起诉,[1]现有的金融交易法律规范体系的规制范围过于狭窄,实难有效规制期货以及衍生品市场中的市场滥用行为。[2] 笼统地建构金融市场刑法适用规则而未能形成独立的期货犯罪规范体系,其法律规制偏向性的实践结果实际上是显而易见的——我国至今从未审判过一起期货市场中的证券期货犯罪案件。

中国证券期货犯罪刑法理论上较早就有观点准确地提出,证券犯罪与期货犯罪的惯常性行为模式可能完全不同,将证券犯罪与期货犯罪进行统一规定,可能完全忽略了期货犯罪的行为特征,有必要通过司法解释对证券犯罪与期货犯罪的定罪量刑情节分别加以规定。[3] 直至2012年才推出的中国首部证券期货犯罪司法解释——《内幕交易犯罪解释》——并没有采纳上述合理建议。如果对这一结构性问题不予以重视,可以预期之后可能推出的证券期货犯罪、利用未公开信息交易犯罪等刑事司法解释,仍然不会强调证券与期货证券期货犯罪的差异化规范建构思路。[4]

司法解释是否应基于证券期货犯罪刑法规制范围表现为证券与期货两种截然不同的市场类型而采取差异化的法律规则建构模式？具体而言,是否有充足的理论基础与实践需求决定了证券期货犯罪司法解释必须采用证券与期货证券期货犯罪定罪量刑标准区别化设计的规范建构技术?[5]笔者认为,证券期货犯罪司法解释应当在刑法适用规则的制定上彰显期货交易环节中市场操纵行为的特质,提升反期货证券期货犯罪法律监管的技术。

---

〔1〕 See Jerry W. Markham, "'Front - Running' - Insider Trading under the Commodity Exchange Act", *Catholic University Law Review* 38, 2010, p. 69.

〔2〕 See Gary Rubin, "CFTC Regulation 1.59 Fails to Adequately Regulate Insider Trading", *New York Law School Law Review* 53, 2008, p. 599.

〔3〕 参见刘宪权:《证券期货犯罪的刑事立法及其完善》,载《法学》2004年第5期。

〔4〕 参见谢杰:《最新内幕交易犯罪司法解释的缺陷与规则优化》,载《法学》2012年第10期;谢杰:《中国大陆最新内幕交易犯罪司法解释反思性审视——以反内幕交易刑事司法规则优化为中心》,载《世新法学》(第6卷第1期)2012年12月。

〔5〕 参见谢杰:《最新内幕交易犯罪司法解释的缺陷与规则优化》,载《法学》2012年第10期。

证券市场是有价证券的发行和交易的空间场所，本质上就是中长期资本融资与投资的平台。[1] 作为证券市场中的融资方，上市公司等中长期资本需求主体通过发行债券、股票等直接或者间接融资产品获取资本。而期货市场是交易双方达成以商品或者其他资产为基础的标准化协议后，不立即交割商品或者其他金融产品，而是根据标准化合约在未来的一定时间内进行实物或现金交割的场所或者平台。这意味着期货市场存在和发展的根源就在于其为市场参与者提供了价格风险转移机制而非特定资产的产权。[2] 因此，期货市场与证券市场存在显著的差异，期货市场中没有证券市场中的发行股票、债券的主体，期货市场中的交易标的是期货交易所设计的标准化合约。[3]

期货市场中的交易产品不是上市公司等融资主体发行的股票、债券等证券产品，而是期货合约；期货市场的功能亦非融资与投资，而是现货市场价格风险的对冲平台。这些期货市场与证券市场的差别决定了期货与期货市场操纵基础构造的不同。例如，期货市场中与标准化合约交易有关的重大信息，可以是与上市公司或者证券发行主体紧密关联的信息（例如，上市公司重大未公开财务信息，其不仅影响股票现货交易，而且影响股票期货、期权合约的交易价格），也可以是上市公司或者证券发行主体之外的，直接与标准化合约对应的基础资产以及标准化合约本身的供求关系紧密相关的信息。因此，期货市场中编造的虚假重大信息完全可以不指向期货合约本身，而是指向期货合约对应的基础资产。由于期货合约不存在发行人，故期货合约的基础资产结构极为复杂，利用虚假的重大基础资产信息进行期货市场操纵需要动用更为复杂的资源。另外，期货市场中的市场操纵并非像证券市场一样只能局限于金融产品交易市场本身，由于期货合约所对应的现货价格与期货合约交易价格紧密关联，故期货市场市场操纵还可以在现货市场中实施。

由于期货市场中的交易产品（期货合约）本质上是基础资产（现货）的一种衍生形态，故期货市场中相关交易品种的交易价格与交易量不仅受制于期货合约的

---

〔1〕 See Glenn G. Munn, F. L. Garcia, Charles J. Woelfel, *The St. James Encyclopedia of Banking and Finance*, St. James Press, 1991, p. 398.

〔2〕 See John Smullen, Nicholas Hand, *Oxford Dictionary of Finance and Banking*, Oxford University Press, 2005, p. 37.

〔3〕 参见谢杰：《最新内幕交易犯罪司法解释的缺陷与规则优化》，载《法学》2012 年第 10 期。

供求关系，而且与现货市场中的相关商品或者基础资产的交易价格与交易量紧密挂钩。因此，期货市场中的市场操纵相对于证券市场而言具有更为多变与复杂的行为样态：（1）利用期货市场中的虚假交易行为或者信息欺诈在期货市场中建仓或者平仓牟利；（2）利用期货市场中的虚假交易行为或者信息欺诈在相关现货市场中买入或者卖出现货（期货至现货行为流动方向的跨市场操纵）；（3）利用现货市场中的虚假交易行为或者信息欺诈在期货市场中建仓或者平仓（现货至期货行为流动方向的跨市场操纵）。当然，无论市场操纵行为在手段行为、期货市场、对应现货市场之间的排列组合具体表现为何种形式，期货市场操纵本质上是一种扭曲与期货市场交易价格形成机制的价量操纵或者资本操纵行为。[1]

从期货市场操纵基础构造与行为样态的分析中，我们可以清楚地看到，期货市场操纵区别于证券市场操纵的关键性特点在于跨市场性，即期货市场重要价格信息的跨市场性以及与此关联的交易行为的跨市场性。

期货市场重要价格信息的跨市场性体现在：对于期货合约交易价格具有重要影响的信息（在市场操纵的情况下，主要是行为人编造的虚假信息或者“抢帽子”交易中的利益冲突信息）可以是期货合约的交易信息（例如，某机构决定大量卖空特定月份的黄金期货合约会引起该月份甚至关联月份的黄金期货合约价格下降），还可以是与期货合约直接相关的现货市场价格信息（例如，特定时间段的大豆现货进口量锐减会引起关联月份的大豆期货合约价格上涨），甚至可以使与期货合约间接相关的现货市场政策信息（例如，房地产调控政策会引起螺纹钢、线材等现货市场供大于求进而引发螺纹钢、线材期货合约交易价格下降）。相应地，期货市场操纵行为的跨市场性体现在：基于期货与现货市场价格交易之间的关联度，期货市场操纵行为主体既可以在期货市场建仓或者平仓获取利润或者规避损失，也可以选择在现货市场买入或者卖出现货商品或者基础资产获利或者避损。所以，司法解释应当根据期货犯罪跨市场性的核心特征进行有针对性的规则建构。[2]

---

〔1〕 参见谢杰：《最新内幕交易犯罪司法解释的缺陷与规则优化》，载《法学》2012 年第 10 期。

〔2〕 参见谢杰：《最新内幕交易犯罪司法解释的缺陷与规则优化》，载《法学》2012 年第 10 期；谢杰：《操纵证券期货犯罪刑法规制研究》，上海人民出版社 2013 年版，第 291 ~ 295 页；谢杰：《内幕交易犯罪司法实践疑难问题研究》，载彭东主编：《刑事司法指南》（总第 55 集），法律出版社 2013 年版。

第十六讲

证券期货犯罪刑法规制与金融市场制度保障前瞻

证券期货犯罪法律监管原则、理念、技术优化有赖于具体监管机制与市场保护制度的完善。以发展的眼光审视全球竞争与交易技术变革背景下的金融市场制度保护问题,有必要启动衍生品市场、发行市场、高频交易技术反操纵监管等制度完善的可行性方案评估工作。

一、金融衍生品市场刑法规制盲区填补

以商品、证券、期货等为基础资产的衍生品交易已经成为金融市场非常重要的组成部分。尤其是以证券为基础标的建构的衍生品,不仅在场外市场交易活跃,而且日益发展为证券交易所重要的交易产品类型。以美国《金融改革法案》为代表的全球成熟证券、期货市场法律监管体系对衍生品违法犯罪监管设置了全面的配套制度,严格规范了衍生品交易做市商管理、注册登记、资本金条件、成交量限制、主要交易者报告、金融账簿保管等重大却在很长时间里处于法律空白状态的事项。[1]

由于衍生品实践经验匮乏与交易创新落后,中国衍生品交易法律监管始终处于停滞或者缓慢发展状态,针对衍生品犯罪而设计的刑法规范更是处于完全空白状态。但是,中国衍生品市场显然基于现实需要在不断发展壮大。目前我国衍生品市场交易规模已经初步形成,[2]发展场内结算衍生品市场肯定是以后的金融创新趋势。[3] 因此,中国在不久的将来完全可能在证券、期货交易所等场内市场全面开发出符合中国金融与经济现实需要的与证券期货等基础资产挂钩的衍生品交易类型。

国外有关衍生品交易的定量研究业已表明:经过衍生品市场公开数据的分析,部分投资银行、基金公司等金融机构中的核心业务管理人员存在利用信息

---

〔1〕 参见谢杰:《美国反期货操纵法律监管改革及其启示》,载《江西警察学院学报》2011 年第 5 期;谢杰:《美国金融改革法案对场外市场反操纵法律的完善及其启示》,载《甘肃警察职业学院学报》2011 年第 4 期。

〔2〕 参见张宇哲:《场外金融衍生品交易"中国标准"出炉》,载《财经》2009 年第 6 期。

〔3〕 参见吴建刚:《中国场内交易衍生品市场发展概况及发展建议》,载《金融理论与实践》2010 年第 1 期。

优势控制衍生品交易谋取巨额利润的嫌疑;衍生品市场高杠杆性交易的放大效应与信息披露规范力度的差强人意,导致市场操纵行为对金融市场合理配置资本功能造成的破坏更大,也更难被监管部门发现。[1] 国外司法实践中的应对策略是,通过金融监管机构大胆行使自由裁量权,在扩张性解释的基础上,根据证券欺诈刑事责任条款起诉对冲基金、证券公司中的衍生品操纵违法犯罪行为。同时,积极向立法机构提出建议,针对衍生品领域未公开信息交易行为、市场操纵行为等制定明确的刑事责任法律条款。[2]

证券期货犯罪立法在时间上滞后于金融实务是无法回避的现实。但是,根据国外经验与国内现实完全可以预见衍生品市场非常有可能出现市场操纵等核心的证券期货犯罪类型。中国《刑法》规定的操纵证券、期货市场罪没有从刑事立法的角度禁止相关违规衍生品交易,再次验证了金融犯罪立法技术有待完善、亟须以前瞻性视角统领立法实践的必要性。[3] 因此,中国反证券期货犯罪法律监管实践应当对衍生品市场中的疑似市场操纵行为形成高效迅捷的反应机制,积极总结归纳以证券为基础资产的衍生品交易中的违规类型与核心特点,先行在证券行政法律法规中确认衍生品违法行为的法律责任。在证券期货犯罪的刑法规范修正与增补时,明确衍生品市场中市场操纵行为的违法性与犯罪性,适时将衍生品市场交易中的操纵行为纳入证券、期货市场刑事法律规范规制范畴。[4]

二、金融商品发行市场刑法同等保护

《证券法》《刑法》有关操纵证券、期货市场违法犯罪的禁止性规定明确列

---

〔1〕 See Carr Bettis, John Bizjak, Michael Lemmon, "Managerial Ownership, Incentive Contracting, and the Use of Zero - Cost Collars and Equity Swaps by Corporate Insiders", *Journal of Financial and Quantitative Analysis*36, 2001, p. 345.

〔2〕 See Sharon Brown - Hruska, Robert S. Zwirb, "Legal Clarity and Regulatory Discretion: Exploring the Law and Economics of Insider Trading in Derivatives Markets", *Capital Markets Law Journal* 2, 2007, p. 3.

〔3〕 参见赵运峰:《金融犯罪立法问题论析:以〈刑法修正案〉为研究视角》,载《金融发展研究》2009 年第 5 期。

〔4〕 参见谢杰:《美国反期货操纵法律监管改革及其启示》,载《江西警察学院学报》2011 年第 5 期;谢杰:《美国金融改革法案对场外市场反操纵法律的完善及其启示》,载《甘肃警察职业学院学报》2011 年第 4 期。

举了连续交易、相对委托、洗售等市场操纵行为，以及目前作为其他操纵证券市场方法认定的"抢帽子"交易操纵等都发生于交易环节或者二级市场。而证券等金融商品发行市场中的现实状况是，有的上市公司、证券中介机构等利用信息、资金以及其他资源优势，控制证券发行价格，并向市场发布偏离相关证券基本面的投资咨询意见与询价意见，诱导市场投资者接盘。上市公司控股股东或者实际控制人从中获取了较高的股份对价利益；中介机构趁势通过自营交易业务获利。只有少数上市公司在明显财务造假的情况下被认定为欺诈发行股票而追究责任，绝大多数证券中介机构很少因发行环节的股价操纵被予以严厉的行政处罚，刑事处罚更是没有实施。

2011 年发生的中国水电疑似发行环节操纵事件是非常典型的实例：据市场公开资料显示，中国水电上市次日便下跌 7.78%，而在获配中国水电的机构中，不少券商给出高定价。其中，国泰君安提供的上市首日定价区间为 5.53 ~6.80 元，其不仅是中国水电最高定价券商，还是获配数量最多的机构（2.86 亿股）。询价机构与获配机构的双重身份存在明显的利益冲突，难逃市场操纵质疑。[1] 在市场行情表现优异时，投资者对此类信息并不敏感；在股市低迷时，证券机构利用上市保荐、询价等中介业务推动其交易业务盈利，极易引发市场不满情绪。保荐人与交易商身份竞合、利益冲突的问题，体现的并非仅仅是个案中的市场操纵疑问，而是整个证券市场发行制度的不合理。因此，亟须从完善反操纵市场犯罪刑法规制与严控利益冲突风险两方面强化对发行环节市场操纵的监管。[2]

《证券法》《刑法》等反操纵行政处罚、刑事处罚规范体系应当全面调整规范表述，明确禁止发行环节的市场操纵行为。反市场滥用刑法规制不能局限于市场交易领域。为了有效应对近年来证券、期货市场迅猛发展对反市场滥用带来的现实挑战，《证券法》《刑法》应当同步修改操纵证券、期货市场罪的构成要件，将发行环节的市场操纵行为纳入归责范围，建构完整的反操纵责任规范体系。内幕交易犯罪在刑法条文设置中明显突出了发行与交易环节的全面规制

[1] 参见张雨：《中国水电不给力　大盘昨剧烈振荡》，载《成都商报》2011 年 10 月 20 日，第 28 版。

[2] 参见谢杰：《不能忽视发行环节的市场操纵》，载《证券时报》2011 年 10 月 24 日，A3 版。

原则，强调了“在涉及证券的发行”过程中利用内幕信息从事相关证券交易构成犯罪，重点惩治与震慑公司股票上市前突击入股等利益输送问题。在证券期货犯罪中同样存在发行环节欺诈定价、在证券发行过程中连续炒作上市公司股票等违法犯罪问题，所以，《刑法》第181条操纵证券、期货市场罪也有必要突出证券发行环节刑法规制的规范表述。

同时，证券发行监管机构应当强化对询价机构的透明度管理，要求发布定价分析报告时全面披露参与首次公开发行证券配售情况，从源头上控制中介业务与自营业务之间利益冲突对市场可能产生的损害风险，并为刑事司法认定发行环节的市场操纵违法犯罪行为建构充分且明确的违法性判定依据。《证券发行与承销管理办法》对询价和申购的报价约束、网下申购、网上发行、单个配售与申购账户上限等技术性问题进行了相对完善的制度设计，但是，对于证券发行询价定价分析与配售之间可能存在的利益冲突、信息披露、交易限制等问题没有予以规定。证券发行询价机构及其所属关联机构可能会持有首次公开发行的证券并进行相关交易。对于大量配售拟发行证券的询价机构而言，其在向市场公开的定价分析报告中建议的上市首日定价区间及分析意见，显然难以排除受到自营业务影响的可能性。纵然证券机构有权参与证券发行过程中的定价、配售以及发行之后的市场交易，但所有的业务必须建构于完整的信息披露，以使投资者能够在对定价报告的真实性与中立性进行独立评估的基础上参与市场交易和承担市场风险。正是由于没有明确且完整的利益冲突信息披露机制，询价机构在发布定价报告时通常向投资者宣布利益冲突免责而不公布配售业务的具体信息，使投资者无从客观评估配售业务对定价建议的影响程度。所以，有必要通过强制询价机构公开其所属或者关联参与配售的信息，防止证券机构通过发布定价报告误导市场投资者托盘，并在证券发行初期获利离场。

三、高频交易时代证券期货犯罪规制策略

程序化交易自20世纪80年代中期至今已经有30多年的历史。1987年10月19日“黑色星期一”全球证券、期货市场暴跌，2010年美国股市“闪电崩盘”以及2013年8月16日中国证券、期货市场发生的“光大证券乌龙指”导致A股

指数暴动[1]等著名历史事件，更是凸显了程序化交易风险控制对于证券、期货市场监管的重要意义。近十年来高频交易的快速发展使得全球证券、期货市场

---

[1] 2013年8月16日11时05分，光大证券在进行ETF申赎套利交易时，因程序错误，所使用的策略交易系统以234亿元巨量申购180ETF成份股，实际成交达72.7亿元，引起沪深300、上证综指等大盘指数和多只权重股短时间内大幅波动。事件发生后，市场质疑光大证券涉嫌操纵市场。经过深入调查取证、充分咨询论证后，中国证监会认为，光大证券的巨额交易虽然在客观上引起了市场的大幅波动，但是，事件的起因是系统技术缺陷，调查没有发现公司及相关人员组织、策划、促使这一事件发生的证据。根据《证券法》《期货交易管理条例》和中国证监会执法实践，因突发事故导致相关证券、期货价格和交易量异常波动的，不构成操纵市场。然而，在光大证券公告"当天上午公司策略投资部门自营业务在使用其独立的套利系统时出现问题"的信息披露前，当日11时40分至12时40分左右，光大证券徐浩明（总裁）、杨赤忠（助理总裁、分管策略投资部）、沈诗光（计划财务部总经理）、杨剑波（策略交易部总经理）等人紧急商定卖空股指期货合约、转换并卖出ETF对冲风险，责成杨剑波负责实施。13时至14时22分，光大证券卖空IF1309、IF1312股指期货合约共6240张，获利7414万元。同时，转换并卖出180ETF基金2.63亿份、50ETF基金6.89亿份，规避损失1307万元。以上两项交易获利和避损合计8721万元。14时22分以后，光大证券继续卖空IF1309股指期货合约（截至收市新增卖开750张，买平200张）。光大证券异常交易事件不仅对光大证券自身的经营和财务有重要影响，而且直接影响了证券市场的正常秩序和造成了股票价格的大幅波动，影响了投资者对权重股票、ETF和股指期货的投资决策，属于《证券法》第75条、《期货交易管理条例》第82条规定的证券、期货市场内幕信息。14时22分公告前，光大证券知悉市场异动的真正原因，公众投资者并不知情。在此情况下，光大证券本应戒绝交易，待内幕信息公开以后再合理避险。光大证券在内幕信息依法披露前即着手反向交易，明显违反了公平交易的原则。据此，中国证监会依法认定，光大证券在8月16日13时（公司高管层决策后）至14时22分转换并卖出50ETF、180ETF基金以及卖空IF1309、IF1312股指期货合约，构成《证券法》第202条和《期货交易管理条例》第70条所述的内幕交易行为。根据《证券法》第150、202、207、233条，《证券公司监督管理条例》第70条，《期货交易管理条例》第70、78条以及《证券市场禁入规定》，中国证监会依照法定程序，对光大证券和相关责任人员做出以下行政处罚和行政监管、市场禁入措施：没收光大证券违法所得87,214,278.08元，并处以5倍罚款，罚没款金额总计523,285,668.48元。对徐浩明、杨赤忠、沈诗光、杨剑波分别给予警告，罚款60万元并采取终身的证券市场禁入措施，宣布徐浩明、杨赤忠、沈诗光、杨剑波为期货市场禁止进入者。停止光大证券从事证券自营业务（固定收益证券除外），暂停审批光大证券新业务，责令光大证券整改并处分有关责任人员，并将整改情况和处理结果报告中国证监会。参见中国证监会：《光大证券异常交易事件的调查处理情况》，载http://www.csrc.gov.cn/pub/newsite/bgt/xwdd/201308/t20130830_233365.htm，最后访问日期：2015年3月1日。2014年2月8日，杨剑波主张其没有利用光大证券交易系统错误造成大盘剧烈波动这一信息进行内幕交易的主观故意，只是遵循交易风险中性的策略投资业务原理、纪律进行了止损操作，不服证监会关于内幕交易的判罚，向北京市第一中级人民法院对证监会提起行政诉讼。参见李蕾、金彧：《光大证券"乌龙指"主角状告证监会》，载《新京报》2014年2月15日，A19版。

监管机构高度重视程序化交易的风险控制。随着国债期货于 2013 年再度推出,[1]中国证券、期货市场中的证券以及相关衍生品交易的市场关联性更为紧密且复杂,高度、大规模程序交易化风险控制与防止市场操纵违法犯罪问题更为突出。因此,有必要在分析高频交易核心特点、策略运用,对证券、期货市场影响等问题的基础之上,充分掌握高频交易的运作机制,判断高频交易是否具有实施证券期货犯罪行为的风险,针对不同的高频交易策略提出有针对性的反证券期货犯罪风险控制策略,从而有效防控证券、期货市场风险。

(一)高频交易的主要类型及其核心特征

证券、期货市场中的高频交易是指机构交易者、职业交易者凭借专有性的数理模型、高速计算系统、快速信息反应机制等,在以微秒、毫秒为时间计算单位的信息反馈与交易指令下达的基础上,从事大笔、连续、密集金融工具交易并意图从中获取利润的行为。美国金融市场中超过 70% 的交易属于高频交易,但拥有此类技术的交易者仅占市场参与者的 2%。开发高端系统并拥有最短反应时间的交易技术已经成为极为重要的交易策略,也是机构交易者吸引客户的核心竞争因素。

---

[1] 1995 年发生的震惊中外证券、期货市场的"327"国债期货操纵事件,导致了国债期货交易暂停并延续至 2013 年。"327"国债期货事件直接造成中国金融衍生品市场发展在长达 20 年的时间里处于停滞状态。327 是 1992 年发行的 3 年期国库券的代号,围绕 327 国债是否要加息,以万国证券公司为首的空方和以"中经开"公司为首的多方在国债期货市场上展开了激烈的搏杀。1995 年 2 月 23 日,财政部正式发布了提高 327 国债利率的公告。当日上午一开盘,"中经开"率领的多方便借财政部的利好一路掩杀过来,到了下午,327 国债价格已从前一天 148.21 元的收盘价上升到 151.98 元。恰在此时,万国证券公司的同盟军"辽国发"突然反手做多,仅仅 10 分钟内,327 国债就上涨了 3.77 元。在此情况下,万国通过恶性透支在收市前 8 分钟内用了 3000 多亿元(所有的 327 国债只有 750 亿元)的巨大卖单把价位打到 147.40 元。收市后上交所经过紧急磋商,当晚宣布在一定时间内所有 327 品种的交易无效。参见郭德明:《327 国债期货事件对推出股指期货的启示》,载《现代经济信息》2009 年第 16 期。这一事件发生后,中国对期货市场进行了大规模整顿。尽管相关责任人员在刑事方面以相关经济犯罪定罪量刑,但该事件本质上具有市场操纵的实质,正是由于证券、期货市场刑事法律规范有关证券期货犯罪设置的缺位,导致行为性质认定上规范适用的实质性紊乱。直至 2013 年 9 月 6 日,国债期货正式在中国金融期货交易所重新上市交易,交易产品为 5 年期国债期货合约。参见中国证监会:《国债期货成功上市交易》,载 http://www.csrc.gov.cn/pub/newsite/bgt/xwdd/201309/t20130906_233662.htm,最后访问日期:2015 年 3 月 1 日;中国金融期货交易所:《5 年期国债期货合约表》,载 http://www.cffex.com.cn/sspz/5tf/hy/,最后访问日期:2015 年 3 月 1 日。

高频交易主要是以下各种交易类型的独立高速运行或者交易技术的组合。

1. 程序化交易(program trading)。即利用数理模型建构量化定价交易模型,通过程序设计自动根据交易行情报价触发交易生成,交易保单根据市场价格实施操作,并根据成交与流动性情况及时调整。程序化交易可以根据各种金融理论、统计实证或传统技术分析指标设计自动化的交易策略。程序化交易早期仅被少数市场人士独立性地掌握,近年来随着金融工程技术的飞速发展,程序化交易技术不断升级与流动,利用对于快速交易频率有严格要求的模型建构的程序化交易,就属于高频交易的范畴。

2. 算法交易(algorithmic trading)。即通过计算机程序决定交易下单的时机、价格以及数量。但在具体操作特征上,其集中表现为将大单指令分割成众多小单指令的交易模式。因为当机构投资者大量买入或卖出相关股票、期货合约时,其交易意图很容易因为其巨额报单而泄露,从而使市场价格相对于其交易方向同向运动,导致其待成交头寸(也称"头衬",款项的意思)很难获得相对其开始交易时的理想成交价格。通过将大型报单分拆为小单指令,将自己的交易意图隐藏于众多普通交易者的报单流之中,机构交易者能有效地控制大额建仓或平仓过程中的市场冲击成本。算法交易根据电子方式接收的信息流启动交易指令,其报单时刻跟随市场价格、成交和流动性状况快速调整,故也属于高频交易。

3. 闪电指令(flash orders)。又称闪单,是指交易者提前于市场掌握到报单信息或者某些交易所内部还未向市场公开的保单信息,其利用所掌握该私有信息极为短暂的时间优势在市场中发现可交易机会,在毫秒、微秒的时间单位内完成交易从而获得收益。证券期货交易所公平地向市场公开信息,按照"价格优先、时间优先"规则撮合交易,但闪电交易利用信息传输过程中以微秒计算的时间差抢先攫取市场信息。

4. 主机托管(co - location)。即交易者将电子交易设备设置在尽量靠近交易所服务器的办公场所,使其能够在物理上更接近交易信息发布源,缩短信息传输的时间损耗以便利用时间优势从事大量交易获利。时间优势是高频交易的生命线。电缆传输的时间损耗对于高频交易而言将会产生巨额损失。在美国的金融实践中,3 微妙的时间劣势足以导致一种交易策略每天损失 1000 美元。根据时间等于距离与速度之比的基本物理原理,交易者将电脑主机尽可能地接近交易所服务器使其能够减少交易反应时间获取以毫秒单位计算的信息获取时间优势。

5. 裸接入(naked access)。即作为交易所会员的金融机构直接向其他非交易所会员的客户提供系统接入服务,使相关客户能够直接使用会员专线进入交易所系统从事金融工具交易。

国际证券监管机构组织2011年报告在《技术发展对市场诚信与效率的影响以及监管问题》中提出,高频交易具有以下特点:第一,高频交易使用复杂精密的科技,实施各种不同的交易策略。第二,高频交易是高度量化的交易技术,采用一整套投资链演算方式,包括分析市场数据、发展合适的交易策略、最小化交易成本以及交易策略执行。第三,高频交易的投资组合具有极高的日周转率以及极高的委托/成交比率。第四,高频交易的投资部位在每日交易结束后持平或接近持平,即盘中买卖持有部位十分短暂,不存在或极少存在隔夜风险。第五,高频交易对交易速度十分敏感,其交易策略实施和执行的成功与否在大多数情况下取决于竞争性下单速度。

(二)高频交易的策略解构

只有充分掌握高频交易的策略,才能发现特定的高频交易类型是否具有证券期货犯罪的风险,从而有效地针对不同交易策略所对应的风险进行有效的制度设计。

1. 做市策略

作为做市策略的高频交易是指证券、期货市场中的做市商(market maker)使用高速交易系统提交非市场化交易指令完成相关交易并从交易所提供的流动性回扣(liquidity rebates)中获取收益,交易对手方为了获取高速流动性指令信息并实施相关交易,向交易所支付高速交易系统接入费用。这种高频交易与做市商制度紧密关联。做市商制度是为了提高证券、期货市场流动性而设计的一种特殊交易制度,即交易所为了解决流动性不足或者活跃市场交易,允许证券交易商(做市商)不间断地向投资者提供特定证券的买入与卖出市场,投资者不需要等待交易对手的出现,就可以根据做市商的报价达成交易。[1] 中国大陆

---

[1] See Robert C. Radcliffe, *Investment: Concepts, Analysis, Strategy* (5th Edition), Addison - Wesley Educational Publishers, 1997, p. 134.

只在银行间债券市场和外汇交易市场适用做市商制度，在很大程度上提高了银行间债券市场和外汇市场的流动性，完善了价格发现机制；中国香港特别行政区的股票期权市场、恒指期权市场以及中国台湾地区的柜台买卖市场中比较广泛地适用做市商制度。

在做市商制度的具体实践中，为了激励做市商提供范围更广、数量更多、交易更为充分的报价指令，交易所会根据成交量为创造流动性的证券交易商提供流动性回扣，以美国纳斯纳克为例，做市商流动性回扣为每成交 1 万股 15 美元至 29.5 美元。[1] 在技术层面，交易所为会员提供以高速反应时间（每项交易指令的平均反应时间为 1 微秒）为基础的自动化交易系统，这不仅能够提升交易所在证券、期货市场流动性竞争层面的实力，而且可以据此向捕捉高速流动性交易机会的做市商交易对手方提供高速交易系统服务并从中收取高额的系统接入费用。以 SEC《全美市场系统规则》的规定为例，高速交易系统接入费用为每成交 1 万股最高 30 美元。[2] 在高频交易技术与做市商制度的支撑下，做市商、交易所、流动性交易对手方之间形成了利益获取与风险承担的竞争关系。

做市商的一种盈利模式为通过流动性回扣交易获利，即利用高速交易系统提交大量、大额的非市场化交易指令，这些指令以不断变化的价量瞬间提交与撤销，其中的一部分指令得以成交并根据流动性提供量与交易所结算流动性回扣。由于做市商的流动性提供指令以微秒为反应时间单位，大量指令在被撤销之前仅在极为短暂的时间内存在，故绝大部分做市商流动性提供指令以撤销而告终。据 SEC 的数据统计，90% 以上的流动性提供指令提交后随即撤单。[3] 做市商交易对手方的盈利模式为通过流动性提供者交易指令的价格微小波动寻求获利空间。尽管做市商流动性交易指令价格波幅极小且停留时间极短，但是，如果能够运用程序化交易系统计算出价差获利机会，在获取高速交易系统接入权利的情况下，做市商交易对手方同样可以利用高速交易捕获流动性。因此，在同样使用交易所提供的高速交易系统的交易者之间，实际上形成了一个

---

〔1〕 See "NASDAQ Pricing, Price List - Trading", Connectivity, http://www.nasdaqtrader.com/trader.aspx?id=pricelisttrading2, Dec. 9, 2011，最后访问日期：2015 年 3 月 1 日。

〔2〕 SEC Regulation National Market System, Rule 610(c).

〔3〕 See Securities and Exchange Commission, Concept Release on Equity Market Structure, 75 Federal Regulation 3594, 3607 (proposed January 21, 2010).

以指令驱动为核心的市场化交易系统，独立于集中竞价交易系统，以微秒为时间单位实现指令发布、撤销与成交。做市商交易对手方的预期收益实际上就是流动性交易获利与高速交易系统接入服务费用之间的差额。交易所的直接盈利模式为通过提供接入服务收取高频交易费用，在扣除流动性回扣成本支出与高速交易系统研发与维护费用之后的剩余利润即为盈利。同时，做市商流动性供给与交易对手方流动性捕捉之间的价格竞争不仅有利于为市场提供价格信号，而且能够提升交易所参与全球市场竞争的综合实力。

2. 套利策略

作为套利策略的高频交易是指交易者利用交易数据传输等信息速度优势捕捉套利机会，通过特定模型设定的套利交易与对冲策略，以微秒为基础时间单位在市场上快速进行金融工具交易。这种高频交易的实施基础仍然是程序化交易模型的研发建构与持续修正，而操作关键在于信息获取与执行速度。交易者如果能将交易信息流转时间耗费控制在最低水平，相对于市场上的其他竞争者而言具备更为快速的决策与反应时间优势，进一步运用程序化模型辨识与获取价差，就可以抢先执行套利交易或对冲策略。

各国交易所基本上都提供不同水平的信息传播与信息增值服务，通过向证券期货信息服务商直接配置交易数据传输专线，为签署协议的金融信息服务商传输快速迅捷的交易数据信息。由于数据专线直接对接信息服务商的网络服务器，省去了一般实时行情信息发布流程（交易所系统—行情发布系统—向市场转发）多环节流转所耗费的时间，交易者向证券期货信息服务商购买通过数据专线传送的实时交易数据，根据不同交易所信息技术传输能力的差异，一般可以获得 5 微秒至 1 秒的时间优势。根据 SEC 的统计，依靠数据专线服务获取的 5 微秒至 10 微秒的提前信息接触与分析，即使价差额度极小，由于高频交易者配套使用独立的程序化交易模型与高速运算系统，也可以凭借巨额交易量实质性地放大利润。[1]

3. 结构性策略

作为结构性策略的高频交易是指交易者利用各种方式更快地获取交易所

〔1〕 Securities and Exchange Commission, Concept Release on Equity Market Structure, 75 Federal Regulation 3594, 3611 (proposed January 21, 2010).

向市场公开的数据,发现结构性获利机会并使用自有的高速系统发布指令与执行交易。时间优势,即在更短的时间内根据自有系统研判市场信息——这是高频交易的生命线。交易所发布的市场数据一般都通过电缆进行传输,基于物理原因造成的时间损耗对于高频交易而言将会产生巨额损失。由于高频交易者之间存在博弈,虽然高频交易市场每年的总获利水平在200亿美元左右,但是,以微妙为单位的时间劣势足以导致一家专业高频交易机构在一种交易策略上每天损失数千美元。[1]

(三)针对高频交易的反证券期货犯罪风险控制与法律监管措施

从高频交易的行为内容、核心特征以及交易策略等分析中可以看到,高频交易是证券、期货、衍生品交易市场硬件与软件条件高度发达的交易技术变革与竞争的结果。电子交易替代传统交易所公开叫价、人工成交与结算促使计算机信息系统基本上控制了所有的金融商品交易与结算。交易策略的竞争催生了机构投资者、私有交易软件技术开发者或者持有者通过建构在数量金融计算模型基础之上的程序化交易(算法交易)形成相对优化的交易策略,在交易实践中不断根据市场的变动与趋势调整算法,从中获取超越市场平均水平的交易利润。高频交易是在电子交易与程序化交易(算法交易)的基础之上,通过硬件技术竞争尽可能将电子交易在物理上的信息传输时间损耗降至最低程度,通过软件技术竞争尽可能将算法交易对市场趋势的自动反应能力提升至最高程度,以极速申报、撤单、成交、调整策略的方式从高频率、大规模的金融商品交易中获取收益。一旦高频交易技术为证券期货犯罪所用,就会成为市场滥用的工具。实践中,利用高频交易技术实施的市场操纵违法犯罪行为主要表现为:通过运行与计算速度极高的超级电脑在非常短的时间内大规模地向交易所系统传输具有市场误导性的交易申报,随后再以非常快的速度撤单,干扰金融商品市场价格或者指数,尤其是期货以及衍生品市场。在这种高频交易操纵违法犯罪行为实施过程中,电脑运行速度、交易申报速度、撤单速度均以微秒作为单位,交易的虚假性或者误导性体现为高速交易申报的价格审定远低于或者远高于行为时的市场价格,并通过快速撤单诱导其他市场参与者以其之前设定的价格或

---

[1] See Liz Moyer, Emily Lambert, "The New Masters of Wall Street, Forbes", September 21, 2009, p.41.

者朝其设定的价格趋势人为推动市场运行，并从短促的市场波动中以巨量交易快速谋取交易利润。

所以，证券、期货市场法律制度应当控制的是以高频交易技术为手段的市场操纵违法犯罪行为而非高频交易技术本身，同时应以高频交易策略审查为中心建构有针对性的反市场滥用规制方案。

对于作为做市策略出现的高频交易行为如何进行法律监管，国外金融监管理论中的一种代表性观点认为，流动性回扣交易的做市策略产生极高的撤单率，这将实质性地影响证券、期货市场的交易质量，存在操纵市场的犯罪风险，有必要予以禁止。[1] 这实际上也是中国证券、期货市场至今没有正式认可高频交易[2]乃至整个做市商制度的主要考量。但是，笔者认为，如果从控制系统性风险的角度对作为做市策略出现的高频交易进行监管，这种操作策略不具有市场操纵违法犯罪的属性，也不会对证券、期货市场的公正性、透明度、流动性以及效率产生特别的危害。

首先，交易所能够实现对高频交易的风险控制。如果交易所认为流动性回扣的成本支出明显超过流动性供给产生的收益，或者高速交易系统接入服务收益与流动性回扣支出之差为负值，交易所完全可以调降流动性回扣比例甚至采取全面暂停的方式，因此，不会产生大面积的财务风险以及出现市场操纵损害。

其次，做市高频交易不会对集中竞价市场产生冲击或操纵性影响。做市商流动性提供的相关指令本身并不对集中竞价市场公开，不会对公开市场形成价量操纵影响。做市商的相关报价指令完成交易的，会在一定时间内向集中竞价市场公开，为投资者提供一种富有效率的价格发现与指导。尽管特定金融工具的流动性交易量计入总成交量，但做市成交价不作为集中竞价的即时价格或者收盘价格。可见，高频交易系统实际上与大宗交易平台具有同质性，是一种比较灵活的金融工具交易机制，在集中竞价交易价格体系中排除做市交易价格，

---

〔1〕 See Michael J. Mcgowan, "The Rise of Computerized High Frequency Trading: Use and Controversy", *Duke Law, Technology Review*, Vol. 16, 2010.

〔2〕 当然，中国证券、期货市场现有的交易水平不足以完成真正意义上的高频交易也是该问题没有完全凸显的客观原因之一。但在制度准备上必须对高频交易所可能产生的证券期货犯罪等所有与市场风险有关的问题进行提前关注，以便能够有效应对高速发展与变革的金融市场交易技术。

能够有效地缓解高频交易对集中竞价市场的冲击。

最后,做市高频交易的潜在系统性风险具有制度可控性。作为做市策略的高频交易对于整个证券、期货市场可能产生的唯一潜在风险形式表现为:做市商在明显超过其实际执行交易能力的情况下提交数量极大交易指令,与此同时,交易对手方通过高速交易系统捕捉到该流动性供给信息并在该做市商撤单之前完成相对交易。这种不计后果的巨量投机交易不仅会直接导致做市商与交易对手方的巨亏以及违约法律风险,而且将导致市场瞬间巨幅波动触发系统性风险。对此,现有的法律监管制度框架与监管水平完全能够进行有效的应对。交易所可以根据做市商缴纳的保证金以及杠杆比例限定流动性提供报单的最高额度,从而禁止做市商提交无履约保障且足以引发市场剧烈波动的流动性供给指令。

所以,作为做市策略的高频交易虽然存在频繁申报与撤销申报、捕捉市场流动性等疑似短线交易操纵的特征,但其本质上是为市场提供流动性并获取流动性回扣,同时这种高频交易机制的所有交易数据均由交易所控制与管理,不存在证券期货犯罪风险与系统性风险。

对于利用数据专线进行套利操作的一种质疑是,交易所在收取费用后,赋予一部分交易者在市场一般投资者之前获取即时信息的权利,这本质上是一种不合理的“信息歧视”,影响了证券、期货市场运行机制的公平性。[1] 然而,笔者认为,数据专线应当是当代证券、期货市场交易技术竞争下的优势而非先在性的信息管理制度不平等。

其一,高频交易者获取数据专线必须支付金钱对价,这是交易技术升级正当且自由的投入,不应在法律监管层面受到否定评价。高速信息流转配合下的程序化套利策略本身就具有交易风险,加之高频交易者必须支出的实时交易数据费用、高速交易系统费用以及程序策略研发费用等,可见,以数据专线为依托的套利是风险与收益对等的正当交易行为,不能因为一般市场投资者不了解这种高频交易、没有使用资金购买数据专线服务费用、没有能力研发套利区间等就在法律监管上禁止数据专线服务的提供与购买。

---

〔1〕 See Charles Duhigg, “Senator Wants Restrictions on High - Speed Trading”, New York Times, July 25, 2009, at B6.

其二,通过数据专线高速分析实时行情并进行套利交易,不仅为市场提供了大量的流动性,而且能够在很大程度上减少价差从而在整体上为市场完善某一或者某些金融工具的定价。因此,在法律监管层面断言交易所向高频交易者提供数据专线服务有失公平,是对证券、期货市场平等交易的机械化、简单化、形式化的理解,根本上否定了基于技术投入获取竞争优势的正当性,不利于发挥证券、期货市场的竞争效率。

主机托管为一部分交易者提供了特殊且不公平的时间与空间优势,丰富了短期交易者的竞争条件,具有影响金融市场质量的可能性,而且还存在损害长期投资者利益的疑问。利用主机托管服务形成的信息传递增速进行快速报单与撤单本身显然是一种短期行为,但其盈利模式并不是以牺牲长期投资者利益为代价,而是快速捕捉金融市场上有缺陷的流动性并从中获利,非但没有降低市场质量,反而提高了流动性供给的质量,为包括长期投资者在内的所有市场参与主体提供其独立发现的定价结论。[1] 所以,主机托管与数据专线具有相同的本质,即交易者投入技术成本持续优化交易系统的运行速度与能力,通过高速生成、编排以及撤销申报指令的交易方式在当前信息化金融市场结构中谋取竞争空间。

当然,交易所在提供主机托管服务过程中应当设置多层次的差别待遇防控机制。(1)交易所应当收取合理的主机托管服务费用,但不能以难以接受的高昂收费标准将绝大多数机构投资者排斥在高速信息系统之外,导致主机托管服务成为一般交易机构进入高端金融交易技术竞争市场的壁垒。(2)金融交易中合理降低反应时间的方式多种多样,例如,提升电缆数据传输能力、加强计算机信息系统运算能力、缩短信息传输距离等,主机托管只是成本与效益权衡下的一种提升金融交易反应时间的商业选择。因此,主机托管服务内容只能局限于交易信息流转速度与稳定性的提升,而不能涉及交易信息排队等待执行时优先撮合等超越反应时间竞争范畴的不公平待遇。(3)有必要建构主机托管反应时间透明度监管规则,交易所定期向市场公开发布购买主机托管服务机构的交易

---

[1] See Alex Frino, Vito Mollica, Robert I. Webb, "The Impact of Co – Location of Securities Exchanges' and Traders' Computer Servers on Market Liquidity", *Journal of Futures Markets*33, 2014, p. 20.

反应速度排名，或者根据特定投资者要求发送该交易机构个体交易系统反应速度数据报告。这不仅能够为市场投资者选择专业证券期货经纪机构从事高频交易提供市场公开数据，而且能够使有关交易机构明确金融交易技术现状，完善相应的交易技术与风险控制。[1]

从上述分析中可见，数据专线、主机托管等套利或者结构性策略都是通过支付一定的技术成本从而获取交易速度上的优势，原则上属于交易技术竞争与市场优势体现，但这种技术本身完全可能为证券期货犯罪所用。因此，反证券期货犯罪法律监管制度需要高度关注的是，防止全新的市场交易技术为市场行为人所用，而非直接禁止新型高频交易策略与高速交易技术。

四、互联网金融“去中心化”后证券、期货市场刑事法律规范制度安排

以互联网为代表的现代信息科技（移动支付、社交网络、搜索引擎、云计算、数据挖掘等信息网络技术和工具）迅速介入金融市场所形成的互联网金融，深刻地渗透、改变了以银行机构为核心的间接融资市场和以证券机构为中心的直接融资市场。[2] 当前互联网金融的核心内容或者业务模式包括但不限于互联网支付（第三方支付、移动支付、手机银行等）、互联网融资（P2P 融资、众筹、小额贷款、货币市场基金等）、[3]互联网金融信息交互（金融资产信用评级、金融市场数据分析、金融交易算法等）等基于或者衍生于互联网应用的金融服务，其规模呈现爆发式增长的态势。2014 年国务院总理李克强所做的《政府工作报告》明确提出“促进互联网金融健康发展”。[4] 互联网金融在缓解信息不对称、

[1] 需要强调的是，裸接入本质上是出借交易所会员席位或者交易单元，是各国证券期货监管机构严格禁止的违规行为。但是，由于这种无保证接入的操作方式能够实质性地降低金融交易的反应时间、进行匿名交易、免予支付会员费用以及接受交易所直接管理，一部分高频交易者与交易所会员违规达成协议，滥用会员专线的反应时间优势，通过私有交易策略谋取利润。在这种情况下，提供无保证接入的交易所会员无从监督高频交易者遵守风控机制与交易规则，一旦高频交易滥用激进策略极易引发系统性风险，必须予以严格防控。

[2] 参见陈一稀：《互联网金融的概念、现状与发展建议》，载《金融发展评论》2013 年第 12 期。

[3] 参见谢平、邹传伟：《互联网金融模式研究》，载《金融研究》2012 年第 12 期；李博、董亮：《互联网金融的模式与发展》，载《中国金融》2013 年第 10 期。

[4] 参见杨井鑫：《政府工作报告为互联网金融定调　普惠金融迎新机遇》，载《中国经营报》2014 年 3 月 10 日，B8 版。

提高交易效率、优化资源配置、丰富投融资方式等方面的确不断展现出有别于传统金融的表现,合理控制互联网金融风险,保障互联网金融健康发展,必须依靠高效可行的法律监管制度。[1] 如果说处于互联网金融初级阶段的支付宝、余额宝、P2P 网贷、众筹等新型金融市场机制已经对金融市场法律监管构成了影响,那么比特币等实际上已经进入了互联网金融高级阶段的互联网支付工具与技术更是当前金融市场的重大风险与金融监管的重大挑战。因为"去中心化"的本质特征与技术手段已经使得比特币等网络支付工具超越了既有法律框架与权力监管的传统性制约。尤其是在比特币介入证券、期货市场之后,以市场操纵为典型表现的证券、期货市场侵害行为借助比特币等"去中心化"网络支付系统严重危害了证券、期货市场投资者资产安全且深刻冲击着既有证券、期货市场法律体系,亟须针对互联网金融"去中心化"变革的特征与趋势,充分运用法律与金融分析方法准确理解与把握比特币等新型网络支付工具的实质,建构有效的证券期货犯罪刑法规范应对策略等一系列证券、期货市场法律制度安排。

(一)比特币等新型互联网支付系统兴起与证券、期货市场法律制度危机

比特币(Bitcoin)是一种点对点全球通用加密数字支付系统。[2] 比特币发行与交易不依赖于政府支持、传统金融机构服务,也不与特定商品挂钩,而是通过对等式网络种子文件达成的网络协议实现网络节点直接交互,具有"去中心化"特质。比特币使用网络分布式数据库验证交易,发行总量固定并自适应地以预定速率增加且增速逐步放缓,在 2014 年达到略小于 2100 万个的极限值。发行的比特币由完成运算工作量证明(挖矿)的"矿工"获取,借此激励参与者利用计算机硬件为比特币进行数学计算,从而完成交易确认、提高比特币的系

---

[1] 参见张晓朴:《互联网金融监管十二原则》,载《第一财经日报》2014 年 1 月 20 日,B6 版。

[2] 除比特币之外,基于网络、密码、算法等技术开发的系统还包括 Litecoin(莱特币)、Namecoin(名币)等多种数字支付工具。由于数字支付系统演进与软件更新非常迅速,具体的技术或系统都可能被另一种版本替代,但数字支付系统的经济机制与法律制度评价体系是相对稳定的。作为最早、目前最成功却远未达到最好的数字支付系统,比特币接受度处于绝对领先地位。基于论述的便利性,本书仅针对比特币展开法律与经济分析,但经济机理解释与法律制度应对均适用于采纳相同与相似机制的数字支付系统。

统安全性。[1]

使用比特币等新型互联网支付系统可以购买商品或服务、以市场价格兑换各国和地区的法定货币。比特币"挖矿"芯片设计与开发、[2]"矿机"组装与销售、[3]各类比特币交易平台运营与市场参与者的投机热潮[4]等经济行为将比特币利益链进一步延伸。从实体经济发展趋势、集中交易市值、市场参与者认可度等各方面来看,比特币经过了初创与萌芽阶段,世界经济与金融历史正在见证"去中心化"数字支付时代的兴起。

2013 年 12 月 3 日中国人民银行等五部委《关于防范比特币风险的通知》(以下简称《比特币风险通知》)明确强调比特币虚拟商品属性及其投资风险,禁止金融、支付机构从事比特币业务。《比特币风险通知》对于控制比特币市场风险、遏制网络经济风险向金融体系与实体经济传导等具有积极意义。但比特币不仅可能成为洗钱犯罪、外汇犯罪的工具或渠道,[5]而且比特币持有者、交易者具有成为证券期货犯罪被害人的高度风险。《比特币风险通知》所确立的比特币虚拟商品性、非货币性、非特殊金融商品的属性判断会导致一系列经济犯罪对象与行为的解释与认定陷入困惑,加之当前理论界与实务界对利用或者针对比特币的犯罪行为的机理尚且缺乏深入把握,这些因素共同导致比特币等新型互联网支付工具的兴起对整个证券、期货市场法律体系产生重大却潜藏未现的影响。

(二)比特币等新型互联网支付系统对证券、期货市场法律体系与金融消费者权益全面挑战的风险评估

《比特币风险通知》以"正面定性与反面否定"相结合的方式对比特币属性提出了明确意见,即比特币"应当是一种特定的虚拟商品""不是真正意义上的

〔1〕 See Satoshi Nakamoto, "Bitcoin: A Peer - to - Peer Electronic Cash System", 2008, Accessed March 1, 2015, http://bitcoin.org/bitcoin.pdf.

〔2〕 参见程振伟:《谁是比特币利益链上的"真正赢家"》,载《深圳特区报》2013 年 12 月 3 日,B2 版。

〔3〕 参见梁敏:《比特币掘金,"挖矿机"商机无限》,载《电脑报》2013 年 12 月 16 日,第 13 版。

〔4〕 参见张俊杰:《比特币投资险象环生》,载《南方都市报》2013 年 12 月 6 日,GC7 版。

〔5〕 See Lars Hilse, *Threat - Assessment: Bitcoin: Danger to the United States?* Create Space Independent Publishing Platform, 2013, pp. 24 - 40.

货币”“不具有与货币等同的法律地位”“不能且不应作为货币在市场上流通使用”。[1] 可见，在中国金融市场法律制度及其监管框架下，“真正意义的货币”等同于法定货币，即人民币、美元等以国家或者地区中央权力信用为基础的、法偿性、强制性货币。比特币不具有货币属性，而且与金融体系中的金融产品无关，只是商品且必须强调其具有虚拟性。

然而，作为非货币性、非金融商品性、虚拟性“商品”的比特币，以极低的交易成本在“商品”与法定货币之间进行快捷兑换，并以集中竞价交易的方式在全球各大比特币交易平台进行投资（投机），甚至可以附加杠杆、做空等交易机制进行各类衍生性交易。基于对证券、期货市场及其监管秩序全面且有效保护的价值追求，我国经济刑法规范体系设置了外汇、证券、期货等众多具有金融工具属性的行为对象要素。金融监管机构对比特币货币、金融属性的制度性剥离、对虚拟商品属性的强调，会产生不容忽视的证券、期货市场法律制度风险：大量利用比特币货币或金融工具特征的证券期货犯罪行为将因为比特币的虚拟商品属性限定而脱离规范控制，证券、期货市场法律制度以及金融消费者权益会随着比特币市场逐步繁荣而面临前所未有的冲击。

比特币是一种特定虚拟商品的正面定性判断，在确立比特币虚拟性与商品性基础定位的同时亦否定了比特币的真实性与金融性内涵。比特币交易只是普通民众风险自担的、具有参与自由的网络商品买卖行为。[2] 但现实情况是，比特币正以投资（投机）工具的形式、在类似于证券、期货交易所的网络平台上进行日成交量达到亿元人民币数量级的集中交易。金融监管制度将比特币属

---

〔1〕《比特币风险通知》第1条“正确认识比特币的属性”：比特币具有没有集中发行方、总量有限、使用不受地域限制和匿名性四个主要特点。虽然比特币被称为“货币”，但由于其不是由货币当局发行，不具有法偿性与强制性等货币属性，并不是真正意义的货币。从性质上来看，比特币应当是一种特定的虚拟商品，不具有与货币等同的法律地位，不能且不应作为货币在市场上流通使用。

〔2〕中国人民银行等五部委在印发《比特币风险通知》时指出：“比特币交易作为一种互联网上的商品买卖行为，普通民众在自担风险的前提下拥有参与的自由。”参见贾壮：《五部委监管比特币：不能作货币流通用》，载《证券时报》2013年12月6日，A1版。

性限定于虚拟商品并严格禁止金融、支付机构介入比特币业务,[1]意图切断比特币市场向传统金融市场与实体经济传导风险的管道,控制比特币市场过度投机的风险。但否定比特币真实存在且市场参与者正在实际使用的金融工具功能也必须承受附带性结果:无法在金融法律框架下对比特币市场进行严格管制;无法以金融消费者的标准对从事比特币市场参与者予以强化保护。具体到经济刑法层面,证券、期货市场管理秩序与投资者权益等法益均面临刑事保护缺位风险。

在证券、期货市场管理秩序刑法保护方面,非法经营罪禁止未经国务院期货监督管理部门批准组织他人参与期货交易。而中国市场中的交易者在比特币发展过程的早期阶段就已大规模地参与比特币期货交易:交易平台采用一定倍数的杠杆交易模式,由用户向第三方资金账户汇入人民币或向比特币账户存入比特币,既能以一定杠杆买入比特币做多,也能以一定杠杆卖出比特币做空。比特币多空合约根据全球最成熟的比特币交易平台即时行情价格进行结算,账户金额不足则强制平仓。[2] 标准化交易、现金交割、客户双向交易、对冲、预付资金、预付款处于警戒线下交易平台有权强制平仓等一系列比特币交易机制完全符合标准化合约、保证金制度、当日无负债结算制度、强制平仓制度等期货交易特征。这种期货交易经营行为未经国务院期货管理机构批准,实质上就是非法组织期货交易。但非法经营罪关于禁止非法从事期货交易业务的规定对经

---

[1] 《比特币风险通知》第2条"各金融机构和支付机构不得开展与比特币相关的业务"规定:现阶段,各金融机构和支付机构不得以比特币为产品或服务定价,不得买卖或作为中央对手买卖比特币,不得承保与比特币相关的保险业务或将比特币纳入保险责任范围,不得直接或间接为客户提供其他与比特币相关的服务,包括为客户提供比特币登记、交易、清算、结算等服务;接受比特币或以比特币作为支付结算工具;开展比特币与人民币及外币的兑换服务;开展比特币的储存、托管、抵押等业务;发行与比特币相关的金融产品;将比特币作为信托、基金等投资的投资标的等。2013年12月中旬央行约谈银行、支付宝、财付通等银行、支付机构负责人,除了强调严格执行《比特币风险通知》的上述规定之外,还进一步提出两大要求:其一,第三方支付公司不得给比特币等交易网站提供支付和清算服务;其二,对于已经发生业务的支付机构应解除合作,不得发生新的支付业务。这一举措可能造成人民币以充值方式进入比特币交易平台的资金流动模式受到实质性限制,进而遏制比特币在集中交易平台进行买卖的市场规模。参见严湘君:《防范比特币风险连出招 央行约谈第三方支付"釜底抽薪"?》,载《第一财经日报》2013年12月17日,A10版。

[2] 参见简工博:《监管尚为空白,比特币交易风险大》,载《解放日报》2013年12月4日,第10版。

营比特币期货交易平台的行为没有任何实质性应对措施。

在金融消费者刑事保护方面,由操纵证券、期货市场罪、内幕交易罪、利用未公开信息交易罪等证券期货犯罪构成的证券、期货市场投资者合法权益保护条款,完全无法适用于比特币集中交易市场中客观存在的市场侵害行为。比特币市场核心交易机制与证券、期货市场非常接近:市场参与者选择比特币交易所开设账户并充值人民币,或者通过比特币支付系统向交易平台下设的个人比特币账户充值比特币;单位比特币以人民币计价,交易者提交买入或卖出申报,按照“时间优先、价格优先”的集中竞价规则由交易系统匹配价格、撮合成交;买入生效后比特币计入比特币账户,交易者可提取比特币,卖出生效后资金计入资金账户,交易者可提现。但由于目前比特币流通量、市值有限,市场行为人使用一定规模的比特币现货或资金就可以通过连续交易、相对委托、洗售等操纵性交易模式打压或拉抬比特币市场价格并从中获取巨额价差收益。同时,比特币交易平台及其工作人员不存在金融监管的制度约束且比特币网站内部运作缺乏透明度,比特币市场参与者完全可能面对内部人员利用尚未公开的资金、比特币流动数据等交易信息在普通投资者(投机者)之前抢先完成交易的内线交易风险。比特币市场参与者自担市场风险显然不应包括自担市场操纵等市场侵害行为风险。在比特币已成为金融投机工具但受到市场滥用行为侵害风险明显超过传统证券、期货市场的情况下,金融监管机构对比特币虚拟商品的定位,导致市场参与者无法作为金融消费者得到证券期货犯罪刑法条款保护。

(三)比特币的经济机理解释与法律属性辨正

证券、期货市场刑事法律规范等法律制度的规制重点在于对金融行为在刑法上的实质属性及其刑事责任做出实质判断。比特币行为的实质是由其内部特征(比特币自身的实质功能)与外部特征(使用比特币或者针对比特币实施一定作为与不作为的人的主体性认知与客观行为)决定的,不受脱离比特币实质经济机理的制度性属性限定的影响。在规范形式上否定比特币的货币与金融属性会因为与比特币事实上所具备的金融功能之间的冲突而造成经济刑法规范解释紧张与制度保护不力。解决证券、期货市场法律制度困境的理论基础在于运用法律与金融分析方法,对比特币予以实质解构,以功能性内涵发现为核心对比特币在货币、金融、商品等不同层面的机理做出全面阐释,确立比特币在现有法律制度与监管框架下符合经济实质的真实归属，以证券期货犯罪法律制度为核心有效保障金融消费者合法权益。实现这一目标的前提是回答与比特币法律属性界定有关的三个纵深性问题，即比特币的法律状态是什么（合法、非法抑或其他）？比特币的货币属性判断结论是什么（货币、非货币、金融商品、普通商品抑或其他）？比特币在实体经济与金融实务中真正的法律性质是什么？

1. 比特币法律地位评估

比特币在很多国家和地区能够作为商品与服务的支付工具、在比特币交易所进行集中买卖，但亦有司法区直接否认比特币的合法地位。[1] 准确评估比特币法律地位的关键在于把握"去中心化"的经济实质。

比特币的经济生态建立在点对点网络与密码验证技术的基础之上。网络密码技术创新带来的全球性交易便捷、成本降低、隐私保护、抵御通胀等是比特币"去中心化"支付、结算及存储机制在理论上区别于中心化国家信用下的法定货币体系的最重要特点。"去中心化"支付体系不再是由权力化的监管机构排他性地掌控，而是由全体互联网用户共同参与、权利对等、平等竞争、完全开放的创制、流通与支付的过程。但是，比特币是相对于中心化货币机制与反法律制度束缚的"去中心化"，并不具有彻底性。比特币经济在治理结构上受控于真实存在的中心化管理机构或利益代理，在经济资源分配上存在明显的非均衡性。比特币基金会是比特币系统技术维护与经济发展的核心治理组织。新比特币及比特币交易验证手续费的获取实行全网络开放性竞争，但以比特币系统开发者为核心的早期比特币玩家掌握先发优势并垄断网络密码技术，原本已经存在数量稀缺性问题的比特币实际上被少数人持有。[2]

比特币发行与交易机制"去中心化"决定了传统法律制度没有能力对比特

---

〔1〕 例如，2013 年 7 月 29 日，泰国央行外汇管理与政策部认为，基于现行可适用法律缺失、资本项目管制、比特币跨越多重金融领域的事实等因素，下列比特币行为在泰国司法权构成违法：买卖比特币；以比特币为支付工具的商品或服务贸易；向泰国境外给付比特币；接受来自泰国境外的比特币。财经与法治媒体普遍将泰国央行规定使用与交易比特币行为系非法等同于禁止比特币，因而泰国也就成为全球首个禁止比特币的国家。参见吴家明：《泰国封杀比特币 开全球先河》，载《证券时报》2013 年 8 月 1 日，A4 版。

〔2〕 参见魏一平：《比特币江湖》，载《三联生活周刊》2013 年第 52 期；Dorit Ron, Adi Shamir, "Quantitative Analysis of the Full Bitcoin Transaction Graph, in Ahmad - Reza Sadeghi eds.", Financial Cryptography and Data Security, Springer Berlin Heidelberg, 2013, pp. 6 - 24。

币这一开放的网络支付系统本身的法律地位做出是非判断。依靠密码技术而创建、发行和流通的数字支付工具有着独立性生态与创造性理念，技术创新本身足以保证比特币作为挑战传统法定货币的反思性概念与批判性实践得以在特定的信息网络技术生态圈中持续运作。全球各国和地区禁止比特币的制度建构势必存在判断上的肯定与否定、时间进程上的先与后以及禁止程度上的强与弱。[1] 世界上主要金融市场的比特币监管措施如果存在不平衡，比特币创制与交易的无国界性意味着数字货币使用行为会自然地转向规制范围不周延、制裁措施不严厉的国家或地区，并利用货币市场关联性将风险传递至所有法定货币。但是，全球比特币集中交易的经济追求是为了通过比特币与相应法定货币的兑换直接获取法定货币体系下的利益；接受比特币支付的商品与服务提供者在收取比特币之后，仍然需要场外直接交易或者场内集中交易兑换法定货币，才能在一定主权范围内实现不受比特币经济发展规模限制的利益。全球各大比特币交易平台构成了比特币经济生态中利益交换与实现的中心。比特币交易平台是在全球各个司法区注册的公司实体，必须接受相应地区法律的监管。比特币理论上的"去中心化"与实际上具备的中心化机制说明：法律制度对比特币的地位不具有评价能力，但能够直接决定比特币交易平台以及比特币集中交易行为是否具有合法性。传统法律评估对比特币属性的分析不仅存在误判风险，而且会因为低估比特币经济机制上的复杂性而干扰旨在控制比特币经济系统性风险的宏观政策探索。证券、期货市场法律制度聚焦于比特币交易平台并对其集中交易行为做出监管安排并规制相应的证券期货犯罪行为才是更为合理的路径选择。

---

〔1〕 例外情况是国际条约对各个成员国关于比特币的监管设定统一的禁止性规则要求。但从目前的发展趋势分析，基于法律监管框架差异与经济利益分化等诸多原因，各国和地区达成禁止比特币国际条约完全没有形成时间表的可预期依据或者迹象。全球重要经济体表现出认可比特币的倾向。例如，德国金融监管局、央行、财政部早在 2011 年 8 月就已经将比特币认定为价值单元，同时明确了创制（发行）这种价值单元或者将其作为支付工具进行使用不需要获得法律许可。但是，当这种价值单元自身成为商业或者交易的对象时，经济意义上的价值单元便成为法律意义上的记账单元与金融工具，相关服务或者商业行为就应当接受德国银行法审查与授权。BaFin, Merkblatt – Hinweise zum Zahlungsdiensteaufsichtsgesetz (ZAG) (Stand: Dezember 2011), Hinweise zum Gesetz über die Beaufsichtigung von Zahlungsdiensten, Accessed March 1, 2015, http://www.bafin.de/SharedDocs/Veroeffentlichungen/DE/Merkblatt/mb_111222_zag.html.

2. 比特币货币属性辨析

监管比特币交易平台、比特币集中交易行为、惩治操纵比特币市场等违法犯罪行为的前提在于确定基础法律框架,而解决比特币监管架构问题显然无法回避比特币的货币属性判断。如果比特币是货币,则应将比特币交易纳入货币法律体系予以最为严格的监管,作为相关经济与金融犯罪行为对象的比特币,也会因其货币属性的确立而能够使得刑法解释与刑事保护机制恢复相对稳定的原有状态。但比特币是否属于货币是当前全球比特币法律、经济理论与实践领域争议最大的难题。

完全否定比特币货币属性的观点认为,货币是一种制度安排,只有在既有的法律制度下才能对特定的可转移产权做出是否构成货币的判断。纵览全球货币法律体系,比特币既不是合法货币,也不是法定货币。[1] 但美国得克萨斯东区联邦地区法院近期在判例中明确指出:比特币显然可以作为货币进行使用。比特币能够用于购买商品、服务以及其他生活性消费项目,唯一的限制在于只能在接受其作为货币的地方进行使用。比特币是可兑换为美元、欧元、日元、人民币等通常意义上的货币,故比特币就是货币或钱的表现形式。[2]

笔者认为,释疑比特币是否属于私货币问题的关键在于对其是否具备货币功能进行实质解析。交易中介、记账单元(价值尺度)与价值存储是货币三大核心功能。[3] 因此,把握比特币实质的基础是货币功能性解释而非货币在现实经济生活或网络空间的表现形式。

在交易中介功能方面,从 2009 年比特币首次支付商品(1 万个比特币购买一个披萨且供应商不直接接受比特币而需要第三方信用卡支付中介促成)[4] 后,电子商务、移动支付、比特币集中交易平台便捷兑换法定货币等互联网经济与金融迅猛发展极大地推动了比特币实体经济规模的增长。但比特币需求量绝大多数是投机性的,旨在博取比特币与法定货币兑换率波动价差利润的投机交易规模远超比特币实体贸易支付量。违禁品交易、赌博、洗钱等犯罪活动构

---

〔1〕 See Rhys Bollen, "The Legal Status of Online Currencies: Are Bitcoins the Future? ", *Journal of Banking and Finance Law and Practice* 24,2013, p. 272.

〔2〕 SEC v. Shavers, 2013 BL 208180 (E. D. Tex. Aug. 6, 2013).

〔3〕 See Benjamin J. Cohen, *The Future of Money*, Princeton University Press, 2002, p. 1.

〔4〕 Benjamin Wallace, "The Rise and Fall of Bitcoin", Wired Magazine12,2011,p. 19.

成比特币经济总量中相当重要的部分。[1] 经济总量有限、经济结构上实体贸易规模相对投机交易比例过低、非法贸易黑数巨大等制约了比特币履行货币交易中介功能。

在价值尺度功能方面，德国金融监管局明确认可比特币在自身构成商业、经济、金融服务等交易的对象时具有记账单位、金融工具的法律属性。[2] 比特币也已作为标准化的数值单位对多种商品、服务、资产、责任等价值与成本进行计量。问题在于比特币本身需要以法定货币进行定价，其价值尺度功能更多的是形式化表现，经济交易归根到底会采用当地法定货币定价体系。即使贸易实践中标注比特币价格，但比特币与法定货币兑换率波动幅度很大，除极少数商品与服务之外，产品的比特币定价几乎都需要根据兑换率波幅调整。

在价值存储功能方面，价格波幅剧烈同样制约了比特币中短期价值存储货币功能的发挥。仅 2011 年至 2013 年上半年比特币交易价格就经历了至少 6 次超过 50% 的跌幅；[3] 2013 年下半年更是出现了密集的、数百美元价格震荡幅度的暴涨暴跌。[4] 比特币中短期价格波动性导致其基本不具备货币的价值存储功能。然而，从长期趋势来看，全球各种法定货币均呈现不同程度的通胀水平，法定货币在长期价值存储上存在明显缺陷，而比特币基于发行总量固定、发行

---

〔1〕 例如，比特币是全球最大黑市交易网站之一"丝路"（Silk Road）唯一接受的结算工具。2013 年 10 月"丝路"因提供毒品、枪械等违禁品交易平台而被美国联邦调查局（FBI）查禁。涉嫌负责网站运营管理的创始人罗斯·乌尔里希被捕时 FBI 扣押的比特币（根据案发时汇率计算）价值 3360 万美元，"丝路"能够被查算的月平均交易额保守估计为 120 万美元。See Nicolas Christin, "Traveling the Silk Road: A Measurement Analysis of a Large Anonymous Online Marketplace", The International World Wide Web Conference, May 13 - 17, 2013, Rio de Janeiro, Brazil, Accessed March 1, 2015, http://www.andrew.cmu.edu/user/nicolasc/publications/Christin - WWW13.pdf.

〔2〕 See Jens Münzer, BaFin, "Bitcoins: Aufsichtliche Bewertung und Risiken für Nutzer" (19. Dezember, 2013), Accessed March 1, 2015, http://www.bafin.de/SharedDocs/Veroeffentlichungen/DE/Fachartikel/2014/fa_bj_1401_bitcoins.html.

〔3〕 See Derek A. Dion, "I'll Gladly Trade You Two Bits on Tuesday for A Byte Today: Bitcoin, Regulating Fraud in the Economy of Hacker - Cash", *Journal of Law, Technology, Policy* 2013, 2013, pp. 165 - 189.

〔4〕 参见唐烨：《比特币狂跌怪谁》，载《解放日报》2013 年 12 月 20 日，第 7 版。

增量稳步下降的制度设计构成了与法定货币完全相反的通缩经济，[1]具有非常强的长期价值存储与增值潜能。

比特币在交易中介、价值尺度、价值存储上分别表现出有用性与限制性、形式功能承担与实质功能萎缩、中短期无能与长期潜能的深刻矛盾。所以，比特币不具有全面、完整、彻底、真正的货币属性，但在具体情形中，特定经济行为与行为心理驱动下的比特币能聚合所有货币功能从而构成实质意义上的货币，并且是与法定货币（政府货币）竞争的私货币。

3. 比特币法律属性实质解释

直接肯定或否定比特币货币属性会面临制度安排上的双重困境——肯定比特币属于货币，既有利于快速建构与完善监管机制对比特币交易平台实施严格监管，又能够确保比特币在经济犯罪解释上具有确定的属性定位与数额计算规则。但是，赋予比特币货币地位一方面等于承认法定货币与一种发行与支付系统完全不受政府监管的私货币之间公开且合法的竞争，这与部分法域采取的法律强制政府货币垄断模式相抵触。另一方面，比特币固有缺陷导致其在很多情况下不具备完整的货币功能。而否定比特币货币地位显然又与比特币在实际运作中表现出的支付功能以及潜在、巨大的价值存储能力相悖。法律制度将比特币属性界定为商品或者货币都会出现结构性瑕疵，双重困境的根本原因在于：坚持在法律规范的逻辑框架下抽象出比特币与之相符的法律特征并做出线性且单向的形式判断。

与传统商品、货币以及证券、期货等金融工具不同的是，比特币在运作流程上覆盖实体经济与金融市场中的不同内容，其履行的多种经济功能亦互为影响。这就决定了比特币法律属性判断应聚焦于真实经济生活中的比特币行为（针对比特币展开的客观行为与心理行为），根据比特币在客观行为与主观意图控制下的实质内涵与功能进行多元化、开放性的法律解释。在比特币与商品、服务之间进行交易时，消费者的比特币行为是支付商品或服务对价，经营者的

---

[1] 比特币发行量实行稳定增长且增量递减的机制，后续实际生产的比特币数量越少，待发行的比特币需求量越大，比特币在后期的价格相应越高；比特币发行总量确定，加之现实中存在比特币因电脑硬盘灭失等而丢失的情况，留存的比特币会进一步由于部分比特币灭失而增值。比特币的持续增值趋势意味着购买商品与服务所需要支出的比特币数量下降，从而形成比特币的通缩经济。

比特币行为是直接获取比特币并最终有权获取该宗比特币所内涵的、具体数量存在波动风险的法定货币。比特币承担了交易中介与价值存储功能,法律应认定其在这种特定情形下构成实质上的货币。在比特币交易平台进行比特币与法定货币买卖时,无论是从比特币实体经济流转到比特币交易市场进行法定货币套现的市场参与者,还是纯粹的比特币投资(投机)者,其比特币行为都是在承担价格波动风险的基础上谋取法定货币利益最大化。比特币承担着套利、投资(投机)、兑现法定货币的金融工具功能,法律应认定其构成金融商品。操纵比特币市场就是操纵这一非常特殊的证券、期货市场,应当在反证券期货犯罪的证券、期货市场法律框架下进行规制。

(四)"去中心化"互联网金融市场的风险控制与证券、期货市场刑事法律规范应对

证券、期货市场法律制度要完成"去中心化"数字支付市场风险控制的重任,就应有效调配现有法律资源,将比特币交易平台与实际承担投资与投机功能的比特币环节纳入规制范围,促进比特币市场规范化与保障投资者合法权益,惩防违反证券、期货市场进入许可、滥用证券、期货市场资源配置机制的犯罪行为。合理解释比特币等新型支付系统在不同经济状态下的实质属性,有助于在证券、期货市场制度下,提升金融市场机制在资源配置中的决定性作用、强化保障公民财产权、维护经济管理秩序。

比特币经济生态中风险最大的环节就是分布于全球且中国市场占据重要份额的、类似于证券、期货市场各类证券期货交易所的比特币交易所(平台)。与前文分析的证券、期货市场中的一般行为心理一样,投资(投机)者的有限理性加深了比特币市场的过度投机性与高度风险性。比特币阶段性的交易狂热本质上就是行为金融中博傻心理的直观体现。泡沫的积累、危机的潜伏、市场的非监管性对于比特币市场参与者资产安全构成了非常严峻的风险。

由于我国现行金融商品法律监管制度及证券期货犯罪刑法条款规制范围受限,导致实际承担金融商品功能的比特币以及从事金融投资(投机)交易的比特币网站并没有接受有效的金融监管与刑法规制。我国没有采取统一的金融

商品(金融工具)交易法或广义的证券交易法[1]从而将所有金融工具整合于一部法律进行监管,而是通过《证券法》《期货交易管理条例》《信托法》等分别对证券及证券衍生品、期货及期货衍生品、金融信托等进行监管。由于比特币与法定货币现货交易显然不构成商品期货、金融期货合约或金融信托,我国对实际承担金融商品功能的比特币集中交易行为有规制可能性的只有以《证券法》《证券投资基金》为核心的证券法律制度。然而,现行证券法律体系中的证券范围非常狭窄,只能覆盖股票、公司债、政府债、证券投资基金份额等少数具有投资与投机功能的金融商品,以比特币为典型代表的正在各类网络集中交易平台作为金融商品供市场参与者投资、投机且承载一定法定货币价值的支付工具,无法在证券法律框架下受到监管。相应地,比特币不属于证券、期货合约,比特币集中交易平台不是证券、期货交易所,故无法将操纵比特币市场的行为认定为证券期货犯罪。

证券法律规范是控制金融商品交易市场系统性风险、保障投资者合法权益的核心制度安排。在比特币发行与支付"去中心化"导致其难以受到法律制度实际监管以及比特币集中交易平台表现出明显的金融工具投资(投机)性实质特征的前提下,我国法律制度有必要适度调整证券内涵与外延,在证券法律体系的架构下对比特币交易平台及其市场行为进行集中监管。这不仅有助于严格控制比特币交易平台过度投机与市场操纵风险,而且能够将比特币与人民币之间的投机性交易对金融市场与实体经济的潜在风险限制于可控范围内。

从制度安排成本角度来分析,立即着手制定专门的金融商品交易法规制比

---

〔1〕 欧盟《金融工具市场指令》将证券、集合投资单元、货币市场投资工具、金融期货合约、远期利率协议、利率、外汇、股权互换等法律许可的在受监管市场交易的工具统一纳入金融工具的范畴。德国《证券交易法》将证券统称为涵盖股票、债券、期货、期权、互换等金融资产或者金融衍生品类型的金融工具。日本《金融商品取引法》将证券界定为包括国债、地方债、法人根据特别法律发行的证券、有担保的公司债券、根据特别法律设立的法人所发出和出资证券、股票或表示新股承购权的证书、证券投资信托和贷款的受益证书、外国或外国法人发行的证券、资产抵押证券、证券化产品以及金融工具交易权利证明等金融市场中交易的工具。上述法律规定分别参见:Directive 2004/39/EC of the European Parliament and of the Council of 21 April 2004 on markets in financial instruments, Article 4 Definitions 1.17, Section C of Annex I; Wertpapierhandelsgesetz – WpHG § 2 Begriffsbestimmungen; 金融商品取引法(きんゆうしょうひんとりひきほう、昭和23年4月13日法律第25号)第二条　この法律において「有価証券」とは、次に掲げるものをいう。

特币交易平台以及市场交易行为并不现实且没有必要。比特币与证券在核心交易机制上的匹配性决定了既有的证券交易所、证券公司、证券市场行为监管体系完全能够与比特币交易所、比特币金融中介服务商以及比特币交易行为进行对接。《证券法》修改列入十二届全国人大常委会立法规划〔1〕更是我国金融商品法律体系针对“去中心化”支付工具全新挑战做出及时制度应对的效果最佳且制度调整成本最低的历史性契机。从制度安排实体正当性角度分析，扩大证券范围、拓展证券概念外延已经成为我国《证券法》修改意见中非常重要的内容。〔2〕证券范围整体覆盖金融商品或者投资（投机）工具实际上是一种典型的证券法立法例。〔3〕相对广泛的证券概念界定有助于通过证券法所建构的严格监管机制，最大限度地惩防严重损害效率的市场操纵等证券、期货市场侵害行为，并对处于信息不对称劣势的普通市场参与者提供周延保护。〔4〕

作为前置性法律规定的证券法将比特币纳入监管范围意味着证券、期货市场刑事法律规范制度的同步完善。以法定货币定价且在交易所上市交易的比特币金融商品构成作为证券期货犯罪行为对象的“证券”，以市场操纵为核心的一系列危害金融商品管理秩序、金融商品消费者合法权益的比特币行为将接受证券、期货市场法的规制。基于资金、比特币持仓、信息等优势实施连续买卖、对敲、自我交易、信息操纵等行为，操纵比特币市场交易价格或者交易量的，构成操纵证券市场罪。证券期货犯罪刑法条款有效覆盖比特币投资（投机）市场，能够震慑比特币投资（投机）契约交易市场中的操纵行为，提升比特币交易所的

---

〔1〕 参见崔清新、王思北：《人大常委会公布五年立法规划》，载《人民日报》2013年10月31日，第4版。

〔2〕 例如，证券法修改专家意见中有一种代表性的观点指出，证券法应将“证券”拓展至股票、债券、证券投资基金份额等所有“实质证券”。参见马婧妤、王宁、郭玉志：《证券法修改要做好顶层设计》，载《上海证券报》2013年11月29日，F2版。

〔3〕 例如，美国《证券法》规定：证券是指任何票据、股票、库藏股、证券期货、基于证券的掉期、债券、公司债券、债务凭证、权益证明、分红契约参与证明、担保信托证书、认股证书、可转让股份、投资契约、表决权信托证书，石油、天然气或者其他矿业产权的部分不可分割权益，证券、存款证明、证券组合、证券指数（包括其内涵或者基于其产生的利息）的购买权、出让权、套期、期权等权利，外汇套期、期权等，或者任何通常称为“证券”的利益或工具，或者上述任何利益或工具的证明、权利参与、临时性证明、收据、保证文件、认购权证等。See 15 U. S. C. 77b (a) (1).

〔4〕 See Donna M. Nagy, Richard W. Painter, Margaret V. Sachs, *Securities Litigation and Enforcement* (Third Edition), West Academic, 2012, p. 2.

透明度管理水平。这种反市场滥用、优化市场透明度、信息均衡化等证券、期货市场法律保障效果，还能够在经济上促进比特币市场定价的理性化与抗操纵性，进而安全解决易于受到比特币市场参与者非理性行为触发的过度投机风险，遏制比特币市场风险向金融市场与实体经济蔓延。反市场滥用等证券期货犯罪刑法条款的规范价值在于为各种参与风险市场的金融商品投资（投机）者资产安全提供制度性保护，使得市场参与者能够通过多元化的金融市场交易渠道实现资本配置决策收益、合理承担市场风险。简单地禁止经营者通过市场竞争设立比特币交易平台或者实际切断投资（投机）者资金安全进入比特币交易所的渠道，只会增加比特币市场现金交易的规范及其风险，影响比特币市场参与者的资金安全。所以，经济、金融行政法律以及证券、期货市场刑事法律规范应当积极将比特币交易平台纳入制度性的证券监管范围，而不应以公民产权风险为代价形式化地割裂比特币与金融投资（投机）领域的客观联系。

图书在版编目(CIP)数据

证券期货犯罪十六讲 / 钱列阳，谢杰著. -- 北京 ：法律出版社，2019
ISBN 978 - 7 - 5197 - 3199 - 1

Ⅰ. ①证… Ⅱ. ①钱… ②谢… Ⅲ. ①证券交易－刑事犯罪－研究－中国②期货交易－刑事犯罪－研究－中国 Ⅳ. ①D924.334

中国版本图书馆 CIP 数据核字(2019)第 036047 号

证券期货犯罪十六讲
ZHENGQUAN QIHUO FANZUI SHILIUJIANG

钱列阳 谢 杰 著

策划编辑 杨大康
责任编辑 杨大康
装帧设计 汪奇峰

出版 法律出版社
总发行 中国法律图书有限公司
经销 新华书店
印刷 天津嘉恒印务有限公司
责任校对 晁明慧
责任印制 吕亚莉
编辑统筹 法律应用出版分社
开本 710 毫米×1000 毫米 1/16
印张 27
字数 422 千
版本 2019 年 3 月第 1 版
印次 2019 年 3 月第 1 次印刷

法律出版社/北京市丰台区莲花池西里 7 号(100073)
网址/www. lawpress. com. cn
投稿邮箱/info@ lawpress. com. cn
举报维权邮箱/jbwq@ lawpress. com. cn
销售热线/010 - 83938336
咨询电话/010 - 63939796

中国法律图书有限公司/北京市丰台区莲花池西里 7 号(100073)
全国各地中法图分、子公司销售电话：
统一销售客服/400 - 660 - 6393
第一法律书店/010 - 83938334/8335
西安分公司/029 - 85330678
重庆分公司/023 - 67453036
上海分公司/021 - 62071639/1636
深圳分公司/0755 - 83072995

书号：ISBN 978 - 7 - 5197 - 3199 - 1
定价：79.00 元